Catálogo De Los Obispos De Córdoba, Y Breve Noticia Historica De Su Iglesia Catedral, Y Obispado, Volume 2

Juan Gómez Bravo

CATALOGO

DE LOS

OBISPOS DE CORDOBA.

TOMO II.

CATALOGO

DE LOS

OBISPOS DE CORDOBA,

Y BREVE NOTICIA HISTORICA

DE SU

IGLESIA CATEDRAL, Y OBISPADO:

ESCRITO

POR EL DOCT. D. JUAN GOMEZ BRAVO,
Colegial que fuè del Mayor de Cuenca en Salaman-
ca , Canonigo Lectoral de la Santa Iglesia
Catedral de Badajoz , y Magistral de
esta de Cordoba.

REIMPRESION DE LA PRIMERA PARTE,
è impresion de la segunda : en dos Tomos en folio:
con un Apendice de los Obispos, que lo han sido
de esta Ciudad, despues de la muerte del
Autor de esta Obra.

DEDICADO

A los Illmos. Sres. OBISPO, DEAN, Y CABILDO
de la Santa Iglesia Catedral de Cordoba.

TOMO II.

CORDOBA MDCCLXXVIII.

En la Oficina de *D. Juan Rodriguez,* calle de la Libreria.

Con las licencias necesarias.

LIBRO QUARTO
DE LOS
OBISPOS
DE
CORDOBA.

LOS OBISPOS DE CORDOBA, QUE SE
siguen, son muy notorios à todos, y su orden, y
tiempo en el gobierno no padecen las dificultades,
que hemos experimentado en los antecedentes: porque à primero de Abril de mil seiscientos sesenta
y siete colocò sus retratos en un Salòn de su Palacio Episcopal el Obispo Don Francisco de Alarcòn, que havia pintado por su mandato Don Juan
Alfaro, Pintòr afamado de ese tiempo. Que motivo tuviese este Prelado, para omitir tan grandes, y eminentes Prelados, como los que havian
precedido, no consta; aunque se puede presumir,
que la confusion del orden, y tiempo, en que havian florecido muchos, fuè causa, para empezar desde Don Leopoldo, de quien trata-
rà el Capitulo siguiente.

CAPITULO PRIMERO

DE LOS OBISPOS

DON LEOPOLDO

DE AUSTRIA,

Y DON DIEGO DE ALABA

Y ESQUIVEL.

DON LEOPOL do de Austria fue hijo de Maximiliano primero, Emperador. Naciò en el año de mil quinientos y cinco, y su Sobrino el Emperador Carlos Quinto le presentò al Obispado de Cordoba, de que yà tenia la posesion por Agosto de mil quinientos quarenta y uno. Quando entrò en Cordoba hallò gran division entre los Dignidades, y Canonigos de una parte, y de la otra los Racioneros, y Medios sobre algunos articulos, que se ventilaban en Roma. El Obispo exortò à todos à la paz en Cabildo de veinte y dos de Diciembre; y el Cabildo le suplicò, que tomase la mano, para tratar de concordia: esta no tuvo efecto cumplido hasta el año de mil quinientos cinquenta y seis, en que à catorce de Agosto à instancias del mismo Prelado se ad-

1541

admitiò por todos, y despues la confirmò el Pontifice, como consta de ella inserta entre los Estatutos fol. 111. El motivo de tan dilatada suspension parece, que fueron las lites, que sobrevinieròn con este Prelado; pues como Principe mozo intentò, proveer por sì las Capellanìas del Patronato del Cabildo, y proceder en las causas de los Prebendados contra los Estatutos, y esenciones, que gozaban general, y particularmente. El Emperador quiso obiar estas discordias, y mandò, que el Obispo, y Cabildo se comprometiesen en los Jueces, que nombrase, que fueron Escudero, y Guevara, de su Consejo. Yà havian dado la sentencia à diez y nueve de Enero de mil quinientos quarenta y quatro, en que nombrò el Cabildo quatro Diputados: *conforme à la sentencia, que dieron los Señores Jueces arbitros, señalados por su Magestad para con su Señoria en las Causas, que succedieren.* Hasta ahora se havia practicado, que nombrase el Cabildo personas, que averiguasen el delito, y formasen el proceso con el Obispo, ò su Provisor, ò Vicario, y que asistiendo en Cabildo, se votase la pena del reo por la mayor parte, se-

gun el Estatuto del Obispo Don Alonso de Vargas, confirmado por el Papa Eugenio IV. an. Incarnat. Domin. 1431. tertio Kalen. Februarij. Pontificatus nostri an. 1., que es à treinta de Enero de mil quatrocientos treinta y dos; pero desde este tiempo, y sentencia, toda la facultad del Cabildo residiò en los Diputados, para conocer, y sentenciar con el Obispo, ò su Vicario qualquiera causa de Beneficiado reo, sin que el Cabildo interviniese.

El Dean Don Juan de Cordoba fundò en este tiempo el Colegio de la Compañia de Jesus en esta Ciudad, y le dedicò à la Inclita Martyr Santa Catalina, para que fuese instruida la juventud, y educada con las mejores maximas cristianas, y gozasen las almas la direccion mas segura, y saludable. Vino à la fundacion San Francisco de Borja, y puso por Rector al Padre Antonio de Cordoba, hijo de los Marqueses de Priego, que dexando las grandezas, y conveniencias del mundo, hasta el Capelo ofrecido por Julio III. escogiò seguir à Christo en su Compañia. Bien presto viò nuestro Dean logrado su fin; y asi respondiendo al Cordobès Juan Ginès de Sepulveda, que

le

le havia celebrado su fundacion del Colegio, dice: *Quod nostram erga societatem Jesu liberalitatem jucundam tibi fuisse dicis, valde Lector: nam & si erga illius Religionis viros propter eximian ipsorum pietatem eum affectum indui, ut nunquam me hujus facti pœnitudine capiendum putem, tamen confirmantur nostra consilia, cum sentimus omnibus ubique prudentibus fideliterque suadentibus atque sentientibus id ipsum videri.* Este Colegio ha sido la Casa de la sabiduría para todo este Reyno de Cordoba; pues desde su fundacion ha florecido con muchos, y excelentes Maestros, no solo de las Ciencias, sino de la virtud, de la devota frequencia de los Sacramentos, y direccion de las almas, que caminan à la perfeccion.

Casi por el mismo tiempo fundò el Colegio de la Asuncion el Doct. Pedro Lopez, Medico del Emperador Carlos Quinto, por Consejo del Venerable Maestro Avila, para que fuese Seminario, en que se criasen Jovenes pobres en sabiduría, y virtud, que aprovechasen despues à otros con su exemplar vida, y predicacion: presto se viò el fruto de este utilisimo acuerdo; pues haviendo acabado el curso de Teología un buen numero de los primeros Teologos, los llevò el Padre Francisco Gomez al Venerable Maestro, para que les echase su bendicion: y recibiendolos con summa alegria el Venerable Padre, pronunciò las palabras de Jacob: *jam lætus moriar*; y diò las gracias à Dios, por haverle cumplido su deseo con Varones tan Apostolicos. En este Colegio se han educado muchos excelentes sugetos, que han ilustrado con su sabiduría, y piedad las Iglesias de España, y obtenido grandes, y honorificos empleos. Està este Colegio debaxo de la direccion de un Rector, que ahora es Padre de la Compañia.

Nuestro Obispo Don Leopoldo celebrò en la Iglesia los Oficios del Jueves Santo, que fuè à dos de Abril de mil quinientos quarenta y cinco, y por medio del Dean significò al Cabildo, que tendria gran gusto, en que comulgase capitularmente de su mano; de que se colige, que antes solamente havia el estilo de comulgar en tal dia los que no eran Presbyteros; y à tres de Agosto celebrò en las honras, que se hicieron por la Princesa. En este año asistiò algunas veces en Cabildo, para proveer algunas Prebendas; un

1545

Ca-

Canonicato à Fernando Matienzo, Vicario suyo à quatro de Septiembre, y una media Racion al Doctor Juan Sanchez Navarro, su Secretario à siete de dicho mes, en que convino el Cabildo *nemine discrepante*. A veinte y cinco del mismo mes volviò à Cabildo, y propuso la gran necesidad, que padecian los Pobres por la carestia de pan; y que convenia discurrir, y arbitrar los medios para socorrerlos: el Cabildo alabò su piadoso, y santo zelo, y nombrò Diputados, para que juntos con los que nombrase la Ciudad, confiriesen con el Obispo el modo del socorro. La providencia, que tomaron, fuè, que se hiciese Padron en cada Parroquia de los pobres que havia, y que asi el Obispo, como el Cabildo, Ciudad, y particulares socorriesen la necesidad en las Parroquias, que asignaron: solamente consta de la que cuidò el Cabildo, y Dean, que fuè la de Santa Maria, ò Catedral, con la de San Bartolomè, que le estaba anexa, en que se debian repartir trescientas y seis raciones diarias segun el padron que se hizo. Para este socorro ofreciò el Dean Don Juan de Cordoba en Cabildo de seis de Marzo de quinientos quarenta y seis, ciento y cinquenta fanegas de

Trigo, y ciento y cinquenta ducados; y el Cabildo mandò aprontar de su Mesa Capitular otra tanta cantidad de pan, y maravedis, y que empezase esta limosna desde el Lunes ocho de Marzo en el Hospital de San Sebastian, donde se repartiò à los Pobres.

El Obispo se mantubo en Cordoba todo el año de quinientos quarenta y seis, en que visitò la Ciudad; y enviò al Canonigo Fernando Matienzo, à visitar el Obispado; para lo qual diò su permiso el Cabildo à diez y siete de Septiembre, en que mandò puntarle, por *servir à su Señoria Reverendisima, y ser la obra tan justa, y Santa*. En Cabildo se hallò muchas veces, asi para tratar del servicio del Coro, y altar, y honestidad de los abitos de los beneficiados, y otras cosas, como dice el acto Capitular de veinte y cinco de Enero, como para dar la posesion de las Prebendas: al Obispo de Ravello Don Juan Mohedano se diò la posesion de una Canogìa à veinte y quatro de Mayo en virtud de una gracia de expectativa que tenia. En este mismo mes de Mayo se manifestò en los Pedroches tanta Langosta, que el Cabildo, y Ciudad nombraron sus Diputados, para conferir con el Obispo el reme-

me-

medio del mal, que amenazaba à todo el Obispado; pues haviendo sido esteriles los dos años antecedentes por abundancia de lluvias, temìan, que en este de quarenta y seis sucediese el mismo defecto por la langosta. Hicieronse rogativas publicas con otras providencias, que se arbitraron; con que fuè Dios servido, de preserbar la Campiña de esta plaga.

Considerando el Obispo Don Leopoldo, que hacìa falta en la Iglesia un libro Ceremonial para el regimen del altar, y Coro, en que se havian introducido distintas, y varias ceremonias, pidiò à todas las Iglesias Catedrales el Ceremonial, que observaban, para escoger las mas conducentes al servicio, y culto Divino. Este intento participò al Cabildo por su Provisòr Fernando Morante à veinte y uno de Enero de mil quinientos quarenta y siete, para que diputase personas, que le ayudasen; pues su intencion era el servicio, y culto de Dios mas santo, y arreglado, y no hacer perjuicio à unos, ni à otros. El Cabildo alabò sumamente el santo zelo, y trabajo del Prelado, y diputò al Arcediano de Cordoba, dos Canonigos, un Racionero, y otro Medio, para que le diesen las gracias, y asistiesen en la obra. Como duraban las discordias de Dignidades, y Canonigos con los Racioneros sobre algunos puntos, recelosos èstos, de que en el Ceremonial se determinasen algunas ceremonias, que les perjudicasen, representaron todos en el mismo dia al Obispo, que no convenìa formar el Ceremonial propuesto. Mucho estrañò esta proposicion, por estar yà informado del universal gusto, y aplauso, con que celebrò el Cabildo su religioso zelo; y asi vino personalmente à Cabildo el dia siguiente veinte y dos à persuadir à todos la paz, su animo de no perjudicar à alguno, y la combeniencia del Ceremonial para el servicio uniforme del altar, y Coro. Los Dignidades, y Canonigos (exceptuados dos) continuaron en darle las gracias; pero viendo pertinaces à los demàs, dexò à su Provisòr en el Cabildo, y se retirò à su Palacio.

Los Dignidades, y Canonigos tuvieron esto por gran desacato hecho à su Prelado, y que siendo su intento tan santo, y del servicio de Dios, era conveniente no impedirlo; se juntaron el dia Miercoles veinte y seis de Enero, y *nemine discrepante* determinaron, que se suplicase al Prelado,

que

1547

que no lebantase la mano de obra tan santa, y conveniente al servicio de Dios, y al orden, y paz de la Iglesia: y nombraron al Dean, Arcediano de Cordoba, y quatro Canonigos, para que viesen, y asistiesen al Obispo en este asunto. El Ceremonial se hizo, y se guardò, hasta que se reformaron los Breviarios, y Misal Romano, con cuya ocasion se retirò, sin haver quedado mas memoria, que la de haverse hecho. Este suceso nos manifiesta la gran prudencia, y sufrimiento de este gran Prelado, y Principe; pues aun siendo su intento tan justo, y ordenado, contemplò con suavidad, y paciencia los humores alterados de su Cabildo, para reducirlos à la paz, que deseaba, y exortaba con frequencia.

El Estado Eclesiastico padecia gran lesion, y perjuicio en su libertad Eclesiastica con la imposicion de sisas, y otros grabamenes, que se les cargaban; por cuya razon tenian el Cabildo, y otros particulares continuos pleytos, y eran frequentes los entredichos, publicados en este año de quarenta y siete. Dos havia à primero de Junio, que se mandaron suspender hasta el dia diez y seis de Agosto; pero no dando satisfaccion, se continuaron las censuras, hasta el mes de Marzo del año siguiente, en que se tratò de concordia con la Justicia, y Regimiento de la Ciudad, sobre la refaccion de lo pasado, y modo de conservar en adelante la libertad, y exencion Eclesiastica por medio del Prior del Convento de San Pablo, y à veinte y quatro de Marzo de mil quinientos quarenta y ocho vino al Cabildo el Ilustrisimo Marquès de Comares, acompañado de los Diputados de la Ciudad, para dar la ultima resolucion, y se acordaron; *que pagando hoy todo el dia conforme à la concordia, el Obispo, Dean, y Cabildo, y Estado Eclesiastico se dan por contentos desde agora, y consienten en la absolucion.*

El invierno de este año de quinientos quarenta y ocho fuè muy seco; y experimentandose yà la gran necesidad de agua à nueve de Marzo, se determinaron algunas Procesiones, y que la primera fuese al Santuario de la Fuen-Santa el dia siguiente Sabado diez. Tambien se trajo la Imagen de nuestra Señora de Villa-Viciosa à la Catedral, donde se celebraron las fiestas, y rogativas acostumbradas. Por este tiempo se halla yà noticia del Santuario de nuestra Señora del Pilar, poco mas de dos leguas

LII   de

de la Ciudad en lo fragoso de Sierra Morena. Hallòse esta Sagrada Imagen en un pilar, ò pozo, que està alli, y se conserva hasta hoy en una Viña del Convento de San Pablo; y por su devocion se han experimentado muchos beneficios de nuestra Señora, y expecialmente en disipar las tempestades, y nubes cargadas de granizo, que amenazaban à las Viñas. Hay Cofradia, que cuida del Santuario, y de que haya Misa en èl todos los dias de Fiesta. Otra pequeña Imagen de nuestra Señora de tiempo de los Mozarabes se hallò por el año de mil y seiscientos en el hueco de una pared, que se deshizo en casa de Don Andrès Molina, y la tubo con gran devocion, hasta que su nieto Don Fernando Molina, Medio Racionero de nuestra Iglesia, la colocò en el altar de San Fernando, que hizo en la Capilla mayor antigua, donde se venera. Por donde se conoce la gran devocion, que tuvieron los Cristianos Mozarabes de Cordoba con Maria Santisima, y el cuidado de ocultar sus Imagenes, para librarlas de los ultrages de los Mahometanos, quando extinguieron los Cristianos de Cordoba.

Al Cardenal Don Bartolomè de la Cueva confiriò el Pontifice el Arcedianato de Pedroche con un Breve, en que mandaba, que demàs de los frutos del prestamo anexo, le diese el Cabildo los frutos de una Racion entera de la Mesa. Presentòse este Breve en Cabildo à diez y ocho de Enero de mil quinientos quarenta y nueve, y determinò suplicar à su Santidad, y seguir en justicia este punto, por quanto los frutos de la Mesa eran distribuciones, que solamente se daban à los interesentes. Lo mismo havia respondido el Cabildo al Emperador sobre semejante pretension, que hizo el Arcediano de Pedroche, y Canonigo Don Francisco de Mendoza, como vimos; pero el Cardenal Cueva lo siguiò en Corte Romana, aunque no consta el fin de este litigio. Por una constitucion Sinodal del Obispo Don Iñigo Manrique fol. 35. se declarò, que los Dignidades debian residir tres meses en cada año, exceptuando à los que residian en Corte Romana. Esta se debe entender, para cumplir con la obligacion del beneficio, y no para percibir los frutos: porque los del prestamo, desde el principio se percivieron con la posesion sola de la Prebenda; y los de la Mesa con la asistencia personal à los Oficios, y Coro por

por todo el año, como se acostumbra. De esto se infiere, que antes del Concilio Tridentino tenian los Dignidades obligacion de residir en la Iglesia por algun tiempo, y que solamente ganaban los frutos de pitanzas, y comunal pertenecientes à la Mesa, à proporcion del tiempo, que residian, como los Canonigos, y Racioneros, segun queda anotado en el libro antecedente.

1550   Nuestro Prelado Don Leopoldo hizo viage à la Corte por el mes de Septiembre de mil quinientos y cinquenta, de donde havia vuelto à diez y siete de Diciembre, en que ofreciò dar seis mil maravedis en cada año para los cantores, porque no se grabase la Fabrica, y continuase la obra. El Cabildo mandò dar de su Mesa doce mil maravedis, y quatro Cahices de Trigo, y el Dean dos Cahices de Trigo para el mismo fin. La obra del Cruzero se adelantò mucho en este año, y en el siguiente de quinientos cinquenta y uno, fueron años muy abundantes de pan, y llegò à valer la fanega de trigo fiado à menos de tres reales. El Obispo Barrio-Nuevo, de quien yà se hizo mencion, fuè muchos años auxiliar de Don Leopoldo, y sus antecesores, y muriò en veinte y cinco de Septiembre de quini-

entos cinquenta y dos: mandò enterrarse en el Convento de la Santisima Trinidad, y pidiò, que lo hiciese el Cabildo: èste lo executò graciosamente, en atencion de haver sido Racionero, y despues Canonigo, aunque yà no lo era. En este año huvo Congregacion de las Iglesias en Madrid sobre dos quartas partes concedidas al Emperador, que se ajustaron con la obligacion de pagarlas en tres años. Asistieron à ella dos Canonigos por Diputados de nuestra Iglesia.

    La Capilla del Obispo Don Fernando de Mesa, donde estaban enterrados algunos Obispos, por cuya razon se llamaba de los *Obispos*, impedia la obra del muro del Coro: y asi determinò Don Leopoldo quitarla; y para no trasladar à otro lugar los cuerpos, mandò fabricar en el mismo muro, por la parte de fuera, un gran Mauseolo de alabastro con cinco nichos, en que puso los cuerpos de Don Fernando de Mesa, Don Gutierre de Mesa, Don Juan Pantoja, Don Gonzalo Venegas, y Don Tello de Buendia: acabose esta obra año de mil quinientos cinquenta y quatro. En su Palacio Episcopal edificò tambien algunos quartos, para engrandecerle: tambien se edificò en su tiempo la puerta principal 1554 de la Iglesia de San Pedro ; y en la de Santa Marina la Torre , y muro occidental se repararon , y fortificaron , ayudando el Obispo con limosnas. En la Alameda , posesion propia de la Dignidad Episcopal , una milla distante de la Ciudad , reparò , y adornò el Palacio , y agregò algunas Huertas , Viñas , y tierras , que comprò , y permutò , para lograr algun retiro , y diversion con la vecindad del rio , y amenidad del sitio. En ella hizo Coto , para irse à cazar , à que tenìa gran pasion ; y asi le poblò de todo genero de caza , y le guardaba con rigor, para que nadie cazase. Sobre esta diversion , y retiro vease la Ep. 87. , que le escribiò Sepulveda.

En su persona , y Palacio ostentaba la grandeza de Principe , vistiendo seda , y usando de preciosos adornos. Sobre esto sucediò , que hallandose presente en la Catedral , en ocasion , que predicaba el Venerable Maestro Juan de Avila , como este Venerable acomodaba los asuntos al auditorio , predicò , y ponderò vivamente , en lo que se debian distribuir , y gastar las rentas Eclesiasticas. El Venerable Maestro quedò con algun recelo de haver disgustado con su Sermòn al Obispo,

y se abstubo de visitarle por algunos dias. Pero instado de la necesidad de dos doncellas honradas , fuè à verlo , y pedirle alguna limosna , para que pudiesen tomar estado. Todos los circunstantes creyeron , que le havia de recibir con desagrado , y aspereza ; pero sucediò muy al contrario ; porque jamàs estubo tan festivo , y alegre , y èl mismo probocò al Venerable Maestro , para que le dixera , lo que deseaba : propuso la necesidad , y honestidad de las doncellas , y aunque iba en animo de pedir doscientos ducados para cada una , segun manifestò despues, el Obispo no le diò lugar ; pues luego mandò à su Tesorero, que entregara al Padre Maestro mil ducados , quinientos para cada una ; y que si era necesario mayor cantidad se la diese ; con que despidiò al Padre Maestro muy contento , y agradecido.

La reduccion del Reyno de Inglaterra à la Fè Catolica se solicitaba con grande ardor por este tiempo ; y asi Lunes veinte y cinco de Febrero de quinientos cinquenta y cinco determinò el Cabildo hacer algunas procesiones , y rogativas à Dios , de que diò noticia al Obispo , y Ciudad , para que asistiesen à ellas. El Pontifice Paulo IV. confirmò el Estatuto

1555

de

de limpieza à veinte y seis de Mayo de este año de cinquenta y cinco : aunque se havia observado años antes por decreto del Emperador , y solicitado con cartas suyas, que le abrobase el Papa, no se havia podido conseguir hasta ahora, que à instancias de Obispo , y Cabildo, solicitò la confirmacion el Cardenal Don Fr. Juan de Toledo su autor , que se hallò en la eleccion de este Pontifice. El Obispo tubo anticipadamente la noticia, de haver hecho el Papa la gracia, y la participò al Cabildo con gran gusto de todos , por vèr logrado lo que havian deseado con ansia por veinte y cinco años antecedentes. El Venerable Maestro Avila continuaba en Cordoba su predicacion Apostolica con grandes frutos, y conversiones de las almas; acompañaba su ardiente zelo el Venerable Juan Sanchez su discipulo, que, para asegurar à muchas mugeres arrepentidas en los buenos propositos de servir à Dios , y desprecio del mundo, procurò recogerlas, y cuidarlas en una casa , donde viviesen recogidas con el titulo de Santa Maria Egypciaca. En ella vivieron muchas muy Santamente con la direccion, y asistencia de tan Venerables Varones ; y despues tomando la regla de San Agustin , se erigiò en Convento de Religiosas con el titulo de la Encarnacion, y permanece sujeto al Obispo.

Fatigado el Emperador Carlos V. con el mal de gota, y accidentes , que padecia, renunciò el Reyno de España en su hijo Don Felipe Segundo à primero de Enero de mil quinientos cinquenta y seis, y se retirò al Monasterio de Yuste del Orden de San Geronimo, donde viviò para Dios, y para sì , hasta Martes veinte de Septiembre de cinquenta y ocho, en que entregò su espiritu al Criador; felicisimo Principe, pues haviendo triunfado muchas veces en el mundo, se venciò asimismo , que fuè la mayor hazaña , que pudo lograr. Entre el Pontifice Paulo IV. , y el Rey Don Felipe intervinieron algunas desconfianzas, que pararon, en declararse guerra : el Papa revocò la gracia de dos quartas partes de las rentas Eclesiasticas concedida al Emperador ; y aunque muchos Ministros Reales fueron de parecer , que se cobrasen, el Rey como tan Catolico no apreciò este dictamen; insigne exemplo para los Reyes ; y mandò cesar en la cobranza empezada; de que se restituyeron à la Mesa Capitular 644U045. maravedis, que havia pagado.

El Doctor Juan Ginès de Sepulveda se hallaba en Cordoba este año, y deseando el Cabildo oir tan celebre Teologo, y orador, le pidiò que hiciese la oracion latina del lavatorio, que se acostumbra hacer en el Cabildo el Jueves Santo. Fuè este Varòn excelente natural de la Villa de *Pozoblanco*, y uno de los mas Sabios, entre los muchos, que tubo España en este siglo. Don Nicolàs Antonio hízo breve compendio de su vida, y refiere los escritos que dexò, y contiendas literarias que tubo. Vease en la Viblioteca Hisp. nueva; donde siguiendo à nuestro Canonigo Alderete, dice: que tubo Prebenda en nuestra Iglesia. Recelò equibocacion con su Sobrino Pedro de Sepulveda, que era Rocionero en este tiempo: pues no se halla otro del nombre. Muriò en Pozoblanco año de mil quinientos setenta y uno en edad de ochenta y un años. El Obispo Don Leopoldo le tubo en grande estimacion, y le pidiò, que reviese el Breviario de Cordoba, que queria imprimir: à que le respondiò la Epist. 87. del lib. 6. *Faciam quod jubes, & ad te, quid sentiam separatim præscribam, pridie Kal. Aprilis an. Domini* 1555.

Los pleytos entre Dignidades, y Canonigos, y Racioneros, y Medios se continuaron con gran tesòn en estos años, siguiendose la diminucion del culto Divino; pues yà unos, yà otros no asistian à la Iglesia por los continuos entredichos, y censuras, que se intimaban: las rentas padecian notable detrimento, y atraso, sin poder distribuirlas; y los animos muy discordes producian las fatales consequencias, que experimenta un cuerpo despedazado. No solamente se opusieron à la formacion del Ceremonial, como se ha dicho, sino que protestaron la impresion del Breviario, y Diurno, que intentaba el Obispo hacer muy corregida con parecer de muchos sabios. Esto le desazonò tanto, que determinò retirarse de la Iglesia, y desmentir la nota de parcial, que le imputaban. Muchas personas de integridad, y autoridad perseveraron en persuadir la concordia de cuerpo tan venerable; y quiso Dios, que en este año de mil quinientos cinquenta y seis se hallasen inclinados, y dispuestos los animos de todos, quando menos se esperaba. El Obispo Don Leopoldo vino al Cabildo Viernes primero de Mayo, y estando presentes, asi ordenados, como por ordenar, todos los que se hallaban en Cor-

1556

Cordoba, les hizo el razonamiento siguiente, que por ser largo mandò, que le leyese el Licenciado Juan de Linares su Vicario: „Amados hermanos, „bien creo teneis en memoria, „como poco despues, que vol-„vi del camino, que por man-„dado de su Magestad Impe-„rial comencè à hacer à Tren-„to, para asistir en el Sacro, „y Universal Concilio, y por „la indisposicion, que en èl „me sucediò, no acabè, vine „en persona à este Cabildo, y „os signifiquè de palabra, y „por una oracion, que por mi „mandado, y en mi presencia „aqui se os reciò; como por „algunas causas, y respetos „tenìa en voluntad, deme abs-„tener de venir entre vosotros, „hasta cierto tiempo, sino fue-„se para las cosas, y casos, „que no se pudiesen expedir „sin mi persona, y ansi lo co-„mencè à guardar, y cumplir; „y algun tiempo dexè de ve-„nir à esta Iglesia, y fuy à „las Parroquias, sin hacer fal-„ta en esta todas las veces, „que obo necesidad, y se re-„quiriò mi presencia; y una „de las causas, y la mas prin-„cipal, que estonces expresè, „y à ello me moviò, fuè ver „la poca paz, las lites, y dis-„cordias, los rancores, y ma-„las voluntades, que entre vo-„sotros havia, yà havido todo

„el tiempo, que è presidido „en esta Catedral, y aun por-„que nadie piense, que yo „fuy el autor, y movedor de „ellas (como algunos, que no „estàn informados de la ver-„dad, han querido juzgar) „mas de medio año antes, que „yo tomase la posesion de ella, „como sabeis, y es notorio „à todos los vecinos, y havi-„tantes de esta Cibdad, y es-„to sobre cosas de poco mo-„mento, à lo menos si alguno „tienen, solo es tratarse de „ellas en un Cabildo tan in-„signe, y por personas tàn „qualificadas, como hay en èl; „y aunque fueran muy graves, „y de gran importancia, pue-„dense llamar leves, y menu-„das en comparacion de lo „que nos và, y de la obliga-„cion, que teneis de apartaros „de ellas por el escandalo, y „mal exemplo, que en las se-„guir se dà à los pequeños, „de quien està dicho; *que le estarìa mejor al hombre ser echa-do con una piedra de moler à la garganta en el profundo del mar, que no escandalizar à uno de ellos;* „y visto que haviendo yo he-„cho en este medio tiempo to-„do lo que pude, sin dexar „nada de lo que debia, enten-„diendo por tres, ò quatro „veces por mi persona, y por „mi Provisor, y por mis Vi-„carios, concordaros, y paci-
„fi-

„ficaros , no aprobechò nada, „antes me notificastes inhivi„ciones de Roma, y me atas„tes las manos, para que nin„guna cosa pudiese proveer, „ni remediar , dejeos, y fuime, „no à los infieles, sino à las „Iglesias Parroquiales , y Mo„nasterios , que tambien son „mias , y los feligreses mis „Ovejas , como los de èsta ; y „aunque por estonces os pa„reciò cosa dura decirlo, y „despues gràve hacerlo , no „careciò de misterio, ni aun „del fruto , y fin, para que yo „lo hacìa , como se ha mos„trado, por lo que ha suce„dido ; que, como es natural, „causando la privacion apeti„to de la presencia de vues„tro Prelado, la haveis pro„curado , y tratais de quitar „las ocasiones, y causas por „donde la perdistes ; y pare„ce , que nuestro Señor ha da„do lumbre à vuestros enten„dimientos, para que todos „unanimes , y concordes de „una voluntad querais, que se „trate de la concordia de vues„tros pleytos, para que cesa„dos ellos en todos vosotros, „haya un animo , y un cora„zon , como conviene à los „Siervos de Dios , y podais „cantar con David ; *mirad quan bueno , y quan agradable es morar los hermanos , en uno;* „y comenzando à poner en

„obra vuestro deseo el Saba„do Santo pasado de este año „presente , todos juntos fuis„tes à nuestra Casa Obispal, „donde en vuestra presencia „nuestro amado hermano el „Arcediano de Cordoba , por „muy buenas palabras nos „significò , y propuso vuestra „voluntad , y el sentimiento „que, como buenos Subditos, „haviades tenido de veros à „tiempos privados de nuestra „presencia, y que conociades, „y confesabades à ella, haver „dado causa vuestras lites , y „discordias , y me pedistes, „viniese à decir Misa dia si„guiente primero de Pasqua „à mi Iglesia Catedral , y de „hay adelante siempre; y que „perdiese el enojo, que con „vosotros mostraba tener, pro„metiendo, que de vuesta par„te no se me darian mas oca„siones , y otras muchas co„sas , que alli se trataron. Yo „respondi, que darìa la res„puesta otro dia antes de Mi„sa mayor ; y despues el Ca„nonigo Guajardo à las quatro „de la mañana subiò al apo„sento de mi reposo , y me „despertò; è yo me lebantè, „è le oì , y vista vuestra jus„ta peticion, y la buena oca„sion , y tiempo, en que lo „tratastes, dixe: que me pla„cìa , de daros placer, y con„tentamiento , y hacer lo que „se

„se me pedia por vuestra par-
„te. Pero à tal condicion, que
„pasada Pasqua havia de tra-
„tar de concordia entre voso-
„tros, y de otras cosas tocan-
„tes al buen gobierno de esta
„Iglesia; y ansi pasada Pas-
„qua yo escrebì al Ilustre Se-
„ñor, y nuestro amado herma-
„no Don Joan de Cordoba,
„Dean, y Canonigo de esta
„Santa Iglesia una Carta del
„tenòr siguiente: *Ilustre Señor,
con tan buenas visperas no podrà ser menos, sino que Vm.
haya tenido muy bnenas Pasquas;
Dios se las dè muchos años,
como yo deseo, que todavia ten-
drè por mejor pagar muchas veces esta pension, que perder tal
Dean. Vm. havrà sabido, como
nuestro Señor ha comenzado à
tocar en los corazones de todos,
ansi mio, como de mis hermanos,
para que por ambas partes se
deseè, ser herederos de la paz
en que Christo por su testamento nos instituyò diciendo: pa-
cem relinquo vobis. Yo veo en
este tiempo mas disposicion, para poder alcanzar este bien tan
deseado por todos, que lo ha
havido antes de agora; no resta,
sino que, pues havemos oido tan
grandes cosas hechas en Caphar-
naum, haga Vm. algo en su Patria, y se venga por acà lo mas
presto, que sea posible, que yo
espero, mediante nuestro Señor,
por su mano se acabarà, para*

*que Dios se sirva, como se lo
debemos, y degemos de ser con-
seja, y fabula de todo el Reyno,
y aun de los estraños; y pues
hay paz entre los Principes Cristianos, nuevo hombre, nuevo
Rey, haya nueva vida; & sint
nova omnia: nuestro Cabildo escribe à Vm. en mas larga forma lo mesmo, que yo à su Carta
me remito, tornando à decir, y
encargar en todo caso, dexados
todos negocios, se venga luego
Vm. à entender en este, que los
Señores Marqueses, cuyas manos beso, holgaran de ello, siendo para tal efeclo. Vale.* Y lue-
„go que la obo rescibido dexò
„todos sus negocios, aunque
„mucho le importaba estar en
„ellos, y vino à entender en
„lo que le pedi por merced;
„y con el buen zelo, que nu-
„estro Señor le ha dado para
„las cosas, que son de su ser-
„vicio, os juntò à todos en
„este lugar, y platicado sobre
„ello, ratificastes, y aprobas-
„tes lo que me haviades ofre-
„cido, de que no pocas gra-
„cias he dado à nuestro Se-
„ñor, suplicandole, que lo
„que ha comenzado en voso-
„tros, èl lo acabe. No creo yo
„que estas cosas han subcedi-
„do ansi acaso, ni por nuestro
„Consejo, sino por la volun-
„tad de Dios, que quiere re-
„dimir esta su Iglesia de tan-
„tos trabajos, y adversidades,

Mmm   „CO-

,, como por razon de estos pley- ,, tos han pasado de cien años, ,, à esta parte, y de otras ma- ,, yores que espera, si èl no ,, pone su mano, y las ataja; ,, y pues entendemos que esto ,, es ansi, justo es no resistir à ,, su voluntad, sino humillar- ,, nos à su poderosa mano, y ,, seguir lo que èl mismo nos ,, aconseja diciendo por San ,, Matèo en el 5. Cap.; *con- certaos presto con vuestro ad- versario, quando vais con el por el camino, porque por ventura el adversario no os entregue al Juez, y el Juez al executor, que os eche en la carcel; de cierto os digo: no saldreis de aì has- ta que pagueis el ultimo quadran- te.* Y en el mesmo Cap.: *Si alguno quisiere contigo conten- der en juicio, y quitarte tu tu- nica, dexale tambien el palio: y si alguno te hiriere en la una megilla, vuelvele la otra: y si alguno te alquilare por mil pasos, vè con el otros dos mil.* ,, Y por ,, San Pablo en el Capitulo 6. ,, de la primera Epistola, que ,, escribiò à los Corint. que ,, traìan pleyto entre sì, les di- ,, ce: *Hermanos, no hay entre vosotros alguna persona sabia, que pueda concordar, y juzgar entre su hermano? Yà cierto de todo punto se juzga, que hay delito entre vosotros; porque traeis pleyto los unos con los otros. Por què en antes no to-*

mais la injuria, sufriendola en paciencia? Por què en antes no os dexais engañar, y defraudar? Pero vosotros haceis injusticia, y defraudais, y esto à vuestros hermanos. Por ventura no sabeis, que los injustos no poseeran el Reyno del Cielo? Y en la se- ,, gunda à Timotèo Cap. 2. *El Siervo de Dios no conviene, que litigue, sino que sea man- so para todos.* ,, No ignoro, ,, que, como dice Santo Agus- ,, tin, estos preceptos de Dios ,, no han de ser guardados si- ,, empre en la execucion de la ,, obra; pero anse de tener en ,, la preparacion del animo; ,, en tal manera, que estemos ,, siempre aparejados à cum- ,, plirlos, antes que hacer co- ,, sa contra el amor del proxi- ,, mo; y que en algunas cosas, ,, y casos es licito traer pleyto, ,, porque de otra manera no se- ,, rìa licito poner Jueces. Pero ,, temo que estos vuestros pley- ,, tos no son licitos, à lo me- ,, nos de ambas partes; sino ,, que la desenfrenada cobdicia, ,, raiz de todos los males, pro- ,, diga de sì mesma, enemiga ,, de la paz, madre de las li- ,, tes, materia de las contien- ,, das, los ha engendrado. ,, Bien pronostica Santiago vu- ,, estros pleytos en el 4. Cap. ,, de su Canonica: *Unde bella, & lites, nonne exconcupicentis vestris, quæ militant in membris*

ves-

vestris? ,, Los Canonigos que-
,, rian ser iguales à las Digni-
,, dades ; los Racioneros à los
,, Canonigos ; y por el contra-
,, rio, las Dignidades, querian,
,, y pretenden, que no oviese
,, Canonigos, y los Canoni-
,, gos, que no oviese Racione-
,, ros ; los unos dicen, que los
,, otros se alzan con la hacien-
,, da de los otros, y los otros
,, con la de los otros ; y ansi
,, como no se pretenden cosas
,, justas, nunca se viò, ni se
,, verà cosa acabada ; *quia liti-*
gatis, & beligeratis, & non
babetis, ut in concupicentijs ves-
tris insumatis. ,, No sea her-
,, manos ansi de aqui adelante,
,, sino que cada uno guarde al
,, otro su jurisdiccion, y reco-
,, nozca lo que puede, y no
,, puede, por razon de su be-
,, neficio, y contentese con sus
,, terminos, sin pretender los
,, agenos, que la Iglesia Mi-
,, litante fecha es à imitacion
,, de la Triunfante, en la qual
,, hizo Dios nueve ordenes de
,, Angeles, unas mayores, y
,, otras menores, y cada uno
,, està contento con su lugar.
,, Quien se podrà persuadir,
,, que estos pleytos son licitos,
,, viendo por ellos desterrada la
,, paz de esta Iglesia, subcedi-
,, das en su lugar tantas discor-
,, dias entre los Beneficiados,
,, tantas injurias de una parte à
,, otra, tanta falta en el servi-

,, cio de la Iglesia, tanta mur-
,, muracion en el Pueblo, tan-
,, tos gastos de la una parte,
,, y de la otra, tanta hacienda
,, detenida en los Mayordomos,
,, y no dada à sus Dueños? Los
,, Padres defraudados de sus li-
,, mosnas, porque aunque les
,, querais ayudar, como teneis
,, obligacion, no hay de què,
,, porque no cobrais vuestro
,, beneficio, ni teneis para vos.
,, Cumplese à la letra lo de
,, Santo Agustin ; *lo que no re-*
cibe Christo, lleva el fisco.
,, Cosa es de doler, ver tantos
,, Beneficiados muertos en la
,, demanda en tan peligrosos
,, tiempos, que despues, que
,, por nuestros pecados se re-
,, novaron estas lites en la Sede
,, Vacante pasada, han muerto
,, mas de la mitad de los que
,, estonces eran : no permita
,, Dios, que les haya sucedido
,, lo de la Autoridad de San
,, Matèo arriba dicha, que
,, (porque mientras estuvieron
,, en el camino de este mundo,
,, donde todos somos viadores,
,, no se quisieron concertar, y
,, tomar concordia con sus ad-
,, versarios) Dios los haya en-
,, tregado al Demonio, y el
,, Demonio metidolos en el In-
,, fierno, donde estaràn para
,, siempre. *Ubi vermis eorum*
non extinguetur in sempiternum.
,, Donde pediràn licencia, pa-
,, ra venir à avisar à vosotros

,, sus hermanos, para que to-
,, meis concordia, y les res-
,, ponderàn, que las escriptu-
,, ras, que aqui se han recita-
,, do, y otras muchas teneis,
,, que à ellas creais, y que si
,, no las creyeredes, tampoco
,, creereis à los muertos, si re-
,, sucitaren. Ea pues hermanos,
,, antes que os acaezca otro
,, tanto como à ellos, antes que
,, os veais en semejante aflic-
,, cion, antes que pase la luz,
,, antes que vengan las tinie-
,, blas, volved sobre vosotros,
,, tomad paz, y concordia. *Et
Deus pacis, & dilectionis erit
vobiscum.* ,, Por la comida, y
,, por la bebida, y por el pun-
,, donor, que duran tres dias,
,, no perdais el bien que es
,, eterno: *Quoniam regnum Dei
non est esca, & potus sed pax,
& gaudium in Spiritu Sancto.*
,, Muchos han corrido tras esta
,, joya, y ninguno la ha toma-
,, do; llevadla vosotros, que
,, no serà pequeña corona de-
,, xar pacifica esta Iglesia, en
,, manera, que para siempre:
*Factus sit in pace locus ejus, &
expurgate vetus fermentum ut
sitis nova conspersio; & ex vite
veterem hominem cum actibus
suis, & induite novum, qui secundum Deum creatus est: am-
bulate cum omni humilitate, cum
patientia suportantes inuicem,
quoniam sumus inuicem membra:*
,, Y porque mi intento no es

,, de hacer sermòn, ni persua-
,, diros la concordia, porque
,, todos la quereis, ni enco-
,, mendaros la qualidad de la
,, obra, porque ella mesma se
,, encomienda, y alaba, sino
,, solamente animaros, y exor-
,, taros à ella, y ofreceros mi
,, voluntad, vastarà lo dicho,
,, y lo que cada uno de voso-
,, tros por sì entiende del ne-
,, gocio, que es mucho mas.
,, Solamente os ruego, que
,, con el fervor, zelo, y sin-
,, ceridad, que tal negocio re-
,, quiere, lo comenceis, y pro-
,, sigais, y por dificultades, y
,, objetos que se ofrezcan, nin-
,, guno se desanime, ni desista
,, de lo comenzado. Porque lo
,, imposible cerca de los hom-
,, bres, es posible cerca de
,, Dios; yo de mi parte ofrez-
,, co toda buena voluntad, y
,, diligencia, y poner, y hacer
,, todo lo que me sea posible,
,, como soy obligado, y de no
,, me cansar en èl; y ansi os
,, ruego, y encargo luego pla-
,, tiqueis el modo, que se ha
,, de tener, y deputeis dos per-
,, sonas por parte de Dignida-
,, des, y Canonigos, y otras
,, dos por parte de Racioneros,
,, con quien se trate el nego-
,, cio, y demedeis la respuesta,
,, de lo que cerca de esto hi-
,, cieredes, y determinaredes,
,, que dada, yo señalarè perso-
,, na que hable, y oya à la
una

„ una parte , y à la otra , y „ me refiera las dubdas , y dificultades , que se ofrecieren, „ las quales comunicarè con „ persona de letras , zelo , y „ Cristiandad ; y plantarà Paulo , y regarà Apolo , y el „ crecimiento , y buen fin , que „ deseamos , darà Dios nuestro „ Señor , *cui honor , & gloria.* La concordia se efectuò ultimamente à catorce de Agosto de quinientos cinquenta y seis con especial gusto de todos, y complacencia del Prelado.

La Cosecha fuè muy corta este año , y por Noviembre valìa yà la fanega de Trigo mas de veinte y quatro reales. El Cabildo tratò del socorro de los pobres en tan urgente necesidad , y à catorce del dicho mes mandò , que de su Mesa , y Obraspìas se repartiesen cada mes cinquenta mil maravedis , y el Dean Don Juan de Cordoba ofreciò ayudar cada mes con diez y seis mil y seiscientos maravedis, para la dicha limosna. El Obispo por su parte contribuyò con raciones de pan , y socorriò al Cabildo con porcion de trigo , para sembrar los Cortijos de su Mesa.

La impresion del Breviario , y Diurno para el Obispado de Cordoba se concluyò; 1557 y à primero de Enero de mil quinientos cinquenta y siete diò

el Obispo su mandato , de que todos rezasen las Oras Canonicas en su Obispado segun el rito , y metodo , que prescribìa , por haverse ordenado con gran circunspeccion , y facilidad , para cumplir el Oficio Divino , como se debìa : *Nostrum igitur breviarium itu duximus excudendum , ut vel bis etiam , qui cespitant in plano, nulla esset recitandi dubitatio: quare vobis deinceps Canonicas preces sic iniungimus persolvendas , ut in hoc sacro volumine commodissime continetur , & ordinatur.* Tambien dexò principiada la impresion del Misal Cordobès , que se concluyò despues de su muerte , y en tiempo de su succesòr Don Diego de Alava : en uno , y otro se aumentaron muchos Santos , que no estaban en el Misal , y Breviario antecedente , y la festividad del nombre de Jesus en el dia treinta de Enero. El Dean Don Juan de Cordoba pidiò licencia al Cabildo , para dotar esta festividad , para que se celebrase solemnemente ; y lo concediò à dos de Diciembre de cinquenta y seis. Sobre esta dotacion se suscitò una santa emulacion en el Cabildo de diez y seis de dicho mes , en que el Canonigo Juan de Castro pidiò al Cabildo , y Dean licencia, para dotarla. El Cabildo hallò

la

la dificultad de haverlo concedido yà al Dean ; pero estubo este tan generoso , y devoto, que cedió muy gustoso , para que la dotara el Canonigo Castro.

La vuelta del Emperador à España , y su retiro à Yuste pusieron à nuestro Obispo en la precisa obligacion de visitarle ; y así vino à Cabildo à veinte y tres de Marzo de quinientos cinquenta y siete , y se despidió , para hacer esta jornada , dando à todos su bendicion ultima , y ofreciendo con grande amor à todos , y à cada uno *su buena gracia.* El Cabildo le estimò tan benigna , y paternal demostracion , y besandole todos las manos , le acompañaron hasta su Palacio. Acompañaron al Obispo en este viage , con licencia del Cabildo, Don Matias Muteabumer, Prior, y Canonigo , y el Licenciado Juan de Usunsulo, Racionero, sus familiares : y quedaron Don Juan de Espinosa, Chantre, y Canonigo , por Gobernador , el Canonigo Juan de Linares , por Vicario , y el Canonigo Fernando Matienzo, por Visitador de la Ciudad, y Obispado. El Obispo se detubo algunos dias con el Emperador , y despues pasó à la Corte de Valladolid à vèr à la Princesa Gobernadora , su Sobrina , donde se detubo hasta el mes de Septiembre , en que salió, para restituirse à su Obispado.

Este mes fatal para los Principes Austriacos fuè el ultimo de nuestro Obispo : pues sintiendose gravemente indispuesto , se detubo en Villa-Nueva de la Serena , y murió el dia veinte y siete de Septiembre de mil quinientos cinquenta y siete ; llegò à Cordoba la noticia Viernes primero de Octubre por la mañana, y luego se publicò la Sede Vacante. Estaba por Corregidor el Doctor Luis Carrillo, y con la noticia de la muerte de este Prelado empezò à hacer inventario de sus bienes : Esta novedad causò en el Cabildo gran admiracion : y asi en siete de Octubre determinò , que se le hiciese un requerimientò , para que exiva , y diga; *con que poder se entremete à hacer inventario , y secresto de los bienes , que quedaron del Ilustrisimo Señor Don Leopoldo de Austria , Obispo que fuè de Cordoba.* No consta , que respondiò ; pero en adelante corriò por orden de su Magestad el Licenciado Villafaña con el cobro de los caudales, pagos, asignacion de Sepultura , traslacion del cuerpo , y cumplimiento del Testamento, en compañia del Chantre , y

Prior

Prior nombrados Alvaceas por el Obispo. De este suceso se colige el principio de introducirse en Cordoba los Ministros Reales, à hacer inventario de los bienes del Obispo defunto.

Por muerte de este Prelado quedaron poco caudal existente, y muchas deudas: la de las Fabricas de las Iglesias Catedral, y Parroquiales llegaba à 4. q. 357U500. maravedis: pero dexò creditos quantiosos, para satisfacerlas todas, y para entregar al Cabildo quatro mil ducados, con que se comprasen posesiones, que fuesen dote de doce Anniversarios, que havia de cumplir cada año por el alma de este Prelado, uno en cada mes, como se executa; y doce mil maravedis de renta à la Fabrica, por cubrir el Sepulcro, y poner la cera; asimismo el dote de un Responso diario, que le cantan los Capellanes de Veintena sobre su Sepulcro despues de Maytines. El cuerpo quedò depositado en Villa-Nueva de la Serena, hasta el año siguiente de treinta y ocho, en que se traxo à Cordoba con gran acompañamiento de Cavalleros, y Prebendados, à quienes diò licencia de quince dias el Cabildo en veinte y nueve de Enero, para que le acompañasen todos los que quisiesen. Diosele sepultura en

medio del Crucero, donde tiene esta Inscripcion en una losa negra con letras embutidas de bronce. *Leopoldus ab Austria Episcopus Cordubensis Maximiliani 1. Emperatoris filius, & Philipi Hispaniarum Regis hujus nominis 1. frater, vixit annos 53. obiit 27. mensis Septembris anno 1557.*

No podemos disimular una flaqueza de hombre, que tubo este Principe con una Señora Catalana D. N. Ferrer, por el grande, y esclarecido hijo, que produxo. Este fuè Don Maximiliano de Austria, que, despues de haverse instruido en la Universidad de Alcalà de Henares, fuè Abad de Alcalà la Real, Obispo de Cadiz, Segovia, y ultimamente Arzobispo de Santiago, donde: *Clarus justitia, & Charitate obiit Kalendis Julii* 1614. Vease à Gil Gonzalez en el Teatro de esta Santa, y Apostolica Iglesia, donde compendiò las obras, y acciones de este gran Arzobispo.

Un anonimo, que escribiò algunos casos raros de Cordoba por el año de mil seiscientos diez y ocho, ha hecho creer, que nuestro Obispo Don Leopoldo muriò infeliz, y repentinamente en una venta, yendo de Cordoba con mucho acompañamiento, à tomar posesion de la Villa de Fuentevejuna,

juna, que havia comprado al Rey Don Felipe Segundo, para Don Maximiliano su hijo en precio de 400y. ducados, que efectivamente pagò. Esta narracion vestida de muchas increibles circunstancias, que omitimos, es una novela agena de toda verdad: pues ni Felipe Segundo estaba en España, como lo supone, sino en Inglaterra desde el año de mil quinientos cinquenta y quatro, hasta el de cinquenta y nueve, que volviò. Ni Don Leopoldo muriò de repente, camino de Fuentevejuna, sino en Villa-Nueva de la Serena, viniendo de la Corte, como se ha dicho, y consta de instrumentos antiguos, que paran en el Archivo. Otros han equibocado el lugar de su muerte con Villa-Nueva del Obispado, en que hay tres del nombre; pero deben corregirse. Pudo ser, que el Obispo tratase algo desde la Corte sobre el estado de Fuentevejuna, para Don Maximiliano, y que de esto quedase rumor, de haverle comprado; y que de este principio, y de haver dado à la Iglesia de Fuentevejuna, segun se cree, una preciosa Custodia, y otras alhajas de plata para el culto Divino, tomase origen esta fabula; pero que diese los 400y. ducados efectivamente de las ren-

tas del Obispado, es evidentemente falsisimo.

El Marquès de Comares, Don Luis Fernandez de Cordoba, representò al Cabildo, Sede Vacante, en veinte de Enero de quinientos cinquenta y ocho, que tenìa devocion de fundar, à expensas suyas, en su Villa de Lucena un Convento de Religiosos de San Francisco, por la gran necesidad, que tenìa aquel Pueblo (que era grande) de personas religiosas, que ayudasen à los Clerigos à Confesar, Predicar, y exercer otros ministerios en bien, y utilidad de las almas: y que el sitio mas conveniente era una Hermita, dedicada à la Madre de Dios: por tanto pedìa al Cabildo le concediese dicha Hermita, y licencia para fundar en ella el Convento. El Cabildo, atendiendo à la devocion de tan Ilustre Fundador, y à la grande utilidad, que resultarìa à los Fieles, diò licencia, para que se fundase en la Hermita èl Convento; y que las Obras-pìas, y rentas, que tenìa, se trasladasen à la Iglesia Parroquial de San Matèo.

DON DIEGO DE ALAVA y Esquivèl, fuè hijo de Pedro Martinez de Alava, y Doña Maria de Esquivèl, y naciò en la Ciudad de Victoria. Estudiò los derechos en la Univer-
ver-

versidad de Salamanca, donde fuè Colegial en el mayor de San Salvador de Oviedo. Por su gran sabiduria logrò Catedras, que regentò con gran opinion, y sequito de discipulos. Entre los quales se numera Don Diego de Covarrubias, Obispo de Segovia, y Presidente de Castilla. Tubo plazas en las Reales Chancillerias, y Consejo de Ordenes, para lo qual recibiò el Abito de Calatrava. Pasò à ser Presidente de Granada, y à Obispo de Astorga, con cuyo caracter asistiò à las sesiones quinta, y siguientes hasta la nona del Concilio de Trento. De esta Iglesia fuè promovido à la de Avila; y en el año de mil quinientos cinquenta y ocho celebrò Synodo, haviendola regido con gran acierto, y rectitud por tiempo de diez años. Ultimamente tomò posesion de la de Cordoba à treinta de Diciembre de mil quinientos cinquenta y ocho, y renunciando la Presidencia de Valladolid, se vino à Cordoba, donde fuè recibido del Cabildo, y Ciudad con la solemnidad acostumbrada à veinte de 1559 Enero de cinquenta y nueve.

No perdiò un punto de tiempo en el cumplimiento de su ministerio Pastoral; pues luego emprendiò la visita por su persona misma. A tres de Febrero inviò al Cabildo à su Provisor el Licenciado Francisco de Soto, Canonigo de Avila (que despues fuè Obispo de Salamanca) para que insinuase su deseo, de venir à Cabildo à concluir, y proveer juntamente con el Cabildo la visita empezada; pero que hallandose con una indisposicion, que impedia su execucion, pedia, que nombrase los Diputados que gustase, y Notario, que fuese Prebendado, para concluir la visita: porque su animo era observar puntualmente los Estatutos, y costumbres del Cabildo. Oida esta relacion eligiò el Cabildo al Dean, Arcediano de Cordoba, dos Canonigos, y dos Racioneros, y por Notario à Juan Morillo, Medio Racionero. En este tiempo se havia introducido un abuso en la licencia del *patitur*, que se remediò, determinando à diez y seis de Febrero, que el que se ponia en patitur por la mañana, no pudiese salir hasta la tarde; y si se ponia por la tarde, no pudiese salir hasta Maytines, sino es que le llamasen el Obispo, ò Cabildo para negocio necesario: esta disposicion se confirmò en los Estatutos posteriores fol. 21.

El Racionero Juan de Astorga hiriò gravemente à otro, y haviendole preso el Doctor

Nnn   Fer-

Fernan Xuarez, Alcalde de Corte, resistiò, entregarle al Provisor, por cuya razon se publicò entredicho à veinte y ocho de Julio. Ultimamente se trajo à la Carcel Eclesiastica, y temiendo el Cabildo, que el Obispo, y sus Diputados le diesen sentencia de degradarle, y entregarle à la Curia Secular, determinò, que sus Diputados solamente concurriesen, à formar el proceso, y que la sentencia se diese en Cabildo, conforme al Estatuto. Este negocio tan arduo moviò al Obispo, y Cabildo, à consultar los Varones mas Sabios de España, que discordaron en la pena, respecto de no haver muerto el herido. Unos Capitulares querian, que se diese toda la facultad à los Diputados para la sentencia con el Obispo, que por su sabiduria, rectitud, y experiencia tenìa justamente la recomendacion de eminente Canonista; pero la mayor parte resolviò consultar à los Obispos de Malaga, y Jaèn, y à los Cabildos de Sevilla, y Jaèn, como mas vecinos, y que los Diputados se arreglasen à sus dictamenes, y à los que viniesen de los Catedraticos de Salamanca, à quienes se havia escrito. En esta forma, y no en otra manera se diò poder, para proceder à la sentencia à

veinte y tres de Agosto de cinquenta y nueve. De ella no consta mas, que haver sido privado el reo de la Prebenda, que en virtud de una Bula de regreso se colò à Dionisio de Astorga à quatro de Marzo de mil quinientos y sesenta.

El Obispado tenìa mil ducados de pension à favor del Obispo de Osma; y pareciendo al Obispo, que no debia pagarlos en perjuicio de los Pobres, pidiò dictamen al Cabildo, proponiendo las razones que tenìa, para no pagarlos. Despues de una madura reflexion resolviò à nueve de Octubre de quinientos y sesenta, que el Obispo no debia pagarlos; y que para la defensa del pleyto, si le havia, asistirìa gustoso el Cabildo à quanto fuese contentamiento, y servicio del Obispo, asi en Roma, como en España, por medio de sus Prebendados. La Condesa de Alcaudete diò noticia de estar cautivo su hijo Don Martin de Cordoba, y pidiò al Cabildo, que le ayudase con algunas limosnas para el rescate. El Cabildo le aplicò las limosnas de las Obraspias destinadas para la redencion, y de su Mesa Capitular contribuyò con treinta mil maravedis, que agradeciò summamente la Condesa. Este Cavallero ad-

adquirió una inmortal gloria con la defensa heroyca de Mazalquivir, que hizo año de mil quinientos sesenta y tres, acompañado de muchos Oficiales, y Soldados Cordobeses.

1561 Entró el año de quinientos sesenta y uno con tanta sequedad, que Domingo dos de Marzo se trajo la Imagen de nuestra Señora de Villa-Viciosa à la Catedral; donde se celebró un Novenario solemne de fiestas con Sermones, y rogativas por el agua, y salud del Pueblo. Tambien se hicieron nueve Procesiones con la Sagrada Imagen, y la ultima, que fue general, fuè al Santuario de la Fuen-Santa. No quiso Dios dar el remedio; y asi fuè un año muy esteril en tal grado, que para socorrer à los Prebendados, pidiò el Cabildo al Obispo dos mil fanegas de Trigo; no parece, que tubo efecto, por la necesidad grande del Pueblo, que intentaba socorrer el Obispo. Pero el Dean Don Juan de Cordoba prestò mil fanegas, y distribuyò entre los Prebendados, que tenìan mayor necesidad, con la obligacion de pagarselas el año siguiente en grano, ò al precio, que corriese. Tenìa este Cavallero, demàs de las Prebendas, la Abadìa de Rute, y otros Beneficios, y rentas, que empleò con mano liberal en socorro de los Pobres. A los Expositos regociò en una Casa, y cuidò de ellos mientras viviò: y à los Capellanes de la Veintena, y Ministros del Coro, que eran pobres, solìa socorrer todos los meses à unos con Trigo, y à otros con dinero; y asi fuè el refugio, y amparo de todos los miserables de este tiempo.

En medio de tanta necesidad se llevò Dios à nuestro Obispo Martes veinte y quatro de Marzo de mil quinientos 1562 sesenta y dos, dexando à esta Ciudad en summo desconsuelo. En su testamento declarò, para descargo de su conciencia, que no havia dado à sus parientes, ni à otros, cosa que fuese de renta Eclesiastica, sino de las mercedes, que los Reyes le havian dado. Mandò, que su cuerpo fuese llevado à Victoria, y que se le diese sepultura en la Capilla mayor de la Parroquia de San Pedro, donde fundò Capellanìas, y Obraspias por su alma; y yace en Sepulcro al lado del Evangelio. Escribiò un tomo *de Concilijs universalibus ac de his quæ ad Religionis, & Reipublicæ Christianæ reformationem instituenda videntur.* Vease à Don Nicolàs Antonio; y à Gil Gonzalez, que tratò de este Prelado en las Iglesias de Astorga, y Avila.

Como la libertad en vo-tar es tan importante en los Cabildos para su buen gobierno, y conservacion, muchas veces se establecieron Estatutos, que disponían votar secretamente las cosas de gracia, ò que tocaban à Señores poderosos, por havas blancas, ò negras, ò por valotas blancas, y moradas. En este año de mil quinientos sesenta y dos, reconociendo, que la misma providencia era util, y aun necesaria en muchas pretensiones de justicia, se estableciò Viernes quince de Mayo, que se votasen, por pelotas doradas, y blancas, todos los negocios pertenecientes al Prelado, y sus familiares; à los Señores en el Obispado, y fuera; à los Cavalleros de la Ciudad, y Obispado; y à los Prebendados, y sus parientes, dentro de tercero grado, y que de otro modo fuese la determinacion de ningun valor. De este Estatuto se pidiò confirmacion al Papa, por lo que importaba conservarle: y se halla incorporado entre los Estatutos modernos fol. 68. 69.

CAPITULO II.

DE LOS OBISPOS

D. CRISTOVAL DE ROXAS,

Y DON Fr. BERNARDO DE Fresneda.

DON CRISTOVAL DE Roxas y Sandovàl, fuè hijo del Marquès de Denia, Don Bernardino de Roxas y Sandovàl, y de Doña Dominga de Alcega, noble Dama de Fuente-Ravìa, donde naciò à veinte y seis de Julio de mil quinientos y dos. Criòse en compañia de la Madre, hasta que tubo edad para estudiar en la Universidad de Alcalà, donde le mantubo su Padre, y llegò à graduarse de Doctor en Teologìa. Tomò Veca en el Colegio mayor de San Ildefonso, y luego empezaron à resplandecer su singular modestia, y prudencia, que le hicieron estimable del Emperador Carlos V. à quien acompañò, con el titulo de su Capellàn, en las jornadas que hizo. El Emperador le presentò para el Obispado de Oviedo, en ocasion, que se hallaba en Ratisbona, y luego se vino à su Obispado. Deseò registrar las grandes reliquias de aquella Iglesia Catetedral; y aunque le persuadieron, que no lo intentara, por algunos accidentes, que havian sucedido à sus antecesores, que havian intentado lo mismo, prosiguiò en su resolucion, hasta llegar à abrir la Santa Arca; à cuyo tiempo, dice Ambrosio de Morales, le diò repentinamente tal temor reverencial, que le obligò à retroceder, diciendo: *no se ha de ver, no se ha de ver*; y todos quedaron admirados, atribuyendo esta mutacion à la diestra del exceso. En el año de quinientos quarenta y nueve saliò para Trento, à hallarse en el Concilio general, que se celebraba entonces; y en el de quinientos cinquenta y seis fuè promovido à la Iglesia de Badajoz, donde socorriò con singular piedad, y abundancia, las muchas, y grandes necesidades, que se padecieron en estos años.

Yà se hallaba presentado por Felipe Segundo para nuestra Iglesia de Cordoba à quince de Abril de mil quinientos sesenta y dos, en que tratò el Cabildo de nombrar Diputados para cumplimentarle: y asi es incierto, que muriò el Cardenal Cueva, nombrado Obispo de Cordoba, como algunos escriben. El Dean Don Juan de Cordoba tomò la posesion del Obispado en virtud de poder,

que presentò con las Bulas, y Cedula Real, Domingo veinte y tres de Agosto del dicho año de sesenta y dos. Y el Obispo no entrò en Cordoba hasta el dia veinte y ocho de Febrero de quinientos sesenta y tres, en que fuè recibido por Cabildo, y Ciudad, con la misma solemnidad, y aparato, que sus antecesores. Miercoles Santo, que fuè à siete de Abril, en que se estila la Cristiana, y religiosa ceremonia de reconciliarse, y perdonarse las injurias unos à otros, vino à Cabildo, è hizo una devota, y elegante oracion, en que persuadiò la paz, y union, que todos debian, y èl deseaba tenèr; de que todos quedaron muy gustosos; y despues de cumplido todo el acto, dixò, que haria el oficio los dias siguientes, y nombrò el Cabildo al Dean, para cantar el Evangelio, y al Tesorero para la Epistola.

La Catedral gozò para su Fabrica, y gastos de una Casa escusada en cada Parroquia del Obispado, hasta el año de mil quatrocientos ochenta y siete, en que se substituyeron otras rentas de pan, y maravedis, que llamaron Escusados, y se distribuyeron por las Parroquias à proporcion de los diezmos de cada una. Esta consignacion, que entonces pareciò

reciò util à la Fabrica, con el decurso de los tiempos, y subida notable de los precios, fuè muy corta para los crecidos gastos, que tenìa, asi en la obra, como en los salarios que pagaba. Pára tomar providencia sobre esto, vino à Cabildo en diez y nueve de Abril el Licenciado Gonzalo Melendez de Valdès, Provisor, que erá, y en nombre del Obispo, propuso la necesidad de aumentár estos escusados. Tratòse este negocio en este dia, y siguiente, y concurriendo el Obispo à Cabildo Miercoles veinte y uno de Abril, se hizo el Estatuto de aumento de estos escusados, que se halla fol. 33. del libro de Estatutos.

El Pontifice Pio IV. concediò al Rey Don Felipe un Subsidio de 420ꝳ. ducados por tiempo de cinco años; y se intimò al Cabildo à trece de Agosto de mil quinientos sesenta y dos. De este grabamen tan intempestivo para la summa esterilidad de estos años, apelò el Cabildo ante el Nuncio Apostolico, Alexandro Cribello, y Obispo de Cuenca Don Fr. Bernardo de Frezneda, Comisario General de tales gracias. Pero instando por la exaccion de esta cantidad concedida el Comisario General, se juntò en Madrid la Congregacion de las Santas Iglesias, à que concurrieron dos Diputados por la nuestra. En ella se hicieron varias representaciones del grave tributo, que padecìa el Estado Eclesiastico con las quartas pasadas, y Subsidio presente, que no tuvieron efecto; y asi precisado de la fuerza, y Censuras diò el Cabildo su poder à veinte y tres de Febrero de sesenta y tres, para que sus Diputados obedeciesen las Bulas del Subsidio, en la forma, que le havia concordado la Congregacion con su Magestad. Este Subsidio se ha continuado hasta hoy por quinquenios.

El Papa Paulo IV. concediò al Tribunal de la Inquisicion, que se annexase un Canonicato en cada Iglesia, para que pudiese mantener los Ministros necesarios. La data fuè à quatro de Enero de mil quinientos cinquenta y nueve, y haviendo requerido al Cabildo con la Bula, se le diò posesion de una Canogìa vacante en siete de Diciembre de dicho año. No tubo efecto por entonces esta gracia, hasta el año de mil quinientos sesenta y quatro, en que por muerte del Canonigo Juan Diaz Vallejo requiriò al Obispo, y Cabildo con la Bula; y à once de Junio hallandose el Obispo en en Cabildo, mandaron dar la posesion del Canonicato al Licenciado Mondragon en nombre del Santo Oficio; aunque el Obispo fuè de dictamen, que se diese al Tribunal lo equivalente, y que no se le annexase Canogìa, pues se quitaba à la Iglesia un Ministro, que harìa falta para Coro, Altar, y otras cargas: y se lograba el fin, que moviò al Pontifice para esta gracia del Santo Oficio. Desde este tiempo goza el Tribunal de un Canonicato; y como en nuestra Iglesia hay entre los Canonigos la opcion de prestamos, se moviò despues la duda del prestamo, que debia gozar. Hoy goza un prestamo de los dos de la Villa de Baena, por concordia, que se hizo, y otorgò en veinte y quatro de Diciembre de mil quinientos sesenta y nueve.

Estaba muy disgustado el Cabildo con la negligencia, que havia en procurar, y despachar los negocios pendientes en Toledo; y asi revocando los poderes, y nombramientos de Procuradores, y Avogados, determinò recurrir al Metropolitano de Sevilla, de quien fuè sufraganeo en lo antiguo el Obispado de Cordoba: pues con la cercanìa à Sevilla havia mas facilidad, para agenciar los expedientes mas prontos. Zúñiga año de mil quinientos

sesenta y tres, citando à Salazar de Mendoza, escribe, que de hecho se sacò Bula del Papa para esta mutacion. Hallabase en Roma el Arzobispo Don Fr. Bartolomè Carranza, sin poder impedir esta novedad; pero su Santa Iglesia recurriò al Rey, suplicandole, que no lo permitiese, como no lo havia permitido el Rey Don Sancho año de mil doscientos y noventa, quando el Arzobispo de Sevilla Don Garcia Gutierrez tubo la misma pretension. El Rey Don Felipe escribiò sobre este punto al Cabildo, que recibiò la carta Lunes diez de Enero de sesenta y quatro, con que se mitigò el fervor, y disgusto concebido. Ayudò mucho la oferta del Canonigo de Toledo Juan Barrio-Nuevo, de constituirse agente de los negocios del Cabildo, y lo cumpliò con tanta satisfaccion, que à veinte y seis de Mayo mandò el Cabildo gratificarle con una arroba de agua de hazahar, y dos cordobanes; regalo muy estimable, y particular en este tiempo.

Haviendose concluido el Concilio Tridentino à fin del año de quinientos sesenta y tres nuestro Obispo le hizo publicar en su Obispado; y à nueve de Agosto de sesenta y quatro intimò el Provisor al Cabildo el Decreto de Jueces adjuntos; 1564

pa-

para que segun èl los nombrase. Considerado esto con sus Letrados à diez y ocho de Agosto, protextò, y apelò del Decreto, por no ser arreglado à su Estatuto confirmado, y practicado; y luego nombrò al Licenciado Juan de Linares, Canonigo, y al Doctor Don Matìas Pinelo de Mora, Medio Racionero, electo Obispo del Cuzco, para que acompañasen al Obispo, ò Provisor en las causas criminales, que se ofreciesen en el resto de este año.

Este Prebendado electo Obispo hizo dimision de la Racion, que poseìa, en manos del Obispo, y Canonigos juntos en Cabildo à veinte y tres de Octubre, para que en virtud de la alternativa, que gozaban, la proveyesen en la persona, que gustasen; y en el mismo dia la dieron à Andrès de Robles, por cuya razon nombrò el Cabildo à veinte y dos de Noviembre al Señor Diego Perez de Alarcòn, Racionero por Juez adjunto en lugar del dicho Obispo electo. Nuestro Obispo celebrò la fiesta de Santa Catalina Martyr con Pontifical en su Iglesia del Colegio de la Compañia, à que asistieron los Prebendados con el Dean Don Juan de Cordoba, Fundador de dicho Colegio. Solìa este Ilustre Fundador celebrarla por su persona todos los años; y en este que fuè el ultimo, tubo el consuelo su devocion de vèr, que la celebraba con la mayor solemnidad el Obispo. Muriò el Dean Don Juan de Cordoba Miercoles veinte y nueve de Agosto de mil quinientos sesenta y cinco, y le enterrò el Cabildo en la Iglesia de dicho Colegio de la Compañia, como lo dispuso en su testamento. Aunque en su juventud se dexò dominar de una ciega pasion de mozo, y poderoso, que exercitò bastantemente el zelo, y paciencia del Venerable Padre Maestro Juan de Avila, quitada la ocasion del modo, que sin nombrar las personas, se refiere en el cap. 9. del lib. 1. de la vida de este Venerable Maestro, volviò en sì nuestro Dean tan otro, que en adelante se empleò todo en obras de piedad, religion, y misericordia. A su esclarecida sangre acompañaron un animo magnifico, y un claro entendimiento, bastantemente instruido, con que grangeò grande estimacion, no solamente en la Iglesia, y Ciudad, sino en todo el Reyno. Visitò la Universidad de Salamanca, donde havia estudiado, y la Chancillerìa de Valladolid con gran satisfaccion del Emperador; dexò fundadas veinte y

qua-

quatro memorias por su alma, y de los Condes de Cabra, sus Padres, y en su testamento algunos legados al Hospital de San Sebastian, y otros lugares Pìos. Entre las cartas del Doctor Sepulveda, es de nuestro Dean la noventa y nueve respuesta de la noventa y ocho, que le escribiò Sepulveda, ambas dignas de leerse. De ellas consta, que el Dean havia adornado el quarto de su habitacion con las Imagenes de los claros Varones de Cordoba, y entre ellos havia colocado la de Aristoteles, y del mismo Sepulveda. Por la de Aristoteles convienen, en que se quite, aunque algunos le han tenido por Cordobès; pues no necesita Cordoba, para ser muy ilustre, de mendigar agenos resplandores. Por la de Sepulveda satisface el Dean à los reparos, que le propuso su modestia, y se confirma en mantenerla: porque en opinion de todos los sabios: *Eruditissimus, eloquentissimus, & sæculi nostri decus esse prædicaris.*

Por este tiempo estaba Cautivo en Cordoba un Alfaqui muy sabio, y observante de la Secta Mahometana; pero entre otras buenas propiedades de veridico, fiel, y justo tenia la de repartir entre pobres, lo que le sobraba de su comida, y podia adquirir licitamente.

Viendo tan buenas inclinaciones en el Moro nuestro Dean, le persuadiò muchas veces, que se hiciese Cristiano. Oìa con atencion al Dean; mas nunca diò esperanza de convertirse. Tocòle Dios el corazon un dia tan eficaz, y repentinamente, que vino corriendo à casa del Dean, y clamando por el Baptismo, le pedia, que le pusiese su nombre de Juan. Conociò, que esta gran mutacion venìa de la mano admirable del Altisimo, y haviendole instruido en los Divinos Mysterios, le preparò para recibir el Baptismo, que le ministrò el Obispo: à pocas horas le diò un accidente agudo, que al septimo dia le quitò la vida temporal, para empezar à gozar de la eterna. A esta admirable conversion se siguieron otras de otros Cautivos Mahometanos, que movidos de la antecedente, pidieron el Baptismo, y detestaron su Secta. Entre ellos fuè muy singular uno, que vivia al Campo de la Verdad, de quien hizo memoria el Padre Francisco Arias en el tomo primero de la imitacion de Christo. Era de buenas propiedades, y desde que viò la conversion del Alfaqui, pedia à Dios, que le enseñase la ley verdadera, para salvarse. Diòle la ultima enfermedad, y pidiò con ansia el Baptismo.

Era cosa admirable la facilidad, que tenìa en entender los Divinos Mysterios, y aprender las oraciones, que le enseñaban: y asi viendo las instancias, que hacìa por el Baptismo, se le ministraron con brevedad. Al tercero dia de haverle recibido, diò su alma al Criador con ardiente fè, devocion, y ansias de gozarle en la eterna felicidad. *Benedictus Deus, qui facit mirabilia magna solus.*

El Rey Don Felipe mandò publicar en todo el Reyno los Decretos del Concilio Tridentino, y para que fuesen admitidos con la mayor solemnidad, dispuso, que huviese en cada Provincia su Concilio. En la de Toledo era nuestro Obispo el mas antiguo, y hallandose ausente de España el Arzobispo, le tocaba convocarle. En esto hallò alguna oposicion por el Gobernador del Arzobispado; mas el Obispo se mantubo firme en su derecho, y amenazò, que se havia de apartar de la Provincia, sino se le guardaba. Convocò el Concilio para el dia primero de Agosto de quinientos sesenta y cinco, y à seis de Julio vino à despedirse del Cabildo, por quanto le encargaba el Rey, que se hallase antes en Toledo, para consultar algunos puntos còn el Go-

bernador del Arzobispado, y se havian de tratar en el Concilio. El Cabildo diò licencia à dos Prebendados, para que le acompañasen en esta jornada, y nombrò otros dos, para que asistiesen en su nombre, y del Clero del Obispado en el Concilio. Este se principiò el dia ocho de Septiembre, y se continuò hasta veinte y cinco de Marzo del año siguiente de mil quinientos sesenta y seis, en que se celebrò la ultima accion; cuyos Decretos se podràn vèr en el tomo 4. Concil. Hispan. del Cardenal Aguirre. El Cabildo apelò de algunos, por ser perjudiciales à sus derechòs, y Estatutos, y tambien otras Iglesias.

El Dean Don Juan de Cordoba havia resignado el Decanato en Don Francisco Pacheco, y aunque no estaban expedidas las Bulas, se le diò la posesion à treinta de Agosto de sesenta y cinco en el mejor modo, que havia lugar en derecho. Despues presentò las Bulas à dos de Enero de mil quinientos sesenta y seis con una cerrada, que contenìa el juramento, que debia hacer, y volviò à tomar la posesion del Decanato; è hizo los juramentos, que debia hacer por la Dignidad, y de la limpieza de su linage, y del Estatuto, que la dispone, obligandose à man-te-

(marginalia: 1565)

(marginalia: Dean.)

tenerle, y defenderle con el Obispo, Dignidades, y Canonigos contra los Racioneros, que en este tiempo pretendian eximirse de su observancia. Asimismo presentò à seis de Abril la Bula de regreso al Canonicato, y el titulo del grado, que en ella se le mandaba tomar ; y haviendolas examinado el Cabildo, le diò la posesion.

Nuestro Obispo se hallaba en Cordoba Miercoles Santo diez de Abril, en que asistiò al Cabildo de Perdones : y deseando practicar los decretos del Concilio de Toledo, al dia siguiente mandò aspar à unos Prebendados, que no asistieron al Sermon del Mandato. Esto alterò los animos, para proseguir con ardor la apelacion interpuesta; y à trece de Mayo determinò el Cabildo, que en lugar de las aspas puestas por orden del Obispo, se puntasen en recle los Prebendados, que no asistieron al Mandato, por quanto no havia Estatuto, ni otra cosa, que prohiviese hacer recle en ese dia. Muy sensible fuè esto al Obispo, y asi convocò Synodo para el Domingo dia veinte y tres de Junio, è intimò al Cabildo, que nombrase sus Diputados, para que asistiesen en caso de no poder, ò no querer concurrir. Aunque el dia veinte y quatro

se dixo la Misa Conventual de San Juan en el Palenque, que estaba preparado en la Iglesia, para celebrar el Synodo, y asistiò todo el Cabildo, en los otros dias asistieron en su nombre, un Dignidad, un Canonigo, y dos Racionero, y Medio con orden de protextar, y apelar de los decretos, que asi en el Synodo, como en el Concilio de Toledo, no fuesen conformes al derecho, al Concilio Tridentino, y Estatutos de esta Iglesia, como de hecho lo executaron. Despues pasò el Obispo à visitar la Iglesia, y Cabildo, y se hallaron nuevas dificultades en la inteligencia, y practica de algunos Decretos del Concilio Tridentino. Los principales fueron la asignacion de distribuciones cotidianas, asignacion de Prebendas à las Ordenes de Presbytero, Diacono, y Subdiacono, y nominacion de adjuntos, en que pretendia el Cabildo, que no huviese novedad, pues por sus Estatutos estaba todo arreglado al fin que intentaba el Tridentino, aunque fuese el modo diverso.

Es cierto, que en muchos Decretos del Synodo, y Concilio Toledano se vulneraban los Privilegios, y facultades, que tenìan por derecho los Cabildos, y con especialidad al nuestro, que de antiguo

476 CATALOGO DE LOS

tenia expecialisimas inmunida-
des, asi para su regimen, como para la direccion, ò castigo de sus Prebendados ; y asi
se origìnaron tantas discordias,
que obligaron al Rey, à entrar
su mano, para cortarlas. Escribiò à Obispo, y Cabildo, y
este inviò à la Corte un Prebendado, para informar, al
Rey, y su Consejo de los muchos agravios, que recibìa del
Concilio de Toledo. El Obispo insinuò por medio del Dean
al Cabildo, que estaba pronto
à executar lo que determinase
el Consejo, si queria el Cabildo comprometerse : à esta
proposicion satisfizo, que la
decision de estos puntos no
tocaba al Consejo, sino al Papa, y que estaba pronto à hacer una representacion de todos los puntos à su Santidad,
por vìa de consulta, si agrada-
ba al Obispo; y que todos se
conformasen, con lo que de-
cidiese. Parece, que asintiò el
Obispo à esta propuesta, pues
en adelante procedieron acor-
des sobre los puntos propios
del Concilio Tridentino, y en
los demàs cesaron los requerimientos, y protextas.

  La primavera del año de
[1566 quinientos sesenta y seis fuè
muy seca, y asi vinieron tres
Cavalleros Veinte y quatros al
Cabildo Sabado diez y seis de
Marzo, y pidieron en nombre

de la Ciudad : *que el Cabildo
mandase traer la Imagen de nuestra Señora de Villa-Viciosa,
atenta la necesidad grande, que
hay de agua, y gran devocion,
que este Pueblo tiene con aquella Imagen.* Traxose la Sagrada Imagen, y se hicieron rogativas, y fiestas à nuestra Señora. El año continuò muy
destemplado, y adverso, pues
à veinte y seis de Agosto,
queriendo volverla à su Hermita los Cofrades, determinò
el Cabildo : *que por ahora no
se llevase de Cordoba, ni de la
Iglesia por la necesidad, que havia de buenos temporales, y con-
tradiccion, que se entendia de
toda la Ciudad :* Sobre la esterilidad del año sucediò en este
año la alteracion de las Provincias de Flandes, que reve-
landose à la Corona, apostata-
ron de la Religion Catolica;
con que se encendiò una Guerra muy costosa, y dilatada
para España, en que se consumieron millones de Hom-
bres, y de caudales, de que
no se ha podido convalecer.
Lo mas lamentable es, que
España quedase despoblada, y
pobre, y que las Provincias
se hayan quedado separadas de
la Iglesia. Con la ocasion de
esta guerra concediò San Pio
V. à quince de Julio de quinientos sesenta y siete una Casa en cada Parroquia por cinco

co años, para que percibiese los diezmos el Rey, que es el escusado; y despues se concordaron las Iglesias en dar 250y. ducados en cada año à su Magestad, por razon de dicha Casa; hoy permanece este escusado continuado, como el Subsidio por quinquenios.

En todos los años de su gobierno tubo nuestro Obispo la devocion de venir à Cabildo el Miercoles Santo, en que hacia una fervorosa platica sobre la paz, y fraternal amor, que debian tener unos con otros, y el perdon de las injurias, y ofensas, que se huviesen hecho, siendo el primero en executar de rodillas este Cristiano, y tierno acto. En el año de sesenta y siete volviò à convocar Synodo para el Domingo ocho de Junio, en que celebrò de Pontifical, y establecio constituciones muy utiles, que se renovaron en el Synodo ultimo del año de mil seiscientos sesenta y dos. La fabrica nueva de la Capilla mayor, y Crucero se continuaba con gran lentitud por falta de caudales. El Coro estaba descubierto años havia, y padecia gran daño con los temporales: y asi el Cabildo hizo representacion al Rey, para que permitiese volver à publicar el Jubileo antiguo, que estaba suspenso, para continuar

la obra con las limosnas de los fieles: y asimismo al Pontifice, para que concediese al Obispo la facultad de absolver los casos reservados, à los que contribuyesen con alguna limosna, para la obra de la Iglesia. Ambas gracias se obtuvieron, aunque por breve tiempo; pero con ellas se recogiò un buen socorro, para adelantar la fabrica, porque estaba suspensa la Cruzada. Tambien el Obispo, y Cabildo solicitaron, que concediese el Papa las annatas de los Beneficios à la Fabrica de la Iglesia en atencion à la cortedad de rentas, y muchos gastos, que tenia; pero no se consiguiò, que fuese esta gracia perpetua, como se pretendia.

Don Francisco de Simancas, Arcediano de Cordoba, y Canonigo hizo representacion al Cabildo en nombre de Don Diego Simancas, Obispo de Ciudad Rodrigo, y electo de Badajoz, su hermano, que yà le constaba estar depositados los cuerpos de sus Padres, y defuntos en la Capilla que estaba debaxo de la de los Reyes; y que ahora deseaba fundar, y dotar una Capilla para su entierro, y de sus Padres; y asì pedia de merced al Cabildo, que le señalase sitio para labrarla. El Cabildo concediò al Obispo, y Arcediano la

Ca-

Capilla, y señalò el sitio de la puerta de la Iglesia, que estaba entre las Capillas del Chantre Hozes, y del Canonigo Cristoval de Mesa: *Con tanto, dice el acto Capitular de quatro de Septiembre de mil quinientos sesenta y ocho, que se cierre la puerta en manera, que por fuera de la dicha Iglesia se quede muy formada, y señalada.* Esta Capilla es una de las principales de la Iglesia, y se llama de los Obispos, por haverla fundado, y tener su entierro en ella el dicho Obispo Don Diego Simancas, y Don Juan de Simancas, Arcediano de Cordoba, y Canonigo, y Obispo de Cartagena en Indias, y el dicho Arcediano Don Francisco de Simancas, hermanos; goza de indulgencia perpetua de altar privilegiado; y està dedicada al Espiritu-Santo. De estos Obispos hermanos, y naturales de Cordoba escribiò Gil Gonzalez en el Teatro de sus Iglesias: y Don Nicolàs Antonio hizo memoria de las obras excelentes del Obispo Don Diego de Simancas. Sus Abuelos eran de Simancas.

El Venerable Maestro Juan de Avila se havia retirado à Montilla, donde muriò à diez de Mayo de mil quinientos sesenta y nueve, y està sepultado en la Capilla mayor al lado del Evangelio de la Iglesia del Colegio de la Compañia de dicha Ciudad. Fuè Varòn de Espiritu Apostolico, con que obrò admirables conversiones, y traxo à Dios innumerables almas. Tubo especialisima gracia, para dirigirlas à la perfeccion mas sublime. Esperamos verle Beatificado quanto antes por las vivas diligencias, que hace el Estado Eclesiastico de España. A este fin concurrì en Montilla en el año de mil setecientos treinta y dos con el Ilustrisimo Señor Obispo D. D. Pedro de Salazar y Gongora, entonces Dean, y Canonigo de nuestra Iglesia, y Doctor Don Andrès de Soto y Cortès, Canonigo Doctoral, para formar el proceso *de non cultu*: Dios cumpla nuestros deseos. Entre sus escritos admirables se halla una Epistola à nuestro Obispo Don Cristoval de Roxas con la ocasion de ir à presidir el Concilio de Toledo; no hay duda, que havrà otras dirigidas à personas Religiosas de Cordoba, donde tubo muchos espirituales hijos, y hijas, de que podrà aprovecharse qualquiera que desee aspirar à la perfeccion, como si se la huviera escrito tan gran director, y Venerable Maestro. A la nobilisima Virgen Doña Sancha Carrillo dirigiò el Celestial tratado

Au-

Audifilia, que llamaba èlla su Tesoro. Debiò esta Venerable Doncella su conversion, y adelantamiento al Venerable Maestro, y corriò con tanta diligencia el camino de las virtudes, que, llena de heroycas obras à los veinte y cinco años, entregò su espiritu al Criador en Guadalcazar à trece de Agosto de mil quinientos treinta y siete, de donde fuè traido su Venerable Cuerpo al Convento de San Francisco de esta Ciudad, y yace en la Capilla mayor de su Iglesia.

Por muerte de Don Matias Muithen Hoamet, que fuè à veinte y uno de Febrero de mil quinientos sesenta y nueve, quedaron vacantes el Priorato, y Canonicato, que obtenia, cuya provision tocaba al Obispo, y Cabildo por virtud de la alternativa, que gozaban: y asi à veinte y seis de dicho mes proveyeron el Priorato à Don Alonso de Cordoba; y por quanto, segun lo dispuesto por el Concilio Tridentino, se debia anexar un Canonicato al Oficio de Penitenciario, determinaron, que quedase anexo perpetuamente, y luego nombraron al Doctor Antonio de Velasco, Medio Racionero que era, por concurrir en èl la edad de quarenta años, grado, literatura, y demàs requisitos, que debia tener el Canonigo Penitenciario, y tomò la posesion en el mismo dia, por haver yà cumplido con el Estatuto de limpieza.

Considerando el Obispo, y Cabildo, que era muy justo el Estatuto, que tenian algunas Iglesias de jubilar à los Prebendados, que huviesen servido quarenta años à la Iglesia, para que en la vejèz tuviesen alivio de trabajo tan prolijo, hicieron à siete de Julio de mil quinientos y setenta el Estatuto de jubilacion, que se halla al fol. 29. de los Estatutos; en que se concede al Prebendado, que haya servido yà ordenado in Sacris quarenta años cumplidos, y tenga sesenta años de edad, la jubilacion en el modo, y forma, que en èl se prescribe. Este Estatuto se confirmò por el Pontifice Gregorio XIII., y haviendose dudado, si el servicio de los quarenta años havia de ser por la propia persona, ò bastaria, que se cumpliese por coadjutòr, se declarò à veinte y seis de Diciembre de mil seiscientos y cinco, que havia de ser por la misma persona, sin que el tiempo del servicio del coadjutor le pudiese sufragar, para gozar de este indulto. En el Sagrario solamente havia dos Curas, que en lo antiguo se llamaron Capellanes mayores, para la admi-

1570

ministracion de los Sacramentos; y considerando, que era grande la Parroquia, y necesitaba demàs Ministros, para estar perfectamente asistida, añadieron otro Cura, que asistiese en la Iglesia de la Anunciacion, y Espiritu-Santo en el Campo de la Verdad de los Corrales; y à doce de Julio de mil quinientos y setenta hallandose en Cabildo el Licenciado Martin de Acosta, Vicario general del Obispado, se le señalò la congrua competente.

La alteracion de los Moriscos del Reyno de Granada empezò à veinte y quatro de Diciembre de mil quinientos sesenta y ocho, y causò gran commocion en toda la Andalucia: pues hallandose la mas proxima, y desprebenida, abultaba el temòr el peligro de otra irrupcion barbara. En Cordoba se tubo muy pronta noticia, y muchos Cavalleros salieron con gente, que inviò la Ciudad de socorro. Nuestro Obispo, y Cabildo determinaron recurrir à Dios con plegarias, para que concediese à los Cristianos victoria; y Domingo nueve de Enero de sesenta y nueve se empezaron con una Procesion general, que fuè al Convento de la Santisima Trinidad, y se continuaron en la Iglesia por todo el tiempo, que durò esta Guerra. El Rey resolviò venir à Andalucia, y escribiò al Cabildo la carta, que se sigue. *Venerable Dean, y Cabildo de la Iglesia Catedral de Cordoba, porque à causa de la mucha gente, que và en nuestra Corte, y ocurrirà à esa Ciudad, havrà estrechura en ella, os rogamos, y encargamos, que sin perjuicio de qualquier privilegio, y preeminencia, que tengais, por esta vez ayais por bien de recibir en vuestras casas las personas, que Fernando de Frias, y Francisco de San Vicente, y Juan Diaz de la Peña, nuestros Aposentadores, que por nuestro mandado vàn à esa Ciudad à hacer el Aposento de nuestra Casa, y Corte, os señalaren por huesped, que en ello recibirè placer, y servicio. De Madrid à doce de Diciembre de mil quinientos sesenta y nueve. TO EL REY. Por mandado de su Magestad Francisco de Heraso.*

Al Rey se previno el Palacio del Obispo, pasando èste su habitacion al Hospital de San Sebastian, que pidiò al Cabildo, y los enfermos se mudaron al de Antoñ Cabrera. La Sala Capitular se destinò, para celebrar las Cortes, que havia convocado el Rey para Cordoba, donde iban concurriendo los Procuradores de las Ciudades, y muchos Señores,

y

y Cavalleros de toda la Andalucia, para hallarse en la entrada. Hizo su viage el Rey por Guadalupe, y despues de venerar à nuestra Señora por algunos dias, que se detubo en aquel cèlebre Santuario, vino à Cordoba à .... de Febrero de quinientos y setenta, donde fuè recibido de la Ciudad, y Cabildo con summa ostentacion, y regocijo. El Obispo, y Cabildo salieron à Caballo; y haviendole besado la mano cada uno, volvieron à montar, para venirse à esperar el Rey en la puerta del Perdon de la Catedral. Aqui se formò la Procesion de todo el Clero, y Cruces de las Parroquias, y tomando los Prebendados Sobrepellices, y Capas de Brocado, salieron del Coro con el Obispo, que iba vestido con asistentes, y Diaconos, y llegando à la puerta, se detubo la Procesion, hasta que llegò el Rey. Luego se desmontò, y arrodillò delante de un altar, en que estaba una Imagen de nuestra Señora, y una reliquia, y el Cardenal Espiñosa le diò la agua bendita, y el Obispo la reliquia, para que la vesase. Executado èsto entonò la musica el responsorio : *elegit Deus*, y caminò la procesion al altar mayor, donde dixo el Obispo las oraciones, que previene el Pontifical, y diò la

bendicion solemne, con que se retirò à su posada el Rey acompañado de la Ciudad, y Corte.

En esta Ciudad se detubo el Rey dos meses, dando las providencias convenientes para sujetar los Moriscos. Muy frequentemente asistiò en la Catedral à los Divinos Oficios, y visitò los Santuarios, y Monasterios : en el de los Martyres Patronos San Acisclo, y Santa Victoria entrò de rodillas desde la puerta de la Iglesia, como dexamos advertido lib. 3. cap. 6. Tratò de unir los Hospitales con el de San Sebastian, y Anton Cabrera, para que tubiese la curacion mejor efecto; pero no llegò à executarse esta providencia, muy util al bien comun ; pues separados consumen las cortas rentas, que tienen, en mantener administradores, y otras personas, sin cumplir con los fines de sus fundadores. Al Cabildo encargò mucho, que continuase las rogativas por los felices sucesos de la guerra; y à ultimos de Abril saliò para Sevilla. Al mismo tiempo tubo nuestro Obispo el quebranto de morir su hermano el Marquès de Denia, que se mandò enterrar en la Catedral; el Cabildo determinò à veinte y cinco de dicho mes enterrarle, y hacer los Oficios de nue-

Ppp ve

vè dias , gratis , como à los Prebendados ; y que el cuerpo entrase por la puerta del Perdon , como se hace con los Cavalleros de la Cepa de Cordoba.

Este año de quinientos y setenta fuè muy esteril ; y como los antecedentes no havian sido fecundos, se experimentò muy presto la necesidad de socorro. La Ciudad estubo muy vigilante , y faltando yà la posibilidad de remediar tantos pobres, Juan Perez de Saabedra , y Don Pedro de Cardenas , Veinte y quatros , y Diputados de la Ciudad vinieron al Cabildo, en que estaba presente el Obispo miercoles veinte y quatro de Enero de setenta y uno, y representaron la summa necesidad, que se padecia ; y pidieron , que el Cabildo nombrase personas, que con el Obispo , y personas nombradas por la Ciudad, tratasen sobre el alivio ; pues aunque el Posito daba diariamente ciento y cinquenta fanegas de pan, no bastaban , y muchas familias no podian comprarlo por su gran miseria. Oida la representacion nombrò el Cabildo al Dean Don Francisco Pacheco , al Arcediano de Castro, Maestro Fernando Gaitàn, Canonigo, y à dos Racioneros, para que con el Obispo , y Comisarios de la

1571

Ciudad tratasen el modò de remediar tanta necesidad , y pobreza. En el dia veinte y nueve de Enero determinò la junta, que los pobres forasteros saliesen de la Ciudad , segun la pragmatica ; y que en cada Parroquia se hiciese un padron de los pobres , y otro de los ricos, con las limosnas, que ofrecian, por un Prebendado , y un Veinte y quatro con el Rector de cada una; que el pan se mantuviese à ocho maravedis para los pobres , y que empezase la limosna à primero de Febrero por cinco meses , hasta la cosecha ; otras disposiciones muy utiles para la practica se decretaron ; pero la multitud de pobres , que se hallaron por los Padrones, las hizo inutiles: y asi el Obispo , y Cabildo se hicieron cargo de dar su limosna diariamente en el Hospital de San Sebastian , contribuyendo cada uno con 250℧. maravedis, y 75℧. la Obrapia del Chantre Aguayo ; y la Ciudad se encargò de los demàs, con lo que diesen la misma Ciudad, y Vecinos. El fin de la Guerra de Granada , y abundantisima cosecha no esperada, por la escasèz de aguas, que concediò Dios, levantaron los animos caidos , y para que fuese este año de quinientos setenta y uno memorable para siem-

siempre, le coronò la feliz Victoria Naval, que consiguiò del Turco Don Juan de Austria à siete de Octubre. A Cordoba llegò la noticia à tres de Noviembre, y el Cabildo, en Sede Vacante, decretò una Procesion general en Domingo quatro siguiente al Monasterio de la Victoria, donde se cantase el *Te Deum laudamus* en accion de gracias.

Por muerte del Cardenal Zuñiga presentò el Rey à nuestro Obispo para el Arzobispado de Sevilla, de que tomò posesion en su nombre el Arcediano de Pedroche Don Andres Perez de Buenrostro à veinte y tres de Junio: y à veinte y seis de dicho mes declarò la Sede Vacante el Cabildo. Antes de retirarse de Cordoba dexò el Obispo muy reparadas las Casas Episcopales, y acabada la Capilla mayor de la Iglesia Catedral. Por su orden se imprimiò en Sevilla año de mil quinientos sesenta y tres el *Manuale Sacramentorum secundum morem almæ Ecclesiæ Cordubensis:* Y haviendo liquidado la quenta de las limosnas recogidas por virtud de la Bula de la absolucion de los casos, diò una libranza de 1. q. 127ц88. maravedis, en que era alcanzado, para que los cobrase de sus rentas la Fabrica de la Catedral.

En Sevilla convocò Synodo para el dia quince de Enero de mil quinientos setenta y dos, en que establecià muchos decretos segun el Concilio de Trento, y otros muy utiles à la disciplina Eclesiastica, de que era muy zeloso, y deseaba reparar. Este zelo ocasionò, como en Cordoba, algunas diferencias con el Cabildo de aquella Iglesia; pues para la observancia obligaba con alguna pena, ò gruesa distribucion. En la asistencia al Coro fuè muy frequente; y al Confesonario en los tiempos de Adviento, Quaresma, y Jubilèo, especialmente era el primero, con que movia à otros, que no tenian esta obligacion. Estimò mucho à los Sacerdotes, y Religiosos; y à los hombres doctos ayudò con liberalidad. En su trato fuè muy llano, en la comida templado, y en el vestido limpio sin artificio, y preciosidad. Finalmente en toda su vida, y tiempo del regimen de sus Iglesias, tubo gran opinion de recto, limosnero, honesto, y compasivo; y solo padeciò la nota del nimio, y rigido zelo, que manifestò en los decretos de los Synodos, y Concilio Toledano, que celebrò, y presidiò; y del tesòn, con que procurò ampliar la jurisdiccion Episcopal en perjuicio de las facultades, que gozan los Cabildos por derecho, y privilegios.

En su tiempo se acabò el trascoro de su Iglesia, y trasladò la Imagen de nuestra Señora de la Antigua, con parte del muro, en que està pintada, al sitio, y Capilla, en que hoy està. Tambien hizo traslacion solemne de las reliquias de San Leandro, de los cuerpos de San Fernando, Don Alonso su hijo, y de otros à la Capilla nueva de nuestra Señora de los Reyes, de cuya funcion sagrada podrà verse à Don Diego Ortiz año de mil quinientos setenta y nueve. En el año siguiente de ochenta fuè à Badajoz à visitar al Rey Don Felipe, y se mantubo en la Corte algunos meses. Obtenida la licencia del Rey, para retirarse, caminò à Lerma, donde intentaba hacer algunas fundaciones pìas; y en Cigales, cerca de Valladolid le detubo la enfermedad, de que muriò à veinte y dos de Septiembre, siendo de setenta y nueve años de edad; su cuerpo fuè trasladado à Lerma, y està sepultado en la Iglesia Colegial. A este Obispo dedicò su historia Esteban de Garibay; y escribieron su vida Gil Gonzalez, Espinosa, Ortiz, y otros.

Muriò à veinte de Abril de mil quinientos sesenta y tres el Venerable Maestro Fr. Pedro de Soto del Orden de Santo Domingo, natural de Cordoba, y Confesor, que fuè de Carlos V. Varòn de singular virtud, y sabiduria. Escribieron su vida el Obispo de Monopoli, y otros. Don Nicolàs Antonio hizo compendio de sus elogios, y refiere sus escritos tom. 2. Bibliot. novæ. Su muerte fuè muy sentida por todos los Padres de el Concilio de Trento, y celebraron con summo aplauso la carta, que dexò escrita al Pontifice.

DON Fr. BERNARDO de Frezneda naciò en Frezneda, de donde tomò el nombre: fueron sus Padres Bernardo de Prado, y Velasco, y Maria Matèo, de familia honesta, aunque no opulenta. Desde su puericia manifestò gran inclinacion à las letras, y virtud: y asi luego que tubo edad, recibiò el Abito en el Convento de San Bernardino de el Monte de la Orden de San Francisco en la Provincia de Burgos. En la Religion aprovechò de modo, que obtubo los honores de Catedras, y Prelacìas, con que diò à conocer sus grandes talentos de sabidurìa, observancia, y prudencia. En el año de mil quinientos cinquenta y quatro pasò à Inglaterra, quando Don Felipe pe Segundo casò con la Reyna Doña Maria, y agradò tanto al Rey, que le hizo su Confesòr; y vuelto à España le nombrò Comisario general de Cruzada, y presentò para el Obispado de Cuenca, que gobernò diez años con gran rectitud, y aceptacion. En el año de mil quinientos sesenta y cinco se hallò en el Concilio Provincial de Toledo, y en el siguiente de sesenta y seis celebrò Synodo en su Iglesia. Fuè uno de los Obispos, que asistieron año de sesenta y ocho à las informaciones, y procesos, que se hicieron para la Beatificacion, y Canonizacion de San Diego, de quien fuè singularmente devoto: y asi en la enfermedad peligrosa, que padeciò el Principe Don Carlos año de quinientos sesenta y dos, fuè el primero, que persuadiò al Rey, que mandase traer el cuerpo de San Diego, por cuya intercesion tendria el Principe salud, como sucediò. Acompañò al Rey en las jornadas, que hizo à las Cortes de Monzon, y à Cordoba, donde le visitaron Diputados por parte del Cabildo à nueve de Febrero de quinientos y setenta, ofreciendo sus afectos, à que correspondiò con gran estimacion, y urbanidad.

El Rey le presentò para este Obispado, y luego diò la noticia en carta, que recibiò el Cabildo à diez y siete de Octubre de mil quinientos setenta y uno, y nombrò dos Diputados, que fuesen à cumplimentarle en qualquiera parte, que estubiese. Tomò la pósesion en su nombre el Licenciado Lope Montaño de Salazar Jueves veinte y quatro de Enero del año siguiente de quinientos setenta y dos, y quedò por Gobernador, y Provisor del Obispado. Nuestro Obispo continuò en la Comisaria general de Cruzada, y haviendo concedido el Pontifice San Pio V. al Rey la primera Casa de cada Parroquia por un quinquenio para la Guerra contra el Turco, se juntò en Madrid congregacion de las Santas Iglesias, à que asistieron por la de Cordoba el Dean Don Francisco Pacheco, y el Racionero Andrès Fernandez Barrionuevo; y la congregacion se concordò en dar al Rey 250ɥ. ducados cada año por el escusado; cuya concordia aprobò Gregorio XIII. à quatro de Enero de mil quinientos setenta y tres.

El Licenciado Martin Alfonso del Pozo, Canonigo Magistral, fuè excelente predicador, y muy erudito en todo genero de ciencias. Escribiò un tomo de *elucidationes in omnes*

1572

nes psalmos año de mil quinientos sesenta y siete, que celebra justamente Don Pedro Serrano, Obispo despues de Coria, y cèlebre Escritor, en la Carta, que le escribiò sobre su obra. Por su muerte; que fuè à ultimos de Julio de quinientos setenta y dos, determinò el Cabildo con el Provisor, que en adelante se proveyese esta Canogìa por Concurso, segun las Bullas Apostolicas, y asi se despacharon Edictos; y haviendo concurrido nueve Opositores, y hechos los exercicios literarios, fuè electo à veinte y uno de Noviembre el Doctor Diego Muñoz de Ocampo, Colegial del mayor de San Bartolomè, y Catedratico de la Universidad de Salamanca. Fuè el primer Canonigo Magistràl por concurso, que tubo nuestra Iglesia, y de prendas sobresalientes.

Nuestro Obispo hizo su entrada en Cordoba Jueves quatro de Diciembre de mil quinientos setenta y dos. El Cabildo presidido de Don Juan de Simancas, Arcediano de Cordoba, Canonigo, y Obispo de Cartagena, saliò à Caballo à recibirle; y haviendole besado la mano, y dexado con el Tribunal de la Inquisicion, y Ciudad, se adelantò para recibirle con todas las Cruces, y Eclesiasticos en la Puerta del Perdòn, donde hizo el juramento acostumbrado de observar los Estatutos, y loables costumbres de la Iglesia. Despues fuè conducido à la Capilla mayor; y acabado el *Te Deum laudamus*, diò à todos la bendicion, y le acompañaron hasta su Palacio, como à sus antecesores.

Por disposicion del Concilio Tridentino se debia aplicar un Canonicato à la leccion de Escritura; y aunque se havia executado antes, no tubo efecto por entonces, hasta el año de quinientos setenta y tres, 1573 en que vacò el que gozaba el Licenciado Juan de Linares, que muriò à seis de Septiembre: y haviendo conferido con el Prelado este punto, à nueve de dicho mes en Cabildo fuè electo, *nemine discrepante*, el Doctor Francisco Fernandez del Aguila, Colegial que havia sido en los Colegios de Siguenza, Valladolid, y San Bartolomè de Salamanca, y actualmente Canonigo Magistràl de Coria; el qual aceptò la eleccion, y obligandose à leer la Sagrada Escritura, à once de Octubre le dieron el Obispo, y Cabildo la posesion, sin perjuicio de probeer en adelante este Canonicato del modo que pareciera mas conveniente. En los Estatutos fol. 3. se halla, lo que debe observarse en esta leccion.

El

El Rey tenia tan buen concepto de la virtud, y religiosa vida de nuestro Prelado, que hallandose enfermo le pidiò, que le encomendase à Dios, y le dixese por su propia persona una Misa en la Iglesia de Santa Ana, por su salud, y mejoria. El Obispo participò al Cabildo la noticia, de haver de ir à Santa Ana à decir la Misa, y determinò èste, que huviese una Procesion general, Sabado ocho de Agosto, y que fuese à la dicha Iglesia, donde celebrò el Obispo Misa de Pontificàl por la salud del Rey. Era muy frequente en celebrar solemnemente; y en las Semanas Santas hacia los Oficios desde el Domingo de Ramos, quándo gozaba salud. En el Miercoles Santo de setenta y quatro, se hallò indispùesto, para continuar los Oficios, y consagrar los Oleos, y pidiò al Obispo de Cartagena, que los consagrase. De esto se originò una gran desazon; porque el Provisor intentò compeler al Cabildo, que nombrase asistentes al Obispo de Cartagena; à lo que se opuso fuertemente, diciendo: que solamente debia hacerlo el Cabildo con su propio Prelado: y asi no tubo efecto en la Catedral la consagracion de Oleos, por mandarse, como debido, lo que sin dificultad se huviera conse-

guido con el Obispo de Cartagena, si se huviera pedido por gracia.

Despues de la Congregacion pasada se mantubo en la Corte el Dean Don Francisco Pacheco, para atender à negocios importantes del Cabildo; y en este tiempo le presentò el Reý para el Obispado de Malaga, de que diò noticia en carta, què recibiò el Cabildo à diez y nueve de Junio de mil quinientos setenta y tres. Por su ascenso quedaron vacantes el Decanàto, y Canogìa Doctoral. Succediòle en el Decanàto Don Gonzalo de Cordoba, que presentò sus Bullas à trece de Diciembre de mil quinientos setenta y quatro; y haviendo satisfecho al Estatuto de limpieza, tomò posesion à catorce de Marzo del año siguiente de quinientos setenta y cinco. Nuestro Obispo havia salido para la Corte à siete de Junio de setenta y quatro, por orden del Rey, que le llamò, para negocios muy importantes, y se mantenia en ella à quince de Noviembre, en que tratò el Cabildo del modo con que se havia de proveer el Canonicato Doctoral vacante. El Provisor pidiò tiempo para saber el dictamen del Obispo; y haviendose conformado con el Cabildo, en que este Canonicato se confiriese por concurso,

Dean.

como la Canogìa Magistràl, y segun se prevenia en las Bullas Apostolicas; à trece de Diciembre se mandò poner Edictos para la Provision, por sesenta dias, que se prorrogaron despues, por no haver mas, que un Opositor.

1575 Nuestro Obispo volviò de la Corte, y à veinte y ocho de Marzo de setenta y cinco se hallò en Cabildo, para proveer dos Raciones vacantes en mes ordinario, à Pedro de Alvarado, y al Licenciado Lope Montàno, Provisor que era, y ambos del Obispado de Burgos. El Cabildo eligiò à los mismos, y se les hizo colacion. Pasada quaresma, saliò el Obispo à la visita del Obispado, de donde havia vuelto à veinte de Junio, en que asistiò à la Procesion, que hizo el Cabildo, para recibir los huesos del Obispo de Caraoba, y traerlos à la Catedral, para darles sepultura. No hallo, que Obispo sea èste: y asi presumo, que fuè la traslacion de los huesos del Obispo Don Pasqual, que se traxeron del lugar, en que estaban depositados, al sepulcro, que oy tiene debaxo del Organo viejo. En este año celebrò solemnemente el Cabildo la Octava de Corpus, à peticion de este Prelado, que tenia gran feè, y devocion à tan divino misterio.

Haviendose cumplido los segundos Edictos para la Canogìa Doctoral, concurrieron seis Opositores, entre los quales fuè uno el Dean Don Gonzalo de Cordoba, que se hallaba graduado de Licenciado por la Universidad de Alcalà: pero haviendole concedido el Obispo, y Canonigos, que tubiese voto Canonicàl, se apartò de la oposicion; y à seis de Julio ante el Obispo, y Canonigos parecieron los demàs opositores, y tubieron por bien, que tubiese el Dean voto en la Provision del Canonicato, y consintieron, que por esta causa, nunca arguirian de nulidad, ni moverian litigio contra la eleccion, y lo firmaron: Despues en el mismo dia se dieron puntos el mas moderno en grado, y continuaron los demàs en los exercicios literarios, hasta el dia catorce de Julio, en que fuè electo el Doctor Cristoval de Vallecillo, Colegial de Santa Cruz de Valladolid, y natural de Constantina, que tomò la posesion à veinte y tres del mismo mes, haviendo satisfecho al Estatuto de limpieza. Desde este tiempo se continùa la eleccion de los Doctorales por concurso, y al fol. 2. del libro de los Estatutos se halla la obligacion, que tienen los Canonigos, Magistral, y Doctoral.

En

En el Reyno de Galicia se padeciò necesidad tan estrema, que muchas personas murieron de hambre , y otras se vinieron à Castilla , por no padecer tanta desdicha , y miseria. Nuestro Obispo, no solamente procurò socorrer tan gran necesidad, sino que tomò à su cargo pedir limosna para el socorro, y alivio de aquel Reyno : y asi acompañado del Corregidor , y otras personas Religiosas vino al Cabildo à quatro de Agosto de mil quinientos setenta y cinco , y propuso, como nuestro Señor havia sido servido afligir el Reyno de Galicia, y dar en èl tan gran carestìa de pan, que se despoblaba el Reyno ; y pues nos daba por acà tan buenos temporales, que teniamos para nosotros , y para favorecer nuestros vecinos , el Cabildo socorriese , y ayudase con alguna limosna de pan : porque lo mismo havian hecho otros Cabildos Eclesiasticos, y por todo el Reyno se havia de pedir para socorro de necesidad tan grande. Hecha esta proposicion, se retirò , y al dia siguiente resolviò el Cabildo dar de limosna quinientas fanegas de Trigo; *por la gran esterilidad, que ha mucho tiempo, que los aflige ; y ser la necesidad tan extraordinaria , que se despuebla aquel Reyno , y los que* *quedan en èl padecen grandes trabajos.* Y mandò, que se diese la noticia de esta oferta al Obispo , y Corregidor , para que las recibiesen.

El Obispo volviò à continuar la visita del Obispado à primeros de Noviembre: y estando en Buxalance , tubo la felicisima noticia , de haverse descubierto las Reliquias de los Martyres en la Iglesia de San Pedro à veinte y uno de dicho mes , y año : y asi lleno de gozo se vino à Cordoba, para vèr , y examinar por sì mismo negocio tan grande. Muchas veces se havian visto soberanas luces sobre el sitio, en que estaban ocultas , con que todos estaban persuadidos , que havia alli este Celestial tesoro. Don Pedro de Cordoba, Marquès de Priego, y los Obispos Don Alonso Manrique, y Don Fray Juan de Toledo solicitaron buscarle ; pero el temor de la ruìna de la Iglesia , y Torre los obligò à desistir de sus piadosos conatos. Tenia Dios reservada esta fortuna para este tiempo , en que sin buscarle , se manifestase en la ocasion de descubrir los cimientos del arco toral, que havia flaqueado. El Obispo se vino el dia veinte y cinco , y sin descansar, caminò derecho à la Iglesia de San Pedro, à vèr, y reconocer las Reliquias ; y

Qqq   sa-

sabiendo , que se havian quitado algunos huesos , obligò
con Censuras à restituirlos , y
dexò los demàs en segura custodia. El modo, y circunstancias de esta sagrada invencion
podràn verse en Ambrosio de
Morales lib. 17. de la Cronica cap. 4. hasta el 11., y Padre Martin de Roa en los Santos de Cordoba à veinte y uno
de Noviembre ; y el tiempo
en que se ocultaron en la primera parte lib. 2. cap. 11., y
en la disertacion de los Martyres para no repetirlo.

Al Rey se diò noticia de
todo , y mandò venir à Cordoba al Maestro Ambrosio de
Morales , que acababa de publicar las Obras de San Eulogio , para que asistiese à las
diligencias , è informaciones,
y pudiese dar alguna luz con
sus muchas noticias. Nuestro
Obispo procediò con la prudencia , y cautela religiosa,
que se requiere en asunto tan
grande ; y despues de haver
celebrado Misa en la Iglesia
de San Pedro por Abril de
quinientos setenta y seis, hizo
una solemne visita de todos
los huesos en presencia de los
Inquisidores, Prebendados, Religiosos , Cavalleros , y otras
personas , con los Medicos
principales de la Ciudad. Ha-
llaronse nueve cabezas casi en-
teras, y otras nueve en peda-

zos diversos, que indicaban ser
de distintas personas : y huesos de diez y ocho , que por
su diferencia no podian ser de
menor numero ; en que algunos estaban quemados, deforma, que ni las cabezas, ni los
huesos, podian componer los
diez y ocho , ò diez y nueve
cuerpos, sino que eran partes
al parecer de diez y ocho , ò
diez y nueve cuerpos distintos. Hecha la visita reconociò
el Sepulcro , y marmol , que
tenia ; y haviendo concluido
una informacion plenisima , con
parecer de muchas, y muy ca-
lificadas personas , pronunciò
el auto siguiente.

*En la Ciudad de Cordoba
à trece dias del mes de Septiembre Año de la Natividad de
nuestro Señor Jesu-Christo de
mil y quinientos y setenta y siete años , el Ilustrisimo , y Reverendisimo Señor Don Fray
Bernardo de Fresneda , Obispo
de Cordoba , del Consejo de Estado de su Magestad, y su Confesor , en presencia de mi Lorenzo Rodriguez de Guevara,
Notario Apostolico , Escribano
del Audiencia Obispal de Cordoba , y de los testigos infras-
critos : Dixo , que haviendo visto la probanza , è informacion , è
diligencias fechas por los Licen-
ciados Montano de Salazar , è
Francisco Velarde de la Concha,
y de sus Oficiales cerca de los
di-*

dichos huesos , que fueron hallados en el dicho Sepulcro en la dicha Iglesia de San Pedro de esta Ciudad ; y haviendo visto su Señoria Ilustrisima el dicho Sepulcro, donde los dichos huesos fueron hallados , y el marmol con el letrero , que en el estaban , de que en la dicha informacion se hace mencion por vista de ojos ; y asimismo haviendo visto , y entendido la noticia , que en esta dicha Ciudad ha havido , y hay de tiempos immemoriales à esta parte , de que en la dicha Iglesia de San Pedro , è lugar donde fue hallado el dicho Sepulcro estaban enterrados huesos de Santos Martyres , que padecieron martyrio por la Fè de nuestro Señor Jesu-Christo ; y asimismo haviendo visto por vista de ojos los dichos huesos , à que el dicho Sepulcro , y antiguedad dèl demostraba ser muy antiguo , y haviendo sido fecho , para recoger en el huesos de Santos , y que parte de los dichos huesos , ansi en el color , y olor , como en el peso , parecian haver sido de Martyres , que padecieron Martyrio en fuego ; y asimismo visto , que en la dicha Iglesia de San Pedro los Curas , y Beneficiados , y Clerigos de ella , de mucho tiempo à esta parte , siempre han hecho una fiesta solemne en cada un año à los Santos Martyres Fausto , Januario , è

Marcial en memoria de que en la dicha Iglesia estaban sepultados los huesos de los dichos Martyres , è vista la devocion , y opinion comun , que toda la dicha Ciudad , è Vecinos , è Moradores de ella han tenido del dicho tiempo à esta parte , de que en la dicha Iglesia havia cuerpos , è huesos de Martyres sepultados : E vista la antiguedad de la dicha Iglesia , y que en tiempos pasados parece , que fuè Iglesia mayor en esta Ciudad ; è considerando , que despues que el Rey Don Rodrigo perdiò à Hespaña , è la dicha Ciudad de Cordoba , que estonces era de Cristianos , è fuè ocupada de Moros Infieles , hasta que el Rey Don Fernando de gloriosa memoria la ganò de poder de los dichos Moros , è Infieles , que pasaron muchos años en el dicho medio tiempo , è huvo en la dicha Ciudad Iglesias , y Monasterios de Cristianos , è muchos de los dichos Cristianos por defensa de la Ley , è de Jesu-Christo nuestro Redentor padecieron Martyrio en la dicha Ciudad , como es notorio , è refieren muchas Historias ; y que los Cristianos, que estonces vivian en la dicha Ciudad recogieron los huesos , è cuerpos de los dichos Martyres, y los escondian , y sepultaban en sus Iglesias escondidamente , y que es de creer , que juntarian mucho numero de huesos de Martyres,

tyres, y los sepultarian, y asconderian en el dicho Sepulcro de la dicha Iglesia de San Pedro, donde los dichos huesos fueron hallados, por conservallos, è guardállos de los dichos Moros, è Infieles. E vistas las demás razones, sobre la dicha razon, probadas: y haviendose su Señoria Ilustrisima informado de las personas antiguas de la dicha Ciudad de Cordoba cerca de la memoria, è opinion de los dichos huesos, y de algunos historiadores de mucha opinion, y credito; y haviendo visto, è leydo algunas historias, que tratan de lo susodicho; dixo, que su parecer es, que los dichos huesos, que asi fueron hallados en el dicho Sepulcro de la dicha Iglesia de San Pedro, de que en esta causa se hace mencion, fueron, y son huesos, è reliquias de los Santos Martyres, contenidos en el letrero, que está en el dicho marmol, è de otros, que se juntaron con ellos, que padecieron martyrio en esta dicha Ciudad por nuestro Señor Jesu-Christo, è su Santa Fè Catolica en los dichos tiempos. E mandaba, è mandò, que los dichos huesos estèn puestos en guarda, y custodia en la parte, è lugar donde por su mandado estàn puestos; y que no se adoren, ni reverencien por reliquias de Santos, hasta tanto, que su Santidad de nuestro muy Santo Padre Gregorio Papa decimo tercio, ò algunos de los Summos Pontifices, que despues subcedieren en la Iglesia Apostolica, dè licencia para ello; è remitia, è remitiò la dicha causa, y declaracion à su Santidad; è mando al Rector, Beneficiados, y Clerigos de la dicha Iglesia de San Pedro, que acosta de la Fabrica de la dicha Iglesia consulten sobre este negocio à su Santidad, è para ello se les dè testimonio de este proceso, è autos con este su parecer, en el qual dixo: que interponia, è interpuso su autoridad, è decreto judicial, para que valga, y haga fè en juicio, è fuera dèl; è lo firmò de su nombre presentes por testigos el Licenciado Francisco Velarde de la Concha, Provisor, è Doctor Pedro Martinez, Visitador General, y el Licenciado Don Juan de Arca, Limosnero de su Señoria Ilustrisima, è Marco Antonio Gemaniego. F. B. Eps. Cordubensis. Pasò ante mì Lorenzo Rodriguez de Guevara, Notario.

Bien podia el Obispo declarar el culto, y veneracion, que se debia à las reliquias, que declaraba ser de verdaderos Martyres, como dice el Padre Roa, y tocò Diana part. 2. tract. 15. resol. 51. tratando de nuestras reliquias; pero quiso para mayor satisfaccion

cion de todos , y por las circunstancias del tiempo, que se recurriese al Pontifice Gregorio XIII. sobre este punto. El Papa aprobó todo lo obrado por el Obispo; y que en punto del culto solemne , se recurriese al Concilio Provincial, como lo disponia el Concilio de Trento ses. 25. No obstante mandò, que los Santos huesos estuviesen elevados en una arca decente con rexa, para poderlos vèr los fieles ; y concedió indulgencia plenaria à todos los que visitasen con devocion el Sepulcro en el dia de su invencion. Con esto vieron los fieles una puerta patente para darles culto, y celebrar fiesta en su dia. Pero, para que no faltase requisito alguno de seguridad, y autoridad en la verdad de ser reliquias dignas de religioso culto, dispuso Dios, que se congregase Concilio Provincial en Toledo para otros fines en el año de mil quinientos ochenta y dos, donde volviò à examinarse este negocio, y el Concilio pronunciò la sentencia, que se sigue.

En la Ciudad de Toledo à veinte y dos dias del mes de Enero , año del nacimiento de nuestro Salvador Jesu Christo mil quinientos ochenta y tres años , estando juntos , y congregados el Santo Concilio Provincial de esta Provincia de Toledo en la dicha Ciudad , que se comenzò à celebrar à ocho dias del mes de Septiembre del año pasado de mil quinientos ochenta y dos presidiendo en èl el Ilustrisimo Señor Don Gaspar de Quiroga , Cardenal de la Santa Iglesia de Roma , Arzobispo de Toledo , Primado de las Españas , Inquisidor General, Chanciller mayor de Castilla , y del Consejo de Estado de su Magestad: y estando juntos , y congregados , juntamente con su Señoria Ilustrisima en la Sala donde el dicho Concilio se celebra , que es dentro de las Casas Arzobispales de esta Ciudad , los Ilustrisimos Prelados Comprovinciales de esta dicha Provincia de Toledo conviene à saber : Don Alvaro de Mendoza , Obispo de Palencia , Don Antonio de Pazos , Obispo de Cordoba , Don Francisco Sarmiento , Obispo de Jaèn , Don Gomez Zapata, Obispo de Cuenca , Don Alonso Velazquez , Obispo de Osma, Don Fray Lorenzo , Obispo de Siguenza , Don Andrès de Bobadilla , Obispo de Segovia , Don Alonso de Mendoza , Abad de Valladolid , haviendo tratado del negocio remitido à esta S. Synodo por nuestro muy Santo Padre Gregorio XIII. , y presentandose en èl el proceso de esta causa por parte del Rector , Beneficiados , y Clerigos de la Iglesia

sia Parroquial de San Pedro de Cordoba, cerca de la veneracion de las Reliquias de los Martyres, Fausto, Januario, Marcial, y los demás en el proceso contenidos: vistos los autos, y meritos dèl, y siguiendo el auto, y mandamiento dado, y pronunciado por el Ilustrisimo Señor Don Fray Bernardo de Frezneda, Obispo de Cordoba, de buena memoria, en la Ciudad de Cordoba à trece dias del mes de Septiembre del año pasado de mil quinientos setenta y siete, en que declarò por Reliquias de los Santos Martyres Fausto, Januario, Marcial, y de otros Martyres, contenidos en un letrero de una piedra de marmol, los huesos que fueron hallados en la dicha Iglesia en un Sepulcro de piedra, que padecieron martyrio en la dicha Ciudad de Cordoba por Jesu-Christo nuestro Señor, y su Santa Fè Catolica, la qual dicha piedra parece fuè hecha para encima del dicho Sepulcro, segun resulta del proceso: y mandò el dicho Señor Obispo, que estuviesen puestos en guarda, y custodia: los dichos Señores dixeron, supliendo el dicho auto, en lo que fue omiso, cerca de la veneracion de las dichas reliquias, y en consequencia dèl, que declaraban, y declararon: de que à las dichas reliquias, de que en el dicho auto se hace mencion, y que al presente parecen estar en el hueco de la pared de la Capilla de Santa Lucia, dentro de la dicha Iglesia de San Pedro, que mandò hacer para el dicho efecto; se les deben veneracion por todos los fieles Cristianos, como à reliquias de Santos, que reynan con Dios nuestro Señor en el Cielo, y así lo mandaron, que las dichas reliquias se coloquen en lugar, y custodia muy decente, con parecer del Reverendisimo Prelado de la Iglesia de Cordoba, y se tengan en veneracion, y se les haga el culto, y reverencia segun que la Santa Iglesia Catolica Romana suele, y acostumbra à hacer à las demás reliquias, y cuerpos de Santos. La qual declaracion, y mandato, hicieron sin perjuicio alguno de los otros lugares pios, que pretenden tener reliquias de los dichos Santos. Y asi lo proveyeron, y mandaron, y firmaron de sus nombres.

Entre estas Sagradas Reliquias hay de los Santos Martyres Fausto, Januario, Marcial, Zoylo, Acisclo, y otros, que conservò la inscripcion del marmol ✠ Scorum Martir ::::: XPIIHV. Fausti, Januari, & Martia :::: Zoyli :::: t. aciscli :::: arita :::: ats :::: N. :::: Aunque Ambrosio de Morales, Padre Roa, Maestro Rivas, y otros han entendido en las ultimas quatro letras era mil sesenta

y

y nueve , ò setenta y nueve, que es año de mil treinta y uno , ò quarenta y uno , en que se ocultaron; yà en la primera parte dexamos asegurado , que se ocultaron por el año de mil ciento veinte y quatro , ò veinte y cinco. Y que esas letras eran de nombres de algunos Santos, que no podemos entender , como ni el de arita, sino es que sea *Charitatis*, ù otro semejante de alguna Martyr, que huvo en Cordoba, ò su reliquia. La mayor dificultad està en averiguar de que Martyres son las reliquias restantes. Para nuestra utilidad nos basta saber , que son de verdaderos Martyres; pues no necesitamos de saber los nombres, para implorar, y esperar su patrocinio, como lo hace la Iglesia con San Adaucto. Ni tampoco debe entiviarse la devocion , por no gozar de los cuerpos, sino de reliquias: porque una gota de sangre , una particula, como decia elegantemente San Gregorio Nacianceno , tiene la misma virtud, que todo el cuerpo : *Quorum vel solæ sanguinis guttæ , atque exigua passionis signa idem possunt , quod corpora. Orat. 1. in Julianum.*

Si constara , que la Iglesia de San Pedro era la misma, que en tiempo de los Arabes estaba dedicada à los tres Santos Fausto , Januario , y Marcial, como congeturò prudentemente Morales, por la antigua tradicion , y primer lugar , que tienen en la inscripcion del marmol, huviera gran fundamento , para presumir, que estaban entre estas reliquias los cuerpos de las Santas Sabigotona , y Argentèa, que fueron sepultados en esta Iglesia. Entre las revelaciones del Venerable Presbytero Andrès de las Roelas , que se imprimieron año de mil seiscientos y cinquenta por el Licenciado Pedro Diaz de Rivas, hay una , en que se dice , estar las reliquias de los Santos Martyres , Perfecto , Argimiro, Leovigildo, Cristoval, Victoria , Flora , Maria , Elias, Heremias , y otros demàs de los que se nombran en la inscripcion del marmol ; aunque esto tiene la dificultad de haver sido sepultados todos estos martyres en distintas Iglesias, segun escribe San Eulogio ; ò en el Betis , como de Elias , y Heremias dice el mismo Santo , y no parecieron. Tampoco manifiesta, que martyr era *Arita* , ni de quièn eran dos cabezas pequeñas , que se deseaba mucho saber en aquel tiempo.

A Morales , Roa, y otros pareciò , que esta Iglesia fuè la Catedral en tiempo de los Ara-

Arabes , y que en ella recogieron los Cristianos las reliquias de los Monasterios , è Iglesias , que se despoblaban por la pobreza , ò por las persecuciones ; y que en ella las ocultaron en la persecucion ultima. Hace verosimil esta congetura , el estar entre las reliquias , las de San Zoylo , y San Acisclo , que se quedaron en sus Basilicas , quando se llevaron sus cuerpos. Al Maestro Fray Juan de Rivas agradò mas , que en cada Iglesia , que permanecìa entonces , ocultaron sus reliquias : pues fueron muchos los Martyres , que padecieron ; y aunque se llevaron de Cordoba algunos , no corresponden los pocos que se han descubierto : y asi defiende , estar todavia ocultos en el Monasterio de San Acisclo , y Victoria los cuerpos , ò reliquias de estos Santos Martyres , y de otros que fueron sepultados en la Basilica de San Acisclo , que es la del dicho Monasterio. Ambos dictamenes se fundan en congeturas piadosas : y asi podrà seguir la devocion el que sienta , que conduce mas , para tenerla mas fervorosa ; solo añado , que las dos cabezas de niños , ò niñas , que estàn entre las reliquias , podràn ser de las dos doncellitas hermanas , hijas de San Aurelio , y Santa Sabigoto

(segun presumo) que se llamaron Felicitas , y Maria , de cuyo martyrio se tratò lib. 2. cap. 6. pues es verosimil , que las sepultasen con su Madre en la Basilica *Sanctorum Trium.*

Para concluir , resta saber , si la Iglesia de San Pedro fuè la de los tres Santos , y Catedral en tiempo de los Sarracenos. En quanto à ser la Basilica de los Santos , es tradicion antiquisima , que pudo conservarse por los cautivos , que huvo succesivamente en Cordoba , como se conservò la de estar ocultas en èlla las Sagradas Reliquias ; y asi se celebrò en ella la fiesta de los tres Santos , desde lo antiguo. Pero que fuese la Catedral , està en contrario el Abad Sansòn ; pues refiriendo la deposicion del Obispo Valencio , y la eleccion , y consagracion de Esteban , dice : que residiò en la Basilica de San Acisclo : *in Basilicam S. Aciscli fecerunt residere* ; y no es verosimil , que residiese en otra Iglesia , que no fuese la Catedral ; ni que el Conde Don Servando , autor de esta eleccion de Esteban dexase de violentar à los Obispos , que le consagraron , para que le entronizasen en la principal Iglesia. Que la Basilica de San Acisclo fuese la principal en Cordoba , lo persuade

suade la multitud de Martyres, que enterraron en èlla los fieles; y haviendo asistido el Obispo Saulo al entierro de San Perfecto, dice San Eulogio: que fuè en la Basilica de San Acisclo: *Dignoque Præsulis, & Sacerdotum obsequio in Basilica B. Aciscli :::: humatur.* lib. 2. cap. 1. En la misma fueron sepultados San Sisenando, San Argimiro, y las cabezas de las Santas Flora, y Maria, que padecieron en la misma persecucion.

Tambien lo persuade el honestisimo Colegio de Eclesiasticos, y cèlebres estudios, que havia en la Basilica de San Acisclo, que refiere San Eulogio lib. 2. cap. 1. 3. 8. alli se criaron San Perfecto, Sisenando, y Anastasio Martyres, y le donò el Conde Adulfo su libreria. En tiempo, y pluma de San Eulogio, y Abad Sansòn, sino excedia, no era inferior à las demàs Basilicas de Cordoba. Pues por què no la hemos de tener por la primera, y mas principal Iglesia?

De este principio pudo nacer, que fuese el Cabildo en procesion general à su Iglesia, desde que se ganò Cordoba, y que se tuviese tanta veneracion à este Santuario, que Felipe Segundo entrò de rodillas desde la puerta con admiracion del mundo, y edificacion de los fieles. Ni satisface decir, que esto naciò de ser Protomartyres, y Patronos de Cordoba San Acisclo, y Santa Victoria; porque la misma razon milita, para que su Basilica fuese la primera, y mas principal entre las dedicadas à otros Martyres: y asi Inocencio IV. en su Bula dada à veinte y siete de Mayo de mil doscientos y cinquenta dice: *Aciscli, & Victoriæ, quorum ibidem memoria solemniter cele-bratur;* y obliga à todo el Clero de Cordoba, que asista à la Procesion.

Los fundamentos, que tuvieron Morales, Roa, y otros muchos, que los han seguido, son dos: El primero, que junto à la Iglesia de San Pedro estaba la casa del Obispo, y permanece parte, que llaman el corral del Obispo, y parte se vendiò por un Obispo à Don Pedro Ruiz de Aguayo: y asi la Iglesia de San Pedro, ò *Sanctorum Trium* era la Catedral: Segundo, que hasta su tiempo se mantuvieron en San Pedro seis Capelos de Obispos, que parece estaban alli sepultados, y se quitaron quando se quitò el Coro, casi treinta años antes, que escribiese Morales. Al primero diò fuerza la confusion, que nace de la antiguedad, porque de la

Rrr   es-

escriptura de permuta de Lucena otorgada año de mil trescientos quarenta y dos, consta, que Doña Leonor de Guzman dió al Obispo Don Juan Perez una casa horno en la Parroquia de San Pedro con otras posesiones por la Villa de Lucena: y asi de esta casa del Obispo se venderia parte, y parte quedaria hecha corral. Al segundo confieso, ignorar el origen de poner los seis Capelos en la Iglesia de San Pedro; pero haviendo faltado de Cordoba los Cristianos por ciento y doce años, es dificil de creer, que los dexasen en ella, y se mantuviesen por los Mahometanos en tanto tiempo, que usarian de la Iglesia para Mezquita, ù otro empléo: y asi se colgaron despues por trofeo, ò por otra causa, que ignoramos. Morales en la deposicion no se certifica de haverlos visto, quando era niño, en la pregunta 10.

No obstante lo dicho, creo, que con la distincion se debe ajustar, y concordar esto. Despues, que los Sarracenos destruyeron, ò quitaron à los Cristianos su Catedral antigua, que se llamaba *Jerusalèn*, segun el uso de entonces, y afirma el Padre Roa, quedaron insignes Basilicas dedicadas à los Martyres de Cordoba San Acisclo, San Zoylo,

Sanctorum Trium, y à otros. Cada una era como Catedral; pues tenia su Colegio de Eclesiasticos, y Ministros, que residian, y ascendian por sus grados al Sacerdocio. Tenia estudios, para instruir la juventud en las letras divinas, y humanas; y asi estaba en arbitrio del Obispo, residir en la Basilica, que le pareciese, ò tenia devocion. Esto parece, que significò el Abad Sansòn, diciendo, que dieron posesion à el electo Esteban en la Basilica de San Acisclo, para que residiese en èlla: *in Basilicam S. Aciscli fecerunt residere*. Despues, por la pobreza, ò por la gran diminucion de los Cristianos descaecieron, ò se despoblaron algunas, y con especialidad la de San Zoylo, desde la traslacion de su cuerpo à Carriòn, y mudaron los ouerpos, y reliquias de los Martyres, Pablo, Teodomiro, Cristoval, y Leovigildo, con la de San Zoylo, que havia quedado à la Basilica *Sanctorum Trium*, que se mantenia mas floreciente, y poblada, que las otras. Con esta ocasion es naturalisimo, que residiese en èlla el Obispo, y fuese la Catedral, pues: *presente Episcopo cum omni Clero*, fuè solemnemente sepultada en èlla Santa Argentèa; y tambien se depositò en èlla el cuer-

cuerpo de Don Garcia, Conde de Castilla; de que se colige ser yà en aquel tiempo la Basilica mas principal, ò Catedral. Si otro diese mas luz entre tan densas tinieblas, corregirà, ò afianzarà estas congeturas con gusto de los que buscan la verdad.

De todo lo dicho se infiere, que con las reliquias de los Sagrados Martyres, Fausto, Januario, Marcial, Zoylo, y Acisclo, se hallan el cuerpo sin cabeza de Santa Sabigota, los de las dos hermanas Felicitas, y Maria, y de Argentèa, que fueron sepultados en la Basilica *S. Trium*'; y tambien los de Pablo, Teodomiro, Cristoval, Leovigildo, y reliquia de San Eulogio, que quedò (quando fuè llevado su cuerpo à Oviedo) en la Bisilica de San Zoylo, donde fueron sepultados; y de ella trasladados à la *S. Trium*, como queda dicho. De que Martyres, ò de quales Basilicas, ò Monasterios sean las restantes reliquias, no hay vestigio, para adivinarlo. Pero podrà decir alguno con el Padre Martin de Roa, que, hallandose entre ellas la de San Acisclo, que se quedò en Cordoba, quando llevaron su cuerpo à Tolosa, y Cataluña, es consiguiente, que con ella trasladasen los cuerpos de San Per-

fecto, Sisenando, Argimiro, y las cabezas de Flora, y Maria, que descansaban en la Basilica de San Acisclo, como se ha sentado con las de San Zoylo. Sino huviera en contrario la tradicion, que yà tocarèmos, era congetura muy verosimil; pero esta debe ceder à la tradicion antigua, y constante, mientras no se descubra monumento, que la devilite.

En quanto à la Iglesia de San Acisclo, y Victoria tenemos dos memorias notables por este tiempo. La del Convento amenazaba ruina, y mandò el Rey, quando la viò el año de mil quinientos y setenta, que se hiciese nueva; para lo qual ofreciò, y diò copiosas limosnas: yà estaba muy adelantada à dos de Enero de setenta y seis, en que pidiò el Convento, que le diese el Cabildo una limosna, para *enladrillar, y encalar la Iglesia nueva.* Tambien la Cofradia de San Acisclo, y Victoria en la Hermita junto à la puerta de Colodro pidiò al Cabildo, que le diese una casa contigua à la Hermita, *à efecto de que con ella fagan ensanchar la dicha Hermita*; y ofrecieron otra casa propia de la Cofradia: y à diez y nueve de Febrero de quinientos setenta y cinco se executò esta permuta. Como

Rrr 2	San

San Acisclo, y Santa Victoria
tenian por este tiempo estas
dos Iglesias, empezò la duda,
y contienda sobre qual de ellas
era la antigua, y cèlebre Basilica de San Acisclo. En el
lib. 2. cap. 4. y lib. 3. toca-
mos este punto, y es preciso
repetir algo de lo dicho para
mayor claridad.

Que la Hermita à la pu-
erta de Colodro no pueda ser
la Basilica de San Acisclo,
sino la Iglesia, que tiene el
Convento à la puerta de Martos, consta; lo primero, porque la Hermita fue pequeña,
y en su fabrica no demuestra
antiguedad grande. En muchos
testamentos antiguos hasta el
año de mil quatrocientos sesenta y siete, en que otorgò
el suyo el Chantre Aguayo,
se hace mencion de los Santuarios, lugares pìos, Hermitas, y Conventos, y en ninguno se expresa la Hermita, y
en todos, desde el año de mil
trescientos quarenta y uno se
nombra el Monasterio de San
Acisclo, y Victoria: y asi se
fundò despues por algun devoto, ò Cofradia en la Parroquia
de Santa Marina, como otra
que hay en la de Santiago.
Segundo, porque viniendo de
Martos Santa Flora à presentarse ante los Jueces, entrò en
la Basilica de San Acisclo à
implorar el Patrocinio de los

Martyres, como escribe San
Eulogio lib. 2. cap. 8. Si la
Basilica estuviera donde està
la Hermita à la puerta de Colodro, extraviaba mucho su
camino; lo que no sucedia,
si estaba, donde està ahora el
Convento: pues le ocurria en
el mismo camino, que llevaba
al Palacio. Ni satisface decir,
que Santa Maria vino de su
Monasterio de Cuteclara à la
Basilica de San Acisclo con el
mismo fin; y hallò alli à Flora; y asi una de las dos no
caminò en derechura al Tribunal: pues por què ha de ser
Maria, y no Flora? No satisface: porque viniendo Maria
de su Monasterio, que estaba,
donde ahora el de la Victoria,
siempre extraviaba su camino,
para ir al Palacio, yendo antes à la Basilica de San Acisclo, aunque estuviese la Basilica à la puerta de Colodro,
que entonces no havia; porque es nueva, como se cono-
cè; y asi fuè de intento à la
dicha Basilica, antes de ir à
presentarse. Pero de Flora,
fatigada de su viage, no es verosimil, que tomase circuito
tan grande, teniendo à poco
rodeo la Basilica *Sanctorum
Trium*, para hacer su oracion,
y descansar.

Lo tercero, porque des-
de que se ganò Cordoba, se
dedicò esta Iglesia (que hoy
tie-

tiene el Convento) à San Acisclo, y Santa Victoria, donde fueron , y son solemnemente venerados , y obrò Dios muchas maravillas por su intercesion ; *è yacian en ella cuerpos Santos* , como representò al Rey Don Fernando Quarto el Comendador Frey Rodrigo Ordoñez año de mil doscientos noventa y siete. Esto solamente podia constar por tradicion, ò memoria , que dexaron los Cristianos , que se retiraron, ò conservaron los Cautivos, que havia en Cordoba. La misma tradicion se ha conservado , como prueba el Maestro Rivas lib. 2. cap. 15. y siguientes de la vida de San Alvaro: y asi es preciso confesar , que estubo la Basilica de San Acisclo , donde està hoy la Iglesia del Convento de San Acisclo , y Victoria : y que por tradicion antiquisima se cree , estar ocultas reliquias de estos gloriosos Martyres sepultados en ella. Ni obsta, que haya reliquia de San Acisclo entre las de San Pedro; porque pudieron quedar distintas reliquias de San Acisclo , y Santa Victoria , quando ultimamente las llevaron para Cataluña, y quedar en su Basilica , y en la de San Fausto , y compañeros. De San Zoylo no pudieron quedar muchas reliquias en Cordoba,

como consta del registro de su cuerpo , que referimos lib. 2. cap. 11. ; y asi es muy verosimil, que se trasladase su reliquia con los cuerpos sepultados en su Basilica , que eran de Martyres à la Basilica *Sanctorum Trium.*

La Basilica de San Zoylo fuè una de las mas ilustres. En ella havia Colegio , ò Cabildo de Eclesiasticos , que la servian , y Maestros para las ciencias. En ella estudiò San Eulogio , y el Abad Sansòn fuè Rector , ò Cura. En ella estubo su cuerpo hasta el año de mil y setenta , y los cuerpos Santos de Pablo , Teodomiro , Cristoval , Leovigildo, y Eulogio ; pero del sitio en que estubo no consta ; indicio de haverse destruido antes, que faltasen los Cristianos de Cordoba, y de haverse trasladado à la Basilica *Sanctorum Trium* todo lo precioso que tenia: pues huviera quedado algun vestigio , ò tradicion de Santuario tan celebre, si huviera permanecido hasta lo ultimo. En la Iglesia Parroquial de San Miguel tiene una Capilla antigua con una Ilustre Cofradia, que la sirve. Es tradicion no vulgar, que en el pozo de una casa , que està enfrente , arrojaron los riñones del glorioso Martyr, quando lo martyrizaron. Dificil es hacer juicio sobre

bre hecho tan antiguo. Lo cierto es, que por la intercesion de tan inclito Martyr han sido aliviados del mal de riñones, y tercianas muchos, que con fè, y devocion han bebido sus aguas. El Padre Martin de Roa asegura haver experimentado en sì mismo este beneficio, y en otros muchos, que bebieron las aguas, y se encomendaron al Santo; y asi seamos sus devotos, para gozar semejantes favores: porque no es la nimia critica (antes suele dañar) sino la fè, y devocion la que salva. Hoy se ha edificado una Capillita en la misma casa, y en ella se venera la reliquia de tan glorioso Martyr Cordobès.

Volviendo à nuestro Obispo Don Bernardo de Frezneda, se hallò en Cabildo à quince de Febrero de mil quinientos setenta y seis, y mostrò una carta de su Magestad el Rey Don Felipe nuestro Señor, en que decia: *Que su Magestad havia hecho merced al Licenciado Serrano, Vicario general de Toledo, y su Arzobispado de una Capellania de los Reyes de la Santa Iglesia de Toledo, el qual tenia una Media Racion de esta Santa Iglesia de Cordoba, al qual havia mandado dexar, y ansi la dexaba: y por su dexacion, su Magestad pedia al Obispo, y Cabildo, Canoni-*

1576

gos, que se la probeyesen à Luis Lopez de Garavatea su Cantòr, y Criado: para lo qual invian todos los recaudos bastantes; y vistos, su Señoria mandò, se llame à Cabildo de Canonigos para esta tarde, para hacer la provision, colacion, y Canonica institucion. Por la tarde volviò el Obispo à Cabildo, y vista la dexacion, que hacia el Licenciado Serrano de la Media Racion en manos de Obispo, y Canonigos, su Señoria Reverendisima nombrò para la provision de la dicha Media Racion à Luis Lopez Garavatea, Criado, y Cantòr de la Capilla Real de su Magestad; y luego se hizo escrutinio, y votando cada uno en su lugar, nemine discrepante, le dieron voto, y probeyeron de la dicha Media Racion al dicho Luis Lopez de Garavatea.

Esta provision nos evidencia el principio de introducirse el derecho, ò regalìa de nombrar los Reyes para los Beneficios de resultas, que hoy vemos tan autorizado, y practicado: porque pocos años antes el Obispo Pinelo dexò su Prebenda en las manos del Obispo, y Canonigos, para que la dieran à su arbitrio, como lo hicieron: y el Obispo Mendòza retubo el Canonicato, y resignò en Don Bartolomè de la Cueva el Arcedianato de Pedroche.

En

En la primavera de mil quinientos setenta y seis faltò el agua, y teniendo experiencia de lograr el socorro de nuestro Señor por la intercesion de Maria Santisima, à peticion de la Ciudad determinò el Cabildo à tres de Abril, que se traxese su Sagrada Imagen de Villa-Viciosa, y que desde el dia nueve se hiciesen rogativas. La Soberana Imagen se mantubo en Cordoba casi tres años, y nuestro Obispo le tubo gran devocion, y la visitaba frequentemente; mandò hacerle un vestido de plata, y un precioso, y costoso trono, y peana de plata, en que puso dos estatuas, una del Serafico Patriarca, y otra suya de rodillas. Tambien adornò el trono con quatro laminas sobredoradas, en que se expresa la historia del Pastor, que traxo la milagrosa Imagen de Portugal, y como, llevandole preso los Portugueses, le librò milagrosamente nuestra Señora: hizo la donacion à veinte y tres de Septiembre de mil quinientos setenta y siete hallandose en el Cabildo à quien entregò, y encargò la custodia de estas alhajas para nuestra Señora. En su tiempo se dorò la Custodia, para lo qual diò à la Fabrica un buen socorro.

El cuidado de los Niños Expositos se havia entiviado mucho con la muerte del Dean Don Juan de Cordoba. Esto causò gran lastima à Don Gonzalo Florez de Carvajal, Arcediano de Castro, y moviò à otras personas piadosas, para instituir una Cofradia, que pidiese limosnas, y cuidase de la crianza de ellos. Hizo reglas para el gobierno, y haviendolas aprobado el Cabildo, le nombrò à veinte y quatro de Mayo de quinientos setenta y seis por primero administrador de la dicha Cofradia, y le socorriò con limosnas copiosas. Hasta ahora se havian aplicado las ofrendas al Hospital de San Sebastian, y desde este tiempo se dividieron entre los enfermos, y Expositos. No se manifestò menos piadoso nuestro Prelado; pues demàs de los socorros, que diò, exortò al Cabildo, que continuase con obra tan del agrado de Dios, y donò un Juro, para que le gozase perpetuamente la Obrapìa: gracias à Dios, que ha ido en aumento (aunque la Cofradia cesò) por la devocion de muchos Prebendados, y personas devotas, que han dexado algunos bienes; pero no alcanzando à socorrer tan gran numero, como hay en estos años miserables, clama à todos el Diputado presente (que escribe be esto) que ayuden con sus limosnas, para mantener estos inocentes, que abandonaron sus Padres, y dexaron à la providencia divina.

Por muerte de el Dean Don Gonzalo Fernandez de Cordoba, que sucedió en Madrid à ultimos de Enero, consiguió esta Dignidad Don Alonso de Cordoba, Prior, y Racionero de nuestra Iglesia, de que se le dió posesion en primero de Octubre de mil quinientos setenta y seis. En la Bula venia expresado, que dentro de dos meses resignase el Priorato, y una Capellanìa de Santa Inès, que gozaba, y que dentro de seis meses se graduase de Licenciado; obligòse à cumplirlo, y por haver yà satisfecho al estatuto de limpieza en otro Beneficio, no se hizo informacion.

Dean.

Nuestro Obispo asistió à Cabildo el dia ocho de Junio, y propuso, que era conveniente hacer Estatutos; pues muchos antiguos no eran utiles yà por la variacion de los tiempos, y era necesario añadir otros de nuevo para mejor orden, y regimen. El Cabildo nombró sus Diputados, para que tratasen con el Obispo sobre esto; y haviendolos reducido à un volumen, despues de muchas conferencias, y tratados, los aprobó el Cabildo:

y à diez de Mayo del año siguiente de mil quinientos setenta y siete, estando sobre una mesa, y Misal abierto por el *te igitur*, se levantò el Obispo, y puesta la mano derecha sobre el Crucifijo, juró por Dios, y Santa Maria, y por los Santos Evangelios, y por su consagracion de los guardar, y cumplir, y de no ir, ni venir agora, ni en tiempo alguno contra ellos, ni parte de ellos; y que asimismo los harà guardar, y cumplir à todas las personas, à quien los dichos Estatutos tocan : y el mismo juramento hizo en nombre de sus succesores. El mismo juramento hizo el Cabildo, llegando cada uno à la mesa, y poniendo la mano derecha sobre ambos libros, como su Señoria Reverendisima havia hecho. Por estos Estatutos se ha regido la Iglesia hasta ahora; aunque por la misma variedad de tiempos se han declarado algunos, y establecido otros en conformidad del ultimo Estatuto, que advertidamente lo previno.

El Rey presentò à nuestro Obispo para el Arzobispado de Zaragoza, y salió de Cordoba por el mes de Octubre, para tomar posesion del Arzobispado. Estando en Santo Domingo de la Calzada le sobrevino la enfermedad, de que

1577

que murió, antes de tomar la posesion à veinte y dos de Diciembre de mil quinientos setenta y siete ; su cuerpo fué sepultado en el Convento de San Francisco de dicha Ciudad en la Capilla, que edificó à sus expensas ; y tiene su Epitafio con estos notables versos, que manifiestan su gran piedad, y misericordia.

Qui sacros census sacros consumpsit in usus,
Dum triplex cinsit nobile Mitra Caput;
Hoc superistemplum struxit, musisque Licæum
Bernardus totus clarus in orbe Pater.

A este Convento dexò muy ricos vasos de plata, y orò, y tapicerìas; y à nuestra Iglesia su Pontifical, que valia mas de dosmil y quinientos ducados. En Cuenca fundò el Convento de Religiosas Bernardas, y dexò quarentamil ducados, para fundar un Colegio. Su pobreza de espiritu, y trato de su persona, y familia era correspondiente à un Prelado, hijo verdadero de San Francisco, que usando de lo preciso, distribuìa lo restante en Obraspìas, y pobres. Su prudencia fuè muy singular ; y asi le estimò mucho Felipe Segundo, y le hizo su Consejero de Estado. En su gobierno fuè afable, y pacifico, procurando mediar siempre, y ajustar sin litigio las diferencias ; y asi fuè amado, y reverenciado de todos. En Cordoba se tubo la noticia de su muerte à tres de Enero de mil quinientos setenta y ocho, y Sabado quatro del mismo mes se publicò la Sede Vacante.

Por esta serie se conoce la gran equivocacion de Gil Gonzalez, con que dice, haver gobernado nuestra Iglesia seis meses, y haver sido Obispo de Cuenca, Cordoba, y Zaragoza en un mismo año, de lo qual tubo escrupulo Felipe Segundo, y consultò, si era licita la traslacion de los Obispos à otras Iglesias. Pudo suceder en este tiempo la consulta ; pero que naciese el reparo de la traslacion de nuestro Obispo, es incierto ; porque gobernò seis años este Obispado, y havia otros muchos Obispos por estos años, que havian regido quatro Iglesias. Es cierto, que en nuestra España se observò en los seis primeros siglos la disciplina Eclesiastica, que estableciò nuestro gran Osio en el Concilio de Sardica ; y que yà en el septimo siglo hay autenticos exemplares , de pasar los Obispos à las Iglesias Metropolitanas ; pero no le hay de un Obispado à otro : y aun se observaba esto en el siglo catorce , quando elegian los Cabildos sus Obispos. Despues entrò la pretension , y favor de los Reyes , y pasaron à ser ordinarias estas traslaciones. Veanse las disert. 11. , y 12. tom. 1. Concil. del Cardenal Aguirre , donde vindìca à Osio del error , que le atribuyò Auxilio , y manifiesta las causas, que hacen justas estas traslaciones.

Ilustraron à Cordoba por estos años tantos , y tan excelentes hijos , que se le puede repetir el elogio de Sidonio Apolinar. *Corduba præpotens alumnis.* Don Pedro Ponce de Leon era Obispo de Placencia , è Inquisidor General: muriò año de mil quinientos setenta y tres , y le sucediò en el Obispado Don Fray Martin de Cordoba y Mendoza , Obispo que era de Tortosa. Don Diego de Simancas, Obispo de Ciudad Rodrigo, Badajoz , y Zamora , donde muriò año de quinientos ochenta y tres. Don Francisco Pacheco, Obispo de Malaga , y de Cordoba. Don Pedro Serrano , natural de Buxalance , y Obispo de Coria , donde muriò año de quinientos setenta

y ocho. Don Diego Fernandez de Torquemada , natural de Buxalance , Obispo de Tuy, donde muriò presentado para Sevilla año de mil quinientos y ochenta. En Mexico era Arzobispo Don Pedro de Moya y Contreras , muriò en Madrid año de mil quinientos noventa y dos , y le sucediò Don Alfonso Fernandez de Bonilla. Don Antonio de Morales era de Tlascala ; Don Fray Gomez Fernandez de Cordoba de la Orden de San Geronimo , de Guatimala ; y Don Juan de Simancas de Cartagena : de otros , que yà florecian , harèmos memoria à su tiempo.

CAPITULO III.

DE LOS OPISPOS

DON Fr. MARTIN DE CORdoba y Mendoza,

Y DON ANTONIO MAURIcio Pazos.

DON Fr. MARTIN DE Cordoba fuè hijo de los Condes de Cabra, Don Diego Fernandez de Cordoba , y Doña Maria de Mendoza. Desde su niñèz manifestò su inclinacion al estado Religioso , y asi tomò el Abito en el Real Convenvento de San Pablo de Cordoba, donde havia yà profesado su hermano de Padre el Maestro Fray Francisco de la Cerda y Cordoba, Obispo que fuè de Canarias, y muriò volviendo del Concilio de Trento año de mil quinientos cinquenta y uno. El exemplo de estos dos hermanos tan esclarecidos moviò à otros dos hermanos, y otros nobilisimos jovenes à tomar el Abito en la misma Orden, y Convento, que le ilustraron despues con grandes meritos, y Dignidades. Tambien tuvieron cinco hermanas Religiosas en el Convento de Madre de Dios de Baena, que es de la misma Orden de Santo Domingo, y fuè fundacion de su Padre. Tan poderoso es el exemplo de tales personas, para traer à otros à seguir la virtud, y vida Religiosa. Haviendo profesado nuestro Fray Martin, se aplicò al estudio de Filosofia, y Teologìa, con tanto adelantamiento à los demàs, que fuè electo Colegial del Colegio mayor de Santo Tomàs de Sevilla, donde se perfeccionò para leerlas. Concluido el tiempo de sus Catedras, fuè Prior de los Conventos de Xerèz, Jaèn, Granada, y Cordoba, donde manifestó las prendas excelentes de prudencia, suavidad, y observancia religiosa; pues en todo era el pri-

mero, y asi obligaba à todos con suabe violencia. Con el grave, era serio, con el flaco compasivo, con el humilde afable, y con el necesitado caritativo, haciendose uno para todos, y todo para cada uno. En el pulpito fuè singular; porque tenia voz muy clara, alta, y sonòra, conque reprehendia con magestad, y persuadia con dulzura. Ultimamente era tal, que le sobraba el lustre de su nacimiento, para ser venerado, y estimado de todos.

Atendiendo à tales prendas le eligiò la Provincia por Prior Provincial en el Capitulo, que celebrò en Xerèz año de mil quinientos cinquenta y seis; y desde aquel Convento vino à pie visitando los Conventos hasta Cordoba. Todos sus Religiosos, y personas graves le pidieron, que no continuase la visita à pie; pues su complexion era delicada, y obligaba à otros, que no podian, à seguirle. Con esto hizo su visita en una mula con grande utilidad espiritual, y temporal de su Provincia. En esto se hallaba, quando le presentò el Rey Don Felipe Segundo para el Obispado de Tortosa, de que tomò posesion à primero de Diciembre de quinientos cinquenta y nueve. Con la Dignidad no mudò mas, que la habitacion : pues no aflojò un punto del rigor , y observancia , que havia tenido en su Orden. De Tortosa pasò al Concilio de Trento , donde tubo gran aceptacion por su virtud , literatura , y religioso zelo. En el Concilio tomò la proteccion de las Religiones , asi para reformarlas en lo necesario , como para conservarles sus privilegios. Vuelto à su Iglesia reformò el Convento de Claustrales de San Francisco , y en su Catedral hizo la mitad de la Capilla del Santisimo nombre de Jesus , y le donò una Cruz grande con su Crucifixo todo de plata. Visitò su Obispado , y dando admirables exemplos de virtud, y saludables documentos, corrigiò à muchos , y preservò à otros. En la limosna fuè muy largo , y asi le estimaban sus Ovejas , como verdadero Padre , y sintieron mucho su ausencia.

De Tortosa fuè promovido al Obispado de Plasencia , y tomò la posesion à veinte y seis de Agosto de mil quinientos setenta y quatro. Lo mas de este año gastò en Valencia en negocios muy importantes, que le encargò el Rey : y asi no entrò en su Iglesia hasta el dia catorce de Diciembre , en que le recibiò solemnemente su Cabildo. En el dia de Navidad celebrò de Pontifical ; y en la fiesta de la Epifanìa predicò en su Catedral , haviendo concurrido infinito auditorio , que quedò muy gustoso de haverle oido. Luego visitò su Iglesia , y continùo en los años siguientes la visita de su Obispado , en que predicaba , y confirmaba , zelando mucho la limpieza , y adorno de los altares , y templos.

Mandò , que à los retraidos por delitos se intimase un breve tiempo para estar en las Iglesias , porque executaban en ellas acciones indignas de lugares tan Santos. Y à primero de Marzo de quinientos setenta y ocho estaba presentado para el Obispado de Cordoba, y en nombre de nuestra Iglesia fuè à cumplimentarle à Plasencia el Doctor , y Canonigo Juan Perez de Valenzuela ; pero antes de venirse de dicha Ciudad , solicitò eficazmente con su Cabildo, que se mudase à la Iglesia nueva , que yà estaba casi acabada ; y asì à veinte y ocho de Mayo vispera de Corpus por la tarde traxo al Santisimo à la Iglesia Catedral nueva con solemnisima procesion , y desde visperas empezò una cèlebre Octava con muchas fiestas , y regocijos por la dedicacion de la Iglesia. En el dia siguiente de Corpus celebrò de Pontifical;

y

y por toda la Octava asistió devotisimamente al Coro, y à las fiestas, y certamen poetico, que se hizo en honor, y alabanza del Santisimo Sacramento, y repartió en premio muchos preciosos dones.

El Pontifice Gregorio XIII. despachó la gracia del Obispado de Cordoba à diez de Junio, y nuestro Obispo se vino à esperar las Bulas à la Villa de Baena: y haviendolas recibido, dió su poder al Dean Don Alonso Fernandez de Cordoba, para que tomase posesion del Obispado. Tomòla el Dean Domingo siete de Septiembre de mil quinientos setenta y ocho, y el Obispo se vino secretamente el dia once, y à las ocho de la noche entró en su Convento de San Pablo, donde viendole entrar una muger le dixo: *venga en hora buena el Padre Fray Martin de Cordoba:* à que respondió con grande afabilidad: *muy bien decis: ese es mi nombre, y de que yo mas me precio.* Aquella noche vió todo el Convento, y sus Oficinas, para saber lo que se havia mudado en el tiempo de su ausencia. Al dia siguiente por la mañana le visitó todo el Cabildo, yendo à Caballo al Convento; y por la tarde le recibió en su Iglesia con las solemnidades acostumbradas.

En este año de mil quinientos setenta y ocho à veinte y nueve de Marzo, que era Sabado Santo tubo el Venerable Presbytero Roelas una aparicion de cinco personas à caballo, que se cree fueron San Fausto, Januario, Marcial, Zoylo, y Acisclo, y cobró repentinamente la salud; refiere este suceso con estas palabras: Primeramente, como el Sabado Santo proxime pasado me esforzase à salir de casa, hasta una Iglesia cerca, ò à San Lorenzo, ò à nuestra Señora de Gracia, que es en la puerta Plasencia, ò à San Agustin, con grande flaqueza, y en las piernas mayor, y el vientre hinchado, y durisimo, atrevime à salir poco à poco al campo por alegrarme, por la puerta Plasencia, por aquella parte, que llaman el Arroyo del Camello, hasta unos Olivares alli juntos, y cabe al camino, à donde me sentè en un valladàr, muy cansado, y tan sediento, y seca la boca, que compràra yo bien cara una jarra de agua, si huviera quien me la diera. Y sin acordarme, ni aun por imaginacion de lo que me pareció oir en mi cama: *Sal al campo, y tendràs salud.* En esta sazon llegò à mi un olor suavisimo, como del Cielo, y oigo juntamente pasos de Caballos, que venian à

1578.

à mis espaldas de àzia la Ciudad. Volvi la cabeza, vide cinco Cavalleros mancebos muy apuestos, y hermosisimos, vestidos de jubones blancos, calzas del mismo color al tiempo, los jubones de raso, y las calzas de terciopelo, y unos coletos bayos, ferreruelos de grana, y sombreros en sus cabezas, y no llevaban ninguna compaña, ni criados: el color de los Caballos no notè. Levantème à ellos por buen comedimiento: pararon à par de mi, y el uno de ellos, que estaba mas à mi mano, como llegò saludòme, diciendo: *Deo gratias.* Yo le respondi, por siempre, y èl mismo me dixo: *por vuestra vida Señor, pues sois Sacerdote, vais al Prelado, ò à quien està en su lugar, y le digais, que aquel Sepulcro, que se ballò en San Pedro, y buesos de los Santos, que los tengan en mucha veneracion, porque vendràn à esta Ciudad muchos trabajos, enfermedades, y fluxos de sangre en las mugeres, y mediante ellos seràn libres.* Yo pensando en mi, que serian algunos Cortesanos, ò Genoveses, que iban à recibir lanas, y de camino venian de vèr el Sepulcro; otro de sus compañeros, que debia de ser alguno de los Martyres, dixo à los demàs, y à mì: *què grande*

montaña era esto por aqui quando à mi me prendieron! Y dicho esto comenzaron à caminar, sin yo acertar à decir, ni responder otra palabra mas del, *para siempre*, que primero dixe. Y como le oì decir de montaña, y prisiones, dixe entre mì: algun Chocarrero debe de ser èste. Y abagè un poquito mi cabeza, considerando lo dicho: y volviendo de presto à alzarla para verlos, ninguno de ellos pareciò, con haver un buen trecho de camino llano, desde el lugar donde yo estaba, hasta la cañada que desciende al arroyo Pedroche. Luego incontinente sin acordarme de mi poca salud, y fuerzas, dì una carrera, para vèr si los podia alcanzar, y nada me valiò. Preguntè por ellos con las señas dichas à unos leñadores, que venian por el mismo camino, que ellos llevaban, y y dixeron, que no iba tal gente por alli. Volvime al lugar donde me hallaron, y hablaron, à buscar, y mirar las huellas de los Caballos, sospechandome yà otra cosa, y revolviendo en mi consideracion todo lo que havia pasado mas de veras, y no pareciò huella alguna. Despues de esto vuelvo à mirar, y considerar en mì la disposicion mia, y poca salud, yà contada, y

sien-

siento mi boca sin sed jugosa, y mi cansancio, y sentimiento de piernas, y flaqueza desaparecidos, y mi vientre desendurecido, y deshinchado, doy gracias à Dios; y finalmente, vuelvo sano, y bueno à mi casa, como fuè manifiesto à todos, aunque no sabian la causa de mi salud. Y yo determinè de callar el negocio, hasta que viniese el nuevo Prelado, que esperamos; y lo guardè muchos dias secreto en mi pecho. Pasò todo esto asi el Sabado Santo en la tarde veinte y nueve del mes de Marzo del año dicho, &c. En esta aparicion se halla mucha verosimilitud, pues demàs del Juramento, con que lo asegura, lo acreditò la salud repentina, que fuè notoria à muchas personas de su tiempo.

Entre las fiestas, que se hacian por el nàcimiento del Principe Don Felipe Hermenegildo, despues Felipe Tercero, que fuè en Madrid à catorce de Abril, se hacian muchas plegarias en Cordoba por el agua: en el dia quince se empezò un Novenario solemne à nuestra Señora de Villaviciosa, que se mantenia en la Catedral, con tres procesiones generales, que fueron à S. Juan, Omnium Sanctorum, y Convento de la Santisima Trinidad. No quiso Dios conceder el socorro, y Jueves veinte y quatro se hizo procesion general à los Santos Patronos, San Acisclo, y Victoria, y Domingo veinte y siete al Santuario de la Fuensanta, llevando en la procesion la Imagen de nuestra Señora de Villaviciosa. Tampoco se aplacò Dios con estas rogativas, y perseverando en ellas, desde el Lunes veinte y ocho, se manifestò al Santisimo Sacramento dos horas por la mañana, y otras dos por la tarde, para que todo el Pueblo le venerase, y pidiese el socorro de tanta necesidad. Su Magestad se dignò oir las suplicas, y la cosecha, aunque no abundante, fuè moderada en la Campiña. Este año fuè muy infeliz para España, pues à quatro de Agosto pereciò en Africa el Rey de Portugal D. Sebastian, y murieron Don Juan de Austria en Namùr à primero de Octubre, y à diez y ocho del mismo mes el Principe Don Fernando, de edad de siete años.

Luego que entrò en Cordoba nuestro Obispo determinò fabricar una Capilla à San Alvaro de Cordoba, por la grande, y antigua devociou, que le tenia, y una Celda, ò quarto para retirarse algunos dias à su Convento de Escala-Coeli. En èl se hallaba à nueve de Diciembre de setenta y ocho, don-

donde tubo la noticia de la muerte de su Sobrino el Duque de Sessa, y recibiò los Diputados del Cabildo, que fueron à cumplir con la debida expresion del sentimiento. Vinose à Cordoba el dia siguiente, y à diez y seis de dicho mes diò licencia el Cabildo al Dean, y Canonigo Magistràl, para acompañarle à Baena por todo el tiempo que hiciese las honras del Duque, y permaneciese allì. Yà se hallaba en Cordoba dia de Reyes de setenta y nueve, y celebrò de Pontifical en su Iglesia: y à veinte y nueve de Marzo, que era Domingo, consagrò en ella, asistiendo el Cabildo al Obispo de Salamanca Don Geronimo Manrique, y Aguayo, à que concurrieron el Obispo de Malaga Don Francisco Pacheco, y el de Cartagena Don Juan de Simancas: celebròse mucho esta Consagracion, por ser todos los Obispos naturales de la Ciudad, y ser funcion, que se logra vèr pocas veces.

El Rey presentò por este mismo tiempo para el Obispado de Siguenza al Mro. Fray Lorenzo Suarez de Figueroa, Religioso en el Convento de San Pablo; fuè muy alegre esta noticia (que llegò à Cordoba à diez y siete de Abril) à nuestro Obispo, Cabildo, y Ciudad, pues era hermano del Marquès de Priego; y su gran virtud, y religion le havian grangeado una veneracion muy singular. Hizo la profesion de la feè en manos de nuestro Obispo, y le dixo: *Señor, agora treinta y dos años hice en manos de V. S. en este lugar la profesion de Frayle de Santo Domingo; y en el mismo, y en sus manos hago la profesion de la feè, para ser Obispo, que lo tengo à buena suerte.* Haviendo venido las Bullas, le consagrò en su Convento de San Pablo, concurriendo los mismos Obispos de Malaga, y Cartagena. De este exemplarisimo Obispo de Siguenza tratò Gil Gonzalez; y ciertamente ambos vastaban para dar summo explendor à su Religion, y Convento, à esta Ciudad, y Excelentisimas Casas de Cordoba, y à nuestra Iglesia con el Obispo de Malaga, de quien tratarèmos à su tiempo.

Nuestro Obispo D. Fray Martin de Cordoba asistiò al Cabildo dia quince de Abril, y despues de la devota ceremonia de perdonarse unos à otros, por ser Miercoles Santo, exortò à todos à la paz, y union, y que deseaba concordar à todos en algunas diferencias, que tenian; pues atenderia à todos, y en esto le darian mucho contento. El Cabildo mandò dar llamamiento,

y

y à diez y ocho de el mismo mes puso en manos del Obispo los puntos, de que se quexaban agraviados algunos Prebendados; para que sin apelacion, y ultimamente los determinase. El punto de mayor consideracion era el de conservar el Estatuto *de puritate sanguinis*, sobre que se havia seguido pleyto muchos años entre Dignidades, y Canonigos de una parte, y los Racioneros de otra, por varios reparos, y dificultades, que proponian estos en el modo de observarle, y practicarle. Pero la autoridad, y zelo de nuestro Obispo redujo à todos à concordia, y hallandose presente en Cabildo Lunes seis de Julio de mil quinientos setenta y nueve se otorgò con gran gusto de todos, en el modo, que hasta hoy se observa, de nombrar informante segun el Beneficio; y juzgar las informaciones el Cabildo solo de Canonigos.

Atento siempre nuestro Obispo Don Fray Martin de Cordoba al cumplimiento de su ministerio Pastoral, nombrò por Visitador del Obispado al Doctor Alonso Martin Ruano, Racionero, varòn sabio, y de mucha integridad. Reservò la visita de la Ciudad, que quiso hacerla por sì mismo; y empezando por la Catedral, intimò al Cabildo à veinte y uno de Mayo, que mandase entregar los quadrantes de los Capellanes del Coro, porque eran necesarios para visitar las Capillas de la Iglesia; y à dos de Junio significò por medio de su Secretario, que los Beneficiados no ordenados *in Sacris*, ò en el orden anexo à sus Beneficios se preparasen para recibir las ordenes, en las que havia de celebrar Sabado siete del mes; porque lo disponia asi el Concilio Tridentino, y era justo, que cada uno tuviese en Coro, y Cabildo el lugar, y voto, que le corresponde. Tubo gran zelo en que se observase el Concilio Tridentino, y el Rito del rezado, y Oficios Divinos, que nuevamente se havia publicado, y admitido en la Catedral el año de mil quinientos setenta y cinco à veinte y siete de Junio, y asi proveyò las Iglesias de los Misales, y libros necesarios.

En la Iglesia se continuaban las rogativas por los sucesos felices de la Monarquìa segun el orden del Rey despachado à diez y nueve de Mayo de quinientos setenta y quatro, y en este de setenta y nueve recibiò el Cabildo à once de Diciembre carta de su Magestad, en que encargaba lo mismo, y con particularidad sobre la sucesion del Rey-

no

no de Portugal, y cosas dependientes, para que nuestro Señor las dirigiese, y encaminase à su Santo servicio. El Obispo tubo la misma carta, y por su Provisor Licenciado Francisco Belarde de la Concha la participò al Cabildo; y juntamente, que se tratase, si se harian rogativas *pro serenitate*, pues eran muchas las lluvias, y hacian yà gran daño. Las rogativas encargadas por el Rey se hicieron, y en quanto à las otras *pro serenitate*, no consta, que se hiciesen. Pero se sembrò poco, y la Cosecha del año de mil quinientos y ochenta fuè muy corta: y como los años antecedentes de setenta y ocho, y setenta y nueve no havian sido abundantes, se padecieron gravisimas necesidades. A esta miseria se llegò la de enfermar, y morir muchas personas en todo el Reyno con la epidemia, que llamaron del Catarro. Hizo grande estrago en Cordoba, y obligò à nuestro Obispo, que despues de Corpus havia salido à visitar à Baena, y otros Lugares, à volverse à Cordoba, para atender à sus Ovejas, puestas en mayor riesgo.

Hallandose la Ciudad con tan grave afliccion, clamaba todo el Pueblo, que se traxera la Imagen de nuestra Seño-

1580

ra de Villa-Viciosa à la Ciudad: y aunque havia grandes dificultades, que propuso el Obispo, para traerla en esta ocasion, no obstante vino à Cabildo dia veinte y seis de Septiembre, y en vista de los clamores, y devocion, con que lo pedia el Pueblo, se determinò, que se traxese la Imagen secretamente al Convento de San Pablo, y que el dia veinte y nueve fuese una Procesion general, para conducirla à la Catedral. Executòse asi; y para que el Pueblo pudiese concurrir à visitar à nuestra Señora, y cumplir sus ofertas devotas sin embarazo, no se colocò en la Capilla mayor, sino en la Capilla nueva Colateral del Sagrario. Tambien llegò noticia al mismo tiempo de la grave enfermedad del Rey, y se hizo otra Procesion general Domingo dos de Octubre al Convento de los Santos Patronos Acisclo, y Victoria por su salud tan importante à la Cristiandad, y Monarquìa. Quiso oir la Magestad Divina los clamores de sus fieles; y en breve concediò al Rey salud, y à esta Ciudad mejoria, y asi Domingo veinte y tres de Octubre se dieron à nuestro Señor solemnes gracias, à que concurriò, como à las rogativas, nuestro Venerable Prelado, dando à to-

todos un vivo exemplo de humildad, y devocion.

Quando entró en Cordoba nuestro Obispo le dixo Juan de Salazar, Notario mayor de Rentas Decimales : *no tema V. S. que le ba de faltar pan, aunque no haya sido abundante el año, pues yo le daré todo lo que buviere menester para su Casa;* à que respondió : *no me dais nada en darme pan para mi Casa solamente, porque no me he de comer yo el pan à solas, y que los Pobres mueran de hambre; por lo qual haveis de advertir, que tengo de dar limosna à los Pobres mendigos, Viudas recogidas, Doncellas bonradas, y Monasterios de Frayles, y Monjas necesitadas.* Cumplió esto desde su entrada con mano tan avierta, y larga, que admiraba à todos ; y llegaron à persuadirse piadosamente, que aumentaba Dios los bienes, y rentas en las manos de este Venerable Pastor al paso que las distribuia à los Pobres; pero en este año de ochenta, en que se juntaron las enfermedades con las miserias, fuè su caridad imponderable : porque no contento con dar à los Parrocos los precisos socorros, les enviaba las azemilas cargadas de Pollos, Pasas, Almendras, Camuesas, dulces, Conservas, y otros regalos, para que los distribuyesen entre sus

Parroquianos enfermos, y necesitados. Muchas noches salió oculto, y acompañado solamente de su Sobrino el Dean Don Alonso de Cordoba, y llevaba dinero, para socorrer à enfermos honrados, y vergonzantes, que padecian grave necesidad; y en sus casas les dexaba, yà los doscientos, yà ciento, ò cinquenta reales, segun la familia, y pobreza, que tenian. A otros visitaba, y consolaba. En los Hospitales asistia con frequencia, y encargaba mucho el cuidado de los enfermos ; y à los Medicos, Cirujanos, Boticarios, y demàs Oficiales exortaba, que fuesen puntuales en aplicar los remedios, pues Dios, y èl havian de pagarles su trabajo. Verificòse ciertamente en este caritativo Obispo lo que decia el Apostol : *quis infirmatur, & ego non informor?* O que era un Pontifice tal, que sabia compadecerse de las miserias, y enfermedades de sus subditos.

No solamente atendia al socorro temporal de sus Ovejas, sino tambien al espiritual en el Confesonario, que frequentaba con gran provecho de muchas almas. En una ocasion llegò una viuda muy principal con dos hijas Doncellas, y le dixo : que no vastando su trabajo, para mantenerse, havian defraudado à cierto mercader en gran porcion de seda, que les havia dado, para cogerla en madexas, y que la ponian en parte humeda, para que no se conociese la falta, quando la pesaban, para entregarla. Esto havia durado mucho tiempo, y el daño importaba como mil ducados. El Obispo se condolió de su pobreza, y le reprehendió mucho el pecado tan continuado, y la falta de confianza en Dios, que socorre con lo necesario à los que le sirven. Pidiole, que no volviese à hacerlo, y que para tal dia volviese à verle. En este intermedio llamò al Mercader, y le dixo: que una persona le debia como mil ducados, y no tenia bienes, con que pagarle; y asì viese lo que havia de perdonarle, y se le pagaria lo demàs. El Mercader respondiò: si V. S. me dice, que persona es, ofrezco perdonar toda la deuda; y replicandole el Obispo, à que fin queria saber la persona, respondiò: que para no volver à tratar con ella. Yo no puedo manifestarla, dixo el Obispo; y asi tratemos de ajuste, pues yo he de dar à Vm. quinientos ducados, y Vm. ha de perdonar los otros quinientos. Entrò muy gustoso el Mercader; y luego mandò el Obispo à su Mayordomo, que le

entregase los quinientos ducados. Volviò la Viuda al dia señalado, y le diò noticia de que yà estaba compuesta su deuda: pidiòle por la Sangre de Jesu-Christo, que huviese enmienda en adelante, y que continuase algun tiempo con tomar la seda del Mercader, para que no sospechase que era èlla; pero que se retardase en pedirla de quando en quando, para que cesase, de llevarla sin nota. Diole otros quinientos ducados, y cinquenta fanegas de Trigo, para pasar con sus hijas; y despues procurò socorrerlas. Este suceso constò de la misma Viuda, que agradecida le manifestò despues que muriò el Obispo.

Solia este Religiosisimo Prelado asistir muy frequentemente al Coro; porque no dispensò en sì punto de la regular observancia, siendo compatible con el Pastoral ministerio. A tres de Junio dia despues de Corpus se vino sin avisar, al tiempo de acabarse prima, y viendo que no estaban los Capitulares en el Coro, sino en el Cabildo, partiò à la Sala Capitular, y con gran indignacion les dixo, que se viniesen al Coro; porque no era hora aquella de hacer Cabildos, sino de asistir à los Oficios Divinos. Con esto se vino al Coro, y todos los Capipitulares le siguieron. El motivo de haverse juntado el Cabildo en aquel tiempo, fue la precision de despachar un Prebendado à la Corte, para volver à asistir à la Misa: y como era motivo tan justificado, nombrò despues el Cabildo Diputados, para dar quexas al Obispo del modo que havia usado, pudiendo haver avisado, que havia venido al Coro, y que por su Provisor, que havia estado presente, podia saber la urgencia. El Obispo, oidas las quexas satisfizo, diciendo, que no havia sabido el motivo de juntarse en Cabildo antes de la Misa; y confesò, que la indignacion repentina, que havia tenido, havia sido exceso de su natural ardimiento: con que serenò la tempestad de sentimientos, y discordias, que amenazaba; y quedaron advertidos, el Obispo de su mismo zelo, y los Capitulares del cuidado que debian tener en la asistencia al Coro. Muchas noches venia tambien à los Maytines, que en nuestra Iglesia se cantan à media noche, y viendo que asistian pocos Prebendados, instò mucho, para que se aumentase la distribucion de los Maytines mas solemnes, especialmente en los de Pasquas, como se hizo.

Haviendo muerto la Reyna Doña Ana de Austria en Badajoz à veinte y seis de Octubre de este año de mil quinientos y ochenta, determinò el Rey, que nuestro Obispo llevase à Madrid al Principe, y à las Infantas; y le escribiò, que estuviese en Badajoz al principio de Diciembre para este fin de acompañarlos; y asi vino al Cabildo Sabado diez y nueve de Noviembre, y haviendose ofrecido al Cabildo, y particulares con grande amor, les encargò, que tuviesen gran cuidado en lo que tocaba al Culto Divino, y pidiò, que diesen licencia al Chantre Don Ruiz Perez de Morrillo, al Doctor Diego Muñoz, Canonigo Magistral, y al Racionero Gaspar de Hariza, para que le acompañasen en esta jornada. El Cabildo estimò mucho la fina expresion del Obispo, y el dia veinte y uno diò licencia à los dichos Prebendados, para acompañar al Obispo, hasta que volviese à Cordoba. En esta jornada, hecha en tiempo tan rigoroso, quedò muy quebrantada la salud de nuestro Obispo, de que no convaleciò perfectamente; pues haviendo vuelto por Almagro, donde descansò algunos dias en el Colegio de su Orden, llegò para la Quaresma à Cordoba tan indispuesto, que no asistiò al Cabildo de perdones,

nes, ni à los Oficios de Semana Santa, como lo havia executado otros años.

En la primavera de este año de mil quinientos ochenta y uno faltò el agua, y recurriendo à la Madre de misericordia, desde el dia ocho de Abril empezaron nueve fiestas solemnes à nuestra Señora de Villa-Viciosa; y Domingo diez y seis se hizo una Procesion general al Convento de la Santisima Trinidad. No quiso Dios conceder el socorro, y compadecido nuestro Obispo de las miserias tan continuadas de su Pueblo, procurò aplacar à Dios con otra procesion de niños, y solos pobres, que convocò à su casa. Precedia un Capellàn del Obispo con una cruz cuvierta con un velo negro, y seguian los niños, y pobres en dos Coros con algunos Cantòres, que entonaban la Letania de los Santos, interpolando en cada clase de Santos este motete. *Overe Deus Trinus, & Unus exaudi preces populi hujus, da nobis pluviam, ut petitbumus.* Cerraba la procesion el Obispo descalzo, y con un Abito pobre de su Orden, y sombrero pardo de San Francisco: en lo interior iba vestido de silicios, y en las manos llevaba un Crucifixo. De este modo andubo la estacion de la Procesion de Corpus, y vi-

no à la Catedral, donde acabadas visperas le esperaba el Cabildo. Causò esta procesion inopinada notable admiracion, y devocion en todos, y asi compungidos clamaban à Dios, que usase de misericordia, y quando llegò à la Catedral, yà le acompañaba todo el Pueblo. Quisieron el Cabildo, Cavalleros, y personas de distincion, que havian concurrido, llevarle à su Palacio; pero solamente permitiò, que le acompañasen los pobres, y diò à cada uno un pan, medio real, y unas naranjas de su huerta. Aunque en la Sierra fuè corta la cosecha, y moderada en la Campiña, en todo el termino de Cordoba fuè abundante, y se observò, que pesaba una fanega de Trigo un tercio mas, que el de otros años, atribuyendo todos este singular beneficio à las oraciones, y meritos de este Venerable Prelado. El Maestro Rivas refiriò este suceso en el año de mil quinientos setenta y nueve. El Maestro Fernandez en este año de quinientos ochenta y uno: y parece ser esto màs cierto; pues en solo este año huvo la falta de agua, y se hicieron rogativas.

Con esta, y otras mortificaciones, que hacia, se agravò la indisposicion de este Venerable Prelado, y à veinte te y tres de Mayo determinò el Cabildo, que en la Misa Conventual se hiciese rogativa por su salud, hasta tenerla; y nombrò Diputados para visitarle, y manifestarle su pena por esta causa; lo que agradeciò con estremo cariño, y pidiò, que continuasen en pedir à Dios, que le asistiese. Recibidos los Sacramentos con gran devocion, y ternura, se conociò, que estaba en gran peligro, y à dos de Junio nombrò el Cabildo seis Capitulares, que le asistiesen hasta morir, y entre ellos fuè uno el Doctor Don Fernando Gaitan, Canonigo, y electo yà Obispo de Tuy, de que no tomò posesion, por haver muerto à treinta de Mayo de quinientos ochenta y dos antes de llegar las Bulas. No faltò su Real Convento de San Pablo à practicar la misma atenta demostracion de obsequio debido à este gran Prelado: pues le asistieron sus principales Maestros, y entre ellos el Maestro Fray Alberto de Aguayo, que muriò en Octubre de quinientos ochenta y nueve en el mismo dia, que le llegaron las Bulas del Obispado de Astorga, haviendo pedido à Dios, que muriese antes, sino le convenia ser Obispo, para salvarse.

Havia empezado nuestro Obispo una suntuósa Sacristia en su Convento de San Pablo; y en su testamento mandaba, que se acabase, y fuese sepultado en èlla su cuerpo, y que en interin fuese depositado en la Iglesia de dicho Convento. Sobre esta disposicion huvo algun tratado, y diferencia entre los asistentes, y à cinco de Junio por la mañana entrò en el Cabildo el Dean Don Alonso de Cordoba, y dixo: *Que yà sabria los inconvenientes, que en estos dias se han ofrecido cerca del deposito, que se havia de hacer del cuerpo de su Señoria Ilustrisima Don Martin de Cordoba y Mendoza, el Obispo nuestro Prelado en la Capilla mayor del Monasterio de San Pablo, conforme à la clausula de su testamento, llevandole Dios de esta enfermedad; y pedido por parte de dicho Señor Obispo, y sus albaceas, tenga por bien el Cabildo, que el deposito, que se havia de hacer en el dicho Monasterio de San Pablo, se haga en esta Santa Iglesia entre los dos Coros, lugar conveniente à la Dignidad Episcopal.* Hecha esta proposicion, se saliò el Dean (que segun parece no tenia Orden Sacro) y haviendo tratado sobre èlla, determinò el Cabildo, nemine discrepante: *que el dicho Señor Obispo, llevandole nuestro Señor de esta enfermedad, sea de-*

positado en el lugar mas principal, que se le pueda dar entre los dos Coros de esta Santa Iglesia, sin perjuicio de los enterramientos de Prelados, que allí están. En el mismo dia cinco de Junio de mil quinientos ochenta y uno fuè Dios servido de llevarse à las cinco de la tarde à este Venerable Prelado, y en el dia siguiente se depositò su cuerpo entre los dos Coros al lado del Evangelio entre Don Martin de Angulo, y Don Iñigo Manrique sus antecesores. Hasta hoy se conserva en deposito; porque no haviendo quedado bienes, para acabar la Sacristia, no ha llegado el caso de su traslacion.

Si huvieramos de tratar en particular de las obras, y virtudes de este insigne Prelado, llenàra su vida un volumen muy grande: porque asi en el estado de Religioso, como en el de Obispo, llenò las obligaciones à satisfaccion de todos. Solamente referiremos un caso, en que manifestò muchas de sus virtudes heroycas. En un Lugar de la Sierra diez leguas de Cordoba, havia un Eclesiastico, que era Cura, à quien mandò el Provisor traer preso por delitos, que le havian probado. Traxeronle preso tan ignominiosa, y publicamente, que causò en el Pue-

blo gran escandalo. Tubo noticia de ello el Obispo, y sentido del deshonor, con que havia sido preso, y traido el Cura, reprehendiò severamente al Provisor, y mandò, que viniese el Cura à su presencia. *Os atrebereis*, le dixo, *à ir amanecer à vuestro Pueblo mañana, que es fiesta muy solemne?* Respondiò el Eclesiastico, que iria, aunque fuera à la posta. Entonces le diò una reprehension; y encargandole la enmienda, le mandò volverse, y decir la Misa al Pueblo, como acostumbraba. Con esto creyeron los vecinos, que havia sido testimonio todo, y que su Cura venia libre. De este modo pasaron pocos meses, en que se olvidò lo pasado, y el Obispo le escribiò, que volviese à verle. Obedeciò prontamente el Cura con la experiencia, que tenia de la benignidad del Prelado; pero puesto en su presencia cerrò la recamara el Obispo, y le diò tan severa reprehension, que huviera abrazado el Eclesiastico con mas gusto qualquier otro castigo. Despues le dixo: *por mis graves pecados hay en mi Obispado tales Clerigos, como vos, y pues yo tengo la culpa, bien es que lleve la pena*: y desnudandose las espaldas empezò à darse una rigorosa disciplina. Quedò el Cu-

Cura atonito, y sorpreendido con tal hecho; y echandose con lagrimas à sus pies, le pedia, que descargase en èl el azote, pues le merecia mucho; que le daba palabra de enmendarse, y que executaria quanto le mandase, que hiciese. Con esto se templò el Obispo, y dispuso, que fuese à vivir en otro Lugar, donde tubo mucho recogimiento, y diò gran exemplo con su vida.

Quando llegò el tiempo de llevarse Dios à nuestro Obispo, correspondiò San Alvaro à la gran devocion, que le tubo; porque rogando los Religiosos de Escala-Cœli por la salud del Obispo, y poniendo à San Alvaro por intercesor, para conseguirla de la Magestad Divina, se oyò por tres veces la campana del Santo, que sonò sin tocarla. Baxò el Prior Fray Carlos Guaxardo à vèr al Obispo, y refiriendole lo sucedido exclamò muy gozoso: *Mi muerte es cierta: Sea Dios bendito en sus Santos: Este aviso me dà mi devoto San Alvaro, para que aproveche este tiempo.* Tambien despues de su muerte, rogando à Dios por el descanso de su alma las Religiosas del Convento de Madre de Dios de Baena, revelò su Magestad à una de muy singular virtud, que despues de quince dias de Purgatorio

gozaba su alma de la felicidad, y vida eterna. En que debemos considerar, que si en un Prelado tan ajustado, misericordioso, y como dice Gil Gonzalez, que hizo milagros, tubo que purgar por quince dias; què nos sucederà à los que vivimos sin tanto cuidado, para satisfacer à Dios con obras buenas, y fervorosas? Veanse al Obispo de Monopoli, Gil Gonzalez, Maestro Fray Alonso Fernandez lib. 3. cap. 5. y siguientes de la historia de Plasencia; y al Maestro Rivas lib. 1. cap. 8. lib. 3. cap. 7. y 8. de la vida de San Alvaro, que trataron difusamente de tan Venerable Prelado, y de sus heroycas virtudes.

En tiempo de este Venerable Obispo se empezò la fabrica de la Torre de San Andrès, y la Capilla del Sagrario de la Catedral, que acavò su subcesòr, como diremos. Al principio de Abril de este año de mil quinientos ochenta y uno se dexò vèr en los terminos de la Rambla, y Santa-Ella gran multitud de langosta; y aunque se procurò extinguir por el cuidado, y vigilancia del Cabildo, y Ciudad, se estendiò por el Obispado, de modo, que durò esta plaga por tres años con gran daño de los campos. Ayudò el Cabildo con 500η. maravedis, pa-

Vvv ra

ra el gasto que se hizo. En Sevilla huvo peste en este año, y para que no prendiese en Cordoba , se cerrò el comercio, y entrada aun à los vecinos de los arravales, y en ellos se pusieron Carnicerias. El dia de San Miguel fuè una procesion general à su Iglesia, para dar gracias à Dios , y al Santo Arcangel , por haver librado del contagio à esta Ciudad , y pedir temporales propicios à la salud. Pero en el año siguiente de ochenta y dos à seis de Junio vinieron al Cabildo el Corregidor , y Diputados de la Ciudad , para conferir el remedio, y providencias, que se havian de aplicar , porque yà havia algunos tocados del contagio. El Cabildo ofreciò quinientos ducados para la curacion de los enfermos ; y determinò , que la Procesion de Corpus se volviese à la Iglesia desde el Convento de San Francisco por la gran sospecha, que havia del contagio , y que la Procesion de la Octava se hiciese en la Iglesia cerradas las puertas , para que no huviese concurso. Por causa de la peste hace el Cabildo procesion el dia de San Juan Baptista à su Iglesia de tiempo muy antiguo : y en este año Sabado veinte y tres de Junio determinò ir à las cinco de la mañana`, llevando à nuestra Señora de Villa-Viciosa , para que nuestro Señor concediese salud por la intercesion de su Santisima Madre , y Sagrado Precursor. Yà à veinte y tres de Julio havia cesado el contagio ; y en accion de gracias fuè una Procesion general el dia veinte y cinco al Convento de la Trinidad ; y en los dias siguientes se celebraron con toda solemnidad Misas, *pro gratiarum actione* ; otra à nuestra Señora, y otras al Angel Custodio , San Sebastian, San Roque , y Martyres de Cordoba.

DON ANTONIO MAUricio de Pazos y Figueroa naciò en Pontevedra de noble, y principal familia. Fuè Colegial de San Clemente de Bolonia , donde estudiò la Jurisprudencia , y fuè Rectòr de aquella cèlebre Universidad. Vuelto à España empezò à Avogar con gran credito en la Audiencia de la Coruña : y haviendo ido por orden del Rey un Juez à visitarla, mandò, que no avogase Don Antonio por ciertos piques que tuvieron. Vino à la Corte en seguimiento de su causa año de mil quinientos y sesenta , y hallando ocasion de introducirse con el Inquisidor General Don Fernando Valdès , Arzobispo de Sevilla , determinò

se-

seguir el estado Eclesiastico, y consiguiò plaza de Inquisidor de Sicilia. Despues fuè promovido à la Inquisicion de Sevilla, y de èsta à la de Toledo, haviendo merecido, que la Iglesia de Tuy le eligiese por Canonigo Doctoral, quando volviò de Sicilia. Estando sirviendo la plaza de Toledo pasò à Roma sobre la causa del Arzobispo Don Fray Bartolomè de Carranza, y San Pio V. le diò la Abadia del Parque, y Obispado de Pati en Sicilia con facultad de testar en cincomil ducados. El Rey le nombrò para el Obispado de Avila año de mil quinientos setenta y ocho, y por consulta que le hizo el Cardenal Don Gaspar de Quiroga, Arzobispo de Toledo de las singulares prendas de nuestro Obispo, le hizo tambien Presidente de Castilla. Estando en este empleo, diò la primera plaza del Consejo al Juez, que le havia privado de avogar en la Coruña; y preguntandole, que motivo havia tenido para hacerlo, respondiò: *que el sujeto era benemerito, y que Christo mandaba: benefacite hisqui oderunt vos.*

Por el mes de Noviembre de mil quinientos ochenta y uno estaba yà presentado para el Obispado de Cordoba, y à veinte y dos de dicho mes nombrò el Cabildo quatro Prebendados, que fuesen à cumplimentarle en su nombre. Tomò la posesion en su nombre el Inquisidor N. Montoya à veinte de Agosto de mil quinientos ochenta y dos, y nombrò por Gobernador del Obispado à su Sobrino Don Bartolomè de Pazos, Arcediano, y Canonigo de Jaèn. Luego que tomò la posesion del Obispado, dexò la Presidencia de Castilla; pero se detubo, para asistir al Concilio Provincial, que havia convocado para Toledo el Cardenal, Arzobispo Don Gaspar de Quiroga, y empezò à ocho de Septiembre de este año de ochenta y dos. Por parte del Cabildo, y Clero asistieron el Doctor Diego Muñoz, Canonigo Magistral, y el Licenciado Francisco Velarde de la Concha, Racionero. Los decretos de este Concilio se pueden vèr en el quarto tomo de los Concilios del Cardenal de Aguirre. De algunos apelaron los Cabildos, por ser perjudiciales à sus derechos, y antiguas costumbres; y de otros puso reparo la Corte Romana, que todo podrà verse en dicho tomo à pag. 219. En este Concilio se determinò el culto Sagrado de las Reliquias, que se hallaron en San Pedro (cuyo decreto queda puesto en el Capitulo

an-

antecedente) haviendo sido nuestro Obispo parte muy principal, que solicitò esto con gran devocion, y diligencia, como dice Ambrosio de Morales lib. 17. cap. 15. de la Cronica, y en la dedicatoria, que le hizo de la ultima parte de su historia.

Por muerte de Don Alonso de Cordoba, que fuè por Agosto de mil quinientos ochenta y dos sucediò en el Decanato, y Racion, que gozaba **Dean.** Don Luis Fernandez de Cordoba, que presentò las Bulas à quince de Enero; y haviendo satisfecho al estatuto de limpieza, tomò la posesion à cinco de Febrero de mil quinientos ochenta y tres. El Concilio Provincial se continuò hasta el dia doce de Marzo de este año: y haviendole concluido se vino nuestro Obispo, y entrò en Cordoba Sabado de Ramos dos de Abril, haviendo salido el Cabildo, y Ciudad à recibirle de la misma forma, que à sus antecesores, hizo el juramento acostumbrado, y despues del *Te Deum laudamus*, le acompañaron, hasta dexarle en su Casa.

A primeros de Mayo volviò à reconocerse en la Ciudad el contagio, y se dispuso, que se llevasen los enfermos al Hospital de San Lazaro, que hoy es Convento de San Juan de Dios, donde se curasen. El Cabildo librò quinientos ducados à diez y ocho de Mayo para esta curacion, à que concurrieron el Obispo, Ciudad, y Ciudadanos con sus limosnas. Continuòse el contagio, y à tres de Junio vino el Obispo à Cabildo, y propuso, que era conveniente hacer rogativas por la salud, y que se trasladase la Procesion de Corpus, hasta tiempo saludable: y asi se determinò, que desde el Domingo cinco de Junio se manifestase el Santisimo en la Capilla mayor, desde el alva, hasta la noche, por todo el tiempo, que durase el contagio, y que se suspendiese la Procesion de Corpus, que en este año se hizo en el mes de Septiembre. Tambien por este mismo tiempo se mandò, que se rezase de los Martyres de Cordoba, segun el quaderno, que havian dispuesto el Racionero Pablo de Cespedes, y el Doctor Ambrosio de Morales, que yà estaba impreso; y que en la Catedral se celebrasen dos Misas Solemnes en los dias veinte y uno, y veinte y dos, una à los Santos Patronos Acisclo, y Victoria, y otra à los demàs Martyres del Obispado, poniendolos por intercesores, para que Dios nuestro Señor aplaque su ira, dando

à

à este Pueblo la salud, que convenga à su santo servicio: y respecto de haverse instituido la Procesion de San Juan por semejante necesidad, que vaya à su Iglesia, rogando à Dios nuestro Señor dè à este Pueblo salud espiritual, y corporal, con que le sirva. El contagio se templò, y quiso la Magestad Divina, que cesase en el mes de Julio.

En la Sede Vacante del Obispo Don Fray Bernardo de Fresneda havia empezado el Cabildo à hacer Capilla nueva para Sagrario, donde estaba la libreria; porque el antiguo, que estaba en la Capilla de la Cena, era pequeño para el concurso del Pueblo. El Obispo Don Fray Martin de Cordoba continuò la obra, y con su muerte se suspendiò hasta el dia ocho de Agosto de **1583** este año de ochenta y tres, en que asistiò nuestro Obispo al Cabildo, y manifestò su voluntad de acabarle, como lo hizo, dexandole adornado con excelentes pinturas de los Martyres de Cordoba, que mandò pintar al fresco à Cesar Arbasi, afamado pintor de este tiempo. Tambien propuso entre otras cosas, que el Rey le encargaba mucho, que efectuase la ereccion del Seminario, segun lo dispuesto por los Concilios de Trento, y Toledanos:

y asi al dia siguiente nueve de Agosto nombrò el Cabildo à Don Antonio del Corral, Tesorero, y Canonigo, para que asistiese con el Obispo, para efectuar esta fundacion; que ha sido de grande utilidad para este Obispado, y de singular gloria para el Obispo por los excelentes sujetos, que se han criado en èl. Uniole algunos Beneficios, y escogiò para Patrono à su Inclito Gallego San Pelagio, Martyr de Cordoba. El Cardenal Salazar exaltò al mayor auge este insigne Seminario, y Colegio, dotandoles propias Catedras, como se dirà à su tiempo.

Por causa de la peste no se havia podido executar alguna demostracion de culto publico con las reliquias de los Martyres, y pareciendo, que era muy debida, se determinò, que en el dia veinte y uno de Noviembre, dia en que fuè la invencion, fuesen el Obispo, Cabildo, y Ciudad en procesion solemne, dando à Dios las gracias con *Te Deum laudamus*, y Misa Votiva de los Martyres en la Iglesia de San Pedro. Del mismo modo se continuò en los años siguientes hasta el de mil seiscientos y uno, en que se empezò à celebrar la invencion de las reliquias el dia veinte y seis, porque en el dia veinte y uno,

que

que era el propio, se celebraba de antiguo en la Catedral, y Obispado la presentacion de nuestra Señora; cuya Misa solemne se cantaba à prima en la Iglesia antes, para que saliese la procesion despues de la hora de tercia. El Pontifice Xisto V. mandò año de quinientos ochenta y cinco, que esta festividad de nuestra Señora se celebrase en dicho dia; y asi se estendiò desde este tiempo à todas las Iglesias.

Nuestro Obispo quiso dar à la Iglesia un Crucifixo muy devoto que tenia, y propuso al Cabildo, que señalase el altar, donde podria colocarle. Pareciò, que en el altar de San Sebastian estaria muy bien, y asi hizo retablo, y adornò el altar, donde le colocò, y es el Santo Christo, que se llama del Punto. San Blàs tubo su altar desde el principio en la Iglesia; pero siendo preciso mudarle por la obra nueva de la Capilla mayor, se uniò al de San Sebastian, y del Santo Christo.

La Imagen de nuestra Señora de Villa-Viciosa se mantubo en la Catedral hasta el dia de San Miguel de mil quinientos ochenta y tres, en que fuè restituida à su Santuario; pero haviendo gran necesidad de agua se volviò à traer Sabado tres de Marzo de mil quinientos ochenta y quatro: hizose un Novenario muy solemne, y el Obispo celebrò de Pontifical el dia primero. En el segundo dixo la Misa Don Bartolomè de Pazos, Arcediano, y Canonigo de Jaèn, Gobernador del Obispado; y en los dias siguientes los Prebendados por sus antiguedades. Las rogativas se continuaron, y el año fuè el mas esteril, que huvo en estos tiempos; pues se viò obligado el Cabildo à tomar censos, y despachar Prebendados à los Puertos, para que comprasen Trigo ultramarino, para remediar las necesidades de sus Ministros, y socorrer à sus Labradores. Las necesidades fueron muy grandes, y perecieron muchas personas, que se havian reservado de la peste. En vista de las necesidades el Cabildo, y Ciudad nombraron sus Diputados, para tratar con el Obispo sobre el remedio; mas creciendo mucho el numero de pobres, vino al Cabildo el dia primero de Marzo de ochenta y cinco, y haviendo propuesto los medios, que se havian practicado, y los que se havian conferido, cerca de acomodar los Pobres, que andan mendigando en gran cantidad, le parecia, que era el mas conveniente el que havia propuesto el Cabildo de ha-

1585

hacer una lista, ò copia de los pobres necesitados, y otra de las personas posibilitadas, ansi Eclesiasticas, como Seglares; y que se repartan los pobres por las tales personas, conforme à la posibilidad de cada uno voluntariamente, y que las dichas personas tengan cuidado de dalles à los pobres, que les repartieren el mantenimiento necesario, desuerte, que no anden por las Calles mendigando de puerta en puerta; y quedò, que su Señoria Ilustrisima, y los Señores Diputados del negocio de pobres lo comunicasen con los Señores Diputados de la Ciudad.

Desde el Obispo Don Leopoldo havian intentado los Obispos proveer las Capellanias de la Iglesia, expecialmente las trece de las Capillas de San Acacio, Santa Inès, San Antonino, y San Dionisio, por tener agregadas prestaméras: mas considerando, que ordinariamente se provelan en Roma, y que los poseedores no venian à residir al Coro, ni à cumplir las obligaciones, que impusieron los fundadores, se concordaron en el Cabildo, en que estas trece Capellanias se anexasen à Musicos, con lo qual se lograria, que esta Iglesia fuese servida de las mejores voces, y ali-

viada la Fabrica. Esto no tubo efecto, hasta que vacando una Capellania de San Acacio, pretendiò el Obispo proveerla; y despues de algunos tratados à dos de Mayo de mil quinientos ochenta y quatro hallandose el Obispo en Cabildo con Dignidades, y Canonigos, se vinieron à concordar, que las trece Capellanias sobre que podia resultar pleytos, por tener anexos Beneficios, y otras rentas Eclesiasticas, se enexasen perpetuamente para cantores, y se expidiese la Bula en Roma, pues yà estaba hecha la graciã por su Santidad, desde el tiempo del Obispo Don Bernardo de Fresneda de buena memoria; y que la costa, por relevar à la Fabrica de esta Santa Iglesia, por ser tan pobre, se reparta en esta forma; que se divida en quatro partes, y las dos pague la Fabrica, y las otras dos el Obispo, y Cabildo por partes iguales; y que las demàs Capellanias, que quedan, estèn à la disposicion del Dean, y Cabildo, sin que el Obispo les inquiete en cosa alguna; y las Sacristias de toda la Iglesia queden à total disposicion del Cabildo, sin que su Señoria se entrometa à proveellas en manera alguna, guardandose en todo, y por todo la pia voluntad de los que las instituyeron. De esta

con-

concordia , y condiciones en èlla contenidas se hizo instrumento pùblico, para conseguir la annexion , que concediò Xisto V. *an. Incarnat. dominicæ* 1585. 16. *Kal. Januarij Pontifi. nostri an.* 1. tubo de costa esta expedicion setecientos y catorce ducados , à razon de quatrocientos ochenta y cinco maravedís cada uno.

La obra del Crucero , y Capilla mayor se continuaba lentamente por falta de medios : y deseando el Obispo, que se perfeccionase , à nueve de Enero de ochenta y quatro vino à Cabildo , para tratar sobre ello. Varios medios se propusieron por el Cabildo, y Ciudad , que tambien deseaba vèr finalizada tan grande obra. Pareciò conveniente recurrir al Rey , y à veinte y siete de Febrero nombraron el Obispo , y Cabildo al Doctor Diego Muñoz, Canonigo Magistral , para que juntamente con los Diputados , que tenia la Ciudad en la Corte se hiciesen presentes al Rey, y sus Ministros los arbitrios , que podrian tomarse , para concluirla. Tratòse de mudar los cuerpos Reales de Don Fernando IV. , y Don Alonso XI. à la Capilla mayor nueva , y de otras providencias utiles; pero nada tubo el efecto, que se deseaba , y fuè muy corto el socorro , que se logrò para la obra.

La Canogìa de Escritura se hallaba vacante, y queriendo , asi el Obispo , como el Cabildo , que se proveyese por concurso , mandaron poner Edictos, y concurrieron ocho Opositores. Todos hicieron sus exercicios , y à veinte y tres de Marzo de mil quinientos ochenta y cinco, haviendo dicho la Misa del Espiritu-Santo en la Capilla del Cabildo el mismo Prelado , y hecho el juramento de elegir al mas digno, fuè electo el Licenciado Alonso Martin Navarro : y desde este tiempo se ha provisto por Concurso este Canonicato.

En la noche de Navidad sucediò, que dieron una herida mortal à uno en la Catedral , con que quedò violada la Iglesia , y cesaron los Divinos Oficios. El Cabildo se juntò para deliverar , lo que se debia executar, porque havia duda, de si estaba consagrada , ò solamente bendita, pues por una , y otra parte havia razones. Remitiòse la decision al Obispo, que se hallaba enfermo, para que oidas las razones determinase lo que debia hacerse; pero no determinò, sino que los Oficios podian hacerse en otra Iglesia, hasta considerar de espacio el pun-

punto. Pareciò al Cabildo, que en esta mutacion de Iglesia havia muchos inconvenientes, y embarazos, y asi el dia veinte y seis de Diciembre despues de haver tratado el punto, mandò à dos Diputados, que representasen al Obispo los inconvenientes, y escandalos, que havia en la Ciudad, por haver cesado en la Catedral los Oficios Divinos en dias tan solemnes, y que le suplicasen, que se animase, si era posible, à venir à reconciliarla, yà que no havia Obispo Titular, que por su orden lo pudiese hacer, ò que resolviese la duda, y diese la conveniente providencia. Con esta duda nos dexaron, sin dar noticia de lo que se executò entonces: descuido ordinario en todos tiempos; pues presumimos, que no han de ignorar los futuros, lo que omitimos por notorio en el nuestro. Hoy la reconcilia un Cura del Sagrario, quando sucede semejante violacion; con que parece, que se resolviò, que solo estaba bendita.

· San Juan de la Cruz vino à fundar Convento de su reforma de Carmelitas, y consiguiò, que nuestro Obispo le diese la Hermita de San Roque, donde se colocò el Santisimo à diez y ocho de Mayo de mil quinientos ochenta y

seis. En este sitio se mantuvieron los Religiosos con gran gusto, y provecho de la Ciudad; pero el deseo de mayor soledad, y retiro de concursos los obligò à mudarse al sitio, que hoy tienen fuera de la Ciudad junto à la puerta de Colodro à diez y nueve de Marzo de mil seiscientos y catorce; y traspasaron el Convento de San Roque à los Padres Carmelitas Calzados, para que fundasen en èl un Colegio. Yà havia algunos años, que havian fundado en Cordoba Convento los Carmelitas Calzados, y experimentando, que no era el sitio conveniente, tambien se mudaron al que hoy tienen junto à la Puerta Nueva à ultimos de Noviembre de mil quinientos y ochenta. En ambos Conventos, y Colegio han florecido Varones de singular virtud, y doctrina; y entre ellos el Obispo de Ciudad Rodrigo Don Fray N. de Cardenas, Carmelita Calzado, y natural de esta Ciudad, que muriò año de mil seiscientos setenta y siete.

Nuestro Obispo Don Antonio de Pazos donò à la Iglesia una Cruz, y Ornamentos en cinco de Mayo de mil quinientos ochenta y seis, y Sabado por la noche veinte y ocho de Junio fuè Dios servido de llevarsele. Tubo gran ze-

1586

lo en promover el culto del Santisimo Sacramento , y devocion à Maria Santisima, cuya Imagen de Villa-Viciosa quiso mantener en la Catedral, y adornàrle una Capilla. Muriò pobre , porque lo diò todo à los pobres en años tan necesitados. Su cuerpo se enterrò en el Sagrario nuevo , aunque no llegò à trasladar en èl el Santisimo. En su losa mandò poner esta inscripcion: *D. O. M. Antonius à Pazos, Episcopus Cordubensis cogitans de futura vita, sibi vivens, posuit an.* 1586. De este insigne Prelado trataron Ambrosio de Morales en el tomo 4. de la Cronica , que le dedicò ; Gil Gonzalez en la Iglesia de Avila; Baltasàr Porreño en la vida del Cardenal Don Gil Alvornoz , y otros.

El Arzobispo de Mexico Don Pedro Moya de Contreras vino à España, y se detubo en esta Ciudad su patria el mes de Diciembre de mil quinientos ochenta y 'seis. El Cabildo le obsequiò , como era debido à su caracter , y puso en sus manos la jurisdiccion, y facultad de usar los Pontificales , y hacer ordenes , como lo executò. Despues pasò à Madrid à informar al Rey de el estado de aquel Reyno, y à pocos meses de ser Presidente del Consejo de Indias,

muriò. Sucediòle en el Arzobispado Don Alonso Fernandez de Bonilla , natural de esta Ciudad , que se hallaba Dean de Mexico , è Inquisidor , de quien yà se hizo mencion en el cap. 2. Tambien en este año fuè promovido de Orense al Arzobispado de Santiago Don Juan de San Clemente Torquemada , natural de esta Ciudad , de quien volveremos à tratar en el Capitulo 6.

CAPITULO IV.

DEL OBISPO DON FRANcisco Pacheco y Cordoba.

DON FRANCISCO PAcheco y Cordoba naciò en esta Ciudad, y fuè hijo de Don Francisco Pacheco , y Doña Maria de Mendoza y Cordoba ; desde sus primeros años se dedicò à los estudios, y se graduò de Doctor en la facultad de Canones. Fuè Dean, y Canonigo en nuestra Iglesia, donde manifestò cumplidamente una prudencia, y literatura no vulgar en muchos negocios graves , que se ofrecieron en su tiempo. El Rey Don Felipe Segundo le mandò asistir al Capitulo Provincial , que celebraron los Religiosos Trinitarios en esta Ciudad año de mil quinientos y setenta. Despues

pues le presentò para el Obispado de Malaga, que gobernò con gran zelo por tiempo de doce años, que casi todos fueron fatales, y con expecialidad el año de quinientos ochenta y tres, en que padeciò aquella Ciudad una cruel peste. El Obispo, como vigilante Pastòr, cuidò de asistir, consolar, y remediar à sus Ovejas con tanta caridad, que vendiò la plata, tapices, y alhajas, que tenia, por socorrer sus necesidades. En medio del peligro se mantubo sacrificando su vida por conservar la de sus Ovejas; y asi se la concediò nuestro Señor, para remedio espiritual de muchos, y para socorro corporal de otros.

Yà se hallaba presentado para nuestra Iglesia por Octubre de mil quinientos ochenta y seis, y à tres nombrò el Cabildo sus Diputados, para que fuesen à cumplimentarle, y darle la obediencia en su nombre. Aunque hallamos cargado el Obispado de algunas pensiones en tiempo de Don Fray Bernardo de Fresneda, que tubo pleyto sobre pagarlas, en esta ocasion se pidiò al Cabildo relacion de los valores del Obispado por el Secretario Francisco Gonzalez de Heredia de orden de su Magestad; y asi por este tiempo parece, que tubo principio la regalia, de cargar pensiones en la tercera parte de los valores de los Obispados.

El Autor anonimo de los sucesos raros de Cordoba refiere, que el Racionero Pedro Clavijo y Angulo matò defendiendose à su Tio Geronimo de Angulo, que furioso de colera se arrojò à matar al Racionero. Este se ocultò, porque no le prendieran, y le sacò el mismo anonimo de la Ciudad, disimulando, que era su criado, conque se fuè à Roma, y dispensando el Pontifice Xixto V. residiò su Prebenda en la Iglesia de Jaèn. Este suceso, y otros, que refiere, convencen la poca fè, que merece este anonimo; porque à veinte y ocho de Enero de mil quinientos ochenta y siete estaba asegurado en la Carcel con cadena, y grillos el Racionero por indicios de esta muerte, que fuè muy sensible en la Ciudad; pero justificò su innocencia tan plenamente, que el Doctor Cristoval de Mesa Cortès, Canonigo, y Vicario en Sede Vacante, y el Dean Don Luis de Cordoba, y Diego de Morales Racionero, Jueces adjuntos le declararon libre del crimen, que se le imputaba; pues à veinte y tres de Marzo de mil quinientos ochenta y nueve le diò licencia el Cabildo, para residir en la Iglesia de Jaèn, conforme al estatuto de hermandad, por las enemistades, y peligro, que tenia en Cordoba; y à tres de Noviembre de dicho año pidiò à el Cabildo, que le diese licencia, para ir à Roma à defenderse, porque era citado para Roma, y otras partes, sobre la muerte, que le imputaban de Geronimo de Angulo, de que le acusaban à efecto, que fuese condenado en las penas de derecho, y privado de su Beneficio; la que se le concediò en el mismo dia. En vista de esto, que consta de los Autos Capitulares, se conoce, que el anonimo no escribiò la verdad, sino que vistiò el suceso con los colores, que le pareciò, como lo hizo con el Obispo Don Leopoldo de Austria, y quedò convencido.

Nuestro Obispo Don Francisco Pacheco diò su poder para la posesion de este Obispado al Doctor Don Diego Fernández de Cordoba y Mendoza, Arcediano de Cordoba, y Canonigo, que havia sucedido à Don Juan de Simancas, Obispo de Cartagena (cuya muerte fuè por Agosto de mil quinientos ochenta y tres) y haviendo presentado las Bulas, tomò posesion del Obispado Domingo doce de Abril 1587 de mil quinientos ochenta y

siete. El Obispo vino luego al Obispado, y à veinte y tres del mismo mes entrò en la Ciudad con el mismo recibimiento de Cabildo, y Ciudad, que se havia hecho à sus antecesores. Sucediòle en el Obispado de Malaga Don Garcia de Haro, Obispo de Cadiz, y natural de Cordoba, hasta catorce de Agosto de quinientos noventa y siete, en que muriò. Don Luis de Toledo, Arcediano de Pedroches, muriò en Madrid, donde se hallaba à negocios del Cabildo por Septiembre de este año; y perteneciendo à Obispo, y Cabildo de Canonigos la provision de esta Dignidad à diez y siete de Octubre vino à Cabildo, en que por todos votos se confiriò al Maestro Don Diego Fernandez de Cordoba el Arcedianato de Pedroches. Era Abuela materna de este Cavallero *Policena de Unguenada*, natural de Carintia, y Aya de los hijos del Emperador Maximiliano Segundo, y aunque era tan notoria su gran calidad, pareciò, que se debia calificar conforme al estatuto; y solamente se dispensò en Cabildo del dia veinte, que por muchas, y graves causas, no se vaya à Alemania, sino à Madrid, à donde se hallaràn muchos testigos, y muy calificados.

En-

Entre los testigos, que dixeron en la informacion, fuè el Varòn Juan Quevenèles, Embaxador del Emperador, y Cavallero del Toyson; pero teniendo noticia la Emperatriz Doña Maria (que se havia venido à España) quiso declarar en èlla, y dixo : que conocia muy bien la generacion del dicho Don Diego, que era de Alemania, por parte de su Abuela Policena de Unguenada, que era natural de alli, y muger de Don Pero Laso de Castilla; que el dicho Maestro Don Diego, y las personas de quien desciende, fueron, y son muy buenos Cavalleros, y gente principal, sin raza de Moros, ni Judios, ni conversos, sin que jamàs se haya entendido otra cosa, y era, y es gente, de quien, ni aun imaginar se podia, ni puede otra cosa; y asi lo certifica por su palabra Real, y lo firmò por su Magestad Don Juan de Borja su Mayordomo mayor. Tomò la posesion à veinte y nueve de Diciembre al dia siguiente. El Obispo, y Cabildo le dieron un Canonicato, que havia vacado en dicho mes, y al mismo tiempo le dieron la posesion.

El Obispo vino à Cabildo à quatro de Mayo de mil quinientos ochenta y ocho, y ponderò la grave necesidad, que havia de hacer rogativas por el feliz suceso de la armada, que havia salido contra Inglaterra : determinòse, que se hiciesen varias procesiones generales, fiestas à nuestra Señora, y otras plegarias, que por altos juicios de Dios, no tuvieron efecto; pues se perdiò la Armada mas formidable, que tubo Monarca, como lo refieren todas las historias. Tambien pidiò en el mismo dia con muchas veras, y encarecidas razones la gracia, que su Sobrino Don Diego Fernandez de Cordoba, Canonigo, y Arcediano de los Pedroches havia pedido al Cabildo, dè licencia, para concluir sus estudios, y el Cabildo se la concediò por seis años para la Universidad de Alcalà, ganando por entero Tercias, Visperas, y Oficios, que fuè gracia muy singular sobre la que concede el estatuto, asi por lo que ganaba, como por estar yà, segun parece, graduado de Maestro. Pasò à Dean de Sevilla año de mil quinientos noventa y quatro.

El Rey Don Felipe presentò para el Obispado de Astorga al Maestro Fray Alberto de Aguayo, Religioso del Convento de San Pablo, y natural de esta Ciudad, Varòn de singularisima prudencia, y espiritu, con que descubriò à los

alum-

alumbrados , que inficionaron la pureza de España , y las ficciones de Soror Maria de la Visitaçion , Religiosa de Lisboa , tan celèbre por este tiempo en toda Europa , que haciendose , ò fingiendo cinco llagas , era venerada como otro San Francisco , ò Santa Catalina de Sena , y cada gota de su sangre se estimaba por reliquia preciosisima. Este excelente Varòn entregò su espiritu al Criador à diez y ocho de Noviembre de mil quinientos ochenta y ocho , dia en que le llegaron las Bulas, como queda yà dicho; pero con tanto gusto , y resignacion, que diò muchas gracias à Dios, por morir antes de cargarse con el peso , y obligaciones, que acaso le perdieran. Toda la Ciudad sintiò mucho la muerte de tan gran hijo , y el Cabildo nombrò al Dean, Chantre , dos Canonigos , y quatro Racioneros , para que representando su persona fuesen à su entierro en San Pablo. Tambien en este año de ochenta y ocho fuè promovido al Obispado de Catania en Sicilia el Licenciado Don Juan Corrionero , Racionero de esta Iglesia.

Nuestro Obispo tratò de hacer una visita general , y la empezò por la Catedral , de que resultaron cinquenta y un puntos dignos de consideracion en diversas materias , y asi vino à Cabildo à treinta y uno de Octubre de mil quinientos ochenta y ocho , y los propuso , para que se conferenciasen , y tratasen en Cabildo , y para que nombrasen Diputados , para conferirlos con ellos. Todos manifiestan el gran zelo de este Prelado por el Culto Divino , y asistencia puntual , y devota de los Prebendados en el Coro. Sobre ellos huvo diversos tratados , y haviendose convenido , volviò à Cabildo Martes veinte de Junio de mil quinientos ochenta y nueve , y de comun consentimiento se establecio , y mandò practicar en adelante todo lo resuelto sobre cada uno , en que se declararon algunos estatutos , y se derogaron los que dan licencia, para estudiar Grammatica los Prebendados , y para asistir à los desposorios de hermanos, que estàn al fol. 25. Asimismo se declarò , que la costumbre, que havia de dar licencia el Cabildo à algunos enfermos, para salir algunos dias, segun era la enfermedad , y necesidad (que hoy se dice patitur avierto) se continuase, votandose por gracia , y estando en la Ciudad el que la pide. Ultimamente en el cap. 42. se determinò , que se lea à prima

1589

ma

ma toda la Kalenda del Martyrologio, que solamente se empezaba, segun el uso antiguo; y à catorce de Agosto se adelantò, que estubiese en pie todo el Corò en sus Sillas, mientras se cantaba la dicha Kalenda. Otros Capitulos del regimen del Coro, de la facultad del Presidente, y secreto del Cabildo se observan hoy; y asi los omitimos. En quanto à la Iglesia se proveyò de Ministros zelosos, que cuidasen de la decencia, y limpieza; y que nadie se pasease en ella mientras los Oficios Divinos, pena de excomunion mayor, que se notase en una tabla pùblica; y que se pidiese al Pontifice, que concediese las annatas de los Beneficios, y Prestamèras vacantes para la Fabrica.

En los Conventos de Religiosas ordenò, que en adelante fuese el dote de seiscientos ducados, y no menos: porque tenian gran numero, y para mantenerse se vian obligadas à buscar lo necesario, faltando à la decencia, y observancia religiosa. Para que fuese estable este decreto importante, le comunicò con el Cabildo de Canonigos, y à trece de Marzo de mil quinientos ochenta y nueve, despues de haverlo conferido en tres tratados, asi Obispo, como Canonigos, le declararon por Estatuto, y ju-

raron observarle en adelante, como tal, y no ir en contra por ruegos, intercesiones, ni por otros respetos, que se propongan de presente, ni en otro tiempo. De este modo cerrò la puerta, para que en Sede vacante, no se recibiesen con menor dote; y proveyò, que los Conventos tubiesen solamente el numero de Religiosas, que pudiesen mantener con decencia. Prohiviò con rigor, que no pudiessen llevar por razon de propinas en dinero, comidas, ni en otra especie, salvo velas, que recibìràn las Monjas, para dar el abito, y profesion à las que entraren en dichos Conventos.

El Dean Don Luis de Cordoba, y su Coadjutor, y hermano Don Fadrique solicitaron con ansia, que fundasen en Cordoba las Carmelitas descalzas, para lo qual consiguieron del Obispo la Iglesia de Santa Ana, donde el mismo Obispo llevò el Santisimo con solemne procesion à seis de Julio de mil quinientos ochenta y nueve. Este Convento es uno de los preciosos Relicarios de esta Ciudad, en que se mantiene el sublime espiritu de Santa Teresa con rigorosa observancia à direccion de los Carmelitas descalzos, nacidos en la Iglesia verdaderamente, para conducir las almas al monte alto

alto de la perfeccion. Veanse las Cartas 6. 10. 11. 12. y 14. de San Juan de la Cruz, en que trata de la fundacion de ambos Conventos, y de las excelentes Religiosas, que invió para esta fundacion.

Nuestro Obispo determinò pasar à Madrid por algunos negocios propios, y à veinte y uno de Agosto pidiò al Cabildo, que diese licencia al Doctor Diego Muñoz, Canonigo Magistràl, y al Doctor Joseph Alderète, Racionero, para que le acompañasen todo el tiempo, que estubiese en la Corte; y asi mismo al Doctor Alderète, para ir à Roma, donde intentaba inviarle, à besar el pie de su Santidad, y visitar *Limina Sancti Petri*, por no poder executarlo por su persona. El Cabildo concediò esta licencia à veinte y cinco de dicho mes, y à cinco de Septiembre otorgò el Obispo poder al Dean de Gobernador del Obispado, al Canonigo Mesa de Vicario General, y al Racionero Belarde de la Concha (que al año siguiente pasò à ser Inquisidor de Cuenca, yà Obispo de Mecìna año de quinientos noventa y siete) de Provisor. Yà havia salido de Cordoba à nueve de Septiembre, y no volviò hasta el siguiente año.

El año de mil quinientos ochenta y nueve, fuè muy seco, y asi à veinte y quatro de Marzo vinieron à Cabildo tres Veinte y quatros, y un Jurado por parte de la Ciudad, à pedir, que se trayga à nuestra Señora de Villaviciosa, por estar el tiempo tan seco, y necesitado de agua, que yà no se halla pan, y el Lugar muy apretado. En vista de èsta justa representacion, luego fueron dos Prebendados con quatro Capellanes à traer la sagrada Imagen al Convento de la Merced, de donde se traxo en procesion general dia veinte y ocho à la Catedràl, y se colocò en el Altar mayor; y se hicieron las rogativas, y fiestas acostumbradas en semejantes necesidades. En esta pidieron las Religiones dias, para hacer una fiesta cada Convento, y se les señalò desde el dia diez y siete de Abril; y para este fin se llevò en procesion la Imagen al antiguo Sagrario, que es la Capilla de la Cena, y se dipuso Coro en la Nave para los Religiosos. Oyò su Magestad los clamores, y rogativas, y lloviò lo bastante, para que en la sierra fuese la cosecha moderada; mas para la Campiña vino tarde la lluvia, y fuè año muy esteril.

A las desgracias continuadas por estos años sobrevinieron las que causò la mas for-

formidable tempestad , de que hay memoria en esta Ciudad. Sucedió Jueves por la noche veinte y uno de Septiembre, dia de San Matèo de este año de mil quinientos ochenta y nueve. De ella, y de los estragos, que hizo en las arboledas , se hace mencion en el acto Capitular del dia veinte y dos siguiente; y el Presentado Fray Juan Chirino , que se halló en su Convento de la Trinidad , la escribió lib. 2. de las persecuciones de la Iglesia cap. 34. Refiriendo , que empezó como à las once y quarto de la noche dicha de San Matèo, y que duró poco mas de un quarto de hora ; pero en este tiempo fuè tan furioso el Huracàn , tan recio, y grueso el granizo, tan grandes , y repetidos los truenos , y relampagos , que parecia hundirse toda la Ciudad; y que con efecto se estremeció toda. Que los estragos, que causó en los Edificios fueron muchos , y grandes , y iguales en los campos circunvecinos , en las huertas, y arboledas, y en todo genero de ganados. Y que solamente por la misericordia de Dios no hubo desgracias en los racionales, no obstante , que muchos estubieron en gran peligro.

Los Religiosos de San Basilio pretendieron fundar Convento en el Hospitàl de San Bartolomè de esta Ciudad, sobre que hubo algunas dificultades ; por cuya razon suspendió la licencia el Cabildo Canonico en Sede vacante à veinte y uno de Agosto de mil quinientos ochenta y seis. Despues les dió el Racionero Juan de Riaza Cañete una casa , que tenia en el Alcazar Viejo , parà que fundasen en ella un Colegio con titulo de nuestra Señora de la Paz , de que tomaron posesion à quince de Octubre de mil quinientos noventa : y nuestro Obispo (que havia vuelto de Madrid à doce de Junio de este año) dió licencia , para que hiciesen la fundacion ; que ha sido muy util para los vecinos , y moradores del dicho Alcazar ; pues no tenian mas que una ayuda de Parroquia de la Catedràl, y con el Colegio han logrado los sacrificios, Sacramentos, y pasto espiritual con frequencia. Otro Monasterio de esta Religion , que llaman el Tardòn, havia fundado treinta años antes en el termino , y desierto de Hornachuelos el Venerable Padre Matèo de la Fuente, que murió à veinte y siete de Agosto de mil quinientos setenta y cinco con gran opinion de santidad. En la Villa de Posadas tiene esta Religion otro , que son los que gozan en todo el Obispado.

A

A la esterilidad del año antecedente se siguió en este una gran epidemia : y asi à primero de Octubre se decretaron publicas rogativas por la salud de la Ciudad. A nuestro Obispo sobrevino un vehemente dolor , y encendimiento de riñones , que en dictamen de los Medicos : *sola venus poterat tali succurrere morbo.* Oyó el Cristianisimo Prelado el remedio , y estimando mas à Dios, que à su vida , exclamó diciendo : que no queria salud, ni vida con ofensa de Dios : y asi como otro San Casimiro : *ne se pollueret maluit ipse mori.* Fuè su muerte à dos de Octubre por la noche de este año de mil quinientos y noventa. Su cuerpo fuè sepultado en el Convento de Santa Isabèl de los Angeles en el sepulcro de su Casa de Almuñar. Por su orden se acabò la obra , è Iglesia de la Compañia de Jesus, que le havia dexado encomendada el fundador Don Juan de Cordoba su Tio. Tambien aplicò para la crianza de los niños expositos, de que su Tio havia cuidado mucho, el Hospital de Consolacion , por ser lugar acomodado para ellos, y no tener el dicho Hospital dotacion particular para Hospaleria. Otras muchas obras de piedad executò , aunque los años que gozò fueron esteriles.

1590.

Fuè muy afable con todos , y muy amigo de poner paz entre sus Capitulares , asi en el tiempo, que fuè Dean, como en el de Obispo.

Los Racioneros enteros volvieron à solicitar año de quinientos ochenta y seis, que sus Prebendas se hiciesen Canonicatos , sobre que hicieron suplica al Papa , y el Cardenal Aldrovandino la remitiò al Obispo, para que informase, y le dixese su parecer. Esta pretension era favorecida del Dean Don Luis de Cordoba, Don Gonzalo de Flores y Carvajàl, Arcediano de Castro, ambos Racioneros, y del Canonigo Alonso Ruano. Pero luego se opusieron los Canonigos, y Medios Racioneros, por serles perjudicial , y por ser novedad muy grande, que variaba el estado, que havia tenido la Iglesia desde su fundacion. El Obispo, que no queria favorecer à unos en perjuicio de otros, vino al Cabildo de veinte y dos de Enero de mil quinientos ochenta y ocho, y dixo la comision que tenia; y que una , y otra parte le informase, para responder : y el Cabildo le diò las gracias por tanta merced. Con esta indiferencia obraba , como verdadero Padre comun. Esta pretension se continuò en Roma, à donde fuè el Racionero

nero Juan Caméros de Cuellar, para seguirla; pero no llegò à tener efecto.

De los bienes Patrimoniales, que eran quantiosos, hizo un agregado al Mayorazgo de Almuña, con la condicion, de que juntandose otro Mayorazgo mayor, ò menor al dicho de Almuña, se separase el agregado, y con èl se fundase en esta Ciudad un Colegio, para criar, y dotar niñas pobres, y huerfanas, y que fuesen Patronos los Deanes, Canonigos Magistrales, y Doctorales con el poseedor del estado, y Mayorazgo del Almuña. Muchos años hà, que se litiga haver llegado el caso, de segregarse, y hacer la fundacion del Colegio tan util à esta Ciudad; pero el poder del poseedor, que hoy es el Almirante de Aragòn, lo ha podido retener, aunque desde el año pasado de mil setecientos treinta y nueve, se mandò poner en sequestro. De este Prelado hicieron honorifica mencion el Padre Roa en la historia de Malaga cap. 18. Haro. part. 2. lib. 10. y otros.

En tiempo de este gran Prelado erigiò Ambrosio de Morales un magnifico Trofèo à los Martyres en el Campillo (que de este suceso se llama Campo Santo) por haver sido el lugar del Martyrio: y asi digno de mayor veneracion. Yo con toda mi indignidad, digo con el mismo piisimo Morales lib. 14. cap. 18. quando me vèo por alli, no querria, sino andar de rodillas, besando la tierra tan empapada, y santificada con la sangre de tantos Martyres. Diò motivo à levantar este gran trofeo un suceso raro, sobre correr alli unos Toros. Era diputado para disponer la plaza un Cavallero llamado Don Diego de los Rios, y dispuso, que se preparase el Campillo, por ser mas capaz, que la plaza de la Ciudad. Llegò esta voz à Ambrosio de Morales, y sintiendo mucho, que se profanase con fiestas gentilicas aquel sitio regado con la sangre de tantos Martyres, fuè al Campillo à vèr à Don Diego, que estaba alli con otros Cavalleros, y mucha gente, y le pidiò, que no hiciesen alli la fiesta de toros en reverencia de los Martyres, que havian santificado con su sangre, y pasion aquel lugar. En muchos hizo impresion grande la razon, y ruego de Morales, à quien todos atendian con singular veneracion; y asi clamaron, que no se corriesen los Toros en aquel campo; pero Don Diego, que estaba ocupado yà con la vanidad de mantener su dictamen publicado, ò con el error vulgar, de ceder estos regocijos en obsequio de los Santos, tomò à fiesta la suplica, y representacion de Morales; y asi mandò à los Oficiales, que continuasen en la disposicion de la plaza, y montando à caballo, se fuè con otros al campo del Matadero, donde lidiaron un Toro. Esta fiera los tenia entretenidos, hasta que cogiò un hombre, y se arrojò Don Diego con su Caballo sobre el Toro por librarle; pero fuè con tanta desgracia, que revolviendose el Toro, diò à Don Diego tal golpe, que le abriò una pierna desde el tovillo à la rodilla, y fuè causa de su muerte dentro de pocos dias. El se dispuso muy bien para morir, y confesando su yerro, clamò à los Martyres, que le perdonasen, y fuesen sus intercesores. Todos atribuyeron esta desgracia à castigo, aunque mezclado con la misericordia del tiempo, para disponerse:

y Ambrosio de Morales puso à su costa el Trofèo, y algunas Cruces en el Campo Santo, para excitar la veneracion, con que se debe atender, y respetar aquel sitio. En el año de mil seiscientos treinta y quatro se vieron en èl algunas luces à horas extraordinarias por muchas personas en distintas ocasiones. Lo que confirmò la Santidad de aquel campo bañado con tanta sangre de esclarecidos Martyres en el tiempo de los Mahometanos.

El Trofèo es una columna negra muy alta, y gruesa, y encima una lapida de Jaspe quadrada, y sobre ella unos Cuchillos cruzados, y unos Grillos pendientes de los Cuchillos, unos, y otros dorados, y este mote: *Laqueus contritus.* En el pie de la cruz, que corona el Trofèo: *X.P.O. Perfidem in Sanctis Victori:* y en la lapida quadrada estos versos:

Aspicis erectum sacratâ mole Tropheum,
Victrixque Xpti consecrat alma fides.
Martyribus fuit hìc Cæsis Victoria multis
Empta cruore hominum robore parta Dei
Ergo tua ætereis caleant precordia flammis,
Hæc dum oculis simul, & cernere mente jubat.
Hinc jam Victorem X. P. M. reverenter adora,
Et Sacrum suplex hunc venerare locum.

Otorgó este Obispo su testamento en primera de Octubre de mil quinientos y noventa, dexando varios legados, y al Colegio de la Compañia la celèbre pintura de Santa Catálina, hecha por el Racionero Pablo de Cespedes, y fundadas dos Capellanias en el Convento de Santa Isabèl de los Angeles, donde yace sepultado.

CAPITULO V.

DE LOS OBISPOS

DON FERNANDO DE VEga y Fonseca,

D. GERONIMO DE AGUAyo y Manrique,

Y DON PEDRO PORTO-carrero.

DON FERNANDO DE la Vega nació en la Villa de Olmedo, del Obispado de Avila; estudió en Salamanca donde fuè Colegial del mayor de San Bartolomè, y se graduò de Licenciado en la facultad de Leyes. Exerciò en èlla el ministerio de Juez Metropolitano por el Arzobispo de Santiago, en que manifestò su gran literatura, y prudencia, que movieron al Inquisidor General,

Arzobispo de Sevilla Don Fernando Valdès, para conferirle plaza de Inquisidor en el Tribunal de Zaragoza año de mil quinientos cinquenta y nueve. En el siguiente de quinientos y sesenta le diò el Rey plaza de Oìdor de Valladolid, que sirviò con aceptacion de todos hasta el año de sesenta y ocho, que fuè promovido al Consejo Supremo de la Inquisicion; y por Real Orden visitò la Chancillerìa de Valladolid. Volviò à esta Chancillerìa por Presidente año de mil quinientos y setenta, de donde fuè mudado à gobernar la de Granada hasta el año de mil quinientos setenta y nueve, en que le mandò el Rey, pasar à la Corte, y ser Presidente del Consejo de Hacienda; y despues de algun tiempo le hizo servir la Presidencia de el Consejo de Indias.

En este emplèo se hallaba, quando fuè presentado para el Obispado de Cordoba, lo que noticiò al Cabildo, y este correspondiò nombrando dos Diputados à veinte y quatro de Diciembre de mil quinientos y noventa, para que fuesen à cumplimentar, y darle la obediencia en su nombre, siendo uno de ellos el cèlebre Don Luis de Gongora y Argote. El Pontifice pasò la gracia del Obispado à veinte de Marzo

de

1591 de noventa y uno , y tomò la posesion por Mayo. Luego se vino à su Obispado dexando la presidencia de Indias à cargo del Arzobispo de Mexico, y entrò en Cordoba à nueve de Junio con el recibimiento de Cabildo, y Ciudad , como era costumbre. Poco tiempo desfrutò esta dignidad , pues à tres de Septiembre por la tarde diò su espiritu al Criador al quarto dia de enfermedad. En toda su vida corriò con celeridad en los ministerios , que octubo ; y con la misma llegò à descansar en el Sepulcro, que se diò à su cuerpo en la Capilla del Sagrario nuevo. Bien se conocen las grandes prendas de este Prelado por sus emplèos : y asi han hecho memoria honorifica de èl Vergara en la vida del Arzobispo Don Diego Anaya ; Gil Gonzalez en el Teatro de Madrid, y Salamanca , y otros escritores. Su cuerpo se trasladò à Olmedo por Mayo de mil seiscientos y ocho à su entierro propio.

Tambien muriò en este año de mil quinientos noventa y uno à veinte y uno de Septiembre el gran Cronista , y piisimo Maestro Ambrosio de Morales, à quien debe toda España la luz, y acierto en su historia Eclesiastica , y Secular. Yà anciano se retirò à disponerse , para morir en su Patria ; y à seis de Abril de mil quinientos ochenta y quatro pidiò al Cabildo un aposento en el Hospital de San Sebastian ; *porque por su devocion deseaba vivir lo que le restaba en aquella casa. Y el Cabildo estimò en tanto esta Santa resolucion , dice el acto Capitular de dicho dia , que todos, nemine discrepante, dixeron : que no solo se debia hacer lo que pedia con todo el cumplimiento posible ; pero que era mucha razon , que de parte del Cabildo se le diesen muchas gracias por ello : pues haviendo en aquella Casa una persona de tanta piedad , y letras , descargaria el Cabildo muy bien su conciencia en todo , lo que debe hacer en el gobierno de aquel Hospital; y se encargò al Señor Arcediano de Castro , hiciese este oficio de parte del Cabildo.* Con esta atencion correspondiò el Cabildo al deseo de un hombre , que, aun en su Patria, tubo la mayor aceptacion de todos. Enterròse en el Convento de los Martyres Patronos , donde le fabricò el Cardenal Arzobispo de Toledo Don Bernardo de Roxas y Sandovàl un suntuoso Sepulcro de Jaspe encarnado, junto à la Capilla antigua, que se conserva de la Basilica de San Acisclo , como dexò dispuesto por la summa devocion,

que

que siembre tubo à esta Capilla, sepulcro de muchos Martyres. Su verdad, y candòr se conoce claramente en sus escritos, en que manifiesta sin obstinacion sus congeturas en lo obscuro, y retrata lo que havia escrito en otra parte. En la quarta parte de la Cronica corrigiò algunos puntos de lo que havía escrito años antes en los escolios de San Eulogio, que omitimos expresar en la primera parte, como en el cuerpo de San Feliz, trasladado à Carriòn, y año de la peregrinacion de San Eulogio; y aunque en algunos puntos nos apartamos de su dictamen, siempre le veneramos por Maestro, que abriò à todos el camino; y confesamos, que, si huviera visto los instrumentos descuviertos despues, èl mismo se huviera corregido por la summa sinceridad, y amor, que tenia à la verdad sin vanagloria. Vease à Don Nicolàs Antonio tomo primero Bibliot. novæ, donde trata de sus escritos.

El Reyno havia concedido al Rey por la urgencia de las guerras, que havia contra los Infieles, y Hereges de Inglaterra, Flandes, y Francia ocho millones de oro, que se havian de repartir, y pagar en seis años; y à Cordoba tocò pagar en cada año quatro quen-tos, trescientos y seismil y ochenta y un maravedis, que se distribuyeron por la Ciudad en diferentes arbitrios, de que dieron noticia al Cabildo en veinte y dos de Octubre de mil quinientos y noventa Pedro Guajardo de Aguilàr, y Martin Alonso de Cea, Cavalleros Veintiquatros, para que con su aprobacion, y bendicion empezasen à correr desde primero de dicho mes de Octubre. El Cabildo estimò esta atencion de la Ciudad; y considerando, que se dirigia à que contribuyese el estado Eclesiastico en dichos millones, respondiò, que siendo, como fuè este servicio ofrecido voluntariamente, se ha de pagar por el estado de los legos, que los ofreciò, y en ninguna manera su paga, ni parte de ella toca, ni se puede repartir al estado Eclesiastico; ni aun nuestro Cabildo (estaba en Sede Vacánte) serìa parte, ni podria consentillo en perjuicio de la inmunidad, y libertad del dicho estado, por las censuras, y penas que hay, &c. Este principio tuvieron los millones, que prorrogados, aunque con alguna diferencia, se continùan hasta hoy, y por Bulas Pontificias obligan à contribuir al estado Eclesiastico, sin considerar el gravamen, que por otra parte se le ha im-

impuesto del Subsidio , y Excusado , que no pagan los Seculares. En el año presente de mil quinientos noventa y uno à diez y seis de Agosto se empezò à conceder por el Papa Gregorio XIV., que contribuyese el estado Eclesiastico en estos millones , y se ha continuado en virtud de Breves Pontificios.

Muchas representaciones ha hecho el estado Eclesiastico sobre tan grave contribucion. Y bien la considerò, y ponderò gravisimamente el Pontifice Paulo V. en la Carta, que sobre este punto escribiò al Rey Don Felipe Tercero (que se halla entre los Breves del estado Eclesiastico) dignisima de tenerse presente: hasta ahora en los ciento y cinquenta años no ha llegado el caso de cesar la contribucion del estado Eclesiastico, segun la precisa condicion, que ponen los Papas en la concesion de diez y nueve millones, y medio : *Quodque si ante finem sexenij confecta fuerit (summa 19. milionum cum dimidio alterius) Ecclesiastici predicti amplius contribuere , & dictas gabelas, seusisas solvere non debeant : sed presens gratia expiret , nullaque sit eo ipso.* Yà hemos experimentado, que nuestro Catolico Monarca à mandado cesar esta contribucion del Clero, por no haver Breve expedido, que la conceda. Hemos tocado brevemente este punto, para dar noticia del principio de esta gavela, y del justo motivo, que tubo presente nuestro Cabildo, para satisfacer à la Ciudad, y no consentir, que el estado Eclesiastico fuese contribuyente.

DON GERONIMO MANrique y Aguayo naciò en Cordoba, y tubo por Padres à Don Francisco de Aguayo y Manrique, y à Doña Juana de Figueroa. Profesò la Teologìa en la Universidad de Alcalà, donde se graduò de Doctor, y tomò Beca en el Colegio mayor de San Ildefonso. Dexò las escuelas, por venir à Toledo con el titulo de Cura de la Parroquia de San Pedro, y de Examinador del Arzobispado. Diò en este emplèo tantas muestras de zelo, piedad, y demàs virtudes, que informado el Rey Don Felipe Segundo le presentò en el Obispado de Salamanca : porque aprendiesen del Obispo Don Geronimo los que se crian en aquella grande Universidad, para ser Obispos despues. En el año de mil quinientos setenta y nueve le consagraron en nuestra Iglesia Catedral los Obispos Don Fray Martin de Cordoba, Don Francisco Pacheco,

y

y Don Juan de Simancas, como yà se dixo cap. 3. En su Obispado celebrò Synodo, è hizo visita, con que reformò muchas cosas; y con su exemplar vida, y doctrina mereciò gran veneracion en aquella Universidad. Fuè muy afable con todos; y asi Sabios, è ignorantes, ricos, y pobres, y todo genero de gentes, que concurren à aquellas cèlebres escuelas, le miraban con singular respeto, y amor. La caridad, y misericordia fuè muy grande : y asi se levantò con el estimable epiteto *de verdadero Padre de Pobres*.

En el año de mil quinientos ochenta y quatro asistiò en el Convento de San Geronimo de Madrid, quando juraron los Reynos à once de Noviembre por Principe à Don Felipe Tercero. A los hermanos de San Juan de Dios entregò el Hospital de San Cosme, y San Damian, haviendo reducido à èste otros Hospitales ; y por orden del Rey asistiò à los Capitulos generales, que celebraron los Religiosos de San Benito, y San Bernardo.

De la Iglesia de Salamanca fuè propuesto para esta de Cordoba, y à veinte y ocho de Junio de mil quinientos noventa y tres nombrò el Cabildo al Canonigo Don Alonso Venegas de Cañaveral, y al Racionero Don Luis de Gongora y Argote, para que pasasen à Salamanca à cumplimentarle, y dar la obediencia; lo que executaron el dia veinte de Julio con gran gusto, y estimacion del Obispo. Don Luis enfermò de cuidado, y le asistiò el Obispo, y cuidò de su curacion, teniendole en su Palacio, hasta que se mejorò : y en agradecimiento de tanta merced, hizo à este Prélado el Soneto 151. Pero en pocos dias despues dispuso Dios llevarse para sì à este Insigne Obispo con gran sentimiento de esta Iglesia, que le esperaba con ansia : pues muriò à diez y nueve de Septiembre de mil quinientos noventa y tres, sin haver tomado posesion. Su cuerpo fuè sepultado en la Capilla mayor de la Catedral de Salamanca, donde tiene este Epitafio. *Aqui yace Don Geronimo Manrique, Obispo de esta Santa Iglesia, electo de Cordoba; muriò à XIX. de Septiembre de M.D.X.C.III. años ; vere Pater Pauperum.* Vease à Gil Gonzalez en el Teatro de Salamanca, y à Salazar en la historia de la Casa de Lara, donde trataron de este Prelado.

La obra del Crucero se continuaba, y en este año de noventa y tres se mudò el Co-

1593

ro à las naves del Altar de San Sebastian , hasta que se pusiese el nuevo Coro en estado de perfeccion , para poder residir. La Torre amenazaba ruìna por su antiguedad, y gran detrimento , que causò en èlla la tempestad del año de quinientos ochenta y nueve; y à quatro de Marzo de noventa y tres determinò el Cabildo en Sede Vacante , que se renovase conforme à la muestra , y traza , que Hernan Ruiz , Maestro mayor de las obras trajo al Cabildo : para lo qual se libraron de pronto mil y quinientos ducados del caudal de las Fabricas de las Iglesias. El modèlo fuè de ciento y veinte pies de alto: los sesenta desde el suelo hasta la canteria , que encerraba como caxa, lo antiguo de la Torre, que podia conservarse , y los otros sesenta hasta lo alto, que havia de tener. De este modo se empezò la obra , y para su firmeza por la obra nueva , que se havia de hacer, fueron llamados Asensio de Maeda , Maestro mayor de la Iglesia de Sevilla , y otros Oficiales , que aprobaron la obra, y firmeza , que llevaba : y asi à veinte y quatro de Julio se mandò continuar.

El Dean Don Luis Fernandez de Cordoba suplicò al Pontifice Clemente VIII. , que le hiciese la gracia de voto en Cabildo de Canonigos para sì, y para su hermano , y Coadjutòr Don Fadrique de Cordoba , en atencion de ser su Dignidad la primera despues de la Pontifical : y el Papa despachò Breve dirigido al Cabildo Canonico à veinte y cinco de Marzo de mil quinientos noventa y tres , en que concedia el voto: *Accedente majoris partis vestrum consensu.* El Dean presentò el Breve al Cabildo Canonico con un memorial, que concluye : *y pido , y suplico à V. S. lo mande vèr , y hacernos à mi , y al dicho mè hermano la merced, que de V.S. y su benignidad esperamos , en que la recìbiremos grandisima, estimandola, en lo que es razon, y mas , que se puede encarecer.* El Cabildo, nemine discrepante, aceptò el Breve à veinte y ocho de Abril , y determinò, que tuviesen voto en todo lo perteneciente al Cabildo de Canonigos , asi el Dean , como su hermano , quando asistiese, y tambien quando llegase à suceder en la Dignidad : sin que por esto sea visto, ni conceder el Cabildo derecho alguno à la Dignidad del Decanato, ni otra alguna, para entrar, ni votar en los dichos Cabildos, no siendo Canonigos ; ni pueda parar perjuicio al derecho del Cabildo de Canonigos solos.

Por

Por estos años se hicieron continuas rogativas por el bien de la Cristiandad, y felicidad del Reyno; y por la conservacion de la Religion Cristiana, y Catolica del de Francia, que estaba en gran peligro. La falta de agua tambien obligò à hacer plegarias, y no teniendo efecto todo el socorro deseado, se traxo la Imagen de nuestra Señora de Villa-Viciosa à doce de Mayo de noventa y tres al Convento de la Victoria, de donde fuè conducida à la Catedral con Procesion general. Hicieronse las nueve fiestas acostumbradas en tales necesidades, y fuè servida su Magestad de conceder la lluvia; porque à treinta de Mayo se celebrò fiesta de gracias con procesion de la devotisima Imagen por el Patio de los Naranjos. No solamente favoreciò à esta Ciudad en este año la piisima Reyna, y Madre de misericordia con el rocio del Cielo, para fecundar los campos, sino que obrò con Lorenzo de la Cruz Albañil un milagro estupendo. Estaba èste haciendo un pozo, y hallandose yà en lo profundo se desplomò toda la tierra, y quedò sepultado: quando viò su evidente ruina, invocò à Maria Santisima de Villa-Viciosa, y al instante la tubo presente en su amparo. Al tercer dia le

sacaron vivo, y sin lesion alguna, confesando, que la Celestial Madre le havia librado, y estubo en su compañia. Hizose informacion del portento; y à quatro de Septiembre ordenò el Cabildo, Sede Vacante, que le predicase el Orador el dia ocho para enardecer à todos en la devocion de tan piadosa Madre, y Divina Protectora.

El Pontifice Clemente VIII. criò Cardenal en este año al Padre Francisco Toledo de la Compañia de Jesus, y natural de esta Ciudad, en premio de los grandes, y gloriosos trabajos, conque sirviò à la Iglesia por muchos años en los negocios mas importantes de Religion, que se ofrecieron. De este Santisimo, y doctisimo Purpurado, y sus escritos han tratado muchos de su Religion, y otros. Vease à Don Nicolàs Antonio en la Biblioteca nueva Hispana, en que epilogò sus acciones, y obras con elogio muy elegante. Pasò de esta vida à la eterna à catorce de Septiembre de mil quinientos noventa y seis. Atendiò mucho à este Colegio de su Religion, y le anexò algunas prestameras Eclesiasticas, para que floreciesen en èl estudios generales: y asi à diez de Abril de este año de noventa y tres escribiò el Cabildo

al

al Rey, pidiendo, que se estableciese Universidad, como lo pretendia este Colegio.

DON PEDRO PORTOcarrero tubo por Padres à Don Cristoval Portocarrero, y Doña Maria Manuel, Marqueses de Villa-Nueva del Fresno. Cursò las Leyes, y Canones en la Universidad de Salamanca, donde fuè Rectòr, y se graduò de Licenciado. Fuè Canonigo de Sevilla, Oìdor de Valladolid, y Regente de Galicia, donde estubo nueve años. En el de quinientos y ochenta vino al Consejo Real, y despues al Supremo de la Inquisicion, de que pasò à sèr Comisario General de Cruzada. El Rey le presentò para el Obispado de Calahorra año de mil quinientos ochenta y nueve, y le Consagrò en Madrid el Cardenal Don Gaspar de Quiroga, Arzobispo de Toledo. Gobernò este Obispado con gran vigilancia, y rectitud; pues proveyò mas de quinientos Beneficios à naturales, sin atender empeños, ni antiguedad, sino los meritos de virtud, y letras. Por orden del Rey vino à visitar la Universidad de Alcalà, y hallandose en èlla, fuè promovido à nuestra Iglesia.

Yà se hallaba electo à **1594** once de Enero de quinientos noventa y quatro, en que nombrò el Cabildo dos Diputados, que fuesen à cumplimentarle à Alcalà: y à quince de Marzo tomò la posesion del Obispado con su poder el Doctor Alonso Ximenez de Reynoso, Inquisidor, y Racionero de este Tribunal, è Iglesia Catedral. El Obispo continuò su visita de la Universidad, y vino à Cordoba por Provisòr, y Gobernador del Obispado el Licenciado Tomàs de Baeza Polanco. Pero de repente dispuso nuestro Obispo su venida, para hallarse en su Iglesia la Semana Santa, y celebrò los Oficios el dia siete de Abril, que era Jueves Santo. Pocos dias se mantubo en la Ciudad, pues à veinte y siete de dicho mes se hallaba ausente de èlla.

Al Tesorero, y Canonigo Geronimo del Corral diò el Rey plaza en el Consejo Real; y le hizo presente el Cabildo por tiempo limitado, para ganar los frutos de sus Prebendas. Cumplido el tiempo solicitò, que se le continuase la presencia, en que hallò el Cabildo grandes dificultades; pero à veinte y dos de Abril resolviò por mayor parte, que se le hiciese presente en Tercia, Visperas, y Oficios, por todo el tiempo, que fuere voluntad del Cabildo, y no proveyere cosa en contrario; con tal,

tal, que se encargue de acudir à los negocios de esta Santa Iglesia, haciendo de su parte las diligencias convenientes, y necesarias para el buen expediente, y se compadecieren con el Oficio de Juez, como hasta aqui lo ha hecho. Al Dean Don Luis de Cordoba nombrò el Rey, para que visitase el Colegio mayor de Cuenca en Salamanca; participò este nombramiento al Cabildo con Carta del Rey, para que se le tenga por presente; y à doce de Julio le concediò licencia por seis meses, atentò à que ha de asistir en Madrid, y Salamanca à negocios de la Iglesia. Despues visitò por orden del Rey el Convento Real de las Huelgas de Burgos, y los de San Basilio de Andalucìa.

Haviendose ofrecido una causa criminal contra dos Racioneros, procediò el Provisòr sin adjuntos en el conocimiento de èlla, de que se quexò el Cabildo al Provisòr, y Obispo, por vulnerarse el Estatuto tan antiguo, y observado en esta Iglesia, y ultimamente confirmado por el Pontifice. El Obispo manifestò su animo de arreglarse en este punto al Concilio Tridentino, y de excluir à los Racioneros de este Privilegio: y asi à primero de Abril de mil quinientos noventa y cinco se notificò al Cabildo de Canonigos un Auto del Provisòr, para que nombrase por adjuntos dos Canonigos. El Cabildo diò su poder, para seguir su derecho en la Curia Romana à trece de Junio al Racionero Pedro Clavijo de Angulo, que se hallaba en èlla à la defensa de su causa. Despues de algunos Autos de manutencion, ultimamente se decidiò à favor del Estatuto, que la eleccion de Jueces adjuntos se hiciese en Cabildo pleno, y que debian gozar de este privilegio todos los Beneficiados de esta Iglesia.

El Obispo vino à Cordoba por Noviembre de este año de noventa y cinco, y celebrò Ordenes generales en el mes de Diciembre en el Sagrario de la Catedral, y para que pudiesen recibir los Ordenes los Prebendados, que no havian cumplido su primera residencia de quatro meses, segun el Estatuto; les diò el Cabildo à once de Diciembre licencia de mandato, sin interrumpir la residencia. El Obispo se mantubo en Cordoba hasta cinco de Mayo de quinientos noventa y seis, en que recibiò los despachos, y aviso de ser Inquisidor General, con cuya noticia acelerò su viage à la Corte. Antes de

1595

sa-

salir hizo donacion de la Hermita, y Santuario de Villa-Viciosa al Padre Fray Alonso Portocarrero del Orden de Santo Domingo, para que fundase en èlla un Convento de Recoletos de su Orden ; cuya donacion presentò el dicho Padre en Cabildo à veinte y siete de Mayo , pidiendo el beneplacito del Cabildo , para proseguir su fundacion. Estrañò el Cabildo esta resolucion del Obispo , y la participò à la Ciudad ; pues hasta aqui havian cuidado del Santuario, como Patronos , y à sus expensas se havia hecho la fundacion , y se havia erigido la Cofradìa de nuestra Señora con el consentimiento de Cabildo , y Ciudad. Pareciò escribir al Obispo sobre este punto , proponiendole las razones que havia , para que no tuviese efecto la donacion hecha ; y haviendo satisfecho, que la havia dado sin perjuicio del Patronato , porque el Santuario estuviese mas decentemente asistido , y tuviese mas culto , y servicio tan milagrosa Imagen , resolviò el Cabildo dotar con doscientos ducados de renta annual , para mantener Capellanes , que asistiesen à nuestra Señora à **1596** nueve de Julio de noventa y seis con diferentes condiciones, que havia de aprobar el Obis-

po ; y con declaracion , que el intento del Cabildo no es perjudicar el derecho de Patronazgo , que esta Ciudad de Cordoba tiene , ò tuviere juntamente con este Cabildo à la custodia de la dicha Santa Casa , è Imagen , y traerla à esta Santa Iglesia en los casos de necesidad , segun , que hasta aqui se ha hecho. Ni pretenden impedir la donacion , ò donaciones , que la dicha Ciudad , ò particulares de èlla quisieren hacer , ò huvieren hecho à la dicha Santa Imagen, ò su Casa en aumento del servicio de èlla.

Los Religiosos continuaron las diligencias , para conseguir su fundacion , y el Obispo estaba inclinado à entregarles la Hermita , pareciendole , que tendria la Sagrada Imagen mas decente asistencia, y mas culto ; pero oponiendose à esto tambien la Cofradia, determinò el Cabildo , que se traxese la Sagrada Imagen Domingo diez y seis de Junio à su Catedral , y se colocò en la Capilla de San Pedro, donde se mantubo, hasta que promovido el Obispo al Obispado de Cuenca, cesaron estas pretensiones. Las aguas fueron tan copiosas en el invierno, que à catorce de Enero de mil quinientos noventa y siete se empezaron en la Catedral

ro-

rogativas diarias por la serenidad, yendo el Cabildo en procesion despues de la Misa al Sagrario, y à la Capilla de San Pedro, donde se terminaba con deprecacion especial à nuestra Señora. Este estilo permanece en semejantes ocasiones de rogativas, que se hacen dentro de la Iglesia.

1596 Nuestro Obispo gobernò este Obispado hasta veinte y quatro de Julio de mil quinientos noventa y seis, en que declarò el Cabildo la Sede Vacante, por pasar el Obispo à la Iglesia de Cuenca. Mantubo su asistencia en la Corte, sirviendo la Inquisicion General hasta el año de mil quinientos noventa y nueve, en que mandò el Pontifice Clemente VIII., que todos los Obispos residiesen, y cuidasen personalmente de sus Ovejas en sus Iglesias: justisima Ley, y digna de observarse indispensablemente: pues ni el Pastor puede conocer la Oveja, ni èsta à su Pastor, quando ni se vèn, ni se oyen. Antes de salir de la Corte le hizo de su Consejo de Estado el Rey Don Felipe Tercero, y à diez y siete de Octubre de noventa y nueve entrò en Cuenca, donde gozò poca salud, y ultimamente muriò à veinte de Septiembre de mil y seiscientos. Muriò muy pobre; y asi

mandò enterrarse como tal; porque sus bienes no vastaban, para satisfacer las deudas; su cuerpo fuè llevado à Xerez de los Cavalleros, donde se le diò sepultura en el Convento de Religiosas Franciscas del Patronato de sus ascendientes. De este Prelado trataron Gil Gonzalez; Brizo en la Historia de Cuenca, y otros. El Maestro Fray Luis de Leon del Orden de San Agustin le dedicò el libro de los nombres de Christo.

A la Congregacion de Iglesias, que huvo en Madrid en los años de noventa y seis, y noventa y siete asistiò por la de Cordoba el Doctor Joseph Alderete, Canonigo, y en èlla se estableciò, que se nombrasen Procuradores en la Corte, y en Roma, para los negocios del Estado Eclesiastico, y que se les hiciese presentes por ser muy utiles à las Iglesias.

CA-

CAPITULO VI.

DE LOS OBISPOS

D. FRANCISCO REYNOSO,

Y DON PABLO LAGUNA.

DON FRANCISCO REYnoso nació en la Villa de Autillo de Campos à quatro de Octubre de mil quinientos treinta y quatro, y tubo por Padres à Geronimo Reynoso, Señor de Autillo, y à Doña Juana de Baeza, ambos de muy Ilustres, y antiguos linages. Desde su niñez manifestò, que le havia dado Dios una alma capaz, y buena, à que correspondia la hermosa disposicion del cuerpo, y asi pusieron sus Padres gran cuidado en su educacion, y enseñanza. Luego que supo la lengua latina, le enviaron à Salamanca, donde estudiò la Filosofia, y Teologìa, porque su inclinacion le llevaba al estado Eclesiastico. Tratò despues de su destino, para vivir, y conociendo, que en España las conveniencias eran muy tardas, y costosas, determinò caminar à Roma, de donde vìa venir à muchos con grandes Beneficios, y Dignidades. Para este viage le aprontaron su Padre,

y hermano mayor Don Pedro docientos ducados, y con la esperanza de un socorro annual se puso en camino, acompañandole desde Avila Don Francisco de Avila, su Amigo, y condiscipulo, que havia sido en Salamanca. Ambos se dieron palabra de ayudarse en la fortuna, y en ellos se cumpliò el buen efecto de la union de dos, que predixo Salomòn: *Habent enim emolumentum societatis suæ.* Ecclesiastès cap. 4. pues por nuestro Don Francisco consiguiò el de Avila el Arcedianato de Toledo.

En Roma padeciò gran necesidad, porque el socorro de España se reducia à cartas de favor, no à dinero para mantenerse. Alguna vez pensò irse à Napoles à servir al Rey; però volviendo en sì, determinò, no dexar la vocacion de ser Eclesiastico, ni el camino principiado. Para esto le parecìo conveniente servir à algun Cardenal, que pudiese protegerle, y lo consultò con Don Francisco de Vargas, que havia sido Embaxador del Rey, y se hallaba en Roma. Pareciò acertado el pensamiento, y por su empeño se acomodò à servir al Cardenal Alexandrino Miguel Guislerio, Religioso de Santo Domingo, pues en la ocasion no se hallò mejor conveniencia. Era el Cardenal

denal muy pobre, pues con el Obispado de Mondovi, aun no tenia cincomil ducados de renta: con esto los Amigos de Don Francisco se burlaban de la conveniencia, y le decian, que buscase medios, para mantener la casa de su amo; pero Don Francisco estaba mas gustoso cada dia, porque experimentaba, que el Cardenal era un Santo, y su Palacio un Convento recoleto; y asi esperaba, que Dios le havia de favorecer mucho por el amo, que servia. Hizolo con tanto cuidado, y amor, que el Cardenal le tubo en grande estimacion; y solia decir: solo este Español me sirve con aficion, que los demàs no parecen criados de mi Casa.

Por muerte del Pontifice Pio IV. fuè electo à siete de Enero de mil quinientos sesenta y seis el Cardenal Alexandrino, que tomò el nombre de Pio V., y conservando toda la familia que tenia, hizo à Don Francisco Reynoso su Camarero mayor, y Maestre Sala, en que sirviò al Papa con tanta fidelidad, y satisfaccion de parte de su Santidad, que en medio de muchas, y gravisimas emulaciones, propias de los Palatinos, fraguadas para derrivar à Don Francisco de la gracia de su amo, le estimò, y amò, mas como hijo,

que como Criado, y asi le diò muchas rentas Eclesiasticas, con el Arcedianato de Sepulveda, Dignidad de la Iglesia de Segovia, y por su interposicion lograron muchos Españoles grandes Beneficios, y Prebendas. Solia decir, que por su medio se havian acomodado muchos en Prebendas, y Beneficios, que importaban mas de sesentamil ducados de renta. En la Provision del Arcedianato de Toledo, manifestò este Santo Pontifice el gran amor, y estimacion, que tenia à Don Francisco, pues llegando à pedirsele el Embaxador por parte del Rey, le respondiò, que yà estaba dado: No es posible Beatisimo Padre, replicò el Embaxador; porque solo ha trece dias que vacò, y ahora recibo la noticia con extraordinario. El Pontifice mandò entonces llamar à Don Francisco, y estando presente dixo al Embaxador: *Veis aì el Arcediano de Toledo.*

Don Francisco diò al Papa las gracias de tan señalada merced, y le pidiò, que respecto de ser Dignidad tan grande, era justo, que con ella acomodase à otros Criados, que le servian, imponiendoles alguna pension. Diò mucho gusto al Pontifice esta noble, y singular proposicion de Don Francisco, y asi riyendo le dixo:

xo : *Anda , y despacha presto las Bulas , que no faltará para los demàs.* Saliò Don Francisco, y à poco tiempo volviò à repetir lo mismo , puesto de rodillas : *Porque ciertamente Beatisimo Padre no me puede saber bien el pan , que coma solo.* Admiròse el Santo Pontifice , y mandando , que se levantase, le dixo : *Bendigate Dios Francisco , que aunque mas tengas, moriràs pobre.* Lo que sucediò, como se verà en su muerte; con esto mandò , que se cargasen mil y seiscientos ducados de pension para ocho familiares à doscientos ducados para cada uno, y que se expidiesen las Bulas.

Hallandose nuestro Dón Francisco Reynoso con el Arcedianato de Toledo , empezò à considerar , si se vendria à residirle , ò permaneceria en la asistencia del Pontifice : eligiò su agradecido corazon , quedarse con el Santo Papa , porque sobre las muchas obligaciones , que tenia para servirle , estaba yà muy enfermo , y necesitaba de mayor cuidado; y no podia su fiel amor dexar à amo tan bueno en tiempo, que tenia mayor necesidad de asistencia. Manifestò su resolucion al Pontifice , que se la estimò con gran ponderacion de su leal afecto; y asi le pidiò licencia , para resignar el Arcedianato. Esta noticia se tubo en España , y por medio del Embaxador se le propuso, que seria presentado por el Rey en el Obispado de Cordoba , vacante entonces , si resignaba el Arcedianato en favor de un hijo de Ruiz Gomez. Pero como el intento de Don Francisco era servir al Papa mientras viviese , y no apartarse de su lado , no tubo la proposicion efecto , y asi le resignò con buena pension en Don Francisco de Avila , como yà se dixo. El Santo Pontifice quedò tan satisfecho de accion tan generosa , que intentò criarle Cardenal en la primera creacion , y le mandò poner en la lista de los que havia de criar en las primeras temporas. No llegò el caso de la creacion , porque se anticipò la muerte del Santo Pontifice , que sucediò à primero de Mayo de mil quinientos setenta y dos , con sentimiento universal del Orbe Cristiano.

Muerto el Santo Pontifice se vino à España nuestro Don Francisco; y determinando vivir en Palencia , permutò el Arcedianato de Sepulveda con la Abadia de Husillos, Dignidad antigua , y de autoridad , como escribe Ambrosio de Morales lib. 16. cap. 44. Siempre tubo inclinacion liberal , y benefica para todos; pe-

ro

ro luego que sentò su abitacion en Palencia, empezò à declinar en una obstentacion, y pompa tan excesiva, que no le vastaban sus copiosas rentas, y con el vano pretesto, y nombre de decencia, que le dà el mundo, no reparaba en vivir adeudado, para mantenerla : què dificil es tener moderacion en la abundancia ! Què facil hollar la raya de lo honesto! Comprò la mejor Casa de la Ciudad, y la adornò con preciosas pinturas, colgaduras, Tapicerìas, y demàs alhajas correspondientes : recibiò mucha, y lucida familia; echò Carrozas, comprò Caballos, mantubo perros de caza, en cuya diversion gastaba, y se divertia con gusto. En su Casa concurrian las personas principales de la Ciudad à conversacion, y al entretenimiento del juego, y à todas se daba, yà la cena, yà el refresco con abundancia, como pudiera hacerlo un Principe muy secular, y poderoso.

En este modo de vida estubo engolfado nuestro Don Francisco mas de quatro años; no le faltaron consejos saludables de sus parientes, y personas Religiosas, que procuraron reducirle à una vida arreglada à su estado; y aunque lo conocìa, no se atrevia à vencer las dificultades, que le represen-

taba el mundo. En una ocasion fuè à unas fiestas, que havia en Valladolid, y entrò en la Ciudad tan acompañado de familia, y camaradas, que saliò mucha gente à vèr *al Clerigo de Palencia* : unos hacian burla de su loca vanidad, otros murmuraban su prodigalidad secularisima, y todos sentian mal de su vida tan profana. Estando un dia de la fiesta en una rica Carroza, tirada de Caballos blancos, entrò un hombre de buen aspecto, y porte el cuerpo en la Carroza, y le dixo: *Asi se ha de gastar la hacienda Eclesiastica, y que mueran los pobres de hambre?* Diòle gran golpe este dicho; y queriendo saber la persona, no se pudo conocer, ni como se havia retirado. Esto le puso en mas confusion, y determinò volverse luego à Palencia; pero como nunca faltan favorables dictamenes, que opinan al gusto dominante, conque se palia, y se hace virtud, le detuvieron en las fiestas, y con la diversion, y aplauso de su bizarrìa, y magnificencia, se fuè confundiendo el èco, que le causò la voz, aunque nunca llegò à olvidarla.

Retirado à Palencia continuò los gastos, y diversiones acostumbradas; hasta que entrando en su Casa una persona Religiosa de autoridad, y virtud,

Aaaa 2

tud, que muchas veces le havia amonestado en secreto, le viò, que jugaba en una de quatro mesas de juego, que havia, y revestido de santo zelo, le dixo publicamente: *esta Casa Señor Don Francisco no es de criado de Pio V. ni merece nombre de familiar suyo, quien vive de esta manera.* Esta voz fuè un divino trueno, que enmudeciò à todos los presentes, que eran muchos, y los mas principales Eclesiasticos, y Seglares de la Ciudad, y conturbò à Don Francisco de modo, que se le cayeron las cartas de las manos. Retiròse lleno de rubòr à un quarto donde ilustrado con luz Divina, propuso apartarse de aquellas vanidades, y dar à Dios, lo que le havia usurpado, por servir al mundo. Retiròse solo, sin permitir, que le viesen los que antes le acompañaban, y lisongeaban el gusto; solamente admitiò en su Casa à los Padres de la Compañia, y otros Religiosos, que podian aprovecharle: rara mutacion, y digna de atribuirse à los ruegos de su Santo Amo.

Hallavase en Valladolid por este tiempo el Obispo de Osma, despues Arzobispo de Santiago, Don Alonso Velasquez, Varòn de singular sabiduria, y espiritu, que havia dirigido, y confesado à Santa Teresa por algun tiempo; y quiso visitarle nuestro Don Francisco, y manifestarle su interior; para que le instruyese en la vida, que deseaba seguir en adelante: mucho le aprovechò esta visita; pues le consolò, y animò este Venerable Prelado, y experimentado Maestro, à estar firme en su proposito, y à vencer las dificultades, que abulta el mundo, para retraer de la vida ajustada à los principiantes. Diòle documentos utilisimos, para el modo de vivir, y distribuir sus rentas; con que se volviò à Palencia muy consolado, y resuelto à poner en execucion todo lo que el Obispo le havia aconsejado. Reformò su Casa, distribuyò las horas para los negocios precisos, y exercicios espirituales; y ultimamente lo arreglò todo tan bien, que en breve tiempo pasò à ser Eclesiastico exemplar, el que havia sido escandalo de profanidades. En todas las virtudes procurò exercitarse, y en la de la humildad, que es la piedra de toque, tubo algunos sucesos notables, en que pidiò perdon al que no havia ofendido, y socorriò al que le havia injuriado. Pero en la Caridad, y misericordia fuè eminente; no sabia de necesidad, que no socorriese; y quando le faltaba di-

dinero, daba su ropa, vestidos, ò la alhaja que encontraba mas presto, porque no se fuese el Pobre desconsolado. Poco antes le havian hecho doce camisas, y siendo preciso mudar una por cierta indisposicion que tubo, no se hallò camisa que darle. Conociose, que las habria dado, y le dixo el Criado, que con una suya se podrian comprar dos al Pobre : *y à de esperar desnudo el Pobre, respondiò, basta que se le compren, y hagan?*

La Iglesia Colegial de Santa Maria de Husillos fuè muy cèlebre, asi por su grande antiguedad, como por las insignes reliquias, que puso en ella el Cardenal Raymundo, su primer Abad por los años de novecientos y cinquenta. En èlla se celebrò año de mil ochenta y ocho un Concilio, à que concurriò el Rey Don Alonso Sexto, y le presidiò el Cardenal Ricardo, Legado del Pontifice. Esta Iglesia vino à estado tan miserable, que carecia de los Ornamentos necesarios, y toda amenazaba ruìna. Visitòla nuestro Don Francisco Reynoso, como Abad, que era, y hallò, que ni los Canonigos, ni la Fabrica tenian caudal, para emprender tanta obra; y asi determinò hacerla de sus rentas, aunque con tales artes, y arbitrios,

que procurò ocultarlo ; pero por mucho que lo disimulò con censos, que tomò, lo conocian, porque pagaba los reditos, y redimiò los censos à la Iglesia. Mas de docemil ducados gastò en la obra de la Iglesia, y la dexò con tal perfeccion, que pareciò muy bien al Rey Don Felipe Segundo año de mil quinientos noventa y dos, que estubo en èlla, donde oyò la Misa de su Abad nuestro Don Francisco, y venerò las Santas Reliquias.

Para la Iglesia del Colegio de la Compañia de Palencia diò veinte y quatro mil ducados, con la condicion de ocultar quien los daba : porque huìa yà tanto del peligro de la vanidad, quanto conocia los daños, que le havia hecho. En Valladolid diò Casas à los Ingleses Catolicos, y los recogiò, y mantubo ; con que diò principio en España à los Colegios, que se han fundado, para la buena, y Catolica instruccion de los jovenes de Inglaterra. La Iglesia de Autillo era acreedora à experimentar los beneficios de Don Francisco, pues estaba bautizado en èlla, y asi informado, que estaba muy mal tratada, resolviò hacerla de nuevo (en que gastò diezmil ducados, sin permitir, que le pusiesen en èlla escudo de armas) fuera de la

Ca-

Capilla mayor , que era del Patronato de su Casa , y la dexò en su antiguedad , para que su Patrono , que era su Sobrino la hiciera , ò renovara. Tambien en Husillos hizo Casa, donde viviò algun tiempo , y despues la donò à la Abadia : porque le pareciò muy conveniente à la Iglesia , y Pueblo, que residiesen allí los Abades , y por defecto de Casa no lo havian hecho sus antecesores.

No se ocultaba al Rey la exemplar vida, y singular prudencia de Don Francisco, pues le havia visto, y tratado algunas veces, y de su orden havia reformado el Convento de Religiosas de Perales , y llevado algunas à Valladolid, donde les fundò el Convento de Santa Ana de la recoleccion de San Bernardo, en que venciò grandes escollos , y gastò buenos caudales : y asi le presentò al Obispado de Cordoba, pareciendole, que puesto Don Francisco en tal Candelero, difundiria mas sus luces , y aprovecharia mas con su exemplo. Tubo la noticia nuestro Obispo , y puso las mayores diligencias, para exonerarse de esta Dignidad , y grave peso : mas huvo de tomarle à fuerza de muchas , y superiores instancias. Yà estaba nombrado por Octubre de

mil quinientos noventa y seis, y à veinte y cinco nombrò el Cabildo sus Diputados para ir à cumplimentarle. Electo Obispo distribuyò todos sus bienes entre Iglesias , Conventos , y pobres ; y aunque procuraron persuadirle, que comprase las Alcavalas de Autillo para su Casa , y Mayorazgo , se negò siempre diciendo , que sus rentas no podian emplearse para semejantes fines.

En dos de Agosto de mil quinientos noventa y siete entrò en Cabildo el Tesorero de la Iglesia Catedral de Cadiz, y entregando cartas de su Obispo , y Cabildo , representò la summa necesidad de aquella Iglesia, por haverla saqueado los Ingleses, y llevadose algunos Prebendados à Inglaterra, que no querian entregar sin rescate; y asi pedia algun socorro para Ornamentos , y para ayuda à redimir sus Prebendados cautivos , que padecian mucho. El Cabildo se compadeciò de tantos trabajos , y mandò librar diezmil reales, los tresmil de su Mesa, y los sietemil de las Obraspias de cautivos ; los que se entregaron à siete de Octubre de noventa y ocho al Doctor Alvar Arias , Canonigo de Cadiz, con poder de su Iglesia, para obligarse à redimirlos dentro de dos años, y en caso de no

lle-

llegar el efecto del rescate, à restituir à las Obraspìas sus caudales.

Nuestro Obispo pasò à Madrid, y se Consagrò en el Real Convento de las Descalzas por su antecesòr Don Pedro Portocarrero con asistencia de los Obispos de Zamora, y Guadix; y para tomar posesion del Obispado inviò al Doctor Andrès de Rueda Rico, despues Canonigo Doctoral; y la tomò à veinte y quatro de Septiembre de mil quinientos noventa y siete, que- 1597 dandose por Gobernador del Obispado. Nuestro Prelado abreviò quanto pudo su venida, y entrò en Cordoba à primero de Diciembre de dicho año, siendo recibido con la solemnidad, que sus antecesores: Toda la Ciudad se alegrò estremadamente en vèr su Pastor tan afable con todos, y de tanta opinion de Santo, y limosnero. El dia cinco vino à decir Misa en el Altar de nuestra Señora de Villa-Viciosa, y despues pasò al Cabildo à visitarle segun el estilo de los Prelados, donde con breves, y amorosas razones manifestò su estimacion al Cabildo, de quien esperaba la direccion para el acierto de su gobierno. El Cabildo correspondiò con las debidas demonstraciones de gratitud, y obsequio para servìr-

le, como era justo; conque terminado este acto, vino à vèr la obra nueva del Crucero, y toda la fabrica, y arquitectura de la Iglesia, de que se admirò, y al mismo tiempo se lastimò de vèr parada, y expuesta à gran daño tan magnifica obra.

Aunque la Capilla mayor estaba yà cuvierta en este tiempo, el Crucero, y Coro estaba muy atrasado: pues por falta de caudales, y por diversas dificultades, que se proponian sobre la firmeza del edificio, no pasaba de las Cornijas. Pero ni las dificultades, ni la falta de medios para obra tan grande acobardaron el corazon de este magnifico Prelado, y asi manifestò al Cabildo su deseo de continuar la obra; y pidiò, que nombrase Diputados, para conferir con ellos, lo que luego executò el Cabildo dia veinte y tres de Diciembre del mismo año de quinientos noventa y siete. De la conferencia resultò hacer una junta de los Maestros mas afamados, para que reconociesen la obra, y formasen diseño, para continuarla. En quanto à medios ofreciò el Obispo dosmil ducados prontos, y otros dosmil en cada año, con otros arbitrios, que procuraria aplicar de otras Fabricas. Tambien cediò tresmil ducados, que de-

debia dar su antecesòr para las labores del Palacio, y posesiones propias de la Dignidad. El Cabildo en vista del fervor del Prelado determinò à doce de Enero de noventa y ocho, que por tres años se diese una Prebenda entera para la obra, aunque los años havian sido muy faltos, y los Prebendados estaban muy gastados; con esto se continuò felizmente la obra por todo el tiempo, que viviò el Obispo. Prorrogò el Cabildo por dos años esta manda à tres de Septiembre de mil seiscientos y uno. Segun lo dispuesto por los Estatutos, que se tenga Cabildo de reformacion en el primer Viernes desocupado de cada mes, vino nuestro Obispo dia nueve de Enero, è hizo una platica espiritual sobre la reformacion, y despues propuso, que convenia acabar la obra nueva tan atrasada tantos años, que todos debian esforzarse à contribuir; y asi pedia al Cabildo ayudase con alguna limosna, para obra tan acepta à Dios, y bien de la Iglesia, y Cabildo; de que resultò la determinacion del dia doce yà referida; con que quedò el Obispo muy gustoso. En la Semana Santa celebrò los Oficios en la Iglesia, y à primero de Abril vino à despedirse, para salir à la Visita del Obis-

pado por causas urgentes, que le obligaban, y pidiò, que nombrase el Cabildo un Prebendado, dandole plena comision, pues èl nombraria otro para dar el debido, y permanente orden al Seminario, conforme al intento, y disposicion del Concilio de Trento: y luego nombrò el Cabildo al Canonigo Doctor Cristoval de Mesa Cortès, persona de gran literatura, y practica con plena facultad para ello.

En la Visita se detubo nuestro Obispo hasta dia de Corpus, à cuya solemnidad vino por suplica, que le hicieron la Ciudad, y Cabildo; y se mantubo en Cordoba, haciendo la visita de la Ciudad; porque no le permitia tomar descanso su ardiente zelo. En este año de mil quinientos noventa y ocho muriò el Catolico, y excelentisimo Rey Don Felipe Segundo à trece de Septiembre, con sentimiento universal de la Iglesia Catolica, por cuya defensa, y aumento mantubo continuas guerras contra infieles, y hereges. Sus Exequias se cèlebraron en la Catedral Domingo diez y ocho de Octubre, y Lunes siguiente, solemnizandolas nuestro Obispo de Pontifical, y asistiendo el Cabildo con Capas de Coro, y toda la Ciudad de luto. Sucediòle su hijo Don Felipe

1598

pe Tercero, y fuè aclamado en Cordoba à veinte y seis de Septiembre con las demostraciones acostumbradas en tales ocasiones.

Quando entrò en Cordoba este Prelado tenia debengados cerca de quarenta mil ducados en frutos de sus rentas, y Obispado; con que no se detubo en socorrer las necesidades, que se le proponian de personas particulares, y Comunidades Religiosas, asi en la Ciudad, como en el Obispado. A los Conventos de Santa Isabèl, y Santa Maria Egypciaca, que llaman de recogidas, señalò raciones diarias, atendiendo à su gran pobreza; y lo mismo executò con gran numero de doncellas, y viudas honradas; à otras ayudò à poner en estado; y finalmente, nadie saliò desconsolado de su presencia. Crecieron las necesidades con la esterilidad del año de noventa y ocho, y mandò hacer exquisitas diligencias, para saber, y remediar las mas ocultas de personas vergonzantes, que no pedian. Por las cuentas de los primeros quince meses, que estubo en Cordoba, constò, que havia consumido sesenta y quatro mil ducados, y continuò con el mismo tesòn su liberalidad, y misericordia en los dos años siguientes, que fueron generalmente muy escasos en España. Con la fama de la limosna del Obispo concurrieron à Cordoba plagas de mendigos, y discurriendo en la Ciudad sobre expelerlos, consultado el Obispo respondiò. *No vine yo Señores à Cordoba, para desterrar de ella los pobres: soy de parecer, que no solamente conservemos los que hay, sino que se reciban quantos vinieren, que yo de mi parte harè quanto pueda.* Asi lo executò, sin reparar, que era preciso empeñarse mas cada dia; pues confiaba seguramente, que Dios le havia de socorrer, como se experimentò en su muerte; porque los frutos que dexò ganados, y no percibidos, vastaron, para satisfacer treinta mil ducados que debia.

En su casa, y familia puso tal orden, que ni en el tiempo, ni en el gasto huviese desperdicio: todo su cuidado fuè imitar la regla de su Amo San Pio V., y asi fuè su casa unà escuela de virtud, y de exercicios espirituales, que se practicaban en comunidad con gran exemplo, y un Convento muy reformado, en que no entrò la vanidad, ni profanidad, que suele paliarse con titulo de decencia. El vestido suyo, y de la familia muy honesto, y nada precioso; la comida abundante, y no exquisita, y

Bbbb   si

si alguna vez se le ponia algun manjar extraordinario, luego que le gustaba, le mandaba quitar, pretextando, que le era dañoso. Con nuestra Señora tubo ternisima devocion; y aunque se ofreciesen urgentes, y graves negocios, no omitiò jamàs el Rosario, que diariamente rezaba con la familia. Despues cenaba muy parcamente, pues mas parecia colacion, que disimulaba con el nombre de cena; y al mismo tiempo le informaban el Provisor, Vicario, Limosnero, y demàs oficiales de todo lo ocurrido en aquel dia; y haviendo oido à todos, les ordenaba lo que le parecia conveniente, con que se retiraba à descansar, y se quedaba solo.

Asistia con frequencia à los Cabildos de reformacion; y al de perdon del Miercoles Santo de noventa y nueve vino, è hizo una platica de paz muy espiritual; y pidiò perdon à todos con gran devocion, y humildad, de que quedaron muy edificados, para executar la misma Santa ceremonia. Celebrò los Oficios en los dias siguientes, y à siete de Mayo vino al Cabildo à despedirse, para salir à visita, y pidiò, que le encomendasen à Dios, para acertar à cumplir con las obligaciones de su oficio en probecho, y bien de sus Ovejas. Havia deseado mucho, que se celebrase en la Catedral toda la Octava de Corpus con la mayor solemnidad, y culto, y pedido, que lo tratase el Cabildo, para que se empezase este año à celebrar, sino hallaba inconveniente: el Cabildo considerò, que el punto era muy digno de conferenciarse, y haviendolo hecho, resolviò à veinte y ocho de Mayo, que en toda la Octava se manifestase el Santisimo Sacramento antes de Prima, y que estuviese expuesto hasta acabarse Maytines, celebrando los Oficios con la mayor reverencia, y solemnidad; y por quanto se ofrecieron algunas dificultades, y reparos, para que esta celebridad solemne fuese perpetua, nombrò quatro Diputados, que las propusiesen, y tratasen con el Obispo, (que aun se hallaba en Cordoba) y determinasen lo que convenia para la perpetuidad. El Obispo tubo en esta determinacion gran complacencia, y dado el expediente à los reparos, se empezò desde este año, à influxo de este Venerable Prelado una celebridad tan digna, y propia de esta Iglesia Catedral.

Florecian por este tiempo con gran opinion en España algunos Prebendados de nuestra

1599

tra

tra Iglesia. El Doctor Geronimo del Corral, Tesorero, y Canonigo presidia la Chancilleria de Valladolid, despues de haver sido algunos años del Consejo Real de Castilla. Los dos hermanos uterinos, Doctor Joseph Alderete, y Doctor Bernardo Alderete eran muy celebrados, y tan semejantes en todo, que decia el famoso Don Luis de Gongora: *que solamente podian distinguirse por el olor, como las vinageras*. Nacieron en Malaga, aunque su Padre fuè natural de Torremilano, Villa del Obispado de Cordoba. El Obispo Don Francisco Pacheco trajo por Vicario General al Doctor Joseph, y le confirió con el Cabildo una Racion entera: envióle à Roma, de donde trajo la excelente Imagen de nuestra Señora, que con otras alhajas donò al Cabildo, y suplicò, que se colocase en la Sala Capitular sobre el asiento del Presidente. Muerto el Obispo, consiguió Canonicato, y resignò la Racion en su hermano Bernardo de Alderète; ambos manejaron los negocios mas importantes del Obispado, y Cabildo, hasta que el Doctor Joseph, llamado de Dios, renunció el siglo, y el Canonicato en su hermano, y entró en la Religion de la Compañia de JESUS,

donde vivió exemplarmente. El Doctor Bernardo Alderète tomò posesion del Canonicato à veinte y siete de Abril de mil y seiscientos. Gozòle muchos años: y de ambos hermanos, y sus escritos hizo mencion Don Nicolàs Antonio en la Biblioteca nueva.

El Arzobispo de Granada Don Pedro de Castro determinò formar una gran junta de personas autorizadas, y doctas, para calificar las reliquias nuevamente halladas en el Monte de Valparaiso (hoy Monte Santo) y se havia de tener à diez y seis de Abril de mil y seiscientos. A este fin escribió al Cabildo, que le estimaria mucho la asistencia de algunos Prebendados de esta Iglesia; y condescendiendo à tan piadosa peticion, y causa nombrò el Cabildo à veinte y siete de Marzo al Maestre Esquela Don Rodrigo Velarde Morillo, al Doctor, y Canonigo Diego Lopez de Fromesta, al Racionero Juan de Riaza Cañete; y al Doctor Alvaro de Cardenas, Medio Racionero, para que en su nombre asistiesen à esta junta. Dilatòse algunos dias esta junta, y à treinta de Abril se publicò la resolucion, en que se calificaron por reliquias verdaderas; y se volvieron nuestros Prebendados muy gusto-

sos.

sos. Sobre esta invencion de reliquias, y laminas de plomo, que tambien se hallaron, han escrito muchos Varones insignes con nuestro Doctor Bernardo Alderete. Vease la quarta part. à cap. 59. de la historia Pontifical del Doctor Luis de Bavia, que refiere el modo, y orden de esta invencion. Las laminas, ò libros se llevaron à Roma año de mil seiscientos quarenta y quatro, y haviendose examinado los prohiviò, y condenò el Pontifice Inocencio XI. à seis de Marzo de mil seiscientos ochenta y dos, cuya Bula se halla pag. 26. de la 2. part. del expurgatorio; con advertencia, que no se entiende la prohivicion sobre lo declarado cerca de las reliquias, y su veneracion.

El dia Sabado veinte y nueve de Abril fuè de grande alegria para el Obispo, Cabildo, y Ciudad, porque se acavò el Crucero, que tanto deseaban vèr finalizado. El Obispo vino à la Iglesia, y con el fervor que tenia, no pudo contenerse, hasta subir à vèr sentar la ultima piedra, y registrar toda la obra. Repicaron las campanas, y tocaron los Instrumentos Musicos en demostracion del regocijo, y se dieron à Dios las gracias. No era menor el zelo de este Venerable Prelado por la decencia, y honestidad de los Eclesiasticos, y asi vino à Cabildo à diez de Junio, y propuso por el mejor termino, que se puede encarecer, que no vayan los Prebendados à la Casa de las Comedias à oirlas, por la gran indecencia, y mal exemplo, que se dà al Clero. Hecha esta proposicion se retirò, y haviendola conferido, y registrado el estatuto, determinò el Cabildo Lunes doce del dicho mes, que ningun Prebendado vaya à las Casas de Comedias, que ahora hay, y por tiempo fueren, sopena de un dia de Oficios, por cada vez que fuere: y que esto sea irremisible, sin poderse perdonar, ni aun por gracia. Con esta uniformidad se correspondian este insigne, y zeloso Prelado, y su Cabildo, de que resultaron, y siempre se experimentaràn muchos, y grandes bienes.

Por muerte del Racionero Pedro Clavijo de Angulo, que sucediò à primero de Septiembre en Jaèn, donde residia, como yà se dixo, probeyò nuestro Obispo la Racion en Leandro de Segura su Camarero à quatro del dicho mes con uniforme consentimiento de los Canonigos; y deseando, que le acompañase, y asistiese en la visita del Obispado, do, que determinaba hacer, pidió al Cabildo, que le diese licencia para asistirle. Estaba el dicho Racionero en los quatro meses de la primera residencia, que debe cumplir el nuevo Prebendado sin interrupcion, segun el estatuto; lo que hacía dificultosa esta gracia; pero el deseo de complacer á su Prelado movió al Cabildo á darle licencia con el parecer de Varones doctos, para que acompañase al Obispo en la visita, con obligacion de cumplir despues los dias, que faltasen á la residencia primera, tomando en cuenta lo que huviese servido antes de su partida. El Obispo estimó mucho esta gracia concedida á doce de Octubre de mil y seiscientos, y luego salió á la visita, en que gastó vastante tiempo, para concluir la de todo el Obispado.

600

Volvió á Cordoba para la Quaresma de mil seiscientos y uno, en que hizo Ordenes, y celebró los Oficios de Semana Santa; y dia primero de Pasqua, que fué la ultima funcion Episcopal, que hizo en su Iglesia; porque en adelante experimentó una gran devilidad, nacida del continuó trabajo, y accidente de la orina, que desde este tiempo le fatigó mucho. Tenia dispuesto celebrar Synodo, y visitar la Catedral despues de Pasqua, para cumplir en todo con su Pastoral ministerio; mas no tubo tiempo por su indisposicion, y el accidente de peste, que sobrevino á esta Ciudad, y la afligió mucho en poco tiempo. A primeros de Mayo 1601 empezó á experimentarse la epidemia en Cordoba, y algunos Lugares vecinos, y para aplacar á Dios, desde el Domingo trece se empezó un Novenario de fiestas solemnes á nuestra Señora de Villa-Viciosa con procesiones, y otras rogativas por la salud. Pero cada dia crecia el contagio, yà pestilencial: y asi se publicó, y mandó, que se curasen todos los inficionados en el Hospital de San Lazaro, que está extramuros, y estaba en este tiempo á cuidado de los Hermanos de la Capacha, ò de San Juan de Dios. Eran muy cortas las rentas de este Hospital, aunque antiguo; desde que entraron los Cristianos en Cordoba, para tanta curacion, y gasto: y para subvenir à tan urgente, y extrema necesidad, representó la Ciudad al Cabildo, que ayudase con algun socorro el Hospital de San Sebastian; y pareciendo que era muy justo, determinó el Cabildo como Patron, y unico Administrador, que contribuyese cada mes con quatrocientos reales, un Cahiz de Trigo, y doce pares de Gallinas; y de su Mesa Capitular, y prestamos mandò à veinte y tres de Junio, que se librasen quinientos ducados prontos.

Nuestro Obispo se hallaba cada dia mas postrado con una calentura continua, que sobrevino à sus accidentes habituales, y diò desde el principio gran cuidado à los Medicos; pero no dexaba de asistir à las sesiones con los Diputados de Iglesia, y Ciudad para las providencias conducentes à la salud pùblica. Afligiase mucho, por no poder asistir personalmente al socorro, y consuelo espiritual, y corporal de tantos necesitados, aunque gracias à Dios procurò muy vigilante, que asistiesen à todos, ministros zelosos, Medicos, y Cirujanos, y que de sus bienes se diese lo necesario à los pobres, y enfermos. Su compasion caritativa le hizo enfermar, como à San Pablo, y clamaba continuamente à Dios, que templase su rigor, y diese salud à su rebaño, ofreciendole su vida por èl. Oyò Dios siempre justo con misericordia los clamores de este Venerable Prelado, y las continuas plegarias, que en todas las Iglesias, Conventos, y Casas se hacian, y concediò salud à esta Ciudad,

que agradecida à tanto beneficio diò à su Magestad las gracias à quince de Agosto, en que se celebrò la Asuncion de nuestra Señora. Toda la Ciudad comulgò; y llevando en la procesion à nuestra Señora de Villa-Viciosa los Veintiquatros, segun el estilo, comulgaron capitularmente en la Misa mayor, y se publicò la sanidad.

Parece que nuestro Señor oyò en todo à nuestro Obispo, pues mejorò la Ciudad, y se aumentaron los accidentes, y dolores del Prelado. En estos dias padeciò intensisimos dolores, y fatigas del mal de orina, pues despedia yà pura materia; no se le oyò queja, ni muestra de sentimiento; porque resignado en la divina voluntad le daba gracias, y decia, imitando à su Amo San Pio V.: *dadme Señor paciencia, y acrecentad el dolor.* Otras veces le clamaba con S. Agustin: *bic ure, bic seca, bic non parcas, ut in æternum parcas.* Recibiò con ternura, y devocion el Viatico, que le llevò el Cabildo en pùblico, y pidiò la Extrema Uncion la noche antecedente à su muerte. En su testamento, que otorgò à veinte y ocho de Junio, dexò por heredera à la Fabrica de la Catedral, si quedaba algo despues de pagadas las deudas; y

à

à la voluntad del Cabildo, que le diese sepultura en el lugar, que le pareciese. Muriò à las doce del dia veinte y tres de Agosto de mil seiscientos y uno, dexando con gran desconsuelo à toda la Ciudad, y con llanto general à los necesitados, y pobres.

El Cabildo dispuso darle sepultura en el Crucero, junto al Obispo Don Leopoldo de Austria, al lado del Evangelio; pero estando este sitio ocupado con materiales precisos para la obra, depositò el cuerpo en un hueco, ò bobeda, que ahora es Capilla, debaxo de la Sacristia del Altar mayor. Predicò sus exequias el Padre Martin de Roa, y entre los elogios de las virtudes heroycas de este Venerable Prelado asegurò, por relacion del Confesor, que hallandose muy afligido nuestro Obispo pocos dias antes, que enfermase, por vèr el estrago del contagio, pedia con lagrimas, arrodillado delante de un Crucifixo, que le perdonase sus pecados: y que oyò una voz, que le dixo: *dimissa sunt peccata tua*. Tambien se verificò el tiempo, que predixo de su muerte; pues asegurando los Medicos, que no podia vivir cinco dias, se lo dixeron, para que se preparase, para morir, y recibiese los Sacramen-

tos, à què respondiò: llamen à mi Confesor, que quiero recibirlos, aunque no estoy tan caido, como dicen los Medicos; digan lo que quisieren, que no tengo de morir en estos treinta dias. Despues se aliviò, y llegò à levantarse de la cama, aunque muy devil; pero pasados los treinta dias, diò su alma al Criador. Su cuerpo se trasladò al Sepulcro preparado à seis de Julio de mil seiscientos y siete; y aunque debaxo de las vestiduras se le puso vastante cal, para que se resolviese presto, por si le havia tocado algo de contagio, se hallò incorrupto, sin haverse consumido mas, que la punta de la nariz, y tratable, hermoso, fresco, y de buen olor, como estaba, quando fuè enterrado: manifestòse à toda la Ciudad por dos dias, para que alabasen à Dios por esta maravilla; y muchas personas le quitaron parte de la camisa, y vestiduras; pero aunque un Sacerdote intentò con toda fuerza arrancarle un dedo de las manos, y pies, no pudo conseguirlo: y asi temiendo, que pasasen à cortar alguna parte del Venerable Cuerpo, como de la ropa, dispuso el Cabildo, que se ocultase hasta el dicho dia seis, en que se trasladò publica, y solemnemente. Su epitafio

fio dice asi : *D. D. Francisco de Reynoso Pij V. Pont. M. Cubiculario, Episcopo Cordubensi Sanctissimo, pietate in Deum, misericordia in pauperes, despectu in se, charitate in omnes, admirabili Parenti, optimo tan bonæ memoriæ, D. Petrus de Reynoso ex fratre nepos hoc mausoleum publicum construxit. Obijt anno Dom. 1601. Ætatis vero suæ 67.*

Escribiò la Vida de este Venerable Prelado el Padre Maestro Fray Gregorio de Alfaro del Orden de San Benito, y natural de Cordoba, que, dedicandola à nuestro Dean, y Cabildo, la imprimiò en Valladolid año de mil seiscientos diez y siete. En èlla trata difusamente de las virtudes heroycas que tubo, y de muchos casos raros, que le sucedieron. Otras obras diò à luz este docto Cordobès, de que hizo mencion Don Nicolàs Antonio. Tambien tratò de este Venerable Prelado el Padre Fray Pedro Maldonado lib. 1. de su Oratorio cap. 9., y otros han hecho memoria muy honorifica. Escribiò este Venerable Obispo una instruccion de la Doctrina Cristiana, y diò reglas à los hermanos de San Juan de Dios, que asistian en el Hospital de San Lazaro. Agradecido nuestro Cabildo le cumple un Anniversario.

El Convento del Espiritu-Santo de Religiosas de Santo Domingo se havia fundado algunos años antes en sitio tan incommodo, y estrecho, que la Iglesia, Coro, y Celdas eran muy pequeñas, y carecia de las Oficinas necesarias. Nuestro Obispo deseaba darles sitio capàz, y con parecer de personas graves resolviò mudar las Religiosas à un Beaterio contiguo à la Iglesia Parroquial del Salvador; à que se opusieron las Beatas con otras personas de autoridad, que las favorecian, alegando la antigua fundacion, y posesion del Beaterio. No desmayò en su intento el Prelado, pues conociendo, que era mas del servicio de Dios poner alli un Convento observante, que conservar un Beaterio, quasi extinguido, fuè venciendo las dificultades, que se proponian, y con gusto de todos mudò las Religiosas al Beaterio. En el Convento de Santa Maria de Gracia del Orden de Santo Domingo hizo la Iglesia. Este Convento fuè antes Beaterio, fundado para doce mugeres virtuosas por Pedro de Cardenas, con cuyo nombre de Cardenas se halla en el testamento de Gonzalo Melendez, Medio Racionero, otorgado à veinte de Abril de mil quatrocientos sesenta y tres, y en

otros

otros posteriores. Florecia en este Convento la observancia regular con perfeccion; y à pedimento de las Religiosas del Espiritu-Santo diò comision el Cabildo en Sede Vacante à veinte y dos de Mayo de mil seiscientos y dos al Doctor Pedro Gomez de Contreras, Canonigo Magistral, y Visitador de los Conventos, para que del Monasterio de Santa Maria de Gracia llevase al del Espiritu-Santo dos Religiosas, para Priora, y Maestra de Novicias, por ser de una Regla.

El Arzobispo de Santiago Don Juan de San Clemente Torquemada havia remitido dos mil ducados, para que el Cabildo los impusiese, y convirtiese la renta en los niños expositos; continuò su liberalidad este insigne, y Venerable Prelado con tres mil ducados, para continuar la obra de la Iglesia, que le estimò summamente el Cabildo; y dandole las gracias à trece de Marzo de mil seiscientos y dos, le ofreciò cumplirle perpetuamente (como se cumple) un Anniversario, y poner sus armas en el arco del trascoro. Muriò à veinte de Abril de este año, y dexò fundada en nuestra Iglesia una Obrapìa, para estudiar en Salamanca sus parientes, si los huviese, y

naturales de esta Ciudad. En la Iglesia de San Pedro fundò otra Obrapìa, y donò una arca de plata, para las reliquias de los Martyres, que estàn en èlla. Vease el compendio de su exemplar vida en su Iglesia de Santiago escrito por Gil Gonzalez.

El contagio volviò à reverdecer al principio del año de mil seiscientos y dos; empezò à conocerse en la gente pobre, y se practicò la providencia de llevarlos à San Lazaro. Como faltaba Obispo, que ayudase, se viò el Cabildo en la obligacion de cuidar, como Pastor: y asi à cinco de Enero determinò contribuir de su Mesa, de la Obrapìa del Chantre Aguayo, y Hospital de San Sebastian doscientos y cinquenta ducados cada mes para la curacion de cien pobres, que estaban en mayor necesidad; durò la epidemia hasta el rigor del verano, y fuè necesario, que el Cabildo, en Sede Vacante, arbitrase, que concurriesen otras Obraspìas; porque no vastaban las limosnas, que ofrecieron el Cabildo, Ciudad, y particulares, y las que juntaban los Padres de la Compañia con su acostumbrada diligencia en tal necesidad. Muchas devociones, y rogativas se hicieron à nuestra Señora, y otros Santos: la

1602

Cccc   ul-

ultima fuè traer à la Catedral Domingo siete de Junio las reliquias de los Martyres de Cordoba, con cuya intercesion se aplacò la Magestad Divina, y concediò perfecta sanidad à esta Ciudad, y Obispado. Las reliquias se volvieron à San Pedro à veinte de Septiembre, y el Cabildo donò, y dotò una Lampara grande de plata, para que ardiese perpetuamente en su Capilla.

El Rey presentò para el Obispado de Cordoba al Obispo de Malaga Don Tomàs de Borja, hermano de San Francisco de Borja, y no tomò posesion, porque antes fuè promovido al Arzobispado de Zaragoza, y en su tiempo se mudò esta Iglesia de Regular en Secular. Vease à Vergàra en la Historia de Don Diego de Anaya, y Colegio de San Bartolomè: Escolàno, Historia de Valencia tom. 2. lib. 6. cap. 23., y otros, que han tratado de este Prelado. Nuestro Dean Don Luis Fernandez de Cordoba se hallaba por Diputado de su Iglesia en la Congregacion, que se celebrò en Valladolid este año de mil seiscientos y dos, quando le nombrò el Rey por Obispo de Salamanca: participò esta noticia al Cabildo, y se celebrò en la Iglesia, y Ciudad à diez de Agosto con grandes demonstraciones de juvilo. Despues fuè promovido à las Iglesias de Malaga, Santiago, y Sevilla, donde muriò à veinte y seis de Junio de mil seiscientos veinte y cinco. Su cuerpo fuè traido à Guadalcazar, y se le diò sepultura en el Convento de Carmelitas Descalzos, que havia fundado en tiempo que era Dean. Siendo Obispo de Malaga empezò en dicha Villa la fundacion del Convento de Religiosas Descalzas del Cistèr, que no pudo mantenerse en dicha Villa, y se trasladò à Cordoba por el Obispo Don Francisco de Alarcòn: hoy florece este Convento con singular observancia, y recoleccion. Ha tenido excelentes Religiosas, y expecialmente à Maria de San Antonio, Lega, à quien asistì algunos años, y en varias ocasiones le observè el espiritu de profecìa, y conocimiento de interiores. En todas las Iglesias, que gobernò este Prelado, tubo gran aceptacion, y cumpliò exactamente con el Ministerio Pastoral. Vease Gil Gonzalez en el Teatro Eclesiastico de sus Iglesias. En el Decanato de Cordoba le sucediò su coadjutòr, y hermano Don Fadrique de Cordoba, y tomò posesion à primero de Febrero de mil seiscientos y tres. Poco tiempo desfrutò esta Dignidad, pues

pues muriò à dos de Septiembre del mismo año con sentimiento universal de Iglesia., y Ciudad por las excelentes prendas, que le adornaban.

Hasta este tiempo se practicò votar publicamente en Cabildo, asi Obispo, como los Canonigos en la provision de las Prebendas, que se conferian simultaneamente; y hallando graves inconvenientes en este modo de votar, recurriò el Cabildo al Papa Clemente VIII., para que le concediese indulto de proveerlas por votos secretos; y à siete de Diciembre de mil seiscientos y dos expidiò su Bula, que admitiò el Cabildo à doce de Marzo de seiscientos y tres, è hizo estatuto, para que en adelante fuesen secretos los votos en las provisiones simultaneas, lo que hasta hoy se observa. El Convento de Madre de Dios de Religiosos Terceros, se fundò por los años de mil quinientos y veinte, su primera situacion fuè al Arroyo Pedroches, sitio distante, y muy incommodo; por cuya razon trataron sus Religiosos mudarse junto à la Puerta de Baeza; y à veinte y quatro de Noviembre de mil seiscientos y dos, que era Domingo, hizo la traslacion del Santisimo la Diputacion del Cabildo con toda solemnidad. En este año de seiscientos y dos fuè promovido al Obispado de Badajoz Don Andrès de Cordoba, natural de Guadalcazar, Villa de este Obispado. Gobernò aquella Iglesia con gran aceptacion hasta el año de mil seiscientos y once, en que muriò. Vease à Gil Gonzalez, que hizo memoria de este Prelado.

DON PABLO LAGUNA naciò en la Villa de Espinar del Obispado de Segovia; estudiò la Jurisprudencia en Salamanca, donde tomò Beca en el Colegio mayor de San Salvador de Oviedo. En la Iglesia de Segovia obtubo un Canonicato, y Arcedianato de Cuellar: y fuè Oìdor de la Chancillerìa de Granada. De aqui le promoviò el Rey Don Felipe Segundo al Consejo Real de Castilla; y teniendo confianza de su integridad, y justificacion, le nombrò Visitador de los Ministros de la Hacienda Real, en que condenò los excesos de muchos, y las condenaciones importaron ochenta mil ducados. Obtubo plaza en el Consejo Supremo de la Inquisicion, y gobernò el Consejo de Hacienda tres años con gran satisfaccion del Rey, y notable aumento de la Hacienda. En el año de mil quinientos noventa y cinco fuè puesto en la Presidencia de

In-

Indias, en que se hallaba, quando le presentò el Rey Don Felipe Tercero al Obispado de Cordoba por Abril de mil seiscientos y tres. Tomò la posesion en su nombre Don Francisco de Vera y Aragòn, Arcediano de Pedroche, y Canonigo à treinta de Septiembre de dicho año, y el Obispo se quedò en Valladolid, donde se consagrò. Entrò en Cordoba à primero de Noviembre; y el dia doce vino la primera vez al Cabildo, segun la costumbre de sus antecesores.

En este año fueron tan continuas las lluvias por el mes de Mayo, que à veinte y siete de dicho mes se determinaron rogativas à nuestra Señora de Villa-Viciosa, y à los Martyres de San Pedro, por la serenidad; durò el Temporal algunos dias con gran perjuicio de los Campos, y à diez y ocho de Junio se celebrò fiesta à nuestra Señora con procesion general en accion de gracias de haver cesado la lluvia. Yà queda notado, que à las Congregaciones de las Santas Iglesias concurrian dos Prebendados para cada una; hasta que el Rey Don Felipe Segundo escribiò, que por evitar los gastos excesivos nombrase cada Iglesia Catedral solamente uno. La Iglesia de Toledo solicitò tener dos Diputados, y dos votos, como antes, y escribiò à las Iglesias, pidiendo su consentimiento. La nuestra, que havia recibido la carta à siete de Julio, respondiò à once de dicho mes, que siempre esta Iglesia les havia deseado obsequiar, y lo haria en adelante en quanto pudiese; que en este particular no es agora tiempo de resolverse; pero que quando lo sea, la persona que acudiere à la Congregacion llevarà orden de lo que huviese de hacer. Tambien en este año resolviò el Cabildo à diez y nueve de Julio, que se encañase la agua de las Huertas de Santa Maria, y del Hierro, y se condugese à la Ciudad: luego se empezò à executar la Cañeria, y se trajo la agua, conque se ennoblecieron muchas Casas principales con amenos, y deliciosos Jardines. Al mismo tiempo fabricaba la Ciudad un suntuoso patio de Comedias en el sitio, que decian la Carcel vieja: Hoy està arruinado este edificio por la predicacion del Venerable Presentado Fr. Francisco Posadas, que ofreciò estaria esta Ciudad libre de peste, si echaba de sì el contagio de las Comedias. El suceso à correspondido à la oferta: pues desde entonces no se ha padecido esta epidemia en la Ciudad,

dad, y esperamos de Dios, que cumpla en adelante la promesa de este Venerable Siervo.

Nuestro Obispo empezò à cumplir su ministerio haciendo las Ordenes en la Catedral à veinte de Diciembre: y el dia primero del año siguiente de mil seiscientos y quatro celebrò de Pontifical en el Colegio de la Compañia de Jesus. En la Ciudad se mantubo hasta el otoño, que saliò à visitar el Obispado. En la Catedral se venèra una cabeza de las Virgenes compañeras de Santa Ursola, y considerando, que era reliquia insigne se determinò à nueve de Marzo, que en adelante se celebrase su fiesta, y se rezase de las Virgenes, como se havia hecho antes de la reforma. Don Diego Sarmiento y Castro, Conde de Rivadavia, consiguiò la gracia del Decanato, de que tomò posesion à veinte y siete de Septiembre, asistiendo à darsela por parte del Obispo Don Francisco de Alava su Provisor, y Vicario General. No tenia este Dean Canonicato, y asi recurriò al Papa Clemente VIII., para que se dignase concederle voto en Cabildo de Canonigos; lo que consiguiò por Breve de quince de Octubre de seiscientos y quatro, con la condicion de consentir la mayor parte de los

1604

Dean.

Canonigos. Este Breve se presentò, y admitiò en el Cabildo Canonico à veinte y nueve de Enero de mil seiscientos y cinco, y por todos votos se consintiò, que tuviese voto Canonico en todo lo perteneciente à este Cabildo, à que asintiò el Obispo, por lo que pertenecia à su Dignidad en las ocasiones, que tiene voto el Prelado.

Los Religiosos de la Rizafa havian conseguido una reliquia insigne de San Diego, hijo de su Convento, como yà queda dicho: y deseando, que el Santo tuviese la veneracion debida, y solemne entrada de su reliquia en la Ciudad, se formò Domingo cinco de Febrero una procesion, en que asistieron Obispo, Cabildo, y Ciudad, para recibirla en la puerta del Rincon: la reliquia se trajo à la Catedral, y haviendo celebrado fiesta al Santo, se entregò à los Religiosos, que la gozan en su Convento. La falta de agua fuè tan notable, que à siete de Enero de seiscientos y cinco se determinaron fiestas, y rogativas à nuestra Señora, y Martyres de Cordoba. La seca se continùo con gran desconsuelo de toda la Ciudad; y à veinte y quatro de Febrero se traxeron las reliquias de San Pedro à la Catedral, donde se prosiguieron

ron las plegarias hasta veinte y quatro de Abril, en que se volvieron à San Pedro. El año fuè muy esteril, y fuè necesario traer Trigo Ultramarino, aun para socorrer los Prebendados, para lo qual inviò el Cabildo personas, que le comprasen en Sevilla.

Haviendo nacido el Rey Don Felipe Quarto à ocho de Abril, Viernes Santo, se determinò, que se diesen à Dios las gracias con una procesion general al Convento de San Pablo, Domingo diez y siete del dicho mes, y para autorizar esta funcion tan debida celebrò de Pontifical nuestro Obispo. Por muerte de Don Gonzalo Flores de Carvajàl, que sucediò à diez y nueve de Marzo, vacaron el Arcedianato de Castro, y una Media Racion, que gozaba: pertenecia la provision al Obispo, y Cabildo, por ser mes ordinario; y asi vino à Cabildo el dia veinte y tres, y nombrò para la Media Racion à Juan de Amaya, su Camarero, y el Cabildo usando yà del Breve, y Estatuto hecho, votò por votos secretos al mismo. En quanto al Arcedianato de Castro se suspendiò la provision con protexta de hacerla dentro del termino, que prescribe el derecho. Hallavase en Roma el Doctor Andrès de

Rueda Rico, Canonigo Doctoral à diferentes negocios, que se seguian en aquella Corte, y teniendo noticia de no haverse conferido el Arcedianato de Castro por el Obispo, y Cabildo, aunque no se havia cumplido el termino, le impetrò del Papa. El Duque de Lerma, que gozaba de la pribanza Real, havia pedido al Obispo, y Cabildo, que confiriesen este Arcedianato à Don Rodrigo de Sandovàl y Roxas, hijo de su hermana, y del Conde de Altamira, y no teniendo mas que trece años, fuè precisa la dispensa de edad, que concediò Paulo V. à veinte y quatro de Junio de este año de seiscientos y cinco: y asi à nueve de Agosto vino el Obispo con la dispensà à Cabildo, y nombrò al dicho Don Rodrigo, y tambien le nombraron por votos secretos los Canonigos. Aunque estubo congregado el Cabildo à diez y siete de Septiembre, para intimarle las Bulas, y Letras Apostolicas, sobre la impetra del Arcedianato, no llegò el caso de notificarlas: y asi haviendo cumplido con el Estatuto de limpieza Don Rodrigo, le dieron la posesion à diez y nueve del dicho mes el Obispo, y Cabildo, y se quexaron al Papa, y Rey de la violacion de su derecho de

si-

simultanea. Despues se concordaron, y Don Rodrigo le resignò el Arcedianato à pension, y tomò posesion à veinte y seis de Septiembre de mil seiscientos y nueve.

Nuestro Obispo manifestò su gran misericordia, dando copiosas limosnas en los dos años de seiscientos y quatro, y cinco, que fueron muy miserables, y con especialidad el de cinco, en que valiò muy caro el pan. Esto obligò à publicar la pragmatica de la tasa de la fanega de Trigo à diez y ocho reales, haviendo sido de catorce reales hasta aqui. Todo el tiempo que durò la hambre se mantubo en Cordoba el Obispo, y à cinco de Mayo de seiscientos y seis vino al Cabildo, y se despidiò, para ir à la Corte. Encargò mucho la paz, y union de todos, y la asistencia al Coro, y zelo del Culto Divino : finalmente ofreciò, que en todas partes donde estuviese, acudiria con todas veras, à lo que el Cabildo le pidiese. Y el Presidente correspondiò en nombre del Cabildo, agradeciendo mucho, lo que havia hecho, y ofrecia de nuevo, y que rogaria à nuestro Señor le diese prospero viage con mucha salud. Saliò de Cordoba, y hallandose en Madrid muriò Domingo treinta de Julio del

año de mil seiscientos y seis con gran sentimiento de morir fuera de su Obispado. En su testamento legò cinco mil ducados à la Fabrica de la Catedral, y mandò, que fuese trasladado su cuerpo à èlla, y se le diese sepultura en el sitio, que pareciese al Cabildo. Estubo depositado en el Convento de Carmelitas Descalzos hasta el año de mil seiscientos y siete, en que se trasladò à Cordoba, y fuè sepultado en el Crucero junto al Obispo Don Leopoldo al lado de la Epistola. En su Patria fundò el Convento de Religiosas Franciscas, y dotò dos Capellanias en la Iglesia Parroquial. De este Prelado tratò Gil Gonzalez en el Teatro de las grandezas de Madrid: y Don Bernardo de Vargas Machuca le dedicò el libro intitulado: *Milicia, y descripcion de las Indias.* Su epitafio dice asi:

D. O. M. S.
Dominus D. Paulus de Laguna supremi Consilij Indiarum Præses, Episcopus Cordubensis, prudentia, & justitia insignis, & Obijt tertio Kalendas Sextilis
CIƆDCVI.

La milagrosa Imagen de Villa-Viciosa se mantubo en la Catedral desde el año de mil quinientos noventa y seis has-

ta

ta el dia ocho de Octubre de mil seiscientos y seis, en que se volviò à su Santuario. Para que su veneracion tubiese aumento, y fuese cuidada, y venerada la Sagrada Imagen con decencia, determinò el Cabildo à diez y seis del dicho mes, que todos los años se nombrase un Prebendado, que visitase el Santuario, y zelase la asistencia de los Capellanes, y mayor culto de nuestra Señora, y nombrò al Dean, Conde de Rivadavia. La obra nueva del Crucero, y Coro estaba tan adelantada en este año, que à veinte y cinco de Septiembre se determinò, que se mudasen las Sillas, y Organos al Coro nuevo, y se hiciese el Altar mayor; y en interin se puso el Coro en el sitio correspondiente al Altar de San Sebastian, y en invierno en la Capilla del Sagrario, donde se mantubo hasta nueve de Septiembre de mil seiscientos y siete, en que con la mayor solemnidad se llevò el Santisimo al Altar nuevo, y se celebraron la Misa, y Divinos Oficios.

* * *
* * *
* * *

CAPITULO VII.

DEL OBISPO D. Fr. DIEGO Mardones.

DON Fr. DIEGO MARdones naciò en Burgos de Padres muy pobres, aunque de noble, y muy limpia, y Cristiana familia, y desde pequeño le aplicaron al servicio de la Sacristia del Convento de Santo Domingo de dicha Ciudad. Conocieron los Religiosos su inclinacion à lo sagrado, y su habilidad, y viveza, para estudiar las ciencias, y asi le dieron el Abito, y profesò à veinte y ocho de Enero de mil quinientos cinquenta y cinco. Fuè Colegial en el insigne Colegio de San Gregorio, que tiene su Religion en Valladolid, donde leyò la Filosofia, y despues enseñò la Teologìa en su Convento de Burgos. Su don especial para gobernar se experimentò en muchos Prioratos, que tubo en diversos Conventos de su Provincia; pues los hizo florecer, no solamente en la regular observancia, sino tambien en las temporales conveniencias. En el año de mil quinientos setenta y nueve se graduò de Presentado; y de Maestro en el de mil quinientos noventa y tres,

tres, en el Capitulo de Ocaña, en que le nombrò Difinidor General su Provincia. Haviendo pasado los Reyes à Burgos tuvieron noticia de las prendas de virtud, prudencia, y sabiduria de este Prelado, y el Rey le eligiò por su Confesor, despachandole la Cedula à veinte y tres de Diciembre de mil seiscientos y quatro con titulo de su Consejero de Hacienda. En este emplèo le sirviò, hasta que le nombrò por Obispo de Cordoba à primeros de Diciembre de mil seiscientos y seis años.

1607 Tomò posesion del Obispado à veinte y seis de Marzo de mil seiscientos y siete Don Francisco de Melgosa en nombre del Obispo, y quedò por Provisòr, y Gobernador. El Obispo entrò en Cordoba por el mes de Abril, y se mantubo en èlla todo el año. El Pontifice Gregorio XIII. havia expedido un Breve año de mil quinientos setenta y siete, en que mandaba, que el dia de Santo Domingo à quatro de Agosto se observase de fiesta en todas las Ciudades, y Lugares, que huviese Monasterio de su Orden: uo se havia publicado en este Obispado, y asi nuestro Obispo le mandò observar; y haciendole saber al Cabildo, le obedeciò à veinte y siete de Julio, y determi-

nò, que en la Catedral se guardase por festivo dicho dia. Hoy no se observa como tal. Haviendose mudado el Coro, y colocado el Santisimo en la Capilla mayor nueva Domingo nueve de Septiembre, quedò vacante, y sin uso la Capilla mayor antigua: y pareciendo, que convenia conservarla, se determinò à veinte y siete de Noviembre, que en dicha Capilla se pusiesen otros dos altares, para que en ellos dixesen misa los Prebendados, y que la Fabrica diese los Ornamentos necesarios.

Nuestro Obispo arreglò su familia, y Casa de modo, que parecia un Convento de Religiosos en que no faltaba lo necesario para la decencia correspondiente à un Prelado tan observante, y ageno de las profanidades del mundo; y asi tubo bienes abundantes para socorrer con manos abiertas à los pobres, y para fundar las grandes Obraspìas, que hizo. Fuè muy asistente al Coro, y en los dias solemnes celebraba de Pontifical con frequencia. En el Miercoles Santo dos de Abril de mil seiscientos y ocho se hallò en Cabildo, à pedir perdon, con que edificò mucho à todos, y despues se fuè al Coro con el Cabildo; celebrò los Oficios de Jueves, y Viernes Santo, y en el Domin-

Dddd go

go de Pasqua cantò la Misa. En la Catedral hizo Ordenes, y admiraba à todos verle infatigable en el trabajo , porque era muy crecida su edad : y asi quando escribiò el Rey al Cabildo, le decia : *que inviaba los buesos del Obispo Mardones*; para significar los muchos años que tenia.

En el Convento de la Encarnacion de Religiosas de San Benito, y San Bernardo, quiso el Cabildo, à cuya direccion està , que entrasen Religiosas de limpia sangre sin mezcla de infeccion alguna ; y asi à 1608 primero de Febrero de mil seiscientos y ocho hizo Estatuto à peticion de la Abadesa, y Religiosas, para que en adelante ninguna sea recibida sin preceder informacion de su vida , vocacion , y costumbres, y pureza de sangre, conforme al Estatuto, que tiene la Iglesia ; y que hecha la informacion se vèa en Cabildo , para haver de admitirla por Religiosa , segun lo dispone el Estatuto , que trata de estò al fol. 99. De estè Estatuto se mandò pedir confirmacion al Papa en nombre del Cabildo, y Convento , y que todos los sucesores Prebendados jurasen, observarle con los demàs Estatutos.

Hacìa gran falta en Cordoba la curacion del mal galli-co , por cuya causa perecian muchas mugeres , y eran causa de que enfermasen otros del dicho mal. Esto moviò à un Eclesiastico llamado Andrès de Morales, para fundar una Obrapìa , que sirviese à esta curacion, y nombrò por Patrono al Cabildo. Para su execucion se escogiò el Hospital de nuestra Señora de la Concepcion , que fundaron Anton Cabrera , y Doña Beatriz de Heredia su muger, de que eran Patronos el Cabildo , Guardian de San Francisco , y Prior de San Geronimo ; y viendo, que por la fundacion no se prohivia la curacion de mugeres, de comun consentimiento se determinò à veinte y seis de Febrero, que demàs de la curacion de hombres , que havia en dicho Hospital, se dispusiese la del mal galico de mugeres, y desde este tiempo se ha continuado la curacion de este mal, asi en hombres , como en mugeres en gran beneficio , y utilidad de la salud publica de esta Ciudad, y su Reyno.

El Venerable Padre Fray Juan Baptista de la Concepcion havia reformado su Religion de la Santisima Trinidad, y deseando fundar en Cordoba , y establecer su reforma, pidiò à nuestro Obispo la Hermita de Santa Maria de Gracia, que estaba contigua à una

Ca-

Casa Hospicio, donde vivia con unos Religiosos. No faltò quien se opusiera à esta fundacion, y pretendiera, que tambien el Cabildo le contradigera; pero antes resolviò favorecerla con el Obispo: y asi à trece de Febrero de este año de mil seiscientos y ocho donò la Hermita nuestro Prelado, y se hizo la fundacion. Muriò este Venerable Padre con singular fama de Santidad à catorce de Febrero de mil seiscientos y trece, y està en este Convento su Venerable Cuerpo. Hà obrado Dios muchas maravillas por la intercesion de este Venerable Siervo, cuya Beatificacion deseamos con ansia: pues desde el año de mil setecientos diez y siete están conclusos los Procesos de sus heroycas virtudes, y milagros, à cuya formacion, y registro de sus huesos me hallè presente.

Nuestro Obispo quiso, que en esta Ciudad huviese Religiosas reformadas de su Orden de Santo Domingo, y para fundarles Convento trajo de Toledo quatro Venerables Religiosas Recoletas, Soror Blanca de la Cruz, Maria de Santo Domingo, Beatriz del Espiritu-Santo, y Beatriz de Santa Maria, que con gran espiritu fundaron el Convento de *Corpus Christi* en la Hermita antigua de San Benito, que les diò el Obispo; y à veinte y dos de Febrero de mil seiscientos y nueve se llevò el Santisimo de la Catedral. Vivieron, y murieron las fundadoras con opinion de muy exemplares Religiosas; y hasta hoy las hàn imitado muchas, que han observado la reforma con todo rigor. Es uno de los Conventos mas observantes, y florecientes en recoleccion, y virtud, que tiene esta Ciudad. En la primavera de este año de seiscientos y nueve hizo falta la agua, y à primeros de Abril se traxo la Imagen de nuestra Señora de Villa-Viciosa, y se colocò en la Capilla mayor antigua. Oyò nuestra Señora los piadosos clamores de su Pueblo afligido, y le consolò con abundantes lluvias, à que se siguiò una cosecha de pan copiosa.

En la visita del Obispado se hallaba nuestro Obispo, quando se ofreciò una competencia de jurisdicion entre su Provisor Don Pedro Fernandez Mansilla (que despues fuè Oidor de Valladolid, y Alcalde de Corte) y los Inquisidores. El Cabildo nombrò Diputados, que mediasen entre las partes, para conservar la paz, y evitar los grandes escandalos, que de tales discordias se originan; pero estaban los animos tan

1609

enconados, que su mediacion no tubo efecto. Viernes diez y ocho de Septiembre fuerón el Alguacil mayor, y Ministros del Tribunal à prender al Provisor, y aunque se librò de sus manos, quedò herido. Esta noticia tan sensible obligò al Obispo à volverse à la Ciudad, y mandò poner entredicho, y cesacion à divinis; algunas memorias manuscritas refieren, que estubo preso el Provisor; pero el acto Capitular del dia sigüiente diez y nueve dice, que havia escapado herido. Este suceso fuè muy escandaloso en todo el Reyno; y haviendo dado el Obispo cuenta al Rey, salieron desterrados, y privados de sus ministerios todos los complices de tal atentado; conque levantò el Obispo las Censuras al medio de Octubre, y cesaron los grandes ruidos, que alteraron la Ciudad en este tiempo. Este fin tubo una temosa competencia, que excediendo las reglas de la moderacion, y mansedumbre Cristiana, causò escandalosos alvorotos en lugar de conservar la justicia, y publica quietud en los Pueblos.

La Villa (hoy Ciudad) de Carmona deseaba tener reliquia de Sán Teodomiro Martyr, que era natural de èlla, y havia padecido en Cordoba à veinte y cinco de Julio de ochocientos cinquenta y uno, y para lograr su piadoso fin, inviò à Don Lazaro Briones Quintanilla con cartas para el Obispo, y Cabildo, en que suplicaba, se le concediese la reliquia. No huvo dificultad én concederla, entregando un hueso de las reliquias de San Pedro, donde verosimilmente estaban los de San Teodomiro, por haver sido sepultado en la Basilica de San Zoylo, como dice San Eulogio lib. 2. cap. 6. Esta gracia se concediò à trece de Mayo de mil seiscientos y nueve con la obligacion de colocar dicha reliquia con la debida decencia en la Iglesia mayor de dicha Ciudad; y el dia quince la reliquia se entregò al Maestro Fray Rodrigo Quintanilla, para llevarla con mayor reverencia. Vease al Padre Martin de Roa en la vida de este Martyr inclito, donde refiere las fiestas, que hizo Carmona, y como le escogiò por Patrono con San Matèo, que lo era. Otra se diò à nueve de Octubre de seiscientos y veinte al Padre Rodrigo de Figueroa, Rector del Colegio de la Compañia de dicha Ciudad para su Colegio. Años antes havia pretendido la Ciudad de Beja en Portugal una reliquia de San Sisenando, que padeciò à diez y seis de Julio del

del mismo año de ochocientos cinquenta y uno , y pretextaba ser su natural , por decir San Eulogio cap. 5. que era natural: *Expacensi oppido.* El Rey escribió con empeño , que se le concediera de las reliquias de San Pedro, y en el año de mil seiscientos y uno entregó el Obispo Don Francisco Reynoso un hueso à un Cavallero Portuguès , que llevò con decencia à dicha Ciudad , donde se venèra con gran devocion. La Ciudad , è Iglesia de Badajoz celebra por natural suyo à este glorioso Martyr , por el mismo motivo , que diò San Eulogio : *Expacensi oppido ortus.* Ambas Ciudades pretenden ser la Colonia Pacense , y tienen gravisimos Patronos , y no pudiendo decidir la disputa por las palabras solas de San Eulogio, dexaremos à cada uno en su opinion, y en la emulacion Santa de apropiarse por hijo al Glorioso Martyr. De su cuerpo dice San Eulogio, que fuè sepultado en la Basilica de San Acisclo; con que no puede estar entre las reliquias de San Pedro , segun lo que dexamos notado.

En Salamanca se havia instituido un Seminario para estudiantes Irlandeses, que venian à España à estudiar, por no permitirles Escuelas Catolicas el Rey de Inglaterra ; pero faltando medios , para mantener obra tan piadosa , escribiò la Universidad à las Santas Iglesias , pidiendo alguna limosna para este fin. La nuestra, que siempre ha sido de las primeras , para obras tan heroycas , y convenientes à el aumento de la Fè , ofreciò à seis de Noviembre de mil seiscientos y nueve mantener por siete años dos Estudiantes Irlandeses, que estudiasen la Filosofia , y Teologia , y volviesen despues à Irlanda bien instruidos en la Religion Catolica , para poder predicarla , y defenderla. A obra tan digna concurrieron las Iglesias segun su posibilidad ; y el Rey Don Felipe Tercero , como tan piadoso , y Catolico ofreciò mantener ocho , dando exemplo à todos en el zelo de mantener en aquel Reyno la verdadera Religion.

En estos años murieron dos excelentes Varones , que con su piedad, y escritos dieron à Cordoba su Patria , y à la Compañia de Jesus su Madre gran nombre, y gloria. El Padre Juan Baptista Villalpando muriò en Roma à veinte y tres de Mayo de mil seiscientos y ocho ; y el Padre Tomàs Sanchez muriò en Granada à diez y nueve de Mayo de mil seiscientos y diez. Ambos bien conocidos en todo el Orbe Cristiatiano; sus obras son el mayor elogio de su sabiduria incomparable. Vease la Biblioteca de Don Nicolàs Antonio, entre otros muchos, que trataron de estos grandes escritores. En este tiempo era Presidente de la Chancilleria de Valladolid Don Pedro de Zamora, Racionero entero, y pretendiò, que el Cabildo le tuviese por presente, para ganar los frutos de su Prebenda, sobre lo qual escribiò el Rey; pero el Cabildo respondiò à su Magestad, y al Presidente à veinte y siete de Septiembre de mil seiscientos y diez, que no podia executarlo, por no ser conforme à lo dispuesto por derecho, y Concilio Tridentino: y así recurriò al Papa, y à primero de Febrero de mil seiscientos y once le concediò Breve, para que ganase los frutos, y distribuciones cotidianas por dos años, sirviendo la Presidencia; y se obedeciò à quince de Junio de dicho año.

El Rey escribiò al Obispo, y Cabildo, que para fervorizar la devocion de Santiago, Patron de España, convenia, que en nombre de esta Iglesia fuesen dos Prebendados à visitar la del Apostol; pero considerando algunos inconvenientes de esta novedad, se escusaron de enviar Diputados, por Obispo, y Cabildo, y se

diò licencia de dos meses, segun el Estatuto antiguo, à qualquier Prebendado, que por devocion fuese à visitar la Iglesia de Santiago, y ganar el Jubileo. Tambien escribiò al Obispo; *que se informase de los naturales del Reyno de Granada, quales eran buenos, devotos, y fieles Cristianos, y que no huviesen sido participantes en la revelion de aquel Reyno, y mandase, que estos se quedasen, y no se llevasen à embarcar.* Este encargo pareciò muy grave, y arduo à nuestro Obispo, y comunicandole al Cabildo, nombrò èste quatro Prebendados à doce de Febrero de mil seiscientos y diez, para que asistiesen al Obispo sobre este negocio. En Cordoba vivian algunos de estos Moriscos, y entre ellos era muy cèlebre Medico, Felipe de Mendoza, que pretendiò quedarse à titulo de sus letras, y necesidad, que de èl tenia la Republica: y asi pidiò al Cabildo, que escribiese al Rey suplicandole, que le dexase en esta Ciudad. El Cabildo se escusò de esta suplica, aunque por una apuntacion, parece, que permaneciò en Cordoba, y fuè Medico, que asistiò mucho al Obispo en su vejèz. Ultimamente la expulsion de los Moriscos de España se executò en este año de mil seiscientos y diez, suce- 1610 so, so , que le hizo memorable.

No vivia olvidado ñuestro Obispo de lo mucho, que debia à su Convento de Burgos; pues le donò muy ricas alhajas , para adorno de la Iglesia, y fabricò la Capilla mayor. En su Catedral hizo el gran retablo de piedras de escogidos, y preciosos Jaspes , con que diò la ultima perfeccion à la Capilla mayor, y Crucero; y para que permaneciese con el mayor lustre , dexò impuesta renta , que se convierte en los reparos , y adornos necesarios. En el año de mil seiscientos y once disponia celebrar Synodo por el mes de Septiembre , y lo impidiò una grave enfermedad que padeciò , y puso en gran cuidado al Cabildo; y asi à cinco de dicho mes determinò , que en todas las Misas, que se celebrasen en la Catedral , se hiciese especial oracion por la salud de tan magnifico , y estimable Prelado. Nunca convaleciò perfectamente , porque su edad era de ochenta y tres años, y quedò tan devil , que por orden de los Medicos se alimentaba al pecho de dos amas, y dormian con èl dos niños robustos, que le calentasen ; pero no flaqueò en la devocion de asistir en su Iglesia los dias solemnes , ni en la resolucion, que tenia de hacer el Palacio Episcopal, en que gastò mas de sesenta mil ducados. No le acabò; pero lo que hizo demuestra el animo magnanimo, que tenia en edad tan abanzada. En esta ocasion se quitò el pasadizo , que fabricaron los Reyes Moros, para venir de su Palacio à la Mezquita, de que hizo descripcion Ambrosio de Morales en las antiguedades de Cordoba.

El Rey presentò para el Obispado de Valladolid à Don Pedro de Zamora , Presidente de la Chancilleria , de que el Cabildo le escribiò la enhorabuena à seis de Septiembre de mil seiscientos y once, por ser Racionero entero de esta Iglesia. Esta presentacion no llegò à tener efecto, y por Marzo de mil seiscientos y trece le nombrò el Rey por Obispo de Calahorra. Gil Gonzalez tratò de este Prelado en el Teatro de esta Iglesia , y dice, que muriò en Valladolid en el dia que se havia de Consagrar. Fuè de muy singulares prendas, que manifestò en los empleos que tubo, y con especialidad en sosegar el tumulto de Zaragoza , y Reyno de Aragòn, que llegò à quitar la vida al Virrey, Marquès de Almenara con el pretexto de conservar sus fueros. Muriò à tres de Octubre de mil seiscientos y once la Reyna Doña Margarita de Austria con universal sen-

sentimiento del Reyno por. las reales prendas, que le adornaban. Sus exequias solemnes se celebraron en la Catedral à diez y nueve de Diciembre, haciendo el oficio de Preste el Maestre Escuela Don Rodrigo Belarde Murillo, por no poder executarlo el Obispo por su edad, y accidentes.

El Cabildo siguió en su nombre, y del Clero demanda sobre la restitucion de las sisas, que no debian contribuir, y se llevaban igualmente como à los Seglares; y aunque se executorió en Roma esta restitucion, con varios pretextos, y tergiversaciones se dilataba, y eludia por la Ciudad; y asi se llegó à poner entredicho en la Ciudad, que duró hasta veinte y ocho de 1612 Noviembre de mil seiscientos y doce, en que se allanó la Ciudad à dar satisfaccion. El Pontifice concedió la prorrogacion del Subsidio, y Escusado por otro quinquenio, y para concordar la coleccacion, se celebró en Madrid Congregacion de las Santas Iglesias, à que asistió por la de Cordoba: el Doctor Don Andrès de Rueda Rico, Arcediano de Castro, y Canonigo Doctoral. En ella, que duró casi todo el año de mil seiscientos y trece, se trataron varios puntos utiles al estado Eclesiasti-

co, y por el nuestro de Cordoba se quexò su Diputado del agravio grande, que padecia por los valores, que havian dado norma à los repartimientos en los cinquenta años antecedentes, que estaban concordados, y se cumplian en este quinquenio: y asi que se reformasen, haciendo otros nuevos. Pero teniendo noticia el Cabildo, que de treinta y tres votos havia resuelto por treinta la Congregacion, que no se hiciese novedad, diò orden à su Diputado à trece de Marzo, que se conformase por no inquietar à las Iglesias.

Tenia nuestro Obispo gran zelo, en que todos asistiesen à oir los Sermones, y para exemplo de otros era muy puntual en oir los de la Catedral; sentia no poder asistir à los de Quaresma, por predicarlos temprano, y no permitirlo los Medicos por sus accidentes; y asi pidiò al Cabildo à primero de Febrero de mil seiscientos 1613 y trece, que por este año se predicase en la Misa de la Feria, para tener el consuelo de oir la palabra Divina. Aunque hallò el Cabildo algunos inconvenientes en esta novedad, determinò dar gusto al Prelado; pero Dios le exercitò con el mal de la gota, con que no pudo asistir, ni se mudó la hora de predicar. Al paso que el Ca-

Cabildo procuraba dar gusto à tan benemerito Prelado, correspondia èste en las finezas. Pues à diez y siete de Mayo invió su Provisor, para que significase al Cabildo, que tenia animo de dotar la Octava de Corpus, para que desde este año se celebrase con sermones, y toda solemnidad. Era muy devoto de este Divino Sacramento; y aunque yà se celebraba su Octava solemnemente, desde este año con la magnifica dotacion, que hizo se ha celebrado con tanta magnificencia, aparato, y concurrencia en esta Iglesia, que no se puede ponderar. Como faltaba retablo, y otros adornos, y perfiles à la Capilla mayor, no estaba sosegado el grande animo, y zelo devoto de su corazon magnanimo por el Divino Culto; y asi à veinte y tres de Diciembre invió al Reverendo Padre Presentado Fray Cristoval de Torres, que diese en su nombre las buenas Pasquas al Cabildo, y propusiese, que queria situar cada año alguna gruesa cantidad de dineros, para hacer el retablo de esta Santa Iglesia, viendo la falta, que havia dèl. Estimó tan buenas Pasquas el Cabildo, y nombró quatro Diputados, que le diesen las gracias, y tratasen con su Ilustrisima todo lo conducente à poner en

execucion obra tan grande, que causa notable admiracion à todos por su grandeza, arquitectura, y preciosa materia de varios Jaspes. En este mismo año dió su licencia à los Carmelitas Calzados para fundar el Colegio de San Roque en la Iglesia, y Casa, que havian desamparado los Descalzos.

Pasaba su anciana edad, y falta de fuerzas entretenido con la obra del retablo, que empezò en el año de mil seiscientos y catorce, y con la de su Palacio, que continuaba: para esta compró del Hospital de San Sebastian una Casa, y parte de corrales, con que unió los quartos antiguos, y nuevos, que hizo de frente à la Catedral. En estas obras tenia mucho gusto; asi porque eran muy necesarias, como porque en ellas tenia empleados muchos pobres, que ganaban su jornal, para mantenerse, y no estaban ociosos. En la Catedral se havia empezado à reedificar la Capilla de la Conversion de San Pablo, que llaman del Maestre Don Pedro Muñiz de Godoy, desde el año de mil seiscientos y diez, à costa de Don Fernando Carrillo, Presidente del Consejo de Hacienda, y despues de Indias, y se acabò en este año de seiscientos y catorce. Es

1614

obra suntuosa, que dà mucho lucimiento, y adorne al Crucero, y hoy es de las mejores Capillas de la Iglesia. Con esta ocasion se mudò de aquel sitio el Altar de San Leandro, y San Isidoro, que llaman de Henares à costa del dicho Presidente, y se colocò en el que hoy tiene fuera del Crucero al lado del Evangelio.

La imprudencia de un Predicador de gran fama diò principio en este año de mil seiscientos y catorce à grandes ruidos, y escandalos, que transcendieron todo el Reyno. Predicò en la Catedral à ocho de Diciembre dia de la Concepcion de María Santisima tan aviertamente contra la inmunidad de la original culpa, que el Cabildo, y Auditorio quedaron sorprendidos del atrevimiento; pero continuando su desacierto temerario, se alvorotò con gran escandalo el concurso; diò cuenta prontamente el Cabildo à su Prelado, y al Obispo, que no estubo presente, y sintieron notablémente la osadia, y ofrecieron castigar con severidad al Predicador. El Provincial, à quien se diò tambien la quexa, respondiò la Carta siguiente. *La Carta de V.S. de veinte y quatro de Diciembre he reclbido; y visto por ella el sentimiento, que tiene V.S. del Padre Presentado Fray Cristoval de Torres, por cosas, que en el Sermon del dia de nuestra Señora de la Concepcion dixo, y predicò en esa Santa Iglesia; y me ha pesado mucho, de que hayan sido de calidad, que pudiesen ofender tanto à tan grave, y doĉto auditorio: y asi por esto, como por haverseme quexado V.S. miraré este negocio con el cuidado que pide, y corregiré al Padre Presentado en todo lo que huviere faltado, y excedido; y procurase satisfacer à V.S. con justicia, y razon de la mejor forma, y manera, que yo pudiere; guarde Dios à V.S. muchos años como deseo, de Santo Tomás de Madrid. Enero primero de mil seiscientos y quince. Fray Joseph Gonzalez.* Tambien el Obispo reprehendiò publicamente con aspereza à este Padre, y ofreciò al Cabildo, que no volveria à predicar en la Iglesia.

No cesaron por esto los alvorotos, y escandalos, porque irritado con las reprehensiones este Padre atrajo, y encendiò à otros deforma, que no se oìan en la Ciudad mas, que porfiadas disputas, y temosas alteraciones sobre la pureza Original de nuestra Señora, con general escandalo, que cundiò por toda España. Para extinguir este fuego, mandò publicar nuestro Obispo por

Agos-

1615 Agosto de mil seiscientos y quince un Edicto, en que incluyendo una carta del Duque de Lerna al Nuncio de su Santidad, y otra suya al Arzobispo de Sevilla, probivia, que se hiciesen procesiones, y juntas escandalosas, en que se tratase de las opiniones; *si fué nuestra Señora Concebida en pecado Original, ò sin él.* No agradò al Cabildo el silencio de la opinion pia: y asi apelò à veinte y seis de Agosto del mandamiento del Obispo para su Santidad, y su Santa Sede, y suplicò del expedido por el Nuncio, sin contravenir por esto à las Constituciones de Xisto IV., y Pio V., que siempre obedecia, y deseaba guardar: y determinò, que asi en esta Ciudad, como en Madrid, y Roma se hiciesen las diligencias necesarias por la mas piadosa opinion, *que fué concebida la Madre de Dios sin mancha de pecado Original.* Al dia siguiente veinte y siete de Agosto acordò, y votò una solemnisima fiesta à la Concepcion de nuestra Señora, à que convocò à la Ciudad, y Pueblo, para demostrar su ardiente devocion à Mysterio tan pio. En esta ocasion se señalò mucho el Doctor Alvaro Pizaño de Palacios, Canonigo Lectoral: pues imprimiò en Sevilla en este año de mil seiscientos y quince dos discursos en defensa de la Immaculada Concepcion de Maria Santisima, y dotò esta fiesta en la Catedral; aunque, como queda advertido, yà la havia dotado año de mil trescientos y cinquenta el Obispo Don Fernando de Cabrera, y antes Don Diego Fernandez, Dean de Lugo.

No manifestò la Ciudad de Cordoba menor piedad, y devocion al Immaculado Mysterio; pues hizo voto de defender la Concepcion sin la mancha de la Original culpa en nuestra Señora, y determinò vindicar su honor con una solemne fiesta votiva en el Convento de San Francisco el dia dos de Octubre. Para autorizarla con la mayor grandeza convidò al Cabildo por sus Cavalleros Diputados, para que asistiese; pues siendo en ambos Cabildos uno mismo el espiritu de devocion, debian concurrir ambos juntos à obsequiar, y venerar à Maria Santisima. Aceptò el Cabildo, y no pudiendo concurrir todo, nombrò doce Prebendados, que asistiesen en su nombre el dia veinte de Diciembre, à que se dilatò esta demostracion festiva. Imitaron el exemplar de la Iglesia, y Ciudad de Cordoba las Iglesias, Ciudades, y Universidades de España, è implorando el patrocinio de su piisimo

Eeee 2 simo

simo Rey, suplicaron al Pontifice Paulo V. que declarase de fè este piisimo Mysterio : El Pontifice mandò à tres de Agosto de mil seiscientos diez y siete , que en actos publicos ninguno pudiese decir : *quod eadem Beatissima Virgo fuerit concepta cum peccato originali,* interin que se difiniese , ò mandase otra cosa la Silla Apostolica ; conque en parte cesaron las disputas , y escandalos. Despues publicaron sus decretos favorables Gregorio XV. à veinte y quatro de Mayo de mil seiscientos veinte y dos, y Alexandro VII. à ocho de Diciembre de mil seiscientos sesenta y uno , y otros Pontifices, hasta Benedicto Decimo Tercio ; con que yà solamente desea con ansia todo el Orbe Catolico , que se cumpla el tiempo preordinado, para declarar por de fè el glorioso Mysterio de la Immaculada Concepcion de la Madre de Dios , y soberana de los hombres , y Angeles. Ojalà que en nuestros dias rompiera Dios el silencio , y oyeramos la voz, y sentencia de su oraculo!

No consta en que año antes de el de mil trescientos y cinquenta se empezò à celebrar en nuestra Iglesia esta fiesta de la Concepcion de nuestra Señora. Por el Breviario antiguo sabemos , que tenia

Octava , Procesion , y seis Capas ; pero desde este año de seiscientos y quince se celebrò con repiques , desde primeras visperas , luminarias en la torre, asistencia de la Ciudad , y Procesion general por el Patio de Naranjos ; que es la mayor solemnidad , que se acostumbra en las mayores festividades. En adelante se aumentò el culto por toda la Octava, de que harèmos mencion en su lugar. La Capilla mayor antigua se havia destinado para la Imagen maravillosa de Villa-Viciosa ; y en su ausencia à su Santuario se colocaba otra de nuestra Señora ; ahora se aplicò à una Imagen de la Concepcion Immaculada , y se determinò , que todos los Sabados despues de Completas fuese el Coro à cantarle una Antifona , y oracion. Con este fervor tomò el Cabildo la veneracion, y culto de este Sagrado Mysterio ; y asi no se le puede negar la gloria de haver sido el primero , que con su ardiente devocion, y zelo, procurò disipàr las nieblas, con que intentaban obscurecerle.

El Obispo de Jaèn Don Sancho Davila vino à Cordoba ha hacer el juramento , para pasar al Obispado de Siguenza , en que estaba nombrado ; y queriendo obsequiarle le nuestro Obispo, salió à recibirle acompañado de los Prebendados. Agasajóle magníficamente, y el Cabildo le pidió, que predicase en la Catedral el dia tres de Mayo de la Santa Cruz, para lo qual à treinta de Abril se arregló el Ceremonial de la concurrencia de ambos Prelados en el Coro. Pocos dias despues recibieron ambos Obispos, acompañados de los Capitulares, al Obispo de Malaga Don Luis Fernandez de Cordoba, que venia de Salamanca, y quiso vèr su Patria, è Iglesia; dió gran gusto al Cabildo, y Ciudad, que con fina emulacion procuraron asistirle. El Obispo correspondió con igual fineza à ambas comunidades, y para distinguir al Cabildo, de quien havia sido Dean, quiso visitarle, estando junto en su Sala Capitular. El Cabildo estimó mucho esta singular demostracion, y le recibió con la ceremonia, y obsequio, que se acostumbra hacer al propio Prelado. Manifestó con muy finas expresiones su constante amor, y estimacion al Cabildo, y que en todas partes le tendria, para servirle, como un verdadero, y apasionado Capitular; à que correspondió el Presidente por el Cabildo con una breve, y elegante oracion, y salió todo el Ca-

bildo à despedirle hasta la puerta de la Iglesia. En este año nombró el Rey por Obispo de Jaca al Doctor Don Pedro Fernandez Zorrilla, Racionero de esta Iglesia, y à diez y siete de Mayo le escribió el Cabildo la enhorabuena.

El año de mil seiscientos 1616 diez y seis entró muy seco, y se hicieron rogativas: determinóse traer la Imagen de nuestra Señora de Villa-Viciosa à la Catedral à diez de Abril, y se hicieron las plegarias, y fiestas acostumbradas. Tambien se traxeron las reliquias de los Martyres, y haviendo hecho un novenario se volvieron à la Iglesia de San Pedro à quince de Mayo: fuè año muy esteril. El Licenciado Juan Serrano, Beneficiado de la Villa de Moclin, tenia una cabeza de estos Santos Martyres, y estando para morir declaró, que se la havia dado el Licenciado Sotillo, Rector de la dicha Iglesia de San Pedro; y para descargo de su conciencia la mandó restituir à la Arca de las Reliquias. Con esta noticia se hicieron las informaciones conducentes, asi en Moclin, como en esta Ciudad, y haviendo traido la cabeza, la llevó el Cabildo à veinte y seis de Noviembre con procesion, y la volvió à entrar en la Arca.

Aunque dixo el Filosofo, que

que la abaricia era defecto propio de los ancianos , en nuestro Prelado no tubo lugar este vicio , pues con los años crecia la liberalidad , y misericordia. Llegò à su noticia, que la Fabrica de la Catedral estaba gravada en veinte mil ducados, y luego mandò participar al Cabildo, que queria hacer una donacion pura de los veinte mil ducados, para redimir los censos. El Cabildo nombrò à siete de Abril ocho Prebendados, para que le diesen las debidas gracias , y ofreciesen para su entierro el Coro, ò Capilla mayor, y cumplir las Fiestas, y Anniversarios que gustase : demanera, que el Cabildo no quede corto con su Señoria Illma. en reconocer el bien , y merced, que ha hecho à su Iglesia en ocasion de tantas necesidades, como tiene la Fabrica. El Obispo estimò la oferta, y dexandola à la voluntad del Cabildo, à veinte y nueve de Abril resolviò por tres tratados, que se diese entierro al Obispo en la Capilla mayor ; que se celebrase con la mayor solemnidad la fiesta del Apostol, y Patron de España Santiago ; y se cumpliesen dos Anniversarios perpetuamente, uno por los Padres , y defuntos del Obispo, y otro por el Obispo despues, y en el dia que muriese.

El Cabildo diò noticia al Rey de haver dotado el Obispo la Octava del Santisimo Sacramento con diez mil ducados, que rentaban quinientos, para la distribucion, y de haver donado quarenta mil ducados para desempeño de la Fabrica, y obra del retablo ; y el Rey respondiò las cartas siguientes. *El Rey. V. Dean , y Cabildo, recibi vuestra carta de catorce de Abril pasado, en que me avisais la gran donacion, que el Reverendo en Christo Padre Obispo de esa Iglesia à hecho para su Fabrica, y celebrar perpetuamente la fiesta del Santisimo Sacramento, y he holgado mucho entenderlo, que es obra bien digna de estimacion, de que me ha parecido darle las gracias, como lo hago por otra mi carta ; y à vosotros os las doy por el cuidado, que decis teneis de encomendarme à nuestro Señor, que lo creo yo bien de vuestras personas. De Madrid à quince de Junio de mil seiscientos diez y seis. Yo el Rey.* La del Obispo dice asi : *El Rey. Reverendo en Christo Padre Obispo de Cordoba de mi Consejo, por lo que me han escrito el Dean, y Cabildo de vuestra Iglesia he visto el animo liberal, con que le haveis hecho la donacion de cinquenta mil ducados para su Fabrica, y celebrar perpetuamente la fiesta del Santisimo Sacramento ; y la gran*

gran summa, con que haveis so-
corrido à vuestra religion, sin
olvidar en ningun tiempo los po-
bres, y las demàs obligaciones,
que os corren; que todas son obras
dignas de vuestra bondad, cris-
tiandad, y piadòso zelo, y de
que yo he tenido particular con-
tentamiento; asi por vèr, quan
bien empleais lo que Dios os ha
dado, como por el exemplo, que
causarà à los demàs Prelados,
para que à vuestra imitacion ha-
gan lo mismo, porque os doy mu-
chas gracias, como las mereceis.
De Madrid à quince de Junio
de mil seiscientos diez y seis. Yo
el Rey. Por mandado del Rey
nuestro Señor Jorge de Tebar.

Aunque la fiesta de San-
tiago se celebraba con solemnidad, desde este año se celebró con la mayor, que se acostumbra, de procesion por el
patio, y ofrenda, de que nuestro Obispo quedò muy com-
placido. Asistiò à èlla, y en
lugar de un doblon, que solia
ofrecer (valia en estos años
veinte y seis reales) diò una
Cruz, y dos Candeleros de plata dorados con ovalos de oro,
y esmalte roxo; tres Urnas, ò
Aguamaniles de plata dorados,
y una Casulla de raso bordada,
todo muy precioso, y de mucho valor. El Cabildo agradecido à tantos beneficios determinò à diez y nueve de Agosto, que perpetuamente se le

dixese un Responso, y *Pater
Noster* cada dia de Oficios de
los seis, que se cumplen cada
mes. En el dia treinta y uno
de Julio asistiò en la fiesta de
San Ignacio en el Colegio de
la Compañia; admirandose todos del vigor, y espìritu, que
tenia con ochenta y ocho años,
para asistir à semejantes funciones. La devocion ardiente al
Santisimo Sacramento, y su
mayor culto obligaba, à que
buscase nuestro Obispo modo
para aumentarlas: y asi juntamente con el Cabildo pidiò al
Pontifice, que en la Octava de
Corpus solamente se celebrase
del Mysterio, como sucedia en
la de Resurreccion; y que en
los Jueves del año, no impedidos, se rezase del Santisimo;
no tubo efecto esta suplica,
aunque el Doctor Bernardo Alderete tomò con gran zelo poner las diligencias mas eficaces, y solicitar cartas del Rey,
Obispos, y Cabildos, que pidiesen lo mismo.

El Doctor Bernardo Jo-
seph Alderete tubo gran devocion à los Mysterios de la Concepcion de nuestra Señora, y
Sacramento, y en este año escribiò dos famosas cartas, una
en nombre del Obispo, y Cabildo al Papa, sobre el asunto
referido de la Octava, y rezo
del Santisimo, su fecha à ocho
de Febrero: y la otra en veinte

te y ocho de Noviembre en nombre del Cabildo, pidiendo, que difiniese la Concepcion Immaculada de Maria Santisima. Lastima, que se quedasen en blanco, pues no podian dexar de ser muy eruditas, y devotas : manifestò su piedad, y devocion en dos donaciones, que hizo en este año. La primera fuè à diez y seis de Julio de un Palio, y dice asi:. *Que por si, y en nombre del Doctor Joseph Alderete, su hermano, asimismo Canonigo, que fuè de esta Santa Iglesia, y despues de la Compañia de Jesus; y siendo Rector del Colegio de Granada falleciò à doce de Junio de este año; ofrece el dicho Palio de Damasco carmesi dorado con goteras de tela de oro de Milan con rapacejos, y guarniciones de oro, para el servicio del Santisimo Sacramento de la Eucaristia de esta Santa Iglesia del Altar mayor, y Sagrario, para las fiestas, ò quando se llevare à los enfermos, à disposicion, y orden de los Señores Dean, y Cabildo, y que todo sea à mayor honra, y gloria de Christo nuestro Señor.* La segunda donacion fuè de un Relicario en veinte de Agosto, y dice asi : *El Doctor Bernardo Alderete, Canonigo de esta Santa Iglesia, en su nombre, y del Señor Don Joseph Alderete, su hermano, Canonigo, que tambien fuè de esta Santa Iglesia, à honra, y gloria de Dios nuestro Señor, y para el Santisimo Sacramento de la Eucaristia, ofrece este pequeño Relicario de plata labrado, y dorado, en que hay algunas piedras, y en ellas un Camafeo blanco con la figura del Glorioso Abad San Bernardo, en cuyo dia se ofrece; para que mañana veinte y uno de este mes de Agosto comience à servir (que fuè el dia, en que ambos nacieron año de mil quinientos y sesenta) con mucho sentimiento de que no sea con la grandeza, y perfeccion que èl quisiera, y era menester para tan alto, y soberano Mysterio, como ha de servir en esta Santa Iglesia, Altar mayor, y Sagrario de ella en las ocasiones, y en el modo, que à V.S. pareciere; y suplica à V.S. se sirva de recibirlo, y admitir esta pequeña oblacion, y donacion, que de èl hace.* Despues fundò una Obrapìa, para que doce Sacerdotes acompañasen con Cirios al Santisimo Sacramento, siempre que se llevase en pùblico à los enfermos. Muriò este piisimo, y doctisimo Varòn à veinte y ocho de Septiembre de mil seiscientos quarenta y uno, y està sepultado en la Nave del Sagrario. De estos dos insignes hermanos, iguales, y semejantes en virtud, erudiccion, y prendas personales, tratamos

yà

yà cap. 6. que podrà verse.

Nuestro Obispo aplicò todas sus rentas en el año de 1617 mil seiscientos diez y siete en socorrer los pobres; porque fuè año seco, y esteril, y llegò à valer la fanega de Trigo à doblon, aunque era de diez y ocho reales el coto. Sus accidentes, y edad no le dexaban salir; pero no obstante asistiò à la fiesta de Santiago, y ofreciò una fuente de plata dorada, y estimada en mas de doscientos ducados. Haviendole dado cuenta el Cabildo del Breve, que havia expedido el Pontifice à tres de Agosto, en que ponia perpetuo silencio à la opinion contraria à la Concepcion Immaculada de nuestra Señora; y de que con su beneplacito queria el Cabildo hacer algunas demostraciones festivas de alegria, tubo mucho gusto, y respondiò: *que se holgaria, que el Cabildo hiciese todas las demostraciones de alegria posibles.* Con esta agradable respuesta publicò el Cabildo el Breve con repiques, y luminarias, que alegraron summamente à la Ciudad; y Domingo veinte y dos de Octubre llevando la Imagen de Villa-Viciosa, fuè con procesion general, à que asistieron la Ciudad, y todas las Religiones al Convento de San Francisco, donde se celebrò

con toda solemnidad la Misa por el Arcediano de Cordoba Don Damian de Armenta y Valenzuela. En la Catedral se hicieron otras fiestas, y no huvo Comunidad Religiosa, ni Cofradia, que no manifestase su devocion con publicas demostraciones de jubilo.

El Licenciado Juan de Mora, Capellan de la Sangre, havia dexado mil ducados, para hacer el banco del retablo: y como nuestro Obispo havia ofrecido costearle todo, con comun consentimiento de Obispo, y Cabildo, se determinò à nueve de Marzo, que se entregasen mil ducados, para proseguir la obra de la Torre à Juan Sequero, Maestro de Canteria, como lo havia mandado el Obispo à veinte de Febrero del mismo año de mil seiscientos diez y siete. Para la formacion del retablo se havian hecho diversos diseños por Artifices afamados; el P. Alonso Matias insigne arquitecto se hallaba en esta Ciudad en su Colegio de la Compañia de Jesus, è hizo uno, que pareciendo bien à todos, se escogiò por universal aplauso: y para que su idea se executase perfectamente, le nombrò el Cabildo à diez y seis de Febrero de mil seiscientos diez y ocho por superintendente de la obra, con facultad plena de escoger

Ffff   los

los jaspes, y materiales necesarios, y traer los Maestros, y operarios de su satisfaccion. Executòlo con tanto acierto, que todos admiran la perfeccion de obra tan suntuosa : y asi es muy debido, que se conserve la memoria de tan excelente Arquitecto.

1618 Por Mayo de este año de mil seiscientos diez y ocho vino una plaga de langosta tan innumerable, que no vastaron las providencias humanas, para extinguirla : y asi se hicieron rogativas : y à treinta y uno de dicho mes se celebrò fiesta con procesion general à nuestra Señora de Villa-Viciosa, para que por su intercesion cesase. En el año siguiente de diez y nueve se continuò, y hallandose en Cabildo Don Juan Ramirez de Contreras, del Avito de Santiago, Provisor, y Vicario General, se determinò à once de Mayo, que el estado Eclesiastico ayudase con la Octava parte del gasto, que se hiciese, para matarla, y consumirla, por ser causa universal, y bien comun. El Corregidor Don Geronimo Zapata y Osorio con orden, y comision del Consejo hizo para los gastos un repartimiento, en que incluyò al estado Eclesiastico ; pero en el mismo dia le contradixeron, y protestaron el dicho Provisor, y Ca-

bildo, por ser sin facultad, y contra la immunidad Eclesiastica el hacerse semejantes repartimientos sobre Eclesiasticos, y bienes de Iglesias por Jueces Seglares. Y asi nombraron persona, que asistiese con las de la Ciudad en el sitio, donde se enterraba la muerta, y pagase la octava parte, porque el animo del Obispo, y Cabildo era de acudir al remedio, y mayor utilidad del bien publico, y defender su immunidad, à que les obliga su conciencia. Con tanta diligencia se procediò por el Corregidor, y Ciudad, que se matò la langosta, y se logrò una razonable cosecha.

El Dean Don Diego Sarmiento muriò à veinte y dos de Junio de este año de mil seiscientos diez y nueve, y à veinte y cinco de dicho mes tomò posesion del Decanato el Doctor Don Gonzalo de Castro Toboso, que se hallaba coadjutor de dicho Dean. Antes havia tenido por coadjutor al Canonigo Don Francisco de Cordoba y Carvajal, por cuya muerte solicitò del Cabildo, que le hiciese presente, en atencion à sus notorios habituales accidentes, y enfermedades. Al Cabildo no parecieron bastantes, para justificar la presencia que pedia ; y el Dean empezò à seguirlo en jus-

Dean.

1619

justicia. Despues considerando, que no era decente litigar con su Cabildo, determinò tener por coadjutor al dicho Don Gonzalo de Castro Toboso, que tomò la posesion de la coadjutoria à siete de Mayo, y en propiedad en veinte y cinco de Junio del mismo año.

El Rey padeciò unas tercianas, que le pusieron en gran peligro, y el Presidente de Castilla escribiò al Obispo, y Cabildo, que se hiciesen publicas rogativas por la vida, y salud de su Magestad. Havia pocos dias, que se havia llevado à su Santuario de Villa-Viciosa la Imagen de nuestra Señora; y asi se traxeron en procesion à diez y nueve de Noviembre las reliquias de los Martyres de San Pedro, y en la Catedral se celebrò por ocho dias una solemne rogativa; y à veinte y seis se volvieron à su Iglesia, haviendo yà la noticia de la mejoria del Rey; pero no convaleciò perfectamente de esta enfermedad en el resto de su vida.

En las Ofrendas de los dias Clasicos ofrecia cada uno lo que le parecia, y era su devocion. En esta libertad se consideraron algunos inconvenientes, y para evitarlos, y ofrecer todos uniformemente, hizo Estatuto el Cabildo en veinte y dos de Octubre de mil seiscientos y once, que se hiciesen cinquenta medallas de plata, y repartiesen entre los Prebendados, para la Ofrenda: y que por cada vez contribuyese la Mesa Capitular con quarenta y quatro reales, que con lo que ofreciesen el Obispo, Corregidor, Veintiquatros, y otras personas se aplicasen à Obraspias, à arbitrio del Cabildo. Hasta este tiempo se daba la mayor parte à los Niños Expositos, como mas necesitados, y lo demàs al Hospital de San Sebastian, y otros lugares pios. Pero à cinco de Enero de mil seiscientos y veinte se determinò para adelante la regla general, que en cada Ofrenda se aplicasen seis reales al Hospital de San Sebastian, y lo restante à los Expositos. 1620

Nuestro Obispo donò al Cabildo à veinte y nueve de Mayo una Cruz grande de plata sobredorada con muchos engastes de oro, y piedras preciosas, que pesa ciento y nueve marcos. Es una de las piezas mejores, que tiene la Iglesia en su Tesoro, y por su grandeza sirve solamente en la Procesion de Corpus, y en la de Santiago. Continuaba la obra de su Palacio, para lo qual tomò algunas Casas de la Fabrica, y del Hospital de San Sebastian: y hallandose enfermo, à diez y nueve de Octubre avisò al Cabildo por su Provisor, que iba disponiendo las cosas tocantes à su conciencia, y que era voluntad suya satisfacer, lo que montaren las Casas, que huviese incorporado, en las que và labrando; y que lo hacia saber, para que le advierta el Cabildo sobre esto, para cumplir con su conciencia, y obligacion. El Cabildo nombrò sus Diputados, que le significasen lo mucho, que sentia su enfermedad, y deseaba su salud, para que dispusiese de todas sus cosas, de su conciencia, y gusto, como mas bien le pareciese, pues siempre el Cabildo quedaría muy agradecido, y satisfecho. Havia sido nuestro Obispo acerrimo defensor del Patronato unico de España por el Apostol Santiago; y haviendose acabado el nicho del lado del Evangelio en la Capilla mayor, colocò en èl el Sagrado Apostol à caballo, y en una lapida de Jaspe negro puso la inscripcion siguiente: *B. Jacobo Hispaniarum Dei dono singulari, unico certiss. antiquiss.que Patrono, Triumph. hostium invictiss. D. Fr. Dieg. Mardones. Epis. Cord. D.D. anno* CIƆDCXX.

Por la enfermedad del Rey se traxeron las reliquias de los Martyres à la Catedral, donde se hicieron rogativas por su salud hasta el dia quatro de Abril de mil seiscientos veinte y uno, en que recibieron el Obispo, y Cabildo cartas del nuevo Rey Don Felipe Quarto su hijo del dia treinta y uno de Marzo, en que avisaba la muerte de su Padre Don Felipe Tercero sucedida en el mismo treinta y uno à las nueve del dia, para que le encomendasen à Dios en sus sacrificios, y oraciones. En Cordoba fuè aclamado el Rey Don Felipe Quarto Domingo de Pasqua once de Abril por la tarde con las ceremonias, y solemnidades acostumbradas en tales funciones. Nuestro Obispo se alentò à bendecir el Pendon Real en la Capilla mayor, aunque estaba prevenido el Arcediano de Cordoba Don Damian de Armenta y Valenzuela, por si el Obispo no podia hacerlo. Despues diò la bendicion solemne à la Ciudad, y llevò à su Palacio à todo el Cabildo; para que viese la aclamacion, que se hace en la Torre del Omenage, y Campo Santo, desde un tablado, que para este fin tenia prevenido, y aderezado, donde su Señoria, y todo el Cabildo estubo para vèr, y dar fè de la ceremonia de alzar el Pendon Real por el Rey nuestro Señor Felipe Quarto.

La

La devocion al Santisimo le animò para asistir al Coro en la Octava de Corpus; y previniendo, que por el defecto de oìdo no podria oìr los Sermones desde el sitio acostumbrado, mandò proponer al Cabildo, que se le pusiese su asiento en medio de las varandillas junto al Altar mayor (estaba fuera de su lugar por la obra del retablo) para poder oirlos; el Cabildo haviendolo conferido, determinò à siete de Junio, que su Señoria asista en el lugar, que tuviese gusto, asistiendole los Señores dos Presidentes del Cabildo. En el resto de este año padeciò de la gota, y otros accidentes, que tolerò con gran conformidad, y aunque estaba en cama, y con sus dolores, recibia, y oìa à todos ordinariamente, y estaba vigilante en dar las providencias que convenian. En una ocasion estaba tan gravado, que no pudo recibir unos Diputados del Cabildo, que iban à hacerle una proposicion sobre cierto negocio, y al dia siguiente les diò respuesta, para que no se detuviese en resolver el Cabildo lo que le pareciese; pues se conformaria con la resolucion que tomase; al mismo tiempo propuso otro medio, que se podia executar, y le dexò à la direccion, y juicio

del Cabildo, como solia hacerlo; y asi con esta suavidad empeñaba al Cabildo à no resolver cosa, que no fuese del beneplacito del Prelado.

En estos años diò muchas limosnas, y dotes à pobres, y Huerfanas, para ser Religiosas; à una Sobrina entrò en el Convento del Espiritu-Santo, y otra en el de Corpus. Y considerando, que yà tenia muy proxima la muerte, y que debia morir pobre Religioso, dispuso una donacion, inter vivos, à diez y seis de Enero de mil seiscientos veinte y dos, con que fundò una Obrapìa de sesenta mil ducados de principal, y treinta mil de renta para casar Doncellas pobres, dar limosnas, y socorrer necesidades en esta Ciudad, y Lugares del Obispado, que pagan Diezmo à la Dignidad Episcopal. Nombrò por Patrono à Doña Isabèl de Valdevieso y Roxas, su Sobrina, y à su hijo Don Francisco de Alaysa y Mardònes, y sus descendientes legitimos, prefiriendo el mayor al menor, y el varòn à la hembra: extinguida esta linea llamò à Don Pedro Linares y Mardònes, y à sus descendientes de la misma forma; y en caso de faltar èstos, llamò los descendientes de Pedro de Mardònes su Sobrino, y Abuelo materno del dicho Don Pedro Li-

Linares. Ultimamente llamò despues de estas dos lineas al Dean, y Cabildo, que yà goza este Patronato, como se dirà à su tiempo; y à veinte y nueve de Enero participò al Cabildo, por medio de su Provisor, la donacion hecha à favor de la Obrapìa, y nombramiento de Patrono en tercero lugar: lo que estimò mucho el Cabildo, y nombrò quatro Diputados, para que le diesen las gracias. A esta Obrapìa, y à la obra del retablo dexò por sus herederos en su testamento, que hizo con facultad Pontificia.

1622 La primavera de este año de mil seiscientos veinte y dos fuè seca: y à once de Abril se hizo procesion à la Iglesia de San Pedro, para lograr la lluvia por la intercesion de los Sagrados Martyres. Tambien se traxo la Imagen de Villa-Viciosa à diez y siete de dicho mes, y se hicieron las rogativas, y fiestas acostumbradas; conque se consiguiò la agua de la piedad Divina, y una cosecha abundante. El Breve expedido por el Papa Gregorio XV. à favor del Mysterio de la Concepcion Immaculada de Nra. Sra. causò gran alegria en Cordoba; y la Ciudad determinò hacer una fiesta muy solemne, para lo qual destinaron Diputados al Cabil-

do, que à trece de Julio pidieron, y suplicaron, que ayudase, y autorizase el Cabildo esta fiesta con las mayores demostraciones festivas. El Cabildo alabò mucho el zelo, y devocion de la Ciudad, y nombrò sus Diputados, que lo tratasen con el Obispo. Al devoto Prelado agradò mucho la embaxada, y quiso, que se hiciese la fiesta en la Catedral, con *Te Deum laudamus*, Misa de la Concepcion, y Sermòn Domingo diez y siete de Julio, y que por la tarde fuese una Procesion general del Cabildo, Cleresìa, Religiones, y Ciudad con la Imagen de la Concepcion à la Iglesia de San Pedro, y que volviese à la Iglesia. Agradò al Cabildo, y Ciudad el dictamen del devoto Obispo, y se executò, predicando el Doct. D. Gonzalo de Cordoba y Carrillo, Canonigo Lectoral, con universal aplauso.

El Pontifice Gregorio XV. canonizò à doce de Marzo de este año de mil seiscientos veinte y dos à S. Ignacio de Loyola, con S. Francisco Xavièr, Fundador de la Compañia de Jesus, y à Sta. Teresa de Jesus, Fundadora de los Carmelitas Descalzos. Ambas Religiones hicieron en Cordoba fiestas muy lucidas, y grandes. La Compañia las empezò Dominmingo doce de Junio, yendo en procesion el Cabildo (despues de los Oficios) con los dos Santos, ricamente adornados, à su Iglesia, donde se dixo la Misa, y Sermon, y despues se volviò la procesion à la Catedral. Los Carmelitas, asi Religiosos, como Religiosas celebraron sus fiestas en el Convento de Sta. Ana, por estar en sitio commodo para el concurso de la Ciudad. El Cabildo fuè en procesion à celebrar la primera fiesta dia::: de ::: y predicò el Doct. D. Gonzalo de Cordoba en ambas festividades.

Por orden del Rey se hizo un Novenario à la Concepcion de Nra. Sra. desde el dia treinta y uno de Agosto, y despues otro al Apostol Santiago con rogativas por el feliz suceso de los intentos de su Magestad Catolica. El Principe de Gales vino à Madrid, y con esta ocasion escribiò el Rey al Obispo, y Cabildo la carta siguiente: *V. Dean, y Cabildo de la Iglesia de Cordoba. El Serenisimo Principe de Gales, hijo unico Varon del Rey de la gran Bretaña ha venido à esta Corte, con deseo de estrechar amistad conmigo, y con esta Corona, de que os he querido avisar, para que lo tengais entendido, y para que encomendeis, y hagais encomendar à Nro. Sr.* los negocios, *que con ocasion de esta venida se trataren, para que se sirva de encaminarlos, como mas convenga à su servicio, y de su Iglesia. De Madrid à treinta de Marzo de mil seiscientos veinte y tres. Yo el Rey. Por mandado del Rey Nro. Sr. Pedro de Contreras.* El intento de este Principe fuè de celebrar Matrimonio con la Infanta Doña Maria, hermana del Rey: Sobre este punto hizo el Rey junta de los varones mas sabios, y autorizados de su Reyno; y sobre todo pidiò, què se encomendase à Dios: y asi à diez de Abril de dicho año determinò el Cabildo, que se continuase la plegaria, que antes se hacia, y que rogase en particular cada uno à Nro. Sr. que encaminase al Rey de manera, que acierte en su servicio, y en el comun bien, y aumento de su Sta. Fè. El P. Confesor del Rey pidiò al Obispo, y Cabildo, que se manifestase el Smo. en las rogativas dos dias en la semana en la Catedral, Parroquias, y Monasterios de esta Ciudad, lo que se determinò à diez y nueve de Abril. Era este Principe Protestante, y ultimamente no se efectuò el Matrimonio; parece, que le impidiò el Cielo, pues muriò degollado este infeliz Principe, y Rey de Inglaterra Carlos I. en Londres

dres à nueve de Febrero de mil seiscientos quarenta y nueve.

Nuestro Obispo enfermò de cuidado, y se hicieron rogativas por su salud en todas las Iglesias de su Diocesi; quiso darle mejoria la Magestad Divina, y à cinco de Julio de **1623** mil seiscientos veinte y tres determinò el Cabildo hacer una fiesta solemne en accion de gracias por la salud de su Prelado. Estimò mucho esta demostracion del Cabildo, y à veinte y quatro del mismo mes inviò à su Provisor, para que presentase al Cabildo una Lampara de plata para la Capilla mayor, y un Terno de raso blanco bordado en prueba, y reconocimiento del entrañable amor, y buena voluntad, que tenia al Cabildo, y de lo que deseaba gastar en esta Sta. Iglesia en las cosas del Culto Divino; y que deseaba, que el Terno sirviese el dia siguiente en la festividad del Apostol Santiago, aunque el color no era conforme; pero que todo lo dexaba à la disposicion del Cabildo, de quien se hallaba siempre agradecido, y deseaba, que se ofreciesen muchas ocasiones, en que manifestarlo. Oida la relacion del Provisor, respondiò el Dean: *El Cabildo se halla agradecidisimo de la merced, y favor, que su Sria. Illma. le ha hecho, y la que ca-*

da dia de nuevo le hace; y por la presente del Terno le dà infinitas gracias, y le besa las manos muchas veces, pues le es bien debido al grande amor, y buena voluntad, conque el Cabildo le ama, estima, y respeta, y quan de veras suplica à Nro. Sr. le dè muchos, y felices años de vida; pues en ellos está cierto de recibir otros muy grandes favores, y mercedes, como de su cabeza, y Prelado: y en quanto à que sirva mañana el Terno, se harà asi, como se ha significado, tener gusto su Sria. Despues nombrò el Cabildo al Doct. D. Andrès de Rueda Rico, Arcediano de Castro, y Canonigo Doctoral, D. Pedro Gomez de Contreras, Canonigo Magistral, D. Luis de Saabedra, y Anton Sanchez de Almoguera, Racioneros, para que en su nombre, y cumpliendo con la obligacion, en que el Cabildo se halla al Sr. Obispo nuestro Prelado por tantas mercedes, como recibe de sus manos, se las signifiquen; y quan deseoso está el Cabildo, se ofrezcan muchas ocasiones de su gusto, y servicio, para cumplir con su deseo.

Siempre nuestro Cabildo ha tenido por caracter propio la reverencia, obsequio, y amor à sus Prelados, que igualmente han correspondido con gran estimacion, y fineza al Cabildo, y sus individuos : y asi pocas, ò ningunas diferencias han tenido , que no se hayan compuesto amigablemente : Felicidad grande para una Iglesia , y muy necesaria de conservarse por los Cabildos , y Prelados. Pero con el presente Obispo fuè la union singularisima ; porque en infinitos negocios , que se ofrecieron en su tiempo, siempre resolviò , conformarse con lo que determinase el Cabildo ; y èste nunca determinò, sin referirse al beneplacito , y dictamen del Prelado. En la provision de Prebendas , por el derecho de simultanea , no huvo discordia ; pues *nemine discrepante* , aunque el Cabildo elegia por votos secretos, saliò electo el que havia nombrado el Obispo.

El Rey vino à Andalucia, y entrò en Cordoba Jueves veinte y dos de Febrero por la tarde de este año de mil seiscientos veinte y quatro. No quiso recibimiento publico ; y asi entrò por la Puerta Nueva en su Coche con el Infante Don Carlos su hermano, viniendo en los estrivos el Duque del Infantado , Conde de Olivares , Almirante de Castilla , y Marquès del Carpio. Seguian el Cardenal Zapata, Nuncio , Patriarca , y otros Grandes , y Titulos , que venian de Corte , y por San Pe-

1624

dro , Corredera , Marmolejos, y Calle de la Feria llegaron al Palacio Episcopal , donde el Rey , Infante , y Conde de Olivares tenian preparado su hospedage. Al dia siguiente à las diez de la mañana recibiò al Cabildo , que fuè Capitularmente à besarle la mano , y el Dean le hizo una breve , y elegante oracion gratulatoria de su venida à esta Ciudad , y obsequiosa , que concluyò suplicandole , que favoreciese esta Iglesia con su Real Persona : à que respondiò el Rey: *Heme holgado de oir , lo que me haveis dicho , y esta tarde irè à vèr esta Santa Iglesia.* A las quatro de la tarde entrò por la Puerta del Perdon , y el Cabildo con todas las Cruces , y Clero le recibiò , y dandole la agua bendita el Cardenal Zapata , caminò à la Capilla mayor , por los postigos del Coro : cantò la Musica el *Te Deum laudamus* , y el Arcediano de Castro , Canonigo Doctoral, que estaba de Preste , dixo las preces , y oracion , que dispone el Ceremonial. Despues diò la bendicion el Cardenal Zapata , y por haver infinito concurso , y ser yà de noche , no quiso vèr la Iglesia el Rey , sino volverse por la misma Puerta del Perdon, hasta donde le acompañò el Cabildo con Sobrepellices , de-

Gggg   xa-

xadas las Capas Plubiales.

Sabado veinte y quatro de dicho mes fuè el Rey à vèr el Real Convento de San Pablo, y de vuelta viò el Colegio de la Compañia. Viniendose yà à Palacio, encontrò al Smo., que salia de Casa de un enfermo, y dexando el Coche, con el Infante, y toda la Corte le acompañò à pie hasta el Sagrario, aunque las Calles estaban malas, por ser tiempo humedo. Encerrado el Smo. mandò llamar algunos Prebendados, para que le diesen noticia de lo mas notable de la Iglesia. Acudiò el Dean, Doct. Bernardo de Alderete, Lupercio Gonzalez de Moriz, Canonigo, y el Racionero Luis de Castroviejo: y despues de haver visto la Capilla Real, y Cuerpos Reales de D. Fernando IV., y D. Alonso XI. viò la Iglesia, preguntando por menudo cada cosa, hasta llegar à la puerta del Dean, donde tomò el Coche. Domingo veinte y cinco, despues de comer, fuè al Monasterio de San Geronimo, y de alli al Convento de Arrizafa, donde no llegò por algunos malos pasos, que havia en el camino por las lluvias. Lunes veinte y seis asistiò à vèr lidiar quince Toros, que previno la Ciudad, y despues correr cañas, hasta que fuè noche: y Martes veinte y

siete saliò à las seis de la mañana para Sevilla.

Nuestro Obispo se hallaba casi impedido; pero queriendo obsequiar su magnanimo, y agradecido corazon à tan gran huesped, le regalò con una fuente de doblones, y una baraja de naypes, para que su Magestad se entretuviera en las noches grandes que hacian. El Rey estimò el regalo, y pretexto, de que se havia valido. A quatro de Marzo de veinte y quatro diò su decreto, para que San Eulogio fuese contitular con S. Nicolàs en la Jarquia. Su debilidad se fuè continuando visiblemente, y à veinte y seis de Agosto se conociò, que podia durar muy poco su vida. El Cabildo nombrò al Arcediano de Castro, Canonigo Alderete, y dos Racioneros, para manifestarle su quebranto, y asistirle en todas sus necesidades. Recibiò con gran devocion los Sacramentos, se preparò para morir con continuo exercicio de virtudes. Su muerte fuè Domingo primero de Septiembre con tal tranquilidad, y sosiego, que mas pareciò sueño dulce, y apacible. Celebròse su entierro Martes por la mañana, y su cuerpo se puso en el nicho de la Capilla mayor al lado de la Epistola, donde yace, y tiene este epitafio. D. F. Diego

Mar-

Mardones Epis. Cord. ob L. Aureor. M. in Aræ. Max. Cultum donata Senat. Eccles. Cordub. Sepul. hic & Statuam cum Basi Grati animi ergo B. M. P. an. M.DC.XXIV. Vixit ann. XC.VI.

La memoria de este V. y Religiosisimo Obispo siempre permanecerà en nuestra Iglesia, muy llena de bendiciones, no solamente por las donaciones, y dotaciones grandes que hizo, sino por sus excelentes virtudes. Su prudencia, y humildad estuvieron tan unidas, que siempre gustò de tomar consejo ageno, y seguirle en sus determinaciones, aunque tan sabio, y experimentado, que le empleò su Religion en diversos ministerios, y le escogiò por Confesor Felipe III. Su pobreza de espiritu bien la manifestò su imponderable liberalidad magnifica; su fè, y devocion se viò, y experimentò continuamente en sus acciones; pues nunca se le propuso acto de Divino Culto, y devocion, que no le gustase, y promoviese. Fuè singular, la que tubo del Apostol Santiago, y su Patriarca Sto. Domingo; y sobre todo al Smo. Sacramento, cuyo solemne culto por toda su Octava dexò vinculado en su Iglesia. Su caridad, y misericordia, fuè incomparable, y durarà perpetuamente con las fundaciones pias, que dexò para huerfanas, y pobres. La afabilidad fuè extremada con todos, y no le faltò la mezcla del rigor, y severidad, que pedia la justicia; pues castigò à algunos, y los privò de sus ministerios, porque no cumplian con las obligaciones que debian. En el gobierno de su Obispado tubo gran zelo, y vigilancia; visitòle por sì mismo, y por sus Visitadores, personas de integridad, y prudencia. Viviò noventa y seis años; los ochenta y ocho con vigor, para cumplir su ministerio; despues fuè todo, *labor, & dolor*; pues padeciò mucho, y estubo valdado de pies, y manos, expecialmente la derecha, y asi podemos llamarle Varòn de dolores, y enfermedades, y añadir à su Sepulcro lo del pacientisimo Job: *Expecto donec veniat immutatio mea: vocabis me, & ego respondebo tibi: operi manum tuarum porriges dexteram.*

El Rey nombrò por sucesor en el Obispado al Cardenal D. Baltasàr de Moscoso, Obispo de Jaèn, que estimò mucho esta merced; pero no la admitiò por las justas razones, que expuso à D. Francisco de Contreras, Presidente de Castilla en Carta de veinte y dos de Octubre de mil seiscientos veinte y quatro, que puede verse en Gil Gonzalez con la vida de este Emo., exemplar Prelado, hasta el año de mil seiscientos quarenta y quatro. Despues ascendió al Arzobispado de Toledo en el año siguiente de mil seiscientos quarenta y cinco, y le gobernó hasta el año de sesenta y cinco, con la acostumbrada piedad, y exemplar vida, que siempre observó.

Las muchas guerras, que se movieron contra el Reyno, y gastos precisos para la defensa, obligaron à solicitar un donativo voluntario, sobre que tubo nuestro Cabildo la carta siguiente del Presidente de Castilla, y Confesor del Rey: *Viendó la instancia de las necesidades de su Magestad, que son las mayores por todas partes, que jamàs se han visto, y que à la religion, y estado publico de estos Reynos importa tanto remediarlas, la misma fuerza de ellas ha movido en esta Corte à todos estados de Personas, y Oficios, ofrecer quanto pueden de sus haciendas voluntariamente à su Magestad, como lo han hecho todos los Consejos, Grandes, Titulos, Cavalleros, y todos los demàs, con tanta demostracion de amor, y fidelidad, que en cosa de veinte dias monta lo que se ha ofrecido millon y medio, siendo muchos los gremios, que faltan, y se vàn moviendo; y à llegado à tanto, que la Reyna* Nra. Sra. (*Dios la guarde*) *ha dado à su Magestad ciento y cinquenta mil duc. de sus Joyas, y la Sra. Infanta Doña Maria las suyas, que montan cinquenta mil; y ofrecido el Sr. Cardenal, Infante, cien mil, y de esta manera se và procurando acudir à este socorro. Y porque en tales casos los que mas se deben adelantar en él, son las Iglesias, Dignidades, y demàs Sres. Prebendados de estos Reynos, así por haverse de convertir en la defensa de la Religion Catolica, à que tan obligados estàn, como por las muchas obligaciones, que concurren en personas tan graves, de acudir al Real Servicio, nos ha parecido representar à V.S. para que con lo que en esta ocasion hiciere, no solo queden servidos Dios Nro. Sr. y su Magestad; pero tomen exemplo los demàs, de hacerlo con largueza, de que su Magestad quedarà con particular memoria, y agradecimiento; y no escribe en esta ocasion à ninguna de las Iglesias, por ser de su Real voluntad, que todos se muevan de la suya propia con la fidelidad natural, conque lo han hecho, y lo vàn haciendo; y el vèr, que su Magestad dexa tan libre este año, nos ha movido à escribirlo à V.S. à quien guarde Dios muchos años, como deseamos. Madrid diez y ocho de Enero de mil seiscientos veinte y cinco. El Lic.*

Lic. *D. Francisco de Contreras,*
Fr. Antonio de Sotomayor.

En vista de esta Carta, y de la causa tan justificada, que havia para socorrer al Rey en necesidad tan urgente, de conspirar contra esta Monarquia, y Religion Catolica la Europa, Asia, y Africa, pues en todas partes huvo grandes enemigos, ofreciò el Cabildo à 1625 siete de Febrero un donativo de doce mil duc., y determinò hacer continuar rogativas por la publica felicidad; pero la Magestad Divina, que no desampara en la mayor tribulacion à los que con humildad, y confianza le buscan, diò en este año, asi en la America, como en España, y otras partes muy felices sucesos à nuestro Rey, de que se dieron à Nro. Sr. las gracias el dia ocho de Diciembre con Procesion general, que fuè por la tarde al Convento de San Francisco. Veanse los varios, y afortunados sucesos de este año de mil seiscientos veinte y cinco en el Tom. 6. de la historia Pontifical.

CAPITULO VIII.

DE LOS OBISPOS

D. CRISTOVAL DE LOBEra y Torres,

Y DON GERONIMO RUIZ Camargo.

DON CRISTOVAL DE Lobèra naciò en la Ciudad de Plasencia, y fuè hijo del Lic. Diego de Lobèra, y de Doña Francisca de Torres su muger, ambos de nobles familias. Despues de haver estudiado la Teologìa en su Patria, fuè à Roma, y consiguiò la Dignidad de Maestre Escuela de Plasencia, que sirviò algunos años. El Duque de Lerma D. Francisco Gomez de Sandovàl, conociendo su gran prudencia, y bondad, le diò la Abadia de la Iglesia Colegiata, que fundò en Lerma: Tubo tambien la Abadìa de Ampurias; y el Rey D. Felipe III. le presentò en el Obispado de Badajoz año de mil seiscientos y quince. Tomò posesion à veinte y cinco de Enero de mil seiscientos diez y seis; y à trece de Marzo le consagrò en Madrid D. Andrès Pacheco, Obispo de Cuenca. Gobernò esta Silla con la aceptacion de Prelado vigilanlante, pacifico, y limosnero, y de èlla pasò à la de Osma año de mil seiscientos diez y ocho; y à la de Pamplona año de mil seiscientos veinte y dos. En todas tres Iglesias cumpliò exactamente con el ministerio de Padre, y Pastor: y así el Rey D. Felipe IV. le nombrò para la de Cordoba à fines del año de mil seiscientos veinte y quatro.

Pasò la gracia del Obispado de Cordoba à diez y ocho de Febrero de mil seiscientos veinte y cinco. El Cabildo inviò sus Diputados, para cumplimentarle; y hallandose en el Lugar de la Atalayuela, Diocesis de Plasencia, à veinte y cinco de Agosto otorgò poder al Canonigo Andres Chirino de Morales, para tomar la posesion del Obispado; la que tomò à treinta de Agosto de dicho año de seiscientos veinte y cinco. Asimismo otorgò poder al Dean, y Cabildo, para continuar en el gobierno de el Obispado hasta su entrada en esta Ciudad, que fuè à veinte y tres de Septiembre con la solemnidad, y recibimiento de Cabildo, y Ciudad, como se havia executado con otros antecesores. Como el Duque de Lerma havia sido el Mecènas de nuestro Obispo, ni su caida, ni su muerte pudieron arrancar, ni disminuir la de-

bida gratitud, y memoria del pecho noble de nuestro Prelado: y asi à veinte y siete de Septiembre manifestò al Cabildo el intento, que tenia de hacer honras publicas al Cardenal, Duque de Lerma; y que estimaria, que se celebrasen en la Catedral, asistiendo el Cabildo Capitularmente. Este resolviò à dos de Octubre, que las celebrase en el Altar mayor, y Coro antiguo, y que asistiesen los Capitulares con Sobrepelices.

El Cabildo de Canonigos, Sede vacante, hizo Estatuto à diez y nueve de Junio de este año de mil seiscientos veinte y cinco, de no elegir en Prebenda alguna, que le perteneciese, proveer à persona, que haviendo profesado en Religion, por votos solemnes, ò simples, salia, ò era expelido de ella, por qualquier motivo, ò causa, aunque fuese nula la profesion; y à siete de Octubre pidiò al Obispo, que le ratificase, y jurase observar, en ocasion de estar vacante la Canogìa Lectoràl, que se proveyò por Obispo, y Cabildo à quince de Noviembre en el Doct. Bartolomè Ximenez de Castro. El Cabildo pleno admitiò este Estatuto à once de Octubre, por lo que podia tocarle; y le estendiò à todos los Capellanes, y Ministros, que

nom-

nombrase el Cabildo ; y juró observarle. Sobre este Estatuto se escribieron muchos papeles por ambas partes , que se hallan impresos. Pero en nuestra Iglesia se ha observado imbiolablemente desde este tiempo.

El Reyno estaba con gran temor de que los Galeones , y Flota diesen en mano de los Ingleses , ù Olandeses , enemigos declarados , por cuya razon se hacian rogativas à Dios, para que los librase. Hizolo su Mag. con particular providencia , como lo refiere la Historia Pontifical citada, lib. 3. c. 3. y el Rey , como tan Catolico , determinò dar à Dios las gracias , y escribiò al Cabildo : *que hiciese una solemne fiesta con procesion al Smo. Sacram. en hacimiento de gracias, por las señaladas mercedes , que nos afecho , y las demàs , que en este año de mil seiscientos veinte y cinco ha sido servido de obrar en defensa de la Religion Catolica , y de esta su Monarquia ; y por ser el suceso de los Galeones , y Flota , tan grande, y trasordinario en tiempo tan apretado , y tan digno de memoria , y perpetuo reconocimiento, os encargo ansimismo , instruyais otra fiesta , que se celebre en esa Sta. Iglesia todos los años perpetuamente à veinte y nueve de Noviembre , que es el dia en que llegaron al Puerto , con la qual,* y con la de agora se suplique à *Nro. Sr. juntamente con las gracias , que se le han de dar de lo sucedido , se sirva de continuar su asistencia , mientras yo viviere , y despues siempre que mi animo , y el de mis succesores fuese enderezado , y resignado solo al fin de la justicia , y razon , y en defensa , y aumento de la Religion Catolica Romana, y no de otra manera. Que en ello, y en que me aviseis , como lo haveis puesto en execucion , recibirè agradable servicio. De Madrid once de Diciembre de mil seiscientos veinte y cinco.*

Vista esta Carta de un Rey tan Catolico , y pìo , determinò el Cabildo à treinta y uno de Diciembre , que para el Domingo once de Enero de mil seiscientos veinte y seis estubiese expuesto el Smo. desde la hora de prima , y se celebrase la Misa con Sermon , y que à la tarde huviese procesion , como el dia octavo de Corpus. Y en quanto à la festividad perpetua acordò , que se celebrase el Jueves proximo al dia veinte y nueve , por el inconveniente de concurrir en dicho dia la Vigilia de San Andrès , y que esto sea por todo el tiempo, que fuere voluntad del Cabildo. Por este acto Capitular , que fuè hecho en Cabildo ordinario se evidencia, que en este Obispado aun en

este

este tiempo no era festibo el dia treinta uno de Diciembre.

1626. Entrò el año de mil seiscientos veinte y seis con tanto rigor de ayres, y lluvias, que puso en gran turbacion à esta Ciudad: porque las crecientes del rio fueron muy grandes, y continuadas. A veinte y quatro de Enero llegò casi à cerrar los arcos de el Puente, y cubriò los Molinos el rio, y en las cinco Calles, y en la de Vecinguerra (antiguamente llamada de Vicente Guerra) andubieron barcos, para socorrer las personas, y casas; duraron hasta el dia diez de Febrero, en que à suplica de Cabildo, y Ciudad vino el Obispo à la Iglesia, y acabadas las horas, se vistiò de Pontificàl, y en procesion con todas las Reliquias, y cantando las Letanias subiò à lo alto, y descubierto de la Capilla mayor, y conjurò los ayres, y nubes, volviendo el rostro à todas partes; acabados los conjuros, y exorcisimos, baxò la procesion à la Capilla mayor, donde se cantò una Antiphona, y Oracion à Nra. Sra., y diò la bendicion al Pueblo: el dia once se traxeron con procesion general las Reliquias de S. Pedro, y se celebrò un Novenario de fiestas à los Stos. Martyres, por cuya intercesion concediò Dios la serenidad; muchas Comunidades, y devotos hicieron fiestas, para lo qual se trasladaron de la Capilla mayor à la de Villa-Viciosa; y à diez de Marzo se llevaron con procesion general à S. Pedro. El Cabildo donò doscientos duc. en esta ocasion para adorno de la Arca, y de su Capilla.

En esta ocasion descubrieron las aguas muchos vestigios de edificios antiguos à la otra parte del rio, Campo de la Verdad; sobre que escribiò D. Pedro Diaz de Rivas una erudita, y curiosa Carta à D. Francisco Fernandez de Cordoba, Abad de Rute, y Racionero de Nra. Iglesia, y anda impresa al fin del Opuculo, que escribiò de las antiguedades de Cordoba. Fuè tambien D. Francisco varon de mucha erudicion, como se conoce del libro *Didascalia multiplex*, que imprimiò, y de la historia de la gran Casa de Cordoba, que dexò manuscripta, y es summamente celebrada. Muriò en Rute à veinte y seis de Julio de este año de mil seiscientos veinte y seis. Fuè hijo unico de D. Luis Fernandez de Cordoba, quien hallandose Corregidor de Toledo, sentenciò à muerte à D. Francisco, por haver muerto en un desafio à otro Cavallero Toledano: y asi le llamaron el *Barbaro*. Al Rey Felipe II. no de-

desagradò la sentencia del Padre; pero impidiò la execucion, y librò al hijo del suplicio; con esto se fuè D. Francisco à Roma, y el Duque de Sesa su Pariente, que se hallaba Embaxador entonces, le tubo en su Casa, y le consiguiò una Racion entera en Cordoba, que sirviò muchos años. Despues le nombrò en la Abadìa de Ruté, y D. Francisco diò su Racion en coadjutoria à Antonio Murillo, que tomò la posesion en propiedad à veinte y nueve de Julio.

Nuestro Obispo tenia gran devocion al Patriarca San Joseph; y asi celebrò su fiesta en el Convento de Sta. Ana, y dixo la Misa à diez y nueve de Marzo en este año de mil seiscientos veinte y seis, y en los siguientes, que se hallò en Cordoba. Tambien asistiò en Cabildo à veinte y ocho de Marzo, para elegir Canonigo Magistral por muerte del Doct. Pedro Gomez de Contreras; dixo la Misa de Espiritu-Santo, y despues hizo una exortacion sobre la grave obligacion, que tenian todos de elegir el mas digno, y de guardar secreto en los votos, que tenia cada Opositor, sobre que intimò excomunion reservada, asi por un año, ò por el tiempo de su voluntad; y entre seis Opositores, que concur-rieron, saliò electo por mayor parte de votos, el Doct. Lucas de Leon, Canonigo Lectoral de la Iglesia de Segovia. En este año visitò las Iglesias de Cordoba; y para la visita del Obispado nombrò al Canonigo Andrès Chirinos de Morales.

En el año siguiente de mil seiscientos veinte y siete saliò à visitar el Obispado, y à veinte y tres de Marzo pidiò al Cabildo, que diese licencia al dicho Canonigo, para que le acompañase, para tomar consejo, y parecer en algunas cosas. El Cabildo la diò por todo el tiempo, que estuviese con el Obispo, y que le puntasen en mandato; en Montilla se hallaba à veinte y siete de Mayo, donde celebrò las Ordenes, y à doce de Junio havia vuelto à Cordoba. El Racionero Don Luis de Gongora y Argote muriò à veinte y dos de Mayo de este año. Fuè en ingenio, erudicion, y Poesìa el Fenix de este siglo. Don Nicolàs Antonio refiere sus Obras con un Breve, y elegantisimo elogio. Sucediòle su Sobrino, y coadjutor Don Luis de Saabedra: y tomò la posesion à veinte y seis de Mayo. En el año de mil setecientos diez y ocho imprimiò en Cordoba Don Joseph de Leon y Mansilla la tercera soledad,

Hhhh   que

que añadiò à las dos , que escribiò D. Luis de Gongora.

La Religion de la Merced celebrò con toda solemnidad la Canonizacion de San Raymundo Nonato; y por este Convento se pidiò al Cabildo , que la autorizase con su asistencia , y demàs demostraciones acostumbradas en semejantes festividades. El Cabildo nombrò doce Diputados à veinte y síete de Septiembre , para que en su nombre pasasen à celebrarla à dicho Convento , y encargò el Sermon al Doct. Lucas Gonzalez de Leon , Canonigo Magistral, y mandò practicar las demostraciones de repiques , y luminarias , que en otras ocasiones se havian hecho. Nuestro Obispo vino à Cabildo à tres de Octubre , y mandò leer una Carta del Rey , en que decia; que se celebrase la fiesta de Sta. Teresa por los grandes milagros , gracias , y mercedes, que havia hecho à este Reyno; y en consequencia de este orden , propuso , que era su intencion celebrarla el Domingo diez , pues no podia ser el dia cinco, propio dia de la Santa ; y para que fuese con la mayor solemnidad, saldria vestido de Pontifical de la Catedral en procesion del Cabildo, y todo el Clero al Convento de Sta. Ana , donde se haria

la fiesta. El Cabildo aplaudiò mucho la devocion, que tenia el Obispo à la Sta. Madre , y ofreciò asistir por su parte , y hacer quanto conduxese à la mayor solemnidad de la festividad. El dia ocho escribiò al Cabildo el papel siguiente. *Las Monjas de la Encarnacion desean , que V. S. , y yo en la procesion del Domingo pasemos por su Convento , entrando por una puerta , y saliendo por la otra; yo holgarè , de que les demos este gusto , si parece à V.S. à quien Nro. Sr. guarde. El Obispo.* El Cabildo respondiò, que estaba muy gustoso , en que pasase la procesion por el dicho Convento.

Por este tiempo estaba en su mayor auge la pretension, de que fuese admitida , y declarada Sta. Teresa , por Compatrona de los Reynos de Castilla, lo que favorecia mucho la Corte , y se ventilaba con gran ardor en Roma : Pues à veinte y uno de Julio havia expedido el Pontifice Decreto à favor de la Santa. Nuestro Obispo era muy devoto de la Sta. Madre , y en el mismo dia tres de Octubre propuso en Cabildo, que era su animo de mandar celebrar por dia de fiesta el dia cinco propio de la Santa , para lo qual pedia al Cabildo consejo : y que ahora no trataba sobre el Patronato.

Con

Con esto el Obispo publicò un mandamiento, para que se celebrase de fiesta el dia cinco, y que se rezase con Octava en todo el Obispado. El Cabildo hizo diferentes representaciones, para que le recogiese, asi por los grandes inconvenientes, que havia en aumentar los dias festivos; como por no haver precedido el consentimiento del Cabildo, y aun de la Ciudad, que era necesario: y asi determinò el dia quatro, que se haga el Oficio semidoble, como la Sede Apostolica lo tiene dispuesto: porque dicho dia no es de fiesta, ni el Cabildo le puede tener por tal, por haver faltado para su introducion el consentimiento del Cabildo, y demàs requisitos necesarios. El Obispo imprimiò un manifiesto en defensa de sus acuerdos, y del Patronato de la Santa, y le remitiò al Cabildo à veinte y siete de Noviembre, para que le viese. Pero no quedò satisfecho el Cabildo, y para detener los procedimientos del Obispo, recurriò al Real auxilio de la fuerza, y apelò de todo en nombre suyo, y del Clero del Obispado. De este suceso se originaron en adelante algunas diferencias, que, aunque no rompieron la mutua pacifica correspondencia, la turbaron en gran parte.

Con las Religiones tubo grande oposicion sobre las licencias de Confesar, y Predicar los Religiosos, pretendiendo examinarlos, aunque tubiesen licencia de sus antecesores. El Pontifice Urbano VIII. expidiò Bula à su favor à trece de Octubre de mil seiscientos veinte y siete; y haviendo solicitado las Religiones, que la retuviese el Consejo, por auto de vista, y revista, se mandò entregar al Obispo, y la confirmò el mismo Pontifice à treinta de Enero de mil seiscientos veinte y nueve: hallanse impresas con el Synodo de este Obispado, donde podràn verse. Sintieron las Religiones esta novedad; y à quatro de Febrero de mil seiscientos veinte y ocho entraron en el Cabildo el M. Fr. Pedro Manrique, Prior del Convento de S. Pablo, y el M. Fr. Pedro de Gongora del Convento de S. Agustin, y propusieron al Cabildo en su nombre, y de las demàs Religiones, la resolucion, que havian tomado de no Confesar, ni predicar; y por ser cosa, que à esta Ciudad causaria novedad, daban cuenta al Cabildo, para que supiesen la causa, porque se hace, y se salieron. Oìda la propuesta de las Religiones, procurò el Cabildo mediar, para que se evitase el gran escan-

da-

dalo que havria, si los Religiosos dexaban de Predicar, y Confesar, como lo havian resuelto. Suspendiòse toda novedad, hasta que el Pontifice declaró por su segundo Breve de treinta de Enero de veinte y nueve, lo que podia executar el Obispo sobre el examen, y licencia de Predicar, y Confesar los Religiosos.

El P. Martin de Roa, Rector de su Colegio de la Compañia pidiò licencia, para hacer una proposicion en Cabildo de diez y siete de Febrero de mil seiscientos veinte y ocho, y haviendo salido dos Prebendados, para acompañarle hasta el asiento immediato al del Arcediano de Pedroches, donde se sentò, propuso, que su Santidad havia declarado por Martyres à los Padres Paulo Michi, Diego Guisay, y Juan Goto, Japònes, y Religiosos de su Orden, y que deseaba su Colegio celebrarles una solemne fiesta en la Dominica de Quinquagesima: *y asi suplicaba al Cabildo, que le honrase, é hiciese merced, asistiendo à élla, y nombrase para el Altar, y Pulpito à los Prebendados que gustase: en que recibiria muy particular merced su Colegio, donde están rogando à Nro. Sr. dé à V. S. los acrecentamientos espirituales, y temporales que desea.* El Dean le

diò por todos la enhorabuena, y que se le responderia, lo que el Cabildo resolviese. A veinte y uno de dicho mes determinò hacer la fiesta con todas las demostraciones de regocijo acostumbradas en semejantes ocasiones, y nombrò diez y seis Prebendados, que la celebrasen desde las primeras visperas; y encargò el Sermon al Doct. Bartolomè Ximenez de Castro, Canonigo de Escriptura, para el dia cinco de Marzo, que era la Dominica determinada.

La baxa de moneda de vellon à la mitad del precio, que tenia, sucediò en este año de veinte y ocho, y à la Mesa Capitular, Obraspìas, y Comunidades causò gravisimos perjuicios, de que se quexaron, pero sin remedio, aunque hizo muchas representaciones la Congregacion de las Santas Iglesias, que se celebrò en Madrid, asistiendo por esta el Doct. Bartolomè Ximenez de Castro. Tambien el Breve de millones havia cumplido, y se pretendiò, que continuase la contribucion el estado Eclesiastico, interin que llegase la prorrogacion, que se havia pedido al Papa. En la Corte huvo muchos pareceres, que se podia continuar la exaccion, con que aseguraban la conciencia del Monarca; y asi hallanllandose nuestro Obispo con Cartas del Rey , y del Presidente de Castilla , y P. Confesor , vino à Cabildo à catorce de Octubre , y leydas las Cartas , propuso la necesidad del Rey , y la justificacion para continuar la contribucion, como lo aseguraban Letrados, y Juristas , y otras muchas Personas graves de la Corte. El Cabildo pidiò tiempo , para deliberar sobre negocio tan grave , en que deseaba cumplir con el servicio del Rey , y satisfacer à la propuesta del Obispo, sin faltar à la obligacion de la conciencia. Haviendolo tratado con el mayor estudio , y cuidado , resolviò el Cabildo , que en conciencia no podia consentir , en que el estado Eclesiastico contribuyese con la esperanza sola del Breve Pontificio ; y à veinte y uno de Octubre participò al Obispo su resolucion , y razones que tenia ; de que manifestò el Obispo algun desabrimiento, por no venir en lo que havia propuesto. El Cabildo se mantubo firme en su dictamen , y escribiò à la Congregacion, que havia resuelto seguirlo en todos los Tribunales , pues era el punto mas grave de la immunidad. Con mayor justificacion , y seguridad se ha procedido en nuestro tiempo , pues siendo no menores , sino mayores las urgencias de la Monarquìa , mandò la Reyna Gobernadora , que cesase la contribucion del estado Eclesiastico.

Nuestro Obispo saliò por Noviembre à la visita del Obispado , y à doce de Enero del año siguiente de mil seiscientos veinte y nueve se hallaba en Villa Pedroche , de donde escribiò al Cabildo sobre recibir unos Musicos. Asistia con frequencia al Coro , y gustaba mucho de la musica : y asi dice en la Carta : *Muy buenas nuevas me ha dado el Maestro Gabril Diaz de la salud de V. S. con que he holgado mucho , y de que haya V. S. tenido tan buenas Pasquas, gozando de tan buena musica , de que holgàra yo mucho haver podido participar, haviendo acompañado à V. S.* Yà se hallaba en Cordoba à primeros de Febrero , y celebrò los Oficios de Semana Santa. En el dia diez y nueve de Abril rompieron las puertas del Sagrario del Altar mayor , y se llevaron el Relicario , dexando al Smo. Sacramento fuera del Sagrario con indecencia ; lo que causò el sentimiento correspondiente à tan gran irreverencia , y delito à nuestro Obispo , Cabildo , y toda la Ciudad. La Justicia hizo grandes diligencias , para descubrir , y castigar los culpados:

1629

dos:

dos : y para aplacar la indignacion Divina por tan grande sacrilegio. En el dia veinte y cinco se expuso en la Custodia el Smo. despues de la procesion de las letanias, hasta la tarde , en que con todas demostraciones de devocion, fè, y jubilo el Obispo , Cabildo, y Ciudad le sacaron en procesion por las calles al rededor de la Iglesia.

El Rey nombrò à nuestro Obispo por Arzobispo de Santiago, cuya noticia le llegò à primeros de Junio. Estimò mucho la merced , que le hacia su Magestad, y le pidiò, que le dexase en su Obispado de Cordoba. El Cabildo suplicò lo mismo al Rey, y para asegurarlo , escribiò al Conde de Olivares , Presidente de Castilla , y otros Ministros. Al Obispo diputò à seis de Junio al Dean con otros siete Prebendados para que diesen al Obispo las gracias , y significasen, quan agradecido se halla el Cabildo de la grande merced, y favor , que le ha hecho en no haver querido aceptar el Arzobispado de Santiago, sino quedarse por nuestro Obispo, y Prelado. Equivocòse Gil Gonzalez , diciendo , que nuestro Obispo muriò electo Arzobispo de Santiago en veinte y uno de Octubre de mil seiscientos treinta y dos, porque la elec-

cion fuè en este año de veinte y nueve , y no en el año de treinta y dos, en que no estaba vacante el Arzobispado de Santiago. Por Agosto de este año vino à Cordoba el Comisario General de los Capuchinos con licencia del Rey , y Nuncio, para fundar Convento. Nro. Obispo le admitiò , y señalò para Hospicio de los Religiosos, interin que fundasen, el Hospital de los Desamparados ; y à veinte y siete de Agosto diò cuenta por su Provisor al Cabildo, para que tratase sobre esta fundacion , y le diese su consejo. La fundacion se hizo en las Casas antiguas del Marquès de Armuñar por el mes de Enero dia seis del año de mil seiscientos treinta y ocho, siendo Obispo D. Fr. Domingo Pimentèl, que asistiò à poner la primera piedra para la Iglesia. Ha producido este Convento muchos Apostolicos Varones en virtud, y zelo del bien de las almas , en que se emplèan continuamente con gran beneficio de esta Ciudad.

En la Capilla mayor hacìa falta una Lampara , que correspondiese à la grandeza, y magestad del sitio : y asi nuestro Obispo mandò hacer una , y la donò à la Iglesia el dia ocho de Septiembre de este año, dexandola dotada, para que ardiese perpetuamente de dia, y noche. Fuè donacion verdaderamente magnifica; porque su peso es de diez y seis arrobas, diez y ocho libras, y diez onzas, y cinco reales de plata, haviendo sido mayor antes, que se renovase en el año pasado de mil setecientos veinte y ocho, en que por un descuido casual se cayò, y maltratò mucho. Tambien sirviò al Rey con un quantioso donativo, para socorrer las grandes, y urgentes necesidades del Reyno. Como estas crecian cada dia con las muchas guerras, que en todas partes se fomentaban, inviò el Rey à D. Alonso de Cabrera, de su Consejo, y Camara, para solicitar un general donativo en esta Ciudad, y su Reyno con cartas para el Obispo, y Cabildo, pidiendo, que coadyubasen por su parte. D. Alonso presentò al Cabildo la carta del Rey à doce de Noviembre de este año de mil seiscientos veinte y nueve; y haviendo ponderado con gran eloquencia la gran necesidad, que tenia el Rey, y precision de defender sus Reynos, y Vasallos, saliò del Cabildo, quien despues de haver tratado, y conferido muchas veces sobre el modo, y medios, de socorrer al Rey, determinò à veinte y dos de dicho mes, que

se diese un donativo de doce mil ducados de la Mesa Capitular, y prestamos de las Prebendas, pagados à diferentes plazos. Entre estos grandes cuidados alegrò à España el nacimiento del Principe D. Baltasàr Carlos, que fuè à diez y siete de Octubre à las siete de la mañana. El Rey escribiò à diez y nueve al Obispo, y Cabildo esta alegre noticia, para que diesen gracias à Dios; lo que executaron el dia veinte y ocho con procesion à S. Pedro, y *Te Deum laudamus*. La Ciudad dispuso otros regocijos con que diò gusto al Pueblo; pero fuè despues mayor el sentimiento, y dolor, por la temprana muerte de este Principe, que sucediò à nueve de Octubre de mil seiscientos quarenta y seis en Zaragoza.

Por Septiembre vacò una Canogìa, cuya provision tocaba à Obispo, y Cabildo: èste queria proveerlo luego, por procaver los empeños de pretendientes; y asi lo propuso al Obispo, poniendole presente el gran merito de su Provisor, y Vicario General D. Juan de Sosa, Maestre Escuela, y Canonigo de Plasencia. Pero el Obispo tenia otra idea, y quiso esperar mejor ocasion, dilatando la provision, para lograr su intento. En Marzo vacò una Media Racion, y como se cumplia

plia el tiempo de provéer el Canonicato, vino el Obispo à Cabildo à ocho del mismo mes de Marzo de mil seiscientos y treinta, para proveer ambas Prebendas. En la Media Racion propuso, y votò à Don Francisco Agustin de Caceres, con quien se conformò la mayor parte de trece vocales, y quedò esta eleccion aprobada. Para el Canonicato, que se votò despues, nombrò à D. Miguel de Carvajal y Mexìa, del Consejo de su Magestad en el de Ordenes, à quien se llegaron cinco votos; pero siete, que era la mayor parte, votaron à D. Antonio de Aragòn y Cardòna, hijo de los Duques de Cardòna, y Segorve. En vista de la discordia, declarò el Obispo, que la eleccion de D. Miguel de Carvajal era legitima, y se debia confirmar: porque haviendo votado la mayor parte por D. Antonio de Aragòn, persona notoriamente incapaz, por defecto de edad, se havia devuelto toda la facultad à sì, y à los cinco votos, que eligieron à D. Miguel. Pero el Dean respondiò, que los siete vocales de D. Antonio estaban ciertos de ser habil, por haverle dispensado el Papa el defecto de edad, que se alegaba; y hechas protextas por ambas partes, se disolviò el Cabildo.

Tubo noticia pronta el Duque de Cardòna (que yà havia pedido Bulas de coadjutorìa del Arcedianato de Castro para su hijo) y escribiò al Cabildo la carta siguiente: *He entendido la merced, que V. S. me ha hecho favoreciendo à Antonio, mi hijo, en la eleccion del Canonicato, que vacò por el Sr. D. Alonso de Hozes (muriò Inquisidor de Toledo) y lo he estimado mas por hallarme con mayores prendas en el servicio de V. S., y por havermela hecho solo en fè de quanto le soy servidor, y tener uno mas de mi Casa en su compañia: pues estando dispensado, no tiene impedimento para gozarla. Beso à V. S. las manos muchas veces, à quien suplico me haga la misma merced, mandando à su Secretario dè Testimonio autentico de esta eleccion, y nombramiento, para que por todos caminos yo la reciba, perficionandose con esto la pasada, que todo serà aumentar obligaciones à las mas, y desempeño de ellas à mi deseo. Guarde Dios à V. S. muchos años. Marchena nueve de Marzo de mil seiscientos y treinta. Soy tan de V. S. que seguramente le merezco esta honra, como las demàs, que V. S. me hiciere. El Duque de Segorve, y Cardòna.* Otra escribiò el Duque al Cabildo, que recibiò à siete de Mayo, en que avisa, haver hecho

cho su Santidad la gracia del Canonicato à su hijo D. Antonio. Por parte de D. Miguel de Carvajal se hicieron algunas diligencias, para que le admitiese el Cabildo, y nombrase informante, ofreciendo venir à servir el Canonicato. Pero se denegò; y ultimamente despues de haver cumplido con el estatuto de limpieza, tomò posesion del Canonicato D. Antonio de Aragon à veinte de Agosto de mil seiscientos treinta y uno, y de la coadjutoría del Arcedianato de Castro en el mismo dia. Desde la eleccion quedaron disgustados el Obispo, y su Provisor : y en adelante tubo este ministerio D. Juan de Escalada.

El Cabildo se hallaba muy agradecido à las grandes atenciones, con que le havia correspondido siempre el Cardenal Obispo de Jaèn, y determinando pasar à Roma este Purpurado, pareciò muy debido escribirle por mano del Canonigo D. Pedro Contreras, que era natural de aquella Ciudad. El Cardenal estimò summamente la legacia, y carta; y respondiò con la siguiente. *Debe V. S. à la estimacion mia demostraciones tan dignas de su liberalidad, y grandeza, como las que me dà à entender su carta, y el Sr. D. Pedro de Contreras: y ansi solo deseo con-* tinuar mis deseos en el servicio de V. S., y que la ocurrencia de Roma dè lugar, à que pueda engañarse soledad de tanto sentimiento, como la que me hace la vecindad de V. S., y alegrarme de tantas honras, y favores. Suplico à V. S. las merezca el animo, con que voy, de emplear tambien lo que valiere, pues sabe V. S. quanto apreciarè, que sus mandatos acrediten su voluntad, y desempeñen mis obligaciones. Guarde Dios à V. S. en la grandeza, y felicidad que deseo. En Jaèn à diez y seis de Marzo de mil seiscientos y treinta. De su mano dice despues. La honra, y merced, que V. S. se ha servido de hacerme, me llevarà rendido al cabo del mundo. Crealo asi V. S., para que me mande siempre; besando las manos de V. S. El Cardenal Sandovàl.* En el mismo año escribiò la siguiente. *Para calificar las reliquias, que Nro. Sr. ha sido servido de descubrir en la Villa de Arjona, deseo hacer las diligencias, que por mi oficio, y devocion me tocan; y la mayor serà tener el exemplar, de lo que pasò en Cordoba en el descubrimiento de los cuerpos, que se hallaron debaxo de la Torre de S. Pedro, y en la calificacion de sus reliquias; suplico à V. S. se sirva de mandarme remitir un Testimonio autentico de todo: pues ninguna cosa me podrà go-*

bernar con mas acierto en accion de tanta importancia , debiendolo à la merced, y honra que *V.S.* me hace , y deseando aqui la de sus mandatos ; y que entienda esa Sta. Iglesia las veras , con que me preciaré de Agente , y servidor suyo. *Guarde Dios à V.S. en la grandeza , y felicidad, que desea. En Roma ocho de Setiembre de mil seiscientos y treinta. El Cardenal Sandovàl.* Vista esta Carta cometiò el Cabildo al Doct. Bernardo Alderete con otros Capitulares , que buscase los Autos hechos , quando se hallaron , y calificaron las reliquias ; y que remitiese al Cardenal todo lo que podia conducir à su asunto , suplicandole , que favoreciese la confirmacion del estatuto, que solicitaba esta Iglesia de su Santidad ; sobre que los expulsos de las Religiones no pudiesen ser Prebendados , ni Capellanes del Coro. Con esta ocasion escribiò el Doct. Alderete al Pontifice la famosa Epistola de la Invencion de los Martyres de Arjona (que fuè en los dos años antecedentes) y se imprimiò en Cordoba en este año de mil seiscientos y treinta.

El Doct. Lucas Gonzalez de Leon , Canonigo Magistral havia estado en Granada por orden del Cabildo , sobre cierto punto del Tribunal de Ca-

beza de Rentas , que se havia disputado con el Provisor en el dia diez y siete de Julio, y subsequentes de mil seiscientos veinte y siete. Esta ausencia no fuè del agrado del Obpo. , y tratò de que se declarase vacante la Prebenda, por haver estado ausente por mas tiempo , que permite la Bula : gran delicadeza fuè del Prelado : y asi se quedò en amago ; pero se imprimiò altamente en el animo del Magistral, y en adelante causò mutuas , y graves desazones. El Pontifice Urbano VIII. havia expedido su Breve à veinte y uno de Julio de mil seiscientos veinte y siete, en que declaraba Compatrona de los Reynos de España à Sta. Teresa: *Sine tamen prejuditio , aut innovatione , vel diminutione aliqua Patronatus Sancti Jacobi Apostoli in Universa Hispaniarum regna.* A instancia de la Iglesia , y Ciudad de Santiago con la de Cordoba , y otras muchas del Reyno , que suplicaron , y pidieron ser oidas , se reformò este Decreto por Noviembre de mil seiscientos veinte y nueve, concediendo à Sta. Teresa : *Novam Patrocinij gratiam singulis Civitatibus , & Dioecesibus duntaxat , quarum Episcopus , Clerus , & populus conjuntim predictam Sanctæ Theresiæ Patronam habere elegerint,*

ac

ac à nobis deputari cónsenserint.
La Iglesia, y Ciudad de Santiago participaron à la nuestra de Cordoba esta noticia, y ambos Cabildos resolvieron hacer una demostracion publica con procesion à la Parroquia de Santiago. Comunicaron esta resolucion con el Obpo., y procurò suspender la execucion, hasta que llegase, y se publicase el Breve; y asi por no disgustarle, no se hizo demostracion alguna hasta veinte y cinco de Mayo de mil seiscientos treinta y uno, en que yà el Obpo. havia salido de Cordoba.

En este tiempo, y año de mil seiscientos y treinta predicò el Magistral el dia de Santiago en la Catedral, y quedò el Obpo. muy ofendido del Sermon, y pasò à formar causa al Magistral, hasta declararle excomulgado. Tenia el Magistral gran espiritu, correspondiente à su nombre de Leon, y protextò de nulo todo lo actuado por el Obpo.; yà porque havia procedido sin adjuntos, sin los quales no podia formarle causa criminal, ni declararle incurso en censuras; y yà porque no havia dicho palabra ofensiva en el Sermon, como de èl constaba; y dedicandole al Cabildo le imprimiò, y publicò despues, para satisfaccion publica. El Obpo. yà mas templado cometiò à su Vicario General D. Juan de Escalada, que con los adjuntos procediese en la causa. No faltaron disgustos entre los Jueces; pero haviendo hecho una representacion el Cabildo à treinta y uno de Agosto por medio de sus Diputados al Obpo., se terminò esta causa, en que se absolviese al Doct. Lucas Gonzalez de Leon, y que no se quitasen las aspas del tiempo, que havia faltado al Coro por causa de la censura. El Obpo. quedò satisfecho con este Auto, pues yà constaba, que havia sido reo el Doct. Leon; pero èste se quexò agraviado, y pidiò al Cabildo, que mandase quitarle las aspas, ò le diese licencia, para seguirlo en Tribunal Superior, à que se le respondiò, que lo siguiese: pues segun estatuto no tenia facultad el Cabildo para quitarlas, hasta que el superior declarase, que havia sido injusta, ò nula la excomunion. Con esto, y con estar yà nombrado el Obpo. para el Obispado de Plasencia, se diò fin à esta causa muy ruidosa, que naciò de la devocion del Obpo. à Sta. Teresa, y del Magistral à Santiago; pero faltando en alguna parte la discrecion, ò prudencia, causò graves inconvenientes, y escandalos.

Nro. Obpo. tubo recelos,

de que se publicase la Sede Vacante con Testimonio del dia, en que se havia pasado la gracia del Obispado de Plasencia: y para impedir este caso, si se intentaba por los Canonigos, solicitò la siguiente carta del Rey. *V. Dean, y Cabildo de la Iglesia Catedral de Cordoba: El Lic. D. Luis Gudiel de Peralta mi Fiscal me ha hecho relacion, que sin haver venido las Bulas del Obispado de Plasencia en favor del R. en Christo P. Obpo. de esa Sta. Iglesia D. Cristoval de Lobèra, vistose en mi Consejo de la Camara, ni tomado posesion de aquella Iglesia, tratais de publicar Sede Vacante, contra lo dispuesto por el Sto. Concilio de Trento, y la preeminencia de mi Patronazgo Real, y costumbre inmemorial, en que los Prelados de estos mis Reynos estàn de exercer la jurisdicion en sus Iglesias, sin que llegue el caso, de poder espirar para su promocion, hasta tanto que las Bulas estèn expedidas, y examinadas, y se le dè licencia, para usar de ellas; porque en este interin no queda por ellos el tomar la posesion de la segunda Iglesia; para cuyo remedio me suplicò fuese servido de mandalle dar mi Cedula, para que no publiqueis Sede Vacante, hasta que las Bulas de la dicha Iglesia de Plasencia estèn despachadas, traidas, vistas, y examinadas en mi Consejo de la Camara; y se dè licencia, para usar de ellas, y se haya tomado posesion, con las penas, y apercebimientos, y en la forma, que se ha dado ensemejantes ocasiones; no embargante el Breve de la Santidad de Urbano VIII. expedido en esta razon, ò como la mi merced fuese: y yo he tenido por bien, y os mando, que hasta tanto, que por Testimonio autentico, visto, y examinado en mi Consejo de la Camara cònste haver pasado su Santidad la dicha Iglesia de Plasencia en el dicho Obpo. D. Cristoval de Lobèra, no publiqueis Sede Vacante de esa Iglesia: y luego que venga el dicho Testimonio, sin usar dèl, le presentareis en el dicho mi Consejo, para que visto se provèa lo que convenga; y no hagais lo contrario, sopena de perder la naturaleza, y temporalidades, que teneis en estos mis Reynos; y de ser havidos por estraños, y agenos de ellos. Fecha en Madrid à cinco de Octubre de mil seiscientos y treinta años. Yo el Rey. Por mandado del Rey Nro. Sr. Antonio Alosa Rodarte.* Esta Cedula Real, ò Carta se notificò al Cabildo de Canonigos à veinte y nueve de Noviembre; y à primero de Diciembre respondiò, que la obedecia, y que no tenia Testimonio, ni noticia de haver pasado su Santidad la gra-

gracia del Obispado de Plasencia.

La Italia padeció en este año de mil seiscientos y treinta (demàs de las sangrientas guerras que huvo) una cruel peste originada, segun se creia, de unos polvos, que llamaron de Milàn, con que personas malignas inficionaban las aguas. En la Corte de Madrid huvo grandes recelos, de que estos polvos se echaban en las pilas de agua, hasta en las Iglesias, para pegar el contagio, sobre que se hicieron diligencias muy vigilantes, y el Rey escribió à nro. Obpo., y Cabildo, que se hiciesen rogativas, y procesiones por la salud, y felicidad del Reyno, y libertad de la peste en Italia. Domingo trece de Octubre se traxeron con procesion general las reliquias de San Pedro à la Catedral, donde se celebraron ocho fiestas à los Martyres, y se volvieron el dia veinte; se manifestò el Smo. Sacramento en el Sagrario, y se hicieron plegarias, y fuè Dios servido, de que el Reyno se librase del contagio; pero huvo gran hambre, aunque en nro. Obispado fuè razonable la cosecha, y pudo socorrer otras Provincias. Muchos pobres vinieron à esta Ciudad, y los socorrió nro. Obpo. con la caridad de Pastor, y P. verdadero, gastando todas sus rentas en alimentarlos, deforma, que pasò pobre à Plasencia.

El Pontifice pasò la gracia del Obispado de Plasencia à dos de Diciembre, y à trece de Marzo de mil seiscientos treinta y uno vino el Obispo al Cabildo, y dixo : *que su Mag. le havia hecho merced del Obispado de Plasencia, y que por no haver aceptado pocos dias antes el Arzpdo. de Santiago, le havia sido fuerza el aceptar; y por ser su Patria, de que iba con mucho sentimiento, por dexar esta Sta. Iglesia, y Cabildo, de quien està reconocido, que donde quiera que se hallare, mostrarà la voluntad, que siempre ha tenido*: à que respondiò el Dean con la debida atencion, y se despidiò el Obpo. Publicòse la Sede Vacante à diez y seis de Marzo, y el Obpo. saliò para Plasencia. Gobernò esta Iglesia poco tiempo, pues muriò à veinte y uno de Octubre de mil seiscientos treinta y dos. Havia empezado à fabricar una Hermita à la Gloriosa Madre Sta. Teresa, fuera de la Ciudad, y mandò, que se acabase, y le sepultasen en èlla: donde dotò dos Capellanias; en interin estubo depositado su cuerpo en la Catedral; y à veinte y siete de Julio de mil seiscientos treinta y siete fuè trasladado à la dicha Hermi-

1631

mi-

mita. De este Prelado trataron Gil Gonzalez en las Iglesias, que tubo; Fr. Alonso Fernandez historia de Plasencia; y Tamayo en la Vida de S. Epitacio añade, que se halló entero su cuerpo, quando le trasladaron.

D. GERONIMO RUIZ Camargo nació en la Ciudad de Burgos, y fué hijo de Gonzalo Ruiz Camargo, y de Doña Juana Ortiz de Bringas y Velasco. Estudió en Alcalà la Filosofia, y Teologia, y las lenguas Hebrèa, y Griega, que supo con perfeccion. Pasò à Salamanca año de mil quinientos y ochenta, y à veinte y ocho de Septiembre tomò Beca en el Colegio mayor del Arzpo. En la Universidad tubo Catedra de Filosofia, que leyò tres años, y regentò la de Escriptura algunos meses por el M. Fr. Luis de Leon. Fuè Abad de S. Miguel de Camargo; y à veinte de Diciembre de mil quinientos noventa y quatro tomò posesion de la Canogìa Magistral de Avila. Hizo las informaciones para la Beatificacion de Sta. Teresa; y conociendo su integridad, y sabiduria el Cardenal D. Bernardo de Roxas, Inquisidor General, le encargò el Indice de los libros prohibidos, con titulo de consultòr del Sto. Oficio, en que trabajò, y asistiò en la Corte por quatro años. En el de mil seiscientos y trece le nombrò el Rey para el Obispado de Ciudad Rodrigo, de que tomò posesion el año siguiente de catorce; y le Consagrò Don Juan Beltran de Guevara, Obpo. de Badajoz en la Iglesia de S. Ginès de Madrid. Por orden del Rey asistiò al Capitulo Provincial, en que fuè electo el V. M. Fr. Simòn de Roxas de la Orden de la Sma. Trinidad, y Confesor de la Reyna. En su Obispado cumpliò perfeƈtamente con el ministerio de Pastor, visitando frequentemente sus Ovejas, exortandolas, y socorriendolas con el pasto espiritual, y temporal. Fuè modestisimo, muy caritativo, y afable con todos; amò mucho la paz; y à su Iglesia donò novecientos duc. para acabar la rexa de la Capilla mayor. Tambien diò à su Cabildo seiscientos duc., para que cumpliese un Anniversario por su alma.

De esta Iglesia fuè promovido à la de Coria, de que tomò posesion à primero de Septiembre de mil seiscientos veinte y dos. En este Obispado continuò el zelo de verdadero Padre, y socorriò à los pobres con mano liberal. Ayudò mucho con limosnas à los Religiosos de Sto. Domingo; por lo qual le escribiò las gracias la Reyna Doña Isabèl de Borbòn à treinta y uno de Enero de mil seiscientos veinte y seis. Gastò quatro mil duc. en reparar su Palacio Episcopal , y fundò el Seminario en virtud del Decreto del Concilio , y le costò la Casa mil y quinientos duc. La Catedral tenia gran riesgo por un lado , y le hizo un murallòn , que le sirviese de entivo , y reparo , en que gastò dos mil duc. de su caudal. Dotò siete Anniversarios, que se cumpliesen en el dia de su muerte , y en los dias de los seis Sagrados Doctores S. Gregorio , S. Ambrosio , S. Agustin , S. Geronimo , Sto. Tomàs, y S. Buenaventura. A .su Cabildo diò mil y quinientos duc. y quatrocientos à la Fabrica de la Catedral. En la Iglesia de S. Lesmes de Burgos hizo una Capilla à S. Geronimo , y la dotò muy noblemente ; y à su Colegio del Arzpo. legò quinientos duc. en señal de su gratitud , y estimacion, por lo que le havia ayudado , y favorecido. En su Villa de Camargo, donde tenia su ilustre origen paterna , hizo una dotacion de quinientos duc. de renta , para casar huerfanas , socorrer póbres , y ayudarlos à pagar los pechos. En la Iglesia fundò otras Obraspias , y memorias, de que nombrò Patrono à su Sobrino D. Gonzalo Ruiz Camargo , Colegial del Arzpo. con quinientos duc. de renta.

De la Iglesia de Coria le presentò el Rey para la nra. , y diò la noticia al Cabildo por la siguiente Carta : *Su Mag. (Dios le guarde) me ha hecho merced de nombrarme por Obpo. de esa Sta. Iglesia , honra desigual mucho , à lo que yo merezco ; pero muy conforme à lo que deseo , y debo ofrecer al servicio de V. S. : y asi aviso de ella, para que V. S. la acepte por suya , y la haga mayor , y de màs estimacion , dandome desde luego muchas ocasiones de su servicio; pues solo gozarè de este aumento , quando me empleé en obras de V. S. à quien prospere , y guarde Nro. Sr. en la grandeza, que merece. Coria veinte y siete de Marzo de mil seiscientos treinta y uno. El Obpo. de Coria.* En vista de esta Carta nombrò el Cabildo Diputados , que pasasen à Coria à cumplimentarle.

En este año , y siguiente de mil seiscientos treinta y dos fueron continuas las rogativas por la felicidad de las armas Catolicas contra el Rey de Suecia , y hereges de Alemania. El Pontifice Urbano VIII. impuso una decima sobre las rentas Eclesiasticas de Italia , y España , para socorrer al Emperador , en que se eximian

los

los Beneficios Curados, que no llegaban à cien duc.; y de los otros simples, los que no llegaban à veinte y quatro duc. de oro de Camara. Por orden del Nuncio D. Cesar Monti, Patriarca de Antioquia, se intimò el Breve à los Cabildos; y todos repugnaron esta contribucion, sobre que huvo muchas contiendas; y nro. Cabildo nombrò al Doct. Bernardo Alderete, para que fuese à Madrid à la prosecucion, que no llegò à efecto: porque huvo concordia entre el Nuncio, y algunas Iglesias, que reduxo la decima à seiscientos mil duc. que se havian de exigir de todas las rentas Eclesiasticas sin excepcion alguna por nuevo Breve de veinte y quatro de Julio de mil seiscientos treinta y dos, y tocò pagar à este Obispado 7. q. 295. 731. mrs. El Nuncio despachò sus comisiones à veinte y dos de Septiembre, para que los Cabildos hiciesen el repartimiento dentro de quarenta dias; y al nro. se intimaron à seis de Octubre, que recibiò con varias protextas, y apelaciones, sobre obligarle al repartimiento, y cobranza.

Nro. Obispo diò poder para tomar la posesion del Obispado à su Sobrino Don Gonzalo Camargo, Colegial en el mayor del Arzpo., y Canoni-

go de Coria; pero haviendo enfermado en Talabera de la Reyna, no pudo executarlo: y asi diò poder al Dean, para tomar la posesion: *Y ansimismo, para que en compañia de los Sres. Arcediano de Castro, y Canonigo Buitrago gobiernen ese Obispado interin que yo voy; y si bien cada uno de sus mercedes vastaba, por consuelo mio van todos; y me holgàra tener tantos Obispados, que pudiera à cada uno de V. S. dar la administracion del suyo, que con esto estuviera contento, y ellos bien gobernados. No tengo mas que ese, en que deseo acertar; V. S. reciban mi buena voluntad, y me manden muchas cosas de su gusto, que à ellas acudirè, como debo:* dice en la Carta, que escribiò al Cabildo su fecha en Coria à treinta y uno de Mayo de mil seiscientos treinta y dos; diòse la posesion con la solemnidad acostumbrada Domingo seis de Junio de este año. El Obpo. se hallaba achacoso, y no vino à Cordoba hasta treinta y uno de Octubre, en que entrò de secreto; y el dia tres por la tarde vino à la Iglesia, acompañado de la Ciudad, è hizo el juramento en la misma forma, que sus antecesores.

Luego empezò nuestro Obpo. à exercitar su acostumbrada piedad con los pobres; pues

1632

pues demàs de las limosnas diarias mandò repartir mil fanegas de Trigo, entre Conventos, y familias honestas, que tenian necesidad. Poco tiempo disfrutò Cordoba este beneficio; porque agrabado el Obpo. con sus males habituales, y crecida edad de ochenta y un años, enfermò, y Lunes tres de Enero à las dos de la tarde entregò su alma al Criador año de mil seiscientos treinta y tres. Al Cabildo dexò dos mil duc., para que le cumpliese dos Anniversarios; y està enterrado su cuerpo en la Capilla del Sagrario de la Catedral. De este Prelado tratò Gil Gonzalez en el Teatro de sus Iglesias, y dice: que dexò escritos tres tomos sobre los Psalmos.

1633

El Rey nombrò para este Obispado al Presidente de Castilla, Arzpo. de Granada, y lo participò al Cabildo en Carta de ocho de Febrero de mil seiscientos treinta y tres con singulares expresiones de estimacion de la merced del Rey, y de atencion al Cabildo: *y si se ofreciere (dice) en general, y en particular, en que pueda servir à V.S. entre tanto que Dios me hace merced en llevarme à esa Sta. Iglesia, acudirè à todo, lo que fuere servir à V.S. con muy grande voluntad.* El Cabildo nombrò sus Diputados para ir à complimentarle à Madrid, para donde salieron à veinte y seis de Febrero; pero en el mismo dia llegò aviso, de quedar el Arzpo. con todos los Sacramentos, y sin esperanza de vida por una perlesia, que le diò de repente; y de orden del Cabildo se volvieron los Diputados desde Adamùz. Muriò el Arzpo. Presidente D. Miguel Stos. de S. Pedro: y asi no tubo efecto este nombramiento al Obispado.

En la Quaresma de este año se introduxo cantar en el Campo Santo un Miserere, à que concurria mucha gente de hombres, y mugeres de noche, de que se experimentaron algunos desordenes; y deseando el Cabildo, que estaba en Sede Vacante, poner remedio, encargò à quatro de Marzo al Doctor Bernardo Joseph Alderete, que era Provisòr, que prohiviese cantar en aquel lugar el *Miserere*, y el concurso por la noche. Asimismo le encomendò, que procurase evitar con el mas suave modo el paseo de Coches, y Caballos, que se hacia los dias de fiesta en el mismo Campo Santo, porque se profanaba el lugar, y se impedia la devocion de muchas personas, que visitaban las cruces. De esto resultò, que pocos dias despues en una noche derribaron, è hicieron pedazos las Cruces, de que toda la Ciudad quedò muy sentida, y escandalizada. Para desagravio de tan gran injuria, y deshonor de la Santa Cruz, determinò el Cabildo à siete de Abril, que se aderezasen, y compusiesen muy bien las Cruces, y que se pusiesen en el Trofeo, que fabricò Ambrosio de Morales, de donde las traxesen en procesion Sabado diez y siete la Cofradia de S. Eulogio à la Catedral, y colocase en la Capilla mayor al lado del Evangelio, y por la noche se iluminò la Torre. El dia siguiente Domingo diez y ocho de Abril se celebrò una Misa muy solemne del Triunfo de la Cruz, à que asistiò la Ciudad, y predicò el P. Rodrigo de Figueroa de la Compañia de Jesus, cèlebre Orador de este tiempo.

Por la tarde se formò una procesion general de todo el Clero, Religiones, y Cofradias, en que llevaron las Cruces Sacerdotes con Capas Pluviales Carmesies, y en andas la Cruz grande del Obpo. D. Fr. Diego Mardònes, los Prebendados, y Capellanes de la Iglesia debaxo de un Palio, que llevaron los Veintiquatros. Saliò la procesion por la puerta del Dean, y dando buelta à la Iglesia se encaminò al Campo Sto. donde estaba preparado un Altar junto al Trofeo de los Martyres, en que se pusieron las andas con la Cruz grande; y mientras se can-

taron unos Villancicos, y motetes, colocaron los Sacerdotes las Cruces en sus lugares, y se volviò la procesion por la Calle de las Pabas à la Puerta del Perdon de la Catedral. Con esta demostracion tan Religiosa se enardecieron los Fieles en la veneracion de aquel Campo, regado con la Sangre de los Martyres, y no faltaron señales Divinas, que lo confirmaron: pues en el año siguiente de treinta y quatro se vieron por muchas personas extraordinarias luces repetidas en diferentes noches; conque se movieron algunos devotos à poner Cruces grandes de marmol, para que en adelante no sucediera otro semejante ultraje.

El Convento de la Merced determinò celebrar solemnes fiestas por la Canonizacion de su Patriarca S. Pedro Nolasco; y à veinte y dos de Abril entrò en el Cabildo el M. Abarca, su Comendador, y suplicò, que el Cabildo le hiciese la honra de asistir el primer dia, que havia de ser Domingo de Pentecostès quince de Mayo; y à veinte y siete del dicho mes de Abril se nombraron diez y seis Prebendados, para que en nombre del Cabildo hiciesen la primera fiesta, y que se executasen todas las demostraciones festivas acostumbradas en tales funciones. Las fiestas fueron muy lucidas, y concurriò à ellas el P. General de dicha Orden.

Aun-

Aunque el Estatuto de Optando estaba confirmado por el Papa, algunos Canonigos resignaban à pension, ò daban en coadjutoria sus Canonicatos con el Prestamo, que gozaban. Esto cedia en grave perjuicio de otros, pues se les impedia su ascenso por la opcion, segun su antiguedad : y asi huvo varios litigios, y concordias con los nuevamente provistos sobre el Prestamo, que havian de gozar. Para poner remedio, y guardar en adelante el Estatuto de Optando, determinò el Cabildo Canonico en veinte y seis de Agosto de mil seiscientos treinta y dos; que para las coadjutorias de Canonicatos se pidiesen las Cartas en el dicho Cabildo, y que ningun Canonigo las firmase, aunque las huviese concedido el Cabildo pleno; y que se registrasen los podères antes, para concederlas, si estaban arreglados al Estatuto, y no de otra forma. Tambien se ordenò al Doct. Lucas Gonzalez de Leon, Canonigo Magistral, que se hallaba en Roma en defensa del Estatuto de limpieza, que hiciese todas las contradiciones necesarias à las coadjutorias de Canonicatos, que se pidiesen en otro modo, y que procurase, que en la Dataria no se expidiesen Bulas con derogacion, ò dispensa del dicho Estatuto confirmado; lo que se ha observado inviolablemente hasta ahora.

CAPITULO IX.

DEL OBISPO D. Fr. DOMINGO Pimentèl.

DON FRAY DOMINGO Pimentèl fuè hijo de los Condes de Venavente D. Juan Alfonso Pimentèl, y Doña Mencia de Zuñiga y Requesens; llamaronle D. Rodrigo, y haviendo recibido el Avito de Alcantara, obtubo la Encomienda de Mayorga; pero Dios, que le destinaba para otros fines, con que ilustrase mas su alto nacimiento, le llamò, para tomar otro Avito, con que renunciase los honores, y conveniencias, que le podia ofrecer el mundo. Tomò el Avito de Sto. Domingo en el Convento de Sta. Cruz de Segovia, y fuè hombre tan nuevo, que se mudò hasta el nombre en Fr. Domingo, ò para que el nombre le obligase à seguir los pasos de su gran Patriarca, ò porque en aquel tiempo se tenia por profano el nombre de Rodrigo (pues se ignoraba el Inclito Martyr de Cordoba, hasta que se publicaron las obras de S. Eulogio) y quiso desnudarse aun de las profanas voces del siglo. Con el Avito vistiò el estudio de exercitar las virtudes de verdadero Religioso, y de aprovechar en las ciencias de Filosofia, y Teologìa, en que aprovechò tan bien, que sin atender à la re-

co-

comendacion de su sangre, de que vivió muy olvidado, se hizo digno de una Colegiatura del Colegio de S. Gregorio de Valladolid, donde las leyó con gran credito: y fuè Regente de los Estudios; emplèo propio de los Religiosos mas sabios de su Provincia.

Ascendió à los Grados de Pdo., y M., con que premia su Religion los trabajos literarios, y fuè electo Provincial por comun consentimiento. Visitò su Provincia, dexando en todas partes gran fama de su prudencia, y zelo de la regular observancia. Fuè muy estimado su gobierno por la afabilidad, con que trataba à todos, como sino fuera superior, sino igual al Lego mas infimo. En corregir tubo singular suavidad, y eficacia, y muchas veces sin darse por entendido con las voces, corregia con sus obras los defectos. Frequentemente asistia al Coro, y Predicaba, aun hallandose con los cuidados, y obligaciones de Obpo. Predicò las honras de Felipe III. y se imprimiò el Sermòn. El Rey D. Felipe IV. le presentò para el Obispado de Osma; y el Papa Urbano VIII. le pasò la gracia à dos de Diciembre de mil seiscientos y treinta; gobernò este Obispado dos años y medio; y saliò para Cordoba, dexando con sentimiento à Osma, por faltarle tal Pastor, y Padre.

Yà se hallaba presentado al Obispado de Cordoba à veinte y ocho de Abril de mil seiscientos treinta y tres, en que escribiò desde Madrid al Cabildo con gran estimacion de la merced, que le hacia el Rey, tan propia de su grandeza, como superior à mis meritos: *de que he querido dar cuenta à V. S. para cumplir con mi obligacion, y afecto, y manifestar el gusto, con que quedo de esta promocion, deseando resulte en mayor gloria de Dios Nro. Sr., y de V. S. à quien le toca suplicarselo en sus oraciones, y Stos. Sacrificios, por ser tan interesada en mis aciertos, &c.* El Cabildo correspondiò inviando sus Diputados à la Corte, para que en su nombre le cumplimentasen, y diesen la obediencia; tomò posesion del Obispado à veinte y dos de Octubre del mismo año de seiscientos treinta y tres D. Francisco de Espinosa y Alarcòn, Canonigo de Burgos, à quien diò tambien poder para ser Gobernador, Provisor, y Vicario General del Obispado por el tiempo de su ausencia.

En este año presentò el Reyno, junto en Cortes, un memorial al Rey, manifestando algunos agravios, que se padecian, por los excesos de la Dataria en las expediciones de Bulas de pensiones, Beneficios, coadjutorias, reservas, y dispensaciones; y pedia, que el Rey solicitase, que se corrigiesen, y arreglasen por el Pontifice. Este negocio muy arduo, y sensible para la Curia Romana

(que

(que yà havia empezado à tratar el Rey Don Felipe III. sobre las coadjutorìas, ordenando à las Iglesias, que no las pidiesen, ni admitiesen las Bulas) encargò el Rey à nuestro Obpo., y le nombrò por Embaxador extraordinario; para que acompañado de D. Juan Chumacero y Carrillo del Consejo, y Camara de Castilla, pusiese en mano del Papa el memorial, y suplicase en nombre del Rey el remedio de los agravios, que contenia. El Obpo. sin venir à Cordoba partiò à Roma, de donde escribiò al Cabildo su llegada en Carta, que se leyò en diez de Mayo de mil seiscientos treinta y quatro. Presentò el memorial al Pontifice; y por sus Ministros se diò respuesta muy agena de remedio, y satisfaccion à los puntos, que se tocaban: y asi se viò precisado à poner en manos de su Santidad una replica muy docta, que anda impresa con el memorial, y respuesta que le dieron. En Roma tubo gran aceptacion por las grandes calidades de sangre, sabiduria, y virtud, que adornaban su persona; pero como no era bien vista su pretension, se dificultaban sus audiencias, esperando, que con el tiempo, y sucesos, que ocurriesen, se remitiese el fervor, y se quedase todo, como estaba antes.

El Domingo siete de Mayo de este año de treinta y quatro sucediò, que en la procesion general de rogativas, que se hicieron por orden de su Magestad, asistiò à èlla el Gobernador del Obispado en el lugar immediato al Preste. El Cabildo de la Ciudad puso el reparo, de que aquel lugar era propio de la persona del Prelado, y no del Gobernador: y asi determinò, quexarse al Cabildo à doce de dicho mes por sus Diputados D. Pedro de Cardenas y Angulo, y D. Gonzalo de Cardenas y Cordoba, de que huviese tomado aquel lugar, que era contra la practica de sus antecesores, y cartas acordadàs; y en caso de tener el Cabildo exemplar contrario al dictamen, en que estaba la Ciudad, pedia, que se le participase, para ajustarse con èl, como con quien deseaba tener la mayor correspondencia. Oida esta pacifica representacion se resolviò buscar los exemplares del lugar, que huviesen tenido los Gobernadores. No se hallò caso semejante; porque aunque en el año de mil quinientos ochenta y dos havia sido Gobernador del Obispado D. Bartolomè Pazos; como era Arcediano de Jaèn, havia asistido siempre con el Cabildo en el lugar immediato al Prebendado Presidente, conforme à la hermandad de ambas Iglesias. Con esto se abstubo la Ciudad de asistir à las Letanias (aunque vino à la Iglesia) viendo, que concurria el Gobernador, por afianzar mas su derecho.

En

34

En la procesion del dia de Corpus, que fuè à quince de Junio, se temia el mayor escandalo: pues asistiendo à èlla el Gobernador, no havia de consentir el Tribunal, y Ciudad en el lugar, que se havia tomado. El Cabildo previno los grandes inconvenientes, que resultarian, y propuso algunos medios al Gobernador, para evitarlos; pero no los admitiò con el pretexto, de que no salvaban su derecho. Para justificar su procedimiento, hizo una informacion, de haver ido en el mismo lugar algunos Provisores, y con ella pretendiò satisfacer al Tribunal de la Inquisicion; pero este hizo otra en contrario, y mandò notificar al Gobernador un Auto, para que no fuese en la procesion de Corpus en el lugar despues del Preste. En este estado llegò la antevispera de Corpus con sentimiento del escandalo inevitable, que havia de suceder en dia tan solemne, si la procesion se celebraba; y no serìa menor, si la procesion se suspendia. El Corregidor movido de Sto. zelo vino à la Catedral, y propuso al Dean, que el medio de salir de lance tan notable, era encomendar la Misa al Gobernador; pues siendo Canonigo de Burgos, no le parecia disonante, que se la encomendase el Cabildo; y pidiò, que se tratase; pero yà el Cabildo havia resuelto, que el Doct. D. Juan Perez Delgado, Canonigo Lectoral, y el Racionero D. Luis de Castillejo viesen al Gobernador, y le entregasen por escrito lo siguiente: *Haviendo entendido los Sres. Dean, y Cabildo, y conferido la discordia, que hay entre los Sres. del Tribunal de la Sta. Inquisicion de esta Ciudad, y el Sr. Gobernador de este Obispado, sobre los lugares, que han de llevar en la procesion general del Corpus Christi, Jueves quince de este, y queriendo cada uno la precedencia en guarda de su derecho; y porque quando esta causa de controversia fuera entre los particulares, conforme al Sto. Concilio de Trento, toca su decision al Sr. Gobernador, como Ordinario, y por obiar à los grandes escandalos, que se esperan, si ambos Tribunales usasen de su potestad, mayormente estando ausente nuestro Prelado, que lo havia de componer: para impedir los daños, que pueden suceder, siendo el dia de los mas solemnes del año, y ser tan grande el concurso de gente, y serà mayor, que movido, no con buen zelo, acudirà à ver en que paran las preñeces, que se han publicado; hà juzgado el Cabildo, que le toca interponer su autoridad, dando algun temperamento, poniendo los medios convenientes, para que no se llegue à rompimiento: y como se ha dicho al Sr. Gobernador, remover, y quitar todos los escandalos, y contiendas semejantes, y asi lo debe hacer; y por esto se le pide de parte de dichos Sres., y siendo necesario se le suplica; que pues el gobierno de este Obispado està por su cargo,*

y

y en ningun tiempo, ni sazon, y servicio de Nro. Sr. puede lucir mas, que aquel dia ; asista à la disposicion, y gobierno de la procesion; que por experiencia se vé, que es bien menester, y que es precisa obligacion suya, à que por ninguna manera puede faltar, para impedir los muchos deservicios, que aquel dia se suelen hacer à su Magestad ; y esto sin perjuicio del derecho, y posesion, que pretende tener, de que le compete dicho lugar ; y que si entre otros fuera la competencia, su decision en tal caso, ni aprovechara, ni dañara à alguna de las partes, haciendo à peticion, y requisito del Cabildo, que representa à su Prelado ausente, que es su cabeza, y lo tendrà à mucho bien, que se haya hecho esta diligencia : pues en casos tan arduos los Prelados consultan à sus Cabildos, que el Concilio llama Senados de la Iglesia ; y su Santidad tambien toma su parecer del Sacro Colegio de Cardenales ; y no menos lo debe hacer su merced, y seguir tan sano, y santo consejo ; y todo se quedarà en el estado, que estaba, sin perder, ni ganar, por la una parte, ni la otra, hasta tanto, que esto se determine. Y esto tanto mas es conveniente, quanto, como persona, que tiene las voces de Nro. Illmo. Prelado, debe procurar la paz, y evitar encuentros, y executar todo aquello, que puede ser de buen exemplo, para el bien de esta Ciudad, y Obispado, con que quedarà muy edificado, y Nro. Sr. servido: y para que

en todo tiempo conste, y se entienda esto, y que se hace por estos medios, quisieron los dichos Sres. Dean, y Cabildo se le dé por escrito, y firmado por tal, conforme à sus Estatutos. Dada en nuestro Cabildo de la Sta. Iglesia de Cordoba en trece de Junio de mil seiscientos treinta y quatro, y se firmò, Doct. D. Gonzalo Toboso de Castro, Doct. Bernardo Joseph Alderete.

Entregaron los Diputados del Cabildo al Gobernador la representacion antecedente, y haviendo conferido con ellos el negocio tan arduo, y necesidad de evitar los inconvenientes, y escandalosos ruidos, que se havian de seguir, si no se admitia esta mediacion del Cabildo, dixo : Que por todas las causas, y razones, que se le han representado, haciendo la estimacion, que debe del santo zelo, è intento de los Sres. Dean, y Cabildo, abrazarà por esta vez el medio de ir gobernando la procesion el dia de Corpus Christi, Jueves quince de este presente mes de Junio, sin perjuicio del derecho, que pretende, de poder quando quisiere, y no fuere gobernando, ir tras del Preste : Y que supuesto, que los Sres. del Sto. Oficio pretenden lo contrario, de que no pueda ir dicho Sr. Gobernador, ni mediar entre los Sres. Inquisidores, y el Preste de la Sta. Iglesia, que, por ir gobernando la procesion, no le pare ningun perjuicio al dicho Sr. Gobernador en la posesion, y propiedad para el dicho pretenso de-

re-

recho, ni para la posesion, en que el dicho Sr. Gobernador, dice, está; y que seguirà la resolucion dicha, protextando, como debe, y puede protextar, conforme à derecho, para que no le pare perjuicio à la propiedad, y posesion de dicho lugar; y que los Sres. del Sto. Oficio se ban de servir de conseguir, y firmar la dicha protexta: Y de la dicha propuesta, y de està respuesta pidiò Testimonio al Infrascripto Notario; y lo firmò en Cordoba en trece de Junio de mil seiscientos treinta y quatro años. El Lic. Espinosa Alarcòn. Ante mi Juan de Gradilla Oñate, Notario.

Con esta proposicion del Cabildo, y respuesta del Gobernador pasáron los Diputados por la noche à vèr el Inquisidor Doct. D. Juan de Sosa (que havia sido Provisor, como yà se ha dicho, y despues fuè Inquisidor de Toledo) y conferenciando largamente sobre ellas, se fuè abriendo camino, para celebrar la procesion con paz. Al dia siguiente fueron al Tribunal, y representaron el medio, que proponia el Cabildo, y la respuesta del Gobernador; à que los Sres. Inquisidores dixeron, que acudirian con mucho gusto ansi à lo uno, como à lo otro, dando la respuesta por escrito, admitiendo las apelaciones, y protexta del Sr. Gobernador, dando de ella Testimonio en la forma, que acostumbran darlo; procurando acudir en todo à lo que se les ha pedido por este Cabildo, y para que se consiga el fin tan justo, y santo, que pretende, à que estaràn reconocidos en las ocasiones, que al Cabildo se le ofrezcan. En el dia catorce dieron cuenta al Cabildo los Diputados del estado, en que estaba yà este negocio, de que tubo una grande complacencia, y mandò, que se publicase, y noticiase al Corregidor, y Ciudad; porque todo el Pueblo estaba en expectacion, y temia, que havia de suceder gran alteracion, y escandalo al dia siguiente. La procesion se executò con tal orden, quietud, y devocion, que nunca se havia hecho tan religiosa, y devotamente; porque en estos concursos grandes hay confusion, y otros inconvenientes, que cesaron este dia, como escribiò el Cabildo al Obpo. à veinte y siete de Junio de este año de treinta y quatro, dandole individual noticia de todo lo sucedido.

Este medio se practicò en otras procesiones generales, hasta que muriò el Gobernador al principio del año siguiente de treinta y cinco. Sucediò en el gobierno del Obispado D. Pedro Gonzalez Guigelmo, Canonigo Doctoral de Osma, y al principio executò lo mismo con protexta; luego quiso tomar el lugar despues del Preste, y se opuso la Ciudad, y empezò à seguirlo en justicia. No llegò este punto à decidirse; porque el Gobernador se retirò à su Iglesia de de Osma, y el Obpo. nombrò en su lugar al Doct. Bernardo Joseph Alderète, con que cesò la contienda.

Martin Gomez de Aragòn, Jurado de Cordoba, mandò por su Testamento otorgado à veinte y seis de Noviembre de mil seiscientos treinta y cinco, que se fundase de sus bienes un Monasterio dedicado à S. Martin para Religiosas del Orden del Cistèr; y que se llevasen las Fundadoras del Convento de la Encarnacion de esta Ciudad; y dos Capellanias, para que tuviesen Misa las Religiosas. Asimismo mandò fundar una Casa, recogimiento de huerfanas, contiguo al Monasterio, que no se executò por defecto de caudales. El Monasterio florece en la observancia regular, y ha tenido Religiosas de virtud; està sujeto al Ordinario. Tambien dotò una Beca en el Colegio de la Asuncion para un estudiante, y dexò muchos legados pios à Hospitales, y pobres.

Por este tiempo florecia con gran opinion de exemplar vida el V. Presbytero Cosme Muñoz, que diò principio al Colegio de Nra. Sra. de la Piedad, donde recogiò huerfanas, y las educò, y mantubo con gran zelo, y cuidado por treinta años, hasta el dia dos de Diciembre de mil seiscientos treinta y seis, que entregò su espiritu al Criador. El Cabildo movido de la fama de su heroyca piedad, y vida, determinò, que se traxese su V. Cuerpo à la Capilla del Palacio Episcopal, y convidando à la Ciudad, Cleresia, y Religiones, para asistir à las exequias, le traxo à la Catedral, donde celebrò los Oficios con toda solemnidad, como acostumbra con los Prebendados, y costeò la cera, que se diò à todos. Despues se depositò el cuerpo en una Capilla, de donde se llevò al Colegio de la Piedad, para darle sepultura, segun su voluntad. Hoy estàn sus venerables huesos en una Urna en la Capilla del Sto. Christo de la nueva Iglesia del dicho Colegio, desde el año de mil setecientos treinta y dos, que se trasladaron del sepulcro con licencia del Provisor. Imprimiò su vida en Cordoba año de mil seiscientos cinquenta y quatro D. Luis Mercado y Solis, natural de la misma Ciudad.

La esterilidad del año de treinta y cinco, y del año de treinta y seis, por falta de lluvia, causò bastantes desdichas en la Andalucia; en Malaga se encendiò Peste en el año de treinta y siete, y morian cada dia cien personas del contagio: murieron mas de veinte mil personas: la hambre afligia igualmente aquella Ciudad, y asi su Iglesia pidiò à la de Cordoba, que la socorriese con viveres, porque perecia, sin tener otro remedio por la falta de comercio. El Cabildo considerada tan urgente necesidad determinò à nueve de Junio,

1636

nio, que à toda diligencia se buscasen caudales, para socorrer con mantenimientos à aquel Cabildo, y que se hiciesen rogativas por la salud de aquella Ciudad. El contagio se estendiò à otros Pueblos; y à ocho de Julio determinò hacer diferentes fiestas al Smo., y à Nra. Sra. de Villa-Viciosa, Fuen-Santa, de la Alegria, y Piedad, al Sto. Christo de las Mercedes, à S. Sebastian, à los Martyres de S. Pedro, à S. Acisclo, y Victoria en su Convento, y Hermita, à S. Alvaro, S. Antonio de Padua, S. Diego, S. Roque, S. Francisco de Paula, y S. Rafaèl. Con tantos, y tales intercesores, y Patronos se librò Cordoba de este contagio, que le amenazaba.

Nro. Obpo. se hallaba violento en la Corte de Roma, viendo, que no se conseguia el fin, à que fuè inviado : y asi pidiò licencia al Rey con instancia, para venirse à su Obispado: ultimamente se la concediò, y à treinta de Abril de este año de treinta y siete saliò de Roma, y desde Barcelona diò noticia al Cabildo de su llegada, y del deseo, que tenia de venirse à su Iglesia. No era menor el deseo, que tenia el Cabildo, de que viniese: y asi escribiò al Rey, y al Conde Duque la gran necesidad, que tenia el Obispado de su Prelado por las calamidades de los tiempos, y peligro del contagio, que estaba tan proximo; y suplicò, que no le detuviese en la

Corte. Los calores de este año fueron tan grandes, que obligaron à celebrar los Divinos Oficios fuera del Coro, y suspender los Sermones en las festividades mas clasicas. Pero Nro. Obpo. luego que tubò licencia para venirse à Cordoba, saliò de la Corte, y en camino escribiò al Cabildo la carta siguiente: *Doy à V.S. enborabuena la noticia de baver de entrar esta noche en mi Obispado, y à Dios infinitas gracias por baverme dexado vèr este dia ; y todas mis penalidades, cansancio, y trabajo, son para mi gustosos, pues be conseguido, lo que tanto be deseado ; deme Dios vida, fuerzas, y el socorro de su divina gracia, para cumplir con parte de lo que debo, y para acertar à servir à V.S. He entendido à bavido varios estilos en las entradas de los Prelados, unos en publico, y otros nò : y como yo vengo tan cansado, y rendido, juntandose à esto la resolucion, que en esa Ciudad se ba tomado, de escusar juntas, y concursos grandes por la seguridad de la salud, me inclino à entrar de noche, y retirado, sino parece à V.S. otra cosa, que todo lo remito à su prudencia, y direccion ; temo, que basta el Domingo, ò Lunes no be de poder llegar, por ocuparme en estos Lugares, que topo en el camino, baciendoles el bien, que se les pueda. Guarde Dios à V.S. muchos años de la Venta del Alcalde à treinta de Septiembre de mil seiscientos treinta y siete. Fr. Domingo, Obpo. de Cordoba.*

En

En vista de esta Carta nombró el Cabildo sus Diputados, para cumplimentarle en Villa-Nueva de la Jara, y acompañarle hasta Cordoba, donde entró Lunes cinco de Octubre à las dos de la mañana: quiso descansar hasta el Domingo once de dicho mes por la tarde, en que hizo su entrada publica en la Iglesia, y fuè recibido con la solemnidad acostumbrada. En Roma havia mandado hacer dos blandones grandes de plata, que cada uno pesa siete arrobas, y tiene quatro varas y media de alto; y luego que llegò à esta Ciudad los inviò al Cabildo, de que le diò muchas gracias el dia nueve por sus Diputados. El Obpo. estimò mucho, que el Cabildo, y todos sus individuos estuviesen gustosos con la dadiva; y asi dixo, que estos eran principios de los buenos deseos, que tenia de mostrar el grande amor, y voluntad, que tenia al Cabildo. Tienen esta inscripcion los blandones: *Illmus. ac Rmus. D. Fr. Dominicus Pimentel, Episcopus Corduben. Ecclesiæ suæ dicavit. Otra Fantinus Taglietus Romanus F. Romæ anno M.D.CXXXVII:* En todo manifiestan el generoso animo de este Excmo. Prelado, y la destreza del Artifice; pues no se halla en otra Iglesia de España otra semejante dadiva. El Cardenal Arzpo. de Toledo D. Pasqual de Aragòn donò otros dos de nueve quartas de alto cada uno año de 16.... en reconocimiento de haver gozado en esta Iglesia del Arcedianato de Pedroches, de que tomò posesion à nueve de Enero de mil seiscientos treinta y cinco: son tambien donacion digna de tal Principe: y con doce iguales de bronce dorado hacen magestuosa là Capilla mayor en las festividades clasicas, y solemnes Octavas del Smo. Sacramento, y Concepcion de Nra. Sra.

En este año de mil seiscientos treinta y siete murió à cinco de Abril en el Colegio de Montilla el célebre P. Martin de Roa de la Compañia de Jesus, y natural de Cordoba. Ilustrò su Religion, y Patria con insignes obras, que publican su gran devocion, y sabiduria. D. Nicolàs Antonio en su Biblioteca Hispana, y los de su Religion hacen honorifica mencion de todas. D. Francisco Torre-Blanca y Villalpando, tambien natural de Cordoba, fuè su Discipulo, y florecia con gran opinion por este tiempo. Año de mil seiscientos treinta y cinco imprimió en Cordoba dos tomos en folio, *Juris Spiritualis* muy estimados de los literatos. Veanse otras obras suyas en D. Nicolàs Antonio.

El zelo Pastoral de nuestro Obpo. no le dexaba respirar de sus fatigas, pues escrupuloso del tiempo de su ausencia, queria repararle con una pronta visita de sus Ovejas; y así determinò salir por Noviembre à visitar el Obispado. Antes quiso predicar en su

1637

Catedral , y diò gran gusto à su Cabildo , y Ciudad , porque havia años , que no oìan la voz de su Pastor , y en el Pulpito tenia un espiritu , y magisterio Apostolico. En la visita se detubo hasta la Quaresma del año siguiente de treinta y ocho , y visitò asi todo el Obispado con gran consuelo suyo : corrigiò muchos abusos , que se havian introducido insensiblemente ; castigò , como Padre , à los culpados , y consolò à todos con sus amonestaciones , platicas , y socorros , que les hizo. Haviendo vuelto à Cordoba , asistia frequentemente al Coro , y oìa todos los Sermones , que se predicaban en la Catedral. Antes de Semana Sta. se retirò unos dias al Convento de Carmelitas Descalzos , y volviò à su Iglesia para el Domingo de Ramos. En el Jueves Sto. hizo los Oficios , y celebrò Ordenes generales en las Temporas de la Sma. Trinidad.

Havia vacado una Media Racion à diez de Junio ; y asi pertenecia su provision al Obpo. , y Cabildo. Para proveerla vino al Cabildo à diez y seis de Junio , y propuso para èlla à D. Garcia Alvarez de Benavides , Canonigo Doctoral de Astorga , à quien havia traìdo por Provisor , y Vicario General ; porque siempre buscò para los empleos sujetos de literatura , y virtud. En el dia diez y ocho se hizo la eleccion , estando presente el Obpo. , y por to-

dos fuè nombrado , por votos secretos , el dicho D. Garcia , y lo estimò mucho el Prelado. Empezò la visita en Cordoba , y en las Parroquias administrò à todos el Sacramento de la Confirmacion en los dias festivos , zelando mucho , que supiesen la Doctrina Cristiana ; para lo qual hizo un Catecismo , que se imprimiò ; y obligò à los Curas à explicarla.

Este año fuè feliz à la Monarquia de España ; pues naciò à veinte de Septiembre la Infanta Doña Maria Teresa , Abuela de nuestro Rey D. Felipe V. , por quien obtubo el derecho al Reyno : y en Flandes derrotò el Infante Cardenal el Exercito de los Olandeses. En España tambien se consiguiò à siete de dicho mes la cèlebre victoria de los Franceses , que tenian puesto sitio à Fuente Ravia. Con tan plausible noticia determinò el Cabildo à veinte y quatro de dicho mes dar à Dios las gracias con una fiesta solemne à Nra. Sra. de Villa-Viciosa en el Domingo veinte y seis , y procesion general por la tarde con asistencia de la Ciudad , y Religiones ; porque parece (dice el acuerdo) que esta victoria fuè milagrosa , y que se consiguiò por su intencion. Diò noticia à nuestro Obpo. del intento , que tenia el Cabildo , y no solo le aprobò , sino que ofreciò asistir , y predicar en dicha fiesta , como lo executò con admiracion de todos por el
co r-

corto tiempo, que tubo, para prevenirse.

Tubo orden del Rey el Obpo. para ir à Madrid, à darle cuenta de los negocios, que havian estado à su cargo en Roma; y à diez de Noviembre vino à despedirse del Cabildo con gran sentimiento, de verse precisado à hacer ausencia; pero que esperaba volver presto, y que en la Corte executaria, lo que fuese del obsequio del Cabildo. El Dean respondiò con el agradecimiento debido, y que seria general el desconsuelo, que causaria su ausencia, y asi le suplicaba, que por el bien general, y particular del Cabildo procurase la vuelta à su Obispado. De Cordoba saliò el dia doce, llevando consigo à D. Antonio Hurtado, y à D. Gaspar Daza Maldonado sus familiares, y Racioneros, à quienes hizo presentes el Cabildo por seis meses por acuerdo del dia veinte de Diciembre: En atencion al amor, obligaciones, y respeto, que el Cabildo tiene al dicho Sr. Obpo., y à la merced, y buenas obras, que de su mano ha recibido.

Hallandose en la Corte Consagrò nuestro Obpo. en el Convento de la Encarnacion à D. Diego Rueda Rico para Obpo. de Tuy. Luego dispuso volverse à su Obispado por el mes de Mayo de mil 39 seiscientos treinta y nueve; y yà se hallaba en Cordoba el dia de Corpus; y asi en el año pasado,

como en èste, y siguientes, vestido de Pontifical, llevò al Smo. en la procesion del dia octavo, que se hace al rededor de la Iglesia, por la gran devocion, que tenia à tan soberano Mysterio: para esto mandò hacer un hermoso sol, que llevaba con el Smo. en lugar de Custodia. En esta ocasion, y año se introdujo en la Catedral, que despues de la Salutacion, y Ave Maria, que se decia en los Sermones, dixesen los Predicadores: *Alabado sea el Smo. Sacramento, y la Immaculada Concepcion de la Virgen Nra. Sra. sin pecado Original.* De la Catedral se difundiò à las demàs Iglesias, y Monasterios; y aunque algunos Predicadores repugnaron decir esta alabanza por algun tiempo, escribiò contra ellos el M. Fr. Juan de Rivas de la Orden de Predicadores una docta, y devota question, que se imprimiò en Cordoba. Hoy està introducida en toda España con universal aplauso al principio de los Sermones. Fuè el primero, que zelò piadosamente esta introducion laudatoria el Canonigo Penitenciario Doct. Andrès de Buytrago; y asi le es muy debida esta memoria.

Nro. Obpo. hizo las Ordenes de Septiembre, y despues saliò à visitar el Obispado. Por Noviembre volviò à la Ciudad, y continuò la visita, que havia empezado. Para las Monjas, que estaban à su obediencia, hizo unas Constituciones muy utiles, que

man-

mandò imprimir, y en todo su ministerio procedia con gran zelo, y vigilancia. En veinte y ocho de Febrero de mil seiscientos y quarenta vino à Cabildo, y representò con su acostumbrado desvelo, y santo zelo algunas cosas de remedio, y en la que mas cargò la consideracion, fuè que las Completas, que se dicen solemnes los Sabados de Quaresma, convenia quitarse por los grandes inconvenientes, que se seguian de los concursos de hombres, y mugeres; y pedia, y exortaba al Cabildo, viniese en que se quitasen; pues no era ceremonia estatuida por la Iglesia. El Dean le diò las gracias por todos de su santo zelo por el bien de las almas, y sin faltar voto, se determinò, quitar las Completas de musica, guardar silencio en el Coro, decir las horas de espacio, y tener cada mes Cabildo de reformacion, segun lo manda el Estatuto; que fueron los puntos, que havia propuesto, para que se remediasen. No podia gozar de sosiego su espiritu; pues solamente en una continua accion hallaba la quietud, y descanso; y asi Domingo veinte de Mayo despues de la Misa empezò la visita de la Catedral. Vistiòse de Pontifical, y yendo en procesion al Altar mayor registrò el Tabernaculo, y manifestò el Santisimo, para que el Pueblo le adorase; lo mismo executò en el Sagrario: pasò despues à la Capilla del Baptismo, de donde volviò en procesion al Coro, y se desnudò; todo el Cabildo fuè acompañandole hasta su quarto. El Cabildo nombrò quatro Diputados, que asistiesen al Obpo. en la visita, con orden de darle cuenta de los puntos, que se ofreciesen, para tratarlos, y determinarlos. En Domingo diez y seis de Diciembre consagrò en su Capilla para Obpo. de Guadix à D. Juan Queypo de Llanos, siendo asistentes D. Luis Camargo, Obpo. de Centuria, y D. Fr. Blàs de Tineo, Obispo de Termopoli. Regalò à todos con magnificencia; porque, aunque para sì, y su familia gastaba moderadamente, como Prelado Religioso, y observante, en tales ocasiones sobresalia la generosidad propia de su gran Dignidad, y Sangre.

El levantamiento de Cataluña, y de Portugal sucedido en este año de mil seiscientos y quarenta, diò principio à las infelicidades continuadas del Reyno de España, cuyas reliquias infaustas se sienten aun el dia de hoy, sin esperanza de remedio. Para alivio de tantos males recurrieron à Dios nuestro Obpo., y Cabildo implorando su misericordia por medio de los Martyres Cordobeses: y asì determinaron traer sus reliquias con procesion general Sabado veinte y tres de Febrero de mil seiscientos quarenta y uno, y que se hiciesen ocho fiestas, estando manifiesto todo el dia el Smo. Sacramenmento ; y que los Predicadores exortasen à hacer penitencia, pedir à Dios misericordia, y frequentar los Sacramentos, para que cesando las culpas, cesase Dios en el castigo.

Nro. Obpo. celebrò de Pontifical el dia primero, que fuè Domingo veinte y quatro de Febrero, y à peticion del Cabildo predicò el dia octavo (aunque se hallaba achacoso) con gran consuelo del Pueblo. En este dia , que fuè à tres de Marzo , se volvieron con procesion general las reliquias à su Iglesia de S. Pedro.

Los Religiosos Cartujos del Convento de Cazalla pretendian trasladarse à Cordoba ; sobre lo qual ganaron el consentimiento del Cabildo , y Ciudad por Enero de mil seiscientos treinta y cinco , con ciertas condiciones; pero como se hallaba ausente nuestro Obpo. se suspendiò la pretension hasta el año de mil seiscientos y quarenta, en que volvieron à instar ; y el Obpo. los recibiò tan benignamente, que les diò la Casa , y tierras de la Alameda , para que fundasen en èlla : A veinte y ocho de Enero del año de quarenta y uno se hizo concordia entre el Obpo., y Cabildo, y los Religiosos, sobre el modo de Diezmar todos los frutos de pan, ganados, y demàs especies ; y que à costa de dichos Religiosos se obtuviese confirmacion del Pontifice, y de su Capitulo. No tubo efecto esta funda-

cion : à caso seria , por no haver presentado la confirmacion de dicha concordia ; ò haver dificultad, que sobrevino en la traslacion del Convento con sus posesiones , y rentas.

La falta de agua fuè notable en estos años, y à quatro de Mayo de quarenta y uno vinieron al Cabildo dos Cavalleros Veintiquatros en nombre de la Ciudad à pedir , que se traxese la Imagen de Villa-Viciosa, porque perecian los ganados ; y se perdian los sembrados por falta de agua. La Sta. Imagen se traxo à la Iglesia del Salvador , de donde la conduxo el Cabildo con procesion general el dia nueve de dicho mes ; y haviendo celebrado las fiestas , y rogativas acostumbradas, socorriò Nra. Sra. la necesidad de agua, y fuè razonable la cosecha de este año.

Por este tiempo andaban ocultos por España unos Judios, ò Hereges , que sacrilegamente atrevidos profanaban las Imagenes Sagradas. En Madrid, Granada , y otras partes cometieron estos escandalosos excesos , y en Cordoba lo executaron con una Imagen de Nra. Sra. , y de su hijo Jesus Niño Lunes catorce de Julio por la noche de este año de seiscientos quarenta y uno. Sobre la Fuente, en que se apareciò Nra. Sra. estaba una Imagen suya con Jesus Niño en los brazos en un nicho cerrado con rexa, que limaron , y abrieron el candado que tenia ; à la la Imagen dieron algunos golpes con puñal, y le quebraron dos dedos; al Niño quitaron la mano derecha, y quebraron dos dedos de la izquierda. Oyò el ruido gente, que se hallaba en una Huerta vecina, y fuè donde sonaban los golpes: con que huyeron los agresores, dexando el vestido de la Imagen quitado, y agugereado por tres partes, como con sacabocado. Nro. Obpo. tubo la noticia de tan execrable maldad luego por la mañana del dia quince, y sin dilacion marchò al Santuario de la Fuen-Santa. Concurriò al mismo tiempo el Corregidor D. Geronimo Pueyo y Araciel, y hechas las averiguaciones, y reconocimiento de la Imagen, mandaron colocarla en el Altar dentro del Santuario. El Dean avisado de este suceso, diò cuenta al Cabildo, y considerada su gravedad, nombrò quatro Diputados, que tratasen con el Prelado la demostracion, que se debia hacer en caso tan sensible, y escandaloso.

Al dia siguiente diez y seis vino el Obpo. al Cabildo, y propuso, que para desagravio de tan sacrilego deshonor se traxesen à la Catedral con procesion general las Imagenes de Nra. Sra. de la Fuen-Santa, y la vulnerada, y que se celebrase un Novenario de fiestas muy solemne, en cuyo tiempo se repartiesen copiosas limosnas, y ayunase el Pueblo dos

dias: y que acavado se volviesen à llevar al Santuario con otra procesion las Sagradas Imagenes, sobre que podia discurrir el Cabildo. Oida esta propuesta de su devoto Prelado se conformò en todo el Cabildo, y ofreciò repartir quatrocientos duc. de limosna con las cantidades, que mandase distribuir el Obpo. El Cabildo participò esta resolucion à la Ciudad, y la admitiò con gran gusto, ofreciendo asistir, y concurrir à demostracion tan piadosa. Nro. Obpo. quedò muy quebrantado de este caso, y empezò à sentirse indispuesto; por cuya razon, y por los excesivos calores, y distancia del Santuario pareciò conveniente al Cabildo el dia diez y nueve, que se suspendiesen las procesiones generales, hasta tiempo mas oportuno; y que por una diputacion de diez y seis Prebendados, y otra de Cavalleros Veintiquatros se celebrase con toda solemnidad el Novenario de fiestas en el Santuario de Nra. Sra. de la Fuen-Santa; lo que se executò prontamente con asenso de la Ciudad, y Obpo., y con asistencia devota de numeroso Pueblo.

Nro. Obpo. continuaba con summo zelo, y vigilancia la visite asi de la Catedral, como de las demàs Iglesias, y lugares pios, y la executò tan cumplida, y exactamente, que no dexò punto nuevo, que zelasen otros Prelados. Todo lo trataba por su persona,

542 na, y asi vino al Cabildo de primero de Febrero de mil seiscientos quarenta y dos, y propuso, como en compañia de los Sres. Diputados, que havia nombrado el Cabildo, para acompañarle, y asistirle à la visita, que estaba haciendo, havia hecho, y ajustado un memorial de todo lo que se havia juzgado mas necesario de lo que havia llegado à su noticia; y le presentaba al Cabildo, para que leydo, y visto una, y muchas veces, hiciese madura consideracion, y pusiese las advertencias, que le pareciese. El Dean le recibió con la debida estimacion, y haviendole leydo, dixo: que se consideraria por el Cabildo, y daria aviso à su Illma. de lo que resolviese: y asi se despidió el Obpo., y el Cabildo le acompañó hasta la puerta de la Iglesia, que es costumbre. Sobre algunos puntos huvo alguna diferencia, que se compuso despues, y solamente se disputó la visita de las Obraspìas, de que era Patrono el Cabildo. Vease el Synodo lib. 3. tit. 2. cap. 3. donde se determinó, que salvo el derecho de ambas partes, no se trate de èlla, por escusar litigios.

Continuavanse las Oraciones, y plegarias por los felices sucesos de las armas en tan porfiadas guerras. A este fin, y por la salud del Rey se traxeron con procesion general Domingo once de Mayo las reliquias de los Martyres; y haviendo celebrado un Octavario, se

volvieron con la misma solemnidad el dia diez y ocho à la Iglesia de S. Pedro. Fuè año muy desgraciado para España: pues ganò el Rey de Francia à Perpiñan, y otras Plazas en el Rosellòn, y Cataluña; y el Brasil con las Islas terceras se entregaron à los Portugueses. A estas desgracias se juntò la baxa de la moneda de vellòn, que fuè causa de perderse muchos caudales: porque solamente le quedò el valor de una quarta parte: y asi el que se hallaba con quatro Rs. quedò con uno. En Cordoba se publicò à quince de Septiembre, y padecieron gran diminucion las Obraspìas, y Comunidades Religiosas, que se hallaron con capitales en deposito. A esto se siguiò una gran alteracion de los precisos alimentos con peligro de tumultuarse el Pueblo, sobre que hicieron varias representaciones el Obpo., Cabildo, y Ciudad à la Reyna Gobernadora.

Todas estas desgracias de la Monarquìa se atribuian à la corta devocion, que se tenia al Arcangel S. Miguel, y asi escribiò el Rey al Obpo., Cabildo, y Ciudad, que se hiciesen demostraciones pùblicas de devocion al Sto. Arcangel, y que se admitiese por Patrono del Reyno. El negocio pareciò muy grave; y à seis de Febrero de mil seiscientos quarenta y tres diò cuenta la Ciudad al Cabildo, para que se tratase. El Cabildo nombrò al Doct. Lucas Gon-

Mmmm

Gonzalez de Leon, Canonigo Magistral, y à Don Diego Velarde de Morillo, Racionero, para que diesen noticia al Obpo., y conferenciasen, lo que convenia executar. El Obpo., como tan prudente, y versado en negocios arduos, resolvió hacer una junta en su Palacio, à que asistieron los dichos Diputados del Cabildo, y los Varones mas Doctos de las Religiones, y otros que se hallaban en Cordoba: y haviendo visto las cartas del Rey, cerca de la devocion, que insinuaba tener al Glorioso Arcangel S. Miguel, y discurrido largamente acordò; que par quanto su Magestad con afecto de Principe Cristiano desea, que se hagan demostraciones publicas à la devocion del glorioso Arcangel S. Miguel, y que es fuerza acudir al mandato del Principe, se haga una procesion general à su Iglesia de su vocacion de esta Ciudad una tarde, la que pareciese al Cabildo con acompañamiento de la Ciudad, y toda la pompa necesaria: y que por ahora se sobreseyese en lo demàs, haciendo la dicha procesion; sin que por esta causa se entienda admite esta Iglesia Patronato, ni compañia con el unico Patron de nuestra España el Sr. Santiago, y sin perjuicio de su derecho.

Participaron los Diputados al Cabildo esta resolucion à veinte y quatro de Abril en nombre del Obispo, que no podia venir à ha-

llarse presente por sus muchas ocupaciones; y à veinte y siete de dicho mes determinò, que se executase el dia ocho de Mayo, dia de la aparicion del Sto. Arcangel, y que diesen noticia de esta determinacion à la Ciudad los mismos Diputados, y al Obpo. para que diese orden, que asistiesen todo el Clero, y Religiones. El Rey no volviò à escribir sobre el Patronato de S. Miguel, con que no volviò à tratarse.

El Tribunal de la Inquisicion asistiò en la Catedral Domingo quarto de Quaresma, que fuè quince de Marzo de este año de mil seiscientos quarenta y tres, para hacer la publicacion de la Anatema: y sobre la venia, que hizo el Predicador huvo grande alvoroto, que causò gran ruido, y escandalo en el Pueblo: gran dolor, que tales lances no se prevèan, y compongan; porque resoluciones repentinas rara vez tienen acierto! El Presidente del Coro mandò, que cesase el Sermon, y que continuase la Misa. El Tribunal intimò censuras à los del Altar, para que no se levantasen de las Sillas, hasta que acabase el Predicador el Sermon; pero sin embargo continuaron la Misa, y se reduxo la funcion à una confusa Babilonia. Ambas partes recurrieron al Rey, y mandò formar una junta de Ministros; para que oidas las partes, le propusiese lo que convenia executar. El Obpo. no se havia ha-

llada

llado presente ; pero el Rey le escribió à primero de Junio una Carta , que traxo al Cabildo el dia veinte y tres, en que ordenaba lo que se havia de executar en adelante ; y lo que havia de intimar al Cabildo, dexando una copia en el libro Capitular ; pues daba el mismo orden al Inquisidor General , para que intimase al Tribunal de Cordoba lo mismo. La Carta empieza: *Reverendo en Christo P. Obpo. de Cordoba de mi Consejo, y à los que despues de vos lo fueren: las diferencias, que huvo en esa Ciudad entre el Dean, y Cabildo de vuestra Iglesia, y el Tribunal de la Inquisicion de ella hà parecido grave, y escandalosa, asi por el lugar donde se movieron los encuentros, como por ser los culpados dos Comunidades Eclesiasticas de tal autoridad, sobre punto tan voluntario, y de poca substancia, como es la venia, ò cortesia de un Predicador; y deseando atajar semejantes disensiones, haviendo mandado ver esta materia por Ministros de diferentes Tribunales, y consultadose me he resuelto, &c.*

Conviene en lo mas conducente, con la que recibió el Cabildo à quince de Octubre, que es la siguiente. *El Rey. V. Dean, y Cabildo de la Sta. Iglesia Catedral de la Ciudad de Cordoba: sabed, que haviendose visto por una junta de diferentes Ministros, que mandamos formar los Autos fechos sobre las diferencias, que huvo entre vosotros, y el Tribunal de la Inquisicion de esa Ciudad, en razon de la venia, que debia hacer el Predicador, quando ocurriesedes juntos, fuè resuelto (siguiendo el exemplar de las Stas. Iglesias de Santiago, Granada, y Cartagena) se guardase lo mismo que era, que estando el Prelado presente, el Predicador hiciese la venia à èl solo; y quando no lo estuviese al Smo. Sacramento, sin hacer otra alguna verbàl, ni con la cabeza, à vosotros, ni al Tribunal; lo qual por ahora fuese general, para todas las demàs Iglesias, donde huviese Inquisicion; y que se volviesen à vuestros Prebendados los bienes, que el Tribunal les havia sacado, y los absolviese ad cautelam de las Censuras, que havia publicada, de que se despachò Cedula nuestra, firmada de nuestra Real Mano, su fecha en Madrid à diez y seis de Junio de este presente año de mil seiscientos quarenta y tres; despues de lo qual por vuestra parte se hizo relacion en el nuestro Consejo, no se havia guardado la dicha orden, antes se alteraba en algunas cosas, publicandose un Edicto por el Tribunal de la Inquisicion, contra lo dispuesto: y vista en el nuestro Consejo, y la consulta sobre ello fecha à nuestra Real Persona, tocandonos quitar la disension, que se ha movido entre dos Comunidades, que estimamos en tanta, como la Sta. Iglesia de Cordoba, y el Tribunal de aquella Inquisicion, por la potestad economica, que tenemos sobre todos nues-*

nuestros Vasallos, para dirigirlos, y encaminarlos, à lo que mas les conviniere, y mantenerlos en buen gobierno. Hemos juzgado, que en el caso presente ambas Comunidades excedieron en algo, y lo que nos parece es, que en el estado, que tiene esta materia la resolucion primera, que tomamos, previene inconvenientes; y asi encargamos à ambas Comunidades, la guarden puntualmente, en lo que toca à cada una; y que el Consejo de la General Inquisicion ordene al Tribunal de Cordoba, ò cometa à algun Ministro suyo de aquella Ciudad, que absuelva ad cautelam de las Censuras, que se publicaron, porque no quede exemplo, de que se menospreciaron. Y en lo venidero, quando concurriere el Tribunal de la Inquisicion en aquella Sta. Iglesia, se guarde lo mismo, que se ordenò, y hace en las Stas. Iglesias de Santiago, Granada, y Cartagena, que es hacer venia el Predicador à solo el Prelado de la Iglesia, donde concurriere con la Inquisicion; y quando el Prelado estuviere ausente, que solo la haga al Smo. Sacramento, sin hacer otra ninguna de palabra, ni con la cabeza. Y porque esto es conforme al Ceremonial Romano, que se debe seguir uniformemente, conviene; y asi lo encargamos, que lo mismo se observe en todas las Iglesias donde huviere Inquisicion; que esto debe juzgarse, por lo mas autorizado para ella, pues sigue lo dispuesto, y recibido por la Sede Apostolica. Esperamos de entrambas Comunidades, que pues su disension à nacido de faciles principios, y nos usamos de nuestra Potestad, en componerla sin dexar, que pase à terminos judiciales, os quietareis, con lo que nos parece conveniente, mirando en esto por vuestra mayor autoridad, por la edificacion, y exemplo publico, y por lo que debeis estimar nuestro buen animo, y atender à las obligaciones de nuestro servicio; y asi os mandamos, que teniendolo entendido en lo que os tocare, lo guardeis, cumplais, y executeis, y hagais cumplir, guardar, y executar, sin ir, ni venir, ni permitir se vaya, ni venga contra ello en manera alguna; y para que en todo tiempo se observe, y guarde lo dispuesto por esta nuestra Cedula, hareis se ponga un traslado de ella en el libro de los Autos Capitulares de esa Iglesia, y esta original en el Archivo de las Escripturas de ella. Dada en Zaragoza à veinte y ocho dias del mes de Septiembre de mil seiscientos quarenta y tres años. Yo el Rey. Por mandado del Rey Nro. Sr. D. Antonio Hurtado de Mendoza.

El Obpo. de Cuenca D. Enrique Pimentèl era hermano natural de nuestro Obpo., y en este año le nombrò el Rey para Arzpo. de Sevilla. Estimò la singular honra, que le hacia el Rey; pero en Carta de quatro de Febrero se escusò de admitir la promocion con razones tan fundadas, y justas, que le acreditaron de verdadero

Pre-

Prelado, como uno de la primitiva Iglesia. El Rey se diò por satisfecho, y le venerò en adelante mucho mas, que antes le havia estimado, teniendole por un Santo Obpo. La Carta es dignisima de tenerla muy presente todos los Obispos, y la omitimos por ser larga, y hallarse toda en Gil Gonzalez en la Iglesia de Cuenca. Ortiz de Zuñiga en los Annales de Sevilla, no sintiò tan bien de nuestro Obpo. su hermano en la renuncia de la Mitra de Sevilla por la Purpura; pero debiò considerar, que no lleva Dios à todos por unas mismas sendas; y que nuestro Prelado se hallaba cargado de años, y con el peso de un Arzpdo. grande, de que desearia descargarse; y asi le renunciò, y admitiò el Capelo; no por el explendor, motivo ageno de su edad, y constante virtud, sino por no dexar de servir à la Iglesia, en lo que su quebrantada salud le permitiese. Tubo tambien por hermanos à D. Fernando Pimentèl, Arcediano de Cartagena, y à los Padres Francisco, y Pedro Pimentèl de la Compañia de Jesus, que florecieron con gran fama de exemplar, y religiosa vida.

Muchas veces se havia tratado, que los Expositos se mudasen del Hospital de S. Jacinto (que es de hombres incurables) à la Casa, y Hermita de Consolacion en Calle de Armas, donde estarian mas acomodados, y en sitio mejor, para recogerlos, y criarlos; pero no se havia executado por varios reparos, que se havian propuesto. Nro. Obpo. facilitò suavemente el consentimiento del Hermano mayor, y Cofradia, de quien era la Hermita, y Casa; y como su zelo era eficaz, en lo que comprehendia ser de mayor servicio de Dios, participò al Dean el estado de esta traslacion, para que noticiandole al Cabildo, Compatrono, nombrase Diputados, que la tratasen, y concluyesen. El Cabildo los nombrò à tres de Diciembre de quarenta y dos, y en este año de mil seiscientos quarenta y tres se mudaron à la Casa, y Hermita de Consolacion, donde permanecen. Saliò el Obpo. el dia veinte y quatro de Octubre de este año à la visita del Obispado, donde se detubo hasta Navidad, que volviò à Cordoba.

El Rey escribiò al Cabildo, que por ser grandes las urgencias, le hiciese un donativo de mil fanegas de Trigo, y otras mil fanegas de Cebada, para mantener los Exercitos. Entregò esta Carta en Cabildo de siete de Enero de mil seiscientos quarenta y quatro el Corregidor, y Alcalde de Casa, y Corte D. Geronimo de Pueyo y Aracièl, y à nueve de dicho mes determinò servir à su Magestad con mil fanegas de Trigo, y quinientas de Cebada. Pero haviendo vuelto à instar la Reyna Gobernadora, sirviò con quinientas fanegas de Cebada en ocho de Agosto

1644

to

to del mismo año. Tambien socorrió al Rey nuestro Obpo. con igual porcion de granos , aunque cada dia se aumentaban notablemente los pobres : porque la necesidad del Reyno con las guerras era gravisima. En Cordoba , y su Obispado se experimentò muy grande por los muchos , que iban à la guerra , y dexaban desamparadas sus Casas , y familias ; no tenian mas recurso , que à la piedad conocida del Obpo. , que compadecido , como Padre , mandò hacer un Padron de todas estas familias , y personas para socorrerlas diariamente. Al Cabildo propuso algunas veces la necesidad grande , que havia , para que ayudase à socorrerla , como lo hizo desde el año de mil seiscientos y quarenta, que empezaron las guerras con Portugal , y Cataluña. A cada persona daba limosna segun su edad, y condicion: y asi cantaban los niños : *D. Domingo Pimentèl , Obpo. de esta Ciudad , sustenta cinco mil niños à media libra de pan* : no llegaba à su noticia necesidad de Comunidad Religiosa , Hospital , ò familia honesta, que no la remediase ; y asi se experimentò alguna vez , que se sacaba de los graneros mas cantidad de Trigo, del que se havia recogido en èllos : porque aumentaba Dios los bienes , segun se creia generalmente, para que no faltase à su gran liberalidad, y misericordia pan , que distribuir à los pe-

queños , y grandes , que le clamaban por èl.

Continuaba su visita con prolligidad, reformando muchas cosas, y corrigiendo otras , que se havian introducido : pues aun en lo mas cultibado no dexan de hallarse espinas. Sobre la visita de las Obraspias, de que era Patrono el Cabildo, se empezaron à mover las diferencias, como yà se dixo. El Cabildo alegaba la posesion inmemorial, en que estaba, de no haverlas visitado otro Obpo. , y la sentencia dada à su favor por Leon X. sobre el Santuario de la Fuen-Santa , y Hospital de S. Sebastian, contra el Obpo. D. Martin de Angulo ; pero el Obpo. se mantubo firme , y empezò à proceder contra el Cabildo , para que manifestase los Libros. Algunas veces es conveniente disimular el derecho, por evitar inconvenientes mayores; pero son varios los humanos juicios, y no suelen preveerlo todo , hasta que la experiencia lo manifiesta. El Cabildo determinò à veinte y siete de Febrero de mil seiscientos quarenta y cinco , que no se hiciese al Obpo. el obsequio, de acompañarle hasta el pulpito el dia de Ceniza , y Domingo de Pasion, que predicaba con el pretexto de algunos inconvenientes, que se havian experimentado otras veces ; y asimismo invió un Prebendado à Madrid , à solicitar , que viniese Visitador del Provisor , y demàs Ministros de la Audiencia;

am-

ambos puntos muy irregulares; pero no es facil contener los humores rebueltos de un cuerpo, que se compone de muchos individuos.

El Presidente de Castilla D. Juan Chumacero, y D. Antonio de Aragòn, que se hallaba yà Inquisidor de la Suprema, procuraron detener este fuego, y que huviese concordia. La Ciudad nombrò quatro Cavalleros Veintiquatros, y dos Jurados, que vinieron al Cabildo à veinte y nueve de Marzo, à proponer el summo dolor, con que se hallaba la Ciudad, por las diferencias, que havia entre el Obpo. y Cabildo, y à ofrecer su mediacion para una concordia, à que no ponia dificultad el Obpo. El Dean respondiò con la debida estimacion al zelo santo de la Ciudad, y que lo trataria el Cabildo, y nombraria Diputados, para conferirlo. El Corregidor D. Geronimo Pueyo estaba muy estimado, y acepto por las excelentes prendas, que le hicieron digno de las Plazas de los Consejos de Indias, y Real de Castilla en èste, y siguiente año; y sentia notablemente, que en su tiempo se huviese suscitado esta discordia, y no quedase compuesta; y asi procurò solicitar, y hallarse presente en todas las conferencias que huviese. No tenia dificultad el Cabildo en dexar à la voluntad, y discrecion del Obpo. la visita de su Audiencia, porque conocia su zelo, y recta intencion de corregir los excesos; pero dificultaba rebocar el Acuerdo del dia veinte y siete de Febrero, sobre el acompañamiento, pareciendole, que solamente se debia reformar, declarando, que quando predicase el Obpo. le acompañase una Diputacion de Prebendados, compuesta de todos Beneficios, y no todo el Cabildo, como lo havia executado antes.

Esto aunque muy razonable no resanaba el honor del Prelado, por la novedad que havria, y estrañaria el Pueblo; y asi à treinta y uno de Mayo representaron el Corregidor, y Diputados de la Ciudad el gran desconsuelo, que tenian, de no conseguir del Cabildo, que no hiciese, ni huviese novedad en el acompañamiento, y obsequio del Prelado; pues era lo que detenia la concordia que deseaban: y asi pedian al Cabildo, que cediese en este punto, como lo esperaban por el sosiego, y quietud de los disturbios presentes. Oida esta representacion, luego determinò el Cabildo el siguiente Auto, con que cesaron todas las discordias, y volviò la serenidad, y confianza antigua entre Obpo., y Cabildo: *Haviendo el Cabildo considerado todo, y las causas, y motivos, que se le representaron, votado por pelotas secretas, se acordò por mayor parte, que, para que el dicho Sr. D. Geronimo del Pueyo Araciel, y Ciudad de Cordoba queden satisfechos de la estimacion del Cabildo à su buen animo, y deseo,*

45

seo , y juntamente el Sr. Obpo. nuestro Prelado enterado del amor, y afecto, con que el Cabildo respeta á su Illma. se le acompañe por Cabildo los dias , que predicare en esta Sta. Iglesia , como , y en la conformidad, que estaba acordado por Auto Capitular de treinta y uno de Octubre del año pasado de mil seiscientos treinta y siete; y para ello revocaban, y revocaron el Auto Capitular hecho en veinte y siete de Febrero de este presente año , en que , por inconvenientes que havian resultado, se havia quitado , y revocado el dicho acompañamiento. Y que en esta conformidad los Sres. Diputados de estos pleytos dèn embaxada , y respuesta por el Cabildo al dicho Sr. D. Geronimo de Pueyo Araciel , y Ciudad de Cordoba , representandoles , como por su intervencion , y autoridad de su empeño , y en correspondencia de la merced , que hacian al Cabildo , se havia tomado este acuerdo , y resolucion ; y en demostracion del afecto, que el Cabildo tiene à su Illma. el Sr. Obpo. nuestro Prelado, à cuya voluntad el Cabildo tiene resignado el hacer , ò nò la visita del Sr. Provisor, y Ministros de su Audiencia. El Obpo. quiso dar una prueba de su deseo en la recta administracion de justicia , y nombrò por Visitador , y Juez de residencia de su Audiencia Episcopal à D. Miguel Verdejo de Caravajal , Visitador General del Obispado de Jaèn : empezò la visita à diez y ocho de No-

viembre , y la cumpliò tan exactamente , que dexò muy gustoso al Obpo. por la satisfaccion publica , que diò à toda la Ciudad , y Obispado.

La muerte violenta de Don Francisco de Estrada Tamariz, Presbytero , y Medio Racionero de la Iglesia, que sucediò à veinte y uno de Junio , causò gran sentimiento , y dolor en nuestro Obpo. , y Cabildo : varias diligencias se executaron ; pero ni quien la hizo , ni porque causa , ù ocasion sucediò, no llegò à descubrirse. El Obpo. concurriò à Cabildo à diez y seis de Agosto , y probeyò la Prebenda en D. Cristoval Antonio Duque de Estrada Tamariz , y se conformò el Cabildo por todos votos. Tubose por accion digna de la gran liberalidad , y piedad del Obpo. , y Cabildo, por ser hermano del defunto ; y consolar la familia en su pena con tan singular beneficio.

Las urgentes necesidades del Reyno eran cada dia mayores , y obligaron al Rey , à poner toda la plata de su servicio en la Casa de la moneda. Con este Real exemplar se movieron todos à ofrecerle quantiosos donativos. Nro. Cabildo le sirviò con seis mil fanegas de Trigo , y dos mil duc. à tres de Noviembre de este año de quarenta y cinco. Mayor donativo le hizo el Prelado, considerando, que la necesidad era pùblica. La Ciudad, y Reyno de Cordoba contribuyò

buyò con cinquenta mil fanegas de Trigo para mantener los Exercitos: pero todo esto no vastaba para mas de una guerra defensiva en el año siguiente de mil seiscientos quarenta y seis. Lèrida fuè sitiada de los Franceses , y se hicieron muchas rogativas por la felicidad de introducirle socorro, que , despues de siete meses, introduxo el Marquès de Leganès con gran perdida de los sitiadores. En Portugal se ganò la Batalla del Montijo ; pero se malograron los efectos de la Victoria, por la codicia de lograr los despojos. Fuera de España estubo muy adverso Marte , pues se perdieron muchas Plazas. La mayor desgracia para el Reyno fuè la muerte del Principe unico D. Baltasàr Carlos en Zaragoza à nueve de Octubre entre ocho, y nueve de la noche despues de dos años, que havia muerto su Madre la Inclita Reyna Doña Isabèl de Borbòn à seis de Octubre de quarenta y quatro : iba yà disponiendo Dios , que viniese el Reyno à la Infanta Doña Maria Teresa , que era la unica.

El Doct. D. Juan Perez Delgado se hallaba Colegial de Sta. Cruz, y Catedratico de Durando en la Universidad de Valladolid, quando fuè electo Canonigo Lectoral à ocho de Febrero de mil seiscientos treinta y tres. Fuè varòn muy estimado por su gran literatura, y virtud. Hallòse por esta Iglesia en la Congregacion, que se celebrò en Madrid año de mil seiscientos treinta y ocho. , y por tres veces estubo en la Corte à negocios arduos del Cabildo , en que acreditò su gran vigilancia, y destreza , con que consiguiò sucesos favorables à satisfaccion comun. En la Corte se hallaba , quando nombrò el Rey à nuestro Prelado por Obpo. , y le cumplimentò por el Cabildo. Desde este tiempo le tubo tanto amor , que le proclamaba digno de Sillas mas elevadas, y à sus instancias le presentò el Rey en este año de mil seiscientos quarenta y seis , para Obispo de Ciudad Rodrigo. De esta gracia diò quenta al Cabildo à trece de Agosto, diciendo : que le daba quenta como à dueño suyo, y por lo mucho, que debe à esta Santa Iglesia , y las obligaciones grandes , que le reconoce , preciandose muy de Capitular de èlla, para servirla con toda prontitud, y rendimiento ; y que suplicaba al Cabildo , se sirviese de dar las gracias con una Diputacion à su Sria. Illma. el Obpo. de las vivas instancias, que ha hecho con su Mag. y Consejeros de la Camara , proponiendole en repetidas consultas, à que se debe, el haver conseguido la presentacion del Obispado. El Dean respondiò con una breve, y elegante oracion, en que le diò la enhorabuena , y manifestò el gran merito de sus letras , y virtud, que le hacia acreedor de mayores ascensos , hasta la purpura,

1646

Nnnn que

que le deseaba en nombre de todo el Cabildo, para mayor autoridad, y lustre suyo, y que el Cabildo exccutaria quanto le ordenase, y fuese de su obsequio. Pasò la gracia el Pontifice à tres de Diciembre del dicho año: y à treinta y uno de Marzo de quarenta y siete Domingo quarto de Quaresma le Consagrò nuestro Obpo. en la Capilla mayor con asistencia del Cabildo. Fuè una de las mas solemnes, y autorizadas funciones, que se han celebrado en nuestra Iglesia.

Desde el Otoño del año de mil seiscientos quarenta y seis fueron las aguas tan grandes, y los aires tan recios, que se hicieron rogativas por la serenidad, y duraban à ultimos de Febrero de **1647** quarenta y siete. El año fuè muy esteril, y valiò la fanega de Trigo à setenta reales, y à veinte y cinco la de Cebada. En la Ciudad se padecia gran falta de pan, y nuestro Obpo. procurò socorrerla, no solamente por sì, sino tambien solicitando, que los Eclesiasticos concurriesen al alivio comun: y asi à veinte y uno de Junio pidiò al Cabildo ayudase con el Trigo, que tuviese. En su Palacio tubo muchas juntas con los Diputados del Cabildo, y Ciudad, para tratar del socorro, que consiguiò con gran desvelo, y crecidos caudales que diò. Al mismo tiempo vino à esta Ciudad su hermano el P. Pedro Pimentèl con cartas del Rey, para el Obpo., y Cabildo,

en que pedia, que le hiciesen algun donativo, para poder resistir la invasion grande, que hacia en Cataluña el Principe de Condè, destruyendo los Templos, y saqueando las Iglesias; presentò al Cabildo la carta en el dicho dia veinte y uno, siendo recibido con la mayor distincion por su mucha virtud, letras, y nobleza, y ser hermano del Sr. Obpo. Nro. Prelado. En èl ponderò gravemente la necesidad de la Monarquìa, y el peligro de perderse en muchas partes la Religion Catòlica; pero como las necesidades, que se vèn, tengan mas eficacia para mover, que las que se oyen, se escusò el Cabildo con los atrasos, en que se hallaba, ȳ con la que Cordoba padecia, que era preciso atender con las cortas rentas de año tan calamitoso. No sabemos, si nuestro Obpo. ofreciò algun donativo en esta ocasion; si lo hizo fuè muy corto.

Por muerte del Doct. Andrès de Buytrago Virvès, quedò vacante el Canonicato de Penitencia: y asi determinaron el Obpo., y Cabildo, que se proveyese por oposicion, llamando à concurso por Edictos, en cumplimiento de las Bulas, que hasta ahora no havian podido practicarse; y à veinte y seis de Agosto fuè electo entre otros opositores el Doctor Don Francisco de la Palma, Maestre Escuela de la Iglesia de Baza, natural de Granada, y cèlebre Ca-

Canonista en este tiempo.

El Rey nombró à nuestro Obpo. por Arzpo. de Valencia, y fuè esto muy sensible para esta Iglesia, y Ciudad; manifestaron su sentimiento al Obpo. ambos Cabildos, y le pidieron su beneplacito, para recurrir al Rey, y suplicarle, que no le sacase de esta Ciudad, y Obispado; esta pretension se tomò con tanto ardor, que à veinte y seis de Mayo de mil seiscientos quarenta y ocho determinò el Cabildo, no fiarla de cartas, sino inviar dos Prebendados, que hiciesen la suplica al Rey. Otros dos Veintiquatros nombrò la Ciudad para lo mismo, è hicieron al mismo Rey la suplica, y representacion de lo mucho, que convenia à esta Ciudad, y Obispado, que se mantuviese su Obpo., que convino gustoso el Rey en revocar su Decreto, y dexarle en este Obispado. El Cabildo recibiò por mano de sus Diputados la siguiente Carta, que califica la general estimacion de las relevantes prendas de este Prelado, y el singular amor de sus subditos: *Las razones, que han representado à su Mag. asi en nombre de V. S., como de esa Ciudad, y demàs Comunidades de ella, para que à todos, y à ese Reyno favoreciese, el mandar suspender, el pasar el Sr. Obpo. de Cordoba à la Iglesia de Valencia, para que su Mag. le tenia presentado, han hallado tanto lugar en la grandeza de su Mag. (Dios le guarde) que se*

648

ba servido de ordenarlo asi, como V. S. lo entenderà mas particularmente de los Sres. D. Francisco de Pedraxas, y D. Antonio Mellado, à quienes be asistido à servir en conformidad, de lo que V. S. se ba servido de mandarme; haviendome holgado mucho, de que esta materia haya tenido la buena disposicion, que V. S., y toda esa Ciudad con tantas veras deseaban; en que V. S. viene à ser mas particularmente interesado, por hallarse reconociendo de mas cerca las virtudes grandes del Sr. Obpo. y el consuelo temporal, y espiritual, que resulta de ellas à todos; de todas maneras de mi afecto al servicio de V. S. puedo asegurar à V. S. quanto le mereciera siempre, que se sirva de darme muchas ocasiones de él, en conformidad de mis obligaciones; y asi suplico à V. S. no escuse el mandarme en todas. Guarde Dios à V. S. muchos años. Madrid nueve de Julio de mil seiscientos quarenta y ocho. D. Luis Mendez de Haro.

La Ciudad de Murcia, y otros Pueblos se hallaban afligidos con peste, de que estaba esta Ciudad con gran temor. Tambien se hallaba con el desconsuelo de la falta de agua para los campos, y asi se determinò à dos de Mayo, que se traxese à Nra. Sra. de Villa-Viciosa, y se celebrasen en la Catedral nueve fiestas, poniendola por intercesora, para conseguir el remedio de ambas necesidades. Inviò su Mag. la lluvia, y fuè grande la cosecha; con que pudo respirar esta Ciudad afligida con la hambre. Las rogativas por causa de la peste se fueron aumentando cada dia; pues el contagio se iba estendiendo, y se experimentaba en lugares muy cercanos. Al Estado Eclesiastico se intimò un Breve, en que el Pontifice Inocencio X. concedia gracia al Rey de exigir ochocientos mil duc. Esta gracia con la prorrogacion de las del Subsidio, y Excusado obligò à juntarse en Madrid Congregacion de las Iglesias, en que asistiò por la nuestra D. Antonio de Aragòn, Canonigo, y Arcediano de Castro. Muchas representaciones se hicieron al Papa, y Rey sobre lo cargado, que estaba el Estado Eclesiastico; pero las urgentes necesidades de la Monarquia, y la esperanza del alivio en adelante (que hasta ahora cien años despues no ha llegado) obligaron à concordar la gracia en quinientos y cinquenta mil duc. pagados en distintos plazos. En Cordoba se hallaba por Juez de Valdios D. Agustin del Hierro, con facultad para venderlos; lo que cedia en gravisimo perjuicio del comun, y de los pobres. Ambos Cabildos de Iglesia, y Ciudad recurrieron unidos à impedir esta venta, y pidieron al Obpo. que como Padre mirase, y patrocinase esta causa, volviendo por el bien de los necesitados. El Obpo. lo tomò con tanto zelo, que hizo muchas vivas, y eficaces representaciones al Rey, y sus Ministros, y consiguiò, que se retirase el Juez, y que no se vendiesen los Valdios. Muy convenientes al bien comun son estas repetidas representaciones de los Prelados, porque siempre las han atendido los Reyes de España, como de oraculos, y Padres comunes : y asi en el Canon treinta y dos del Concilio quarto de Toledo se les amonesta este zelo, y cuidado, como propio de su Pastoral Ministerio; y que dèn cuenta al Rey para el remedio, y alivio.

Haviendo cuncluido nuestro Obpo. la exâcta visita de todo el Obispado, emprendiò trabajar un Synodo, pues desde el año de mil quinientos y veinte, no se havia celebrado ; y aunque havian publicado sus antecesores algunas Constituciones muy utiles, con la variacion de los tiempos era preciso corregirlas, ò renovarlas. Antes de convocarle quiso, que el Cabildo nombrase Diputados, para conferir con ellos todos los Decretos, que se havian de publicar, y para que tambien diesen noticia al Cabildo, y notasen los reparos, que propusiese. El Cabildo nombrò à quatro de Mayo de mil seiscientos quarenta y ocho cinco Prebendados sabios, que fueron D. Antonio de Rivero, Tesorero, Provisor, y Vicario General, Doct. Lucas Gonzalez de Leon, Magistral, Doct. D. Franscisco de la Palma, Penitenciario, D. Antonio Mellado, y D. Antonio

nio de Paredes , Racioneros. Las conferencias duraron hasta dos de Octubre de dicho año , en que por dichos Diputados se dieron las gracias al Obpo. en nombre del Cabildo , por la vigilancia , y santo zelo , con que atiende al gobierno espiritual de este Obispado , desvelandose continuameute en procurar el aumento de las virtudes, y culto Divino , y observancia de la disciplina Eclesiastica.

La Synodo empezò Domingo diez y ocho de Octubre , en que celebrò de Pontifical el Obpo. en la Capilla mayor , y continuaron las sesiones en la de San Clemente ; pero no saliò à luz por los motivos , que expresò el Obpo. D. Francisco Alarcòn en el proemio de la Synodo , que celebrò catorce años despues , en que confiesa haver hallado la luz , y remedio , que deseaba. *Este remedio (dice) nos lo previno la Divina misericordia en el zelo fervoroso del Sto. Obpo. de esta Ciudad , y despues Cardenal de Roma el Emo. , y Rmo. Sr. D. Fr. Domingo de Pimentèl , que celebrò Synodo año de mil seiscientos quarenta y ocho , determinando saludables Decretos , y Constituciones : mas no faltaron reparos , y algunas apelaciones , que no se vencieron , ò concordaron; ni saliò à luz el libro , por haver ascendido à la Metropoli de Sevilla.*

Deseaba nuestro Obpo. , que los venemeritos tuviesen premio, y que los que trabajaban gozasen la merced digna al trabajo , y asi conociendo , que los Curas del Sagrario , y Rectores de las Parroquias de la Ciudad tenian congruas tenues donò quarenta mil duc. , para que se impusiesen , y gozasen de cien duc. de renta cada uno, demàs de lo que tenian; y para que se proveyesen por oposicion en adelante , y tuviesen premio los sabios , que fuesen naturales de la Ciudad , y Obispado, ò que lo huviesen sido sus Padres, ò Abuelos. El Cabildo le diò las gracias por esta donacion tan insigne , con que alentaba à seguir los estudios à sus subditos. En el dia dos de Octubre , y à tres de Diciembre de dicho año de mil seiscientos quarenta y ocho otorgò la Escriptura : en èlla obliga à cada uno de los Curas , y Rectores à decirle una Misa en cada mes , y à todos juntos à celebrar quatro Anniversarios solemnes cada año por su alma en la Capilla del Sagrario. Hasta este tiempo havian sido los Curatos , y Rectorias ad nutum amobibles , y desde ahora se hicieron perpetuos , aunque no faltaron contradiciones , que venciò el Obpo. con su gran autoridad, y favor.

El Doct. D. Andrès de Rueda Rico , Arcediano de Castro , y Canonigo Doctoral fuè uno de los Varones mas sabios , y famosos de este tiempo. Hallandose en Roma à dependencias de su Iglesia , le hizo Paulo V. refrendario de ambas

bas signaturas. El Rey D. Felipe IV. le inviò à Milàn, para que visitara su Chancilleria. Fuè Inquisidor de Cordoba, y despues que vino de Milàn, tubo plaza en la Suprema. El Cabildo pretendiò darle por vacante el Canonicato Doctoral, por incompatible, sobre que se siguiò un porfiado pleyto, que avocò asi Urbano VIII. año de mil seiscientos quarenta y dos; pero recurriendo nuestro Obpo., y Cabildo al Rey, le mandò, dimitir la plaza de la Suprema, ò la Canogia Doctoral; y escogiò venirse à su Iglesia, reformado Inquisidor. El Obpo. hizo mucho aprecio de su dictamen, y le consultaba en los negocios arduos. Muriò de noventa y un años à diez y nueve de Noviembre de mil seiscientos quarenta y ocho, y se enterrò en la Capilla de S. Eulogio, que havia fundado, y dotado en la Catedral año de mil seiscientos veinte y siete. Escribiò algunos alegatos muy doctos sobre varios asuntos. Sucediòle en el Arcedianato Don Antonio de Aragòn su coadjutor, y tomò la posesion à quatro de Diciembre siguiente.

El Doct. D. Gonzalo de Castro Toboso, Dean, y Canonigo muriò à catorce de Marzo de mil seiscientos quarenta y nueve: gobernò con gran prudencia, y aceptacion: atendiò mucho à conservar el honor, y autoridad del Cabildo, y zelò vigilante el culto Divino, y devota asistencia al Coro. Sus dictamenes en los negocios del Cabildo manifiestan una gran sabiduria, y comprehension, con que satisfacia à todos, y procuraba conservar en paz. Su cuerpo està depositado en su Iglesia, aunque mandò enterrarse en la del Convento de S. Pablo; porque se ofrecieron algunos embarazos, que en otra ocasion havia vencido nuestro Obpo. en diez de Mayo de quarenta y tres, y en esta no pudo superar con toda su autoridad. Sucediòle su coadjutor, y Sobrino Doct. D. Pedro de Castro Toboso, que tomò posesion del Decanato, y Canonicato à diez y siete del mismo mes, y año, haviendo asistido de coadjutòr desde catorce de Febrero de mil seiscientos quarenta y cinco.

El Rey presentò à nuestro Prelado para Arzpo. de Sevilla por Abril de mil seiscientos quarenta y nueve, en que yà esta Ciudad se hallaba afligida con el contagio de la peste. En Cordoba se hicieron continuas rogativas desde cinco de Abril, para aplacar la ira de Dios, y pedirle la salud de aquella Ciudad, y de otros Pueblos tocados del mismo contagio, y la preservacion de Cordoba, que estaba tan proximamente amenazada. A catorce de Mayo empezò un Novenario de fiestas à Nra. Sra. de Villa-Viciosa, implorando su maternal, y seguro patrocinio, y en el dia ultimo comulgò publicamente la Ciudad con gran exemplo,

plo , y edificacion del Pueblo. El mal continuaba con gran estrago; y à diez y nueve de Junio se traxeron con procesion general las reliquias de los Martyres , y en la Catedral se celebrò un Octavario de fiestas à los Martyres intercesores. En esta ocasion resplandeciò grandemente la heroyca caridad de nuestro Prelado , no solamente con Cordoba , donde contribuyò mucho para los gastos de su custodia , y remedio de los pobres , y enfermos , si tambien con Sevilla ; pues la socorriò con gran porcion de Trigo , viveres, aves , medicinas , regalos , hasta Medicos , Cirujanos , y enfermeros ; y ultimamente mantubo cinquenta Camas en el Hospital de Triana.

El Pontifice pasò la gracia del Arzdo. à veinte de Julio del mismo año ; y à veinte de Septiembre se publicò la Sede Vacante. La Iglesia sintiò mucho la ausencia de tal Prelado , de que se originaron algunos disgustos ; porque le deseaba permanente ; pero la Ciudad , grandes , y pequeños lloraron tiernamente , que se les fuese tal Padre , en quien havian hallado siempre todo consuelo , y alivio en sus necesidades. Tomò la posesion del Arzdo. à veinte y seis de Octubre con gran gusto de aquella Metropoli ; pero entretenido en la visita de algunos Pueblos, no entrò en Sevilla hasta diez y nueve de Enero de mil seiscientos

y cinquenta , en que aun havia grandes temores de que se renovase la epidemia : por Marzo de mil seiscientos y cinquenta inviò al Cabildo mil duc. , y mil fanegas de Trigo para la curacion de los apestados. Goberno el Arzdo. tres años con el singular zelo, vigilancia , y rectitud , que havia siempre tenido en cumplir con el Pastoral Ministerio. En Sevilla fuè prodiga su misericordia , y piedad: porque hallò la Ciudad muy llena de miserias, reliquias forzosas del gran estrago, que havia padecido, à que se llegò la gran carestia de pan , y motin , que sucediò en el año de mil seiscientos cinquenta y dos, y para su remedio diò liberalmente los granos , y dinero que tenia , para que el pan se diese à precio proporcionado ; pues valia la fanega de Trigo à ciento y veinte Rs. En el motin , que hubo por Mayo , por causa del pan, le sacaron de su Palacio los amotinados , à quienes procurò sosegar; pero le hicieron ir à Caballo con ellos por la Ciudad hasta la noche, que le pudieron librar, y retirarse con el Avito rasgado por muchas partes, y con algunas heridas, que disimulò paciente.

El Pontifice Inocencio X. criò Cardenal à nuestro Arzpo. à diez y nueve de Febrero de mil seiscientos cinquenta y dos : y à treinta y uno de Marzo recibiò este Cabildo Carta de su Eminencia, en que lo participaba ; y celebrò

esta

esta noticia con las demostraciones de repiques, y fuegos, como si actualmente fuera Prelado de esta Iglesia. Al principio del año siguiente salió, para embarcarse en Malaga, y pasar à Roma, donde entró por Mayo con grande acompañamiento, y gusto de aquella Corte, que yà havia experimentado las excelentes prendas de virtud, prudencia, y demàs que le adornaban, y esperaba, que con el Capelo no fuesen inferiores; y à diez de Diciembre del año mismo de mil seiscientos cinquenta y tres entregò su espiritu al Criador de un accidente de piedra, que se le sacò despues, y era como un huevo pequeño. Dexò por herederos à los pobres; y se mandò enterrar en el Convento de la Minerva de su Religion, donde tiene un sepulcro de Alavastro con el epitafio siguiente: *Dominico S. R. E. tit. S. Silvestri Presbyt. Card. Pimentel, Ord. Predic. Hispan. Excelentiss. Comitis Beneventani F. pietate non minus, quam doctrina præstanti Philip. IV. Reg. Catbol. ad Urbanum VIII. Oratori Episc. primum oxom: deinde Cordub. Demum, Archiep. Hispalensi, qui pauperum quam diu vixit, Pater. Obiit Romæ IV. nonas Decemb. an. M.DC.LIII, ætat. an. LXXIII.* Celebrò el Cabildo muy suntuosas honras por èl en Marzo de cinquenta y quatro; dexò trescientos y cinquenta duc. al Obpo. y Cabildo, para repartirlos à pobres.

CAPITULO X.

DEL OBISPO DON Fr. PEDRO de Tapia.

DON Fr. PEDRO DE TAPIA nació en el Lugar de Villorias del Obispado de Salamanca año de mil quinientos ochenta y dos por el mes de Marzo. Fueron sus Padres el Lic. Diego Altanero, y Doña Isabèl Rodriguez de Tapia, de nobles, y calificados linages. El Padre fuè Avogado muy docto, y graduado en Salamanca. Criaron sus hijos muy Cristianamente, y à la buena educacion correspondió la buena inclinacion de los hijos: pues Diego, y Pedro tomaron el Avito de Sto. Domingo en el Convento de S. Esteban de Salamanca; y Doña Inès en el Convento de la Sma. Trinidad, que hay en Villoruela. Nro. Pedro manifestò desde pequeño una gran capacidad, y aplicacion al estudio, y à la virtud; pues frequentemente asistia en la Iglesia, y se retiraba de los juegos pueriles, para estudiar su leccion. En Salamanca estudiò la facultad de Leyes, y Canones; pero aficionado al Avito de Sto. Domingo, con la frequente asistencia en su Iglesia, y Convento de S. Esteban, pidiò el Avito, y profesò à veinte y ocho de Febrero de mil seiscientos y uno. En la Religion procurò

apro-

aprovechar en la Filosofia, y Teologìa, y mucho mas en las virtudes, dando exemplo à los mas ancianos con la puntual, y voluntaria observancia de su regla, y à los mozos con la continua aplicacion al estudio, y exercicios Religiosos. Le havia dotado Dios con una alma buena; y asi correspondia sin especial dificultad à las inspiraciones Divinas. Pero invidioso el Demonio de su aprovechamiento, intentò mortificarle de varios modos, hasta tomar su forma, para persuadir à sus compañeros, que no fuesen à Maytines, ò que no se levantasen, pues les avisaba quando fuese hora. El asistia puntual, y los otros faltaban; con que culpando à Fr. Pedro, quedaba el innocente mortificado. Padecia la pena, que no havia merecido, y no atreviendose à culpar à los otros, discurria, que obraba aqui el Demonio alguna astucia, para tenerle confuso, y traer inquietos à los Religiosos; pero Dios, que no permite la tentacion, sino es para nuestro bien, quiso que cediese esta en mayor honor de Fr. Pedro. Por el mismo tiempo havia un Energumeno en el Convento, à quien exorcizaba un Religioso, que mandò al Demonio, que saliese, y no atormentase mas à aquel Religioso. *To saldrè, le dixo, porque Dios me lo ha mandado por los ayunos, y penitencias de esta Comunidad.* No se contentò con esto el Exorcista; y le

preguntò, quienes eran los que le hacian mayor guerra con sus oraciones, y penitencias en aquella Comunidad? Indiscreta pregunta al Padre de la mentira; pero èl nombrò algunos, y confesò, que Fr. Pedro de Tapia era el que mas le atormentaba, y perseguia; y dexò libre al Religioso. Con esto hicieron reflexion de los enredos, que havian precedido, y conocieron la ilusion diabolica.

Luego que acabò los cursos de Teologìa, le dieron la Catedra de Artes, que leyò en su Convento con gran utilidad, y aprovechamiento de los discipulos; pues su leccion no solamente miraba à instruirlos en las ciencias, sino tambien en las virtudes Religiosas. Despues leyò la Teologìa en los Conventos de Segovia, Plasencia, y Toledo; y haviendo vacado la Catedra de Visperas, que tiene su Religion en la Universidad de Alcalà, fuè nombrado, para Regentarla por Febrero de mil seiscientos veinte y tres, y para la de Prima à veinte de Septiembre de mil seiscientos y treinta. Al mismo tiempo, que regentaba las Catedras, frequentaba el Pulpito, y en tiempo de vacaciones salia à Predicar Mision por los Lugares pequeños, en que logrò copiosos frutos, y conversiones admirables de almas: para lo qual se preparaba antes con oraciones, ayunos, cilicios, disciplinas, y mortificaciones, como un Apostol, fiado unicamente en la providencia de Dios, cuya gloria buscaba. Hacia à pie estas misiones, sin llevar mas que el Avito, y Breviario; y pedia limosna para mantenerse; pero encargaba mucho al compañero, que no dixera quien era, para que la limosna no fuera mayor por la autoridad, y respeto de su persona. Muchas necesidades padecia por esta causa, y le sucedieron raros casos, que toleró con heroyca humildad, y paciencia. No podia ocultarse siempre esta divina luz, y fuego; y asi procuraba retirarse, quando era conocido: algunos Arzpos., y Obpos. le pidieron, que corriese por sus Diocesis, dandole todas las facultades, que tenian, y quedaron agradecidos, y admirados de vèr à Fr. Pedro de Tapia, Catedratico tan famoso, enseñando la Doctrina Cristiana à los pobres rusticos, y niños. En todas partes dexaba fundada la Cofradia del Rosario de Nra. Sra. de quien era devotisimo.

Su Religion le graduò de Presentado, y Maestro, y su Convento le eligiò por Prior: no admitiò la Prelacìa, ni otros empleos, que le dieron; porque solamente queria emplearse en distribuir el pan de Doctrina en Catedra, y Pulpito. En sus Sermones usaba de estilo llano, y persuasivo; para que aun los parbulos entendiesen la Doctrina, y practicasen. No necesita la palabra Divina de adornos supuestos; pues desnuda de todo artificio, tiene tanta virtud, y eficacia, que penetra, hasta dividir el espiritu de la alma. A esto miraba siempre nuestro V. M. Tapia: y asi logrò copioso fruto con sus misiones. No fuè menor el que consiguiò del Duque de Medina-Cœli: Caminaba à pie por las Montañas en ocasion, que se entretenia en la caza el Duque: uno de los Criados le conociò, y se admiró de verle à pie, y tan solo en aquellas asperezas: observò el Duque la admiracion del Criado, y le preguntò, quien era aquel Religioso? Este es, le dixo, el M. Fr. Pedro de Tapia, de quien muchas veces ha oido hablar V. E., admirado el Duque llegò, y le preguntò à que venia por aquella tierra? Vengo Señor, respondiò, à dar limosna de Doctrina à estos Pueblos, Vasallos de V. E.; pues dè V. Paternidad tambien la corporal, le dixo el Duque; porque darè orden à mi Mayordomo, que pague las libranzas, que V. Paternidad hiciere; quedaron en volver à verse en Medina-Cœli, acavada la mision, y se despidieron. Fuè el V. Misionero à Medina-Cœli, y le recibiò el Duque con la estimacion, y gusto, que correspondia al gran deseo de comunicarle: Mandò pagar tres mil duc., que havia librado à los pobres el V. Siervo de Dios, y repartiò otras mayores limosnas. Vivia divertido el el Duque , como Principe mozo, y poderoso ; pero el V. Varòn le persuadiò tan viva , y suavemente, que le sacò de la comunicacion, y en adelante le venerò summamente , y fuè pregonero perpetuo de la virtud , y prudencia del M. Fr. Pedro de Tapia , y muy amigo suyo.

Hallandose en su Colegio de Sto. Tomàs de Alcalà , pidiò al Rector à deshora de la noche, que le diese licencia , para salir à una diligencia muy urgente. El Rector se admirò mucho , porque hay constitucion , roborada con Censuras, para no abrir las puertas antes del dia, sino es por necesidad gravisima ; pero atendiendo à la virtud , y sabiduria del que la pedia , y que acaso seria algun impulso especial Divino , el que le movia , con consejo de los Religiosos, se abriò la puerta , y saliò el V. Siervo de Dios. Dirigiò sus pasos àzia el Rio Henares, y hallò dos hombres , que desafiados reñian , y que uno mortalmente herido, pedia confesion. Llegòse à èl , exortòle para morir , consolòle, y confesòle , y dada la absolucion muriò. En el Colegio le esperaban por la mañana al tiempo de abrir; pero le hallaron en su Celda , sin haverle visto entrar. Todos estaban confusos, hasta que se divulgò la muerte , y que le havia confesado el M. Tapia ; con que conocieron, que Dios , Padre siempre misericordioso , le havia saca-

do del Colegio , para salvar aquella alma, como sacò de Samaria à S. Felipe, para Baptizar al Eunuco ; y que con modo admirable le havia entrado en el Colegio.

Era muy grande la opinion de su sabiduria , y virtud en todo el Reyno , y expecialmente en la Corte, donde le conocian , por haver estado en èlla muchas veces. El Nuncio, que despues fuè Inocencio X. le estimò mucho , y le diò licencia para predicar, y confesar en toda su Provincia. El Supremo Tribunal de la Inquisicion le consultaba los negocios mas arduos. Los Sres. le veneraban como oraculo ; y ultimamente la Camara de Castilla le consultò al Rey , para el Obispado de Segovia. A este tiempo la Universidad de Alcalà le nombrò , para que fuese à pedir al Rey , que le confirmase unos privilegios. Logrò vèr al Rey , y hacer su embaxada tan felizmente, que sin dilacion le concediò lo que pedia para la Universidad ; y viendo, que era Religioso de Sto. Domingo , le preguntò, si conocia à Fr. Pedro de Tapia : le conozco Sr. , respondiò, como à mi mismo : y què tal es ? Porque me han informado , que es muy docto, y Santo, y me le han consultado, para el Obispado de Segovia, y asi deseo saber, si puedo con buena conciencia nombrarle para esta Iglesia ? Esta pregunta fuè la piedra de toque , que manifestò lo fino de su gran humilmildad, y espiritu : pues no dió señal alguna por donde conociese el Rey, que era el mismo Fr. Pedro de Tapia ; havia llegado à lo summo del abatimiento, y desprecio de sì mismo, como lo dice la respuesta, que dió al Rey: *Señor el punto es gravisimo, y en que peligra mucho la conciencia de vuestra Magestad, conozco mucho à Fr. Pedro de Tapia, y ha muchos años, que soy su compañero en Conventos de mi Orden. Pero siento en verdad, que debo confesar con sencillez à vuestra Magestad, que ese Religioso es mucho menos en ciencia, y virtud de lo que se dice : medianamente sabe ; pues en algo havia de emplear tantos años que ha estudiado : En la virtud no es lo que piensan : es un Religioso, que solamente tiene algun credito en la Universidad, por ser poco vullicioso, y retirado. En quanto à nombrarle vuestra Mag. para Obpo., hablando con el respeto debido à vuestra Mag. digo : que es contra justicia, y conciencia, porque es incapaz para el ministerio, y teniendo vuestra Mag. tantos hombres grandes, que pueden serlo : para què quiere vuestra Mag. proponer à sujeto, que no lo merece?* El Rey quedó muy pensativo, y triste con este informe, tan contrario al que tenia ; y como era de un Religioso inviado por la Universidad, le hacìa mucha fuerza. Despidìòle el Rey, y al baxar la escalera de Palacio le encontraron, y hablaron el Almi-

rante, y Duque de Medina-Coeli, que iban à vèr al Rey, en quien encontraron en el semblante gran novedad, que tambien los puso en confusion. El Rey dixo, que le havian propuesto para el Obispado de Segovia à Fr. Pedro de Tapia, Religioso muy docto, y virtuoso, y que le havia informado otro Religioso, que era indigno, è incapaz de ser Obpo. ; esto me ha causado mucha novedad; luego discurrieron el Duque, y Almirante, que habria sido el mismo M. Tapia ; y preguntaron al Rey, si era un Religioso Dominico, que acavaba de salir : à que dixo el Rey, que si : *Pues, Señor, dixeron, ese era el mismo Fr. Pedro de Tapia, à quien encontramos : y por su dicho conocerà vuestra Mag. que sujeto es :* el Rey quedò admirado, y formò altisimo concepto de su virtud ; luego mandò despacharle la consulta, eligiendole Obpo. de Segovia, que no admitiò, con tal repugnancia, que fuè necesario recurrir à mandarselo los Superiores con todo rigor: A este V. Prelado adequa lo de S. Bernardo. *Mirabilem te apparere, & contemptibilem reputare; hoc ego ipsis virtutibus mirabilius judico. Serm.* 13. *in cant.*

La gracia del Obispado se despachò en Roma à siete de Enero de mil seiscientos quarenta y uno, y à quince de Junio tomò la posesion. Consagrò à nuestro Obpo. en Sto. Domingo de Madrid

el

el Inquisidor General , y Arzpo. de Damasco D. Fr. Antonio de Sotomayor de su mismo Avito en el dia veinte y cinco de Julio del mismo año. De Madrid salió para su Obispado, caminando à pie , y con la comitiva de un Religioso, y un Eclesiastico , que llevaba por Mayordomo ; y à catorce de Agosto por la tarde entró en Segovia, y caminò en derechura à su Iglesia , donde fuè recibido con la solemnidad acostumbrada. En su persona no hizo mutacion el nuevo estado ; observò puntualmente los ayunos, y mortificaciones de Religioso ; y aunque por sus accidentes le mandaron comer carne, pocos dias la comia , y puesta yà la mesa para comer, solia de repente baxar al tinelo à comer con la familia, y tomaba la racion de algun familiar, dandole la suya; con que sin hablar , obligaba al continuo cuidado, de que para todos estuviese bien sazonada. Su familia fuè muy escogida ; porque decia , que la casa de un Obpo. era el taller de donde salian, para instruir à otros en virtud, y sabiduria : y asi los acomodaba segun el merito de cada uno , y nunca pudieron vencerle los empeños, à dar beneficio à persona estraña, que pudiese conferir à sus familiares. Al tiempo de comer asistian todos los Capellanes, y Pages, y uno leìa un Capitulo de la Biblia Sagrada, sobre que se excitaba algun punto de Teologia Moral,

Expositiva, ò Escolastica, que se conferia, despues de haver comido todos, y asi los obligaba à estudiar , y juntamente los enseñaba. A los Pages preguntaba sobre lo que estudiaban, y los hacia tener conferencias en su presencia. Muchas veces se las presidia en defecto del Maestro de Pages. Desde las seis de la mañana , hasta las diez de la noche tenia distribuidas las horas para diversos exercicios, yà espirituales, yà de gobierno ; y audiencia ; y al fin se rezaba el rosario, y se tenia media hora de oracion, con que despedia à la familia, dandoles su bendicion. Poco se podia penetrar de lo que executaba , quando se quedaba solo; porque era recatadisimo, y asi se ignora mucho de los exercicios interiores de este V. Prelado.

Deseaba con ansia conocer, y visitar sus ovejas, y asi luego que pudo salió à pie à visitar el Obispado. En llegando à un Lugar, caminaba à la Iglesia, y rezaba con todos el rosario : despues les predicaba, y enseñaba la Doctrina Cristiana, de que havia gran necesidad , porque era grande la negligencia de los Parrocos, y la ignorancia de los Pueblos. No permitia tomar cosa por razon de la visita : todo el gasto se hacìa à su costa , sin permitir, que se recibiese regalo, ò agasajo, que no lo pagase el Mayordomo. Al mismo tiempo daba limosnas, y socorria à los pobres Hospitales, segun su

po-

posibilidad, que por ahora era muy tasada : porque quando le dieron el Obispado solamente tenia un Avito ; y asi fuè necesario tomar prestado dinero, para costear las Bulas, y lo que pareciò preciso à la decencia de la Dignidad ; y su primer cuidado era no deber, y no tener cosa sobrada de la hacienda de los pobres, de que solo era administrador : como escribiò à quatro de Abril de mil seiscientos quarenta y tres al Conde Duque, que le consultò sobre tomar la plata, no precisa en las Iglesias, para las urgencias de la Monarquia, obligandose el Rey à pagarla ; y le pedia un donativo.

Logrò gran fruto en la visita : porque corrigiò à muchos con la afabilidad de Padre, que admiraban todos en èl ; à otros con la correccion, que secretamente les daba, y amenaza del rigor, si reincidian, como lo executaba, quando la blandura no bastaba, pues parecia muy otro en las reprehensiones que daba ; y despues de haverlos mortificado, solia recluirlos en Conventos, para que hiciesen exercicios, y una confesion general. Para las Iglesias llevaba Ornamentos, Calices, Misales, y Vasos, y las proveìa segun la necesidad. Celaba mucho la limpieza de las Iglesias, y Ornamentos Sagrados ; y en los Parrocos, y Confesores la suficiencia ; y asi los examinaba con rigor, y suspendia à los que no hallaba suficientes ; como lo hizo con algunos Parrocos, que con la seguridad de no volver al examen, havian dexado el estudio. En la conversacion solia mover algun punto moral, con que exploraba, lo que sabia cada uno, y ponia à todos en la obligacion, y cuidado de estudiar. Goberñò santisimamente este Obispado quatro años, y haviendo pagado à todos los acreedores, y cargas de pensiones, Subsidio, &c. diò de limosna mas de treinta mil duc. Tal era la parsimonia de este Prelado Apostolico, que en tan poco tiempo pudo desempeñarse, y ser tan liberal.

El Rey le presentò para el Obispado de Siguenza, y tomò la posesion à veinte y ocho de Junio de mil seiscientos quarenta y cinco. Dexò à Segovia tan triste con su ausencia, como alegrò à Siguenza con su entrada, que fuè à catorce de Julio de dicho año. Havia costeado las Bulas de este Obispado, y la mutacion de su familia, y casa con caudales de Segovia ; y su primer cuidado fuè restituirlos à Segovia, para distribuirlos, segun la memoria que enviò, diciendo, que aquella hacienda no era suya, sino de aquellos pobres, en quienes se debia distribuir. Como este Obispado era mas pingue, tubo su caridad mas bienes, con que socorrer necesidades, y dotar doncellas ; porque en orden à su persona, y familia no variò la regla, que havia guardado en Segovia.

via. Visitò este Obispado à pie, y à su costa, sin permitir tomar cosa de persona alguna, ni grabar las Fabricas de las Iglesias, porque decia, que por esto tenia la renta del Obispado, y que de otro modo tuviera otra renta de las Iglesias. A todas donaba Ornamentos, Calices, y Misales, que llevaba prevenidos : y si en el Lugar tenia granos, repartia porcion à los pobres, y sino los tenia, les daba por su mano lo equivalente en dinero. Muchos trabajos padeciò en esta visita por las asperezas, lluvias, frios, calores, y vientos : pero nada podia contener su zelo Apostolico, ni entiviar su ardiente deseo de visitar, y cuidar de las ovejas, que le havia encomendado Jesu-Christo. El fruto de esta visita fuè muy grande, porque hallò muchas ovejas perdidas, que redujo con suavidad al rebaño, y dieron en adelante mayor exemplo de virtud, que havian dado de escandalo.

El trabajo grande de la visita, no dispensaba los ayunos, mortificaciones, y vigilias, que solia tener en su casa ; antes sì los aumentaba ; pues aunque llegase mojado, y cansado, dormia en el suelo, ò vestido se recostaba en la cama. De esto contrajo una enfermedad, que terminò en largas quartanas. Mucho le debilitaron las fuerzas, conque se melancolizò, y pensaba continuamente en renunciar el Obispado, y retirarse à su Convento, para vivir como Religioso : y asi decia : *Si supiera, que havia de morir Obispo, viviera con grandisimo desconsuelo, y me alivia en esta congoja la esperanza de verme en mi Celda libre de esta pesada carga. Hà Señor, quando me hareis esta merced? Quando serè yo Religioso, como debo serlo?* Con estos, ò semejantes coloquios, y suspiros se alentaba en sus melancolias, y trabajos ; pero al contrario el Rey queria promoverle al Arzdo. de Valencia, lo que resistiò el V. Prelado con todo vigor, y constancia.

Tan alto concepto de la Santidad, y sabiduria de nuestro Obpo. havia formado el Rey, que continuamente le pedia, que rogase à Dios por èl, y por los felices sucesos del Reyno, tan convatido en estos tiempos ; y juntamente, que le diese su dictamen en varios puntos de gobierno para la seguridad de su conciencia, fiando en èl su direccion, y acierto. A este fin escribiò al Rey unas advertencias muy utiles, y cristianas, y à ruego suyo expidiò Decreto, para que no huviese Comedias en España, y se remediasen otros abusos publicos, que provocaban la ira de Dios, para castigar esta Monarquia. No le estimaba menos el Pontifice Inocencio X. desde que le conociò, estando de Nuncio en Madrid ; y yà Pontifice executò con èl muy finas demostraciones, mandando al General de Sto. Dominmingo, el M. Fr. Tomàs Turco, que le visitase en su nombre. *Vade, & visita Episcopum Tapiam, & videbis alium Sanctum Dominicum.* Con esta confianza, que tenia del Papa, le escribiò diversos puntos dignos de reforma, que huvieran sido muy utiles à la Iglesia.

Governò la Iglesia de Siguenza quatro años, y diò à la Catedral dos mil duc. para hacer Capas; y à costa de ocho mil duc. hizo la rexa del Coro. Al Hospital de dicha Ciudad seis mil fanegas de Trigo, y mil duc. en dinero. Al Convento de su Orden en Cifuentes, que estaba casi arruinado cinco mil duc. para repararle. Para dotar doncellas ocho mil duc. Para librar à sus feligreses del repartimiento de Trigo, y Cebada, para mantener el Exercito de Cataluña, toda la cantidad, puesta à su costa en Zaragoza; y al Rey sirviò con cantidades de granos, y dinero para el Exercito, que defendia las Iglesias, y feligreses de su Obispado, y por via de limosna: las limosnas diarias publicas, y secretas fueron muy copiosas, y las que hizo à pasageros, que le pedian, llegaron à quatro mil duc. Con tanta cuenta, y razon vivia, que por su mano escribia las rentas, y distribucion de èllas, como fiel administrador de Jesu-Christo.

Por ascenso de D. Fr. Domingo Pimentèl à la Mitra de Se-villa le nombrò el Rey para la de Cordoba. Mucho sintiò, y resistiò esta promocion; porque su anhelo era lograr ocasion oportuna de renunciar el Obispado, y retirarse. Pero el Rey cerrò los oidos à todas escusas; y asi se viò obligado à aceptarle. Yà estaba nombrado à veinte y ocho de Mayo de mil seiscientos quarenta y nueve, en que nombrò el Cabildo al Canonigo D. Melchor de Contreras, y al Racionero D. Antonio Hurtado (que se hallaban en la Corte) para que pasasen à Siguenza à cumplimentarle; como lo executaron con gran estimacion, y complacencia de nuestro Obpo. En Roma pasò la gracia à veinte y tres de Agosto; y à dos de Diciembre de dicho año tomò la posesion el Lic. D. Luis Benito Oliver, à quien inviò por Provisor, Vicario General, y Gobernador del Obispado.

El Obpo. escribiò al Cabildo una Carta muy obsequiosa à veinte y seis de Noviembre desde Toledo, en que manifiesta, que en el mismo dia havia hecho el juramento de fidelidad, y obediencia à la Sta. Sede en manos del Sr. Arzpo., y Cardenal Sandovàl, y concluye: *Yo quedo muy gozoso de haver de llegar tan presto el dia tan deseado para mi consuelo, como el de gozar de V. S. à cuyo servicio estoy siempre.* El Cardenal estubo muy gustoso, y fino en obsequio de nuestro Obpo., y porque yà

Cor-

Cordoba se hallaba tocada del contagio de peste, procurò con otras personas persuadirle, que se detuviese, hasta vèr si respiraba la Ciudad con algun alivio de tan penosa, y mortal epidemia; pero vivia altamente impreso en el pecho de nuestro Prelado lo del Apostol: *Quis infirmatur, &. ego non infirmor?* Y asi determinò venirse aceleradamente à consolar sus Ovejas, y à morir con ellas, si fuese esta la voluntad Divina. *Si todos se han muerto (decia) despues, para què quieren Obispo?* Antes de entrar en la Ciudad intimò à su familia, que no entrase el que no quisiese; asegurando, que pasada la epidemia, si vivia, los recibiria en el mismo grado, y lugar, que tenia; porque en ellos no havia la obligacion, que reconocia en sì, de asistir, y consolar sus Ovejas en semejante peligro. Ninguno le desamparò, y todos se animaron à decirle: *Eamus, & moriamur cum illo.* Entrò de secreto en Cordoba à nueve de Diciembre, y al dia siguiente diez por la tarde vino acompañado de la Ciudad à su Iglesia, donde le esperaba, y recibiò el Cabildo con la solemnidad acostumbrada. Con esto se deben corregir algunos defectos ligeros, en que incurriò el M. Lorca, Historiador de este V. Prelado, diciendo, que hizo el juramento en manos del Obpo. de Osma, y que entrò publicamente en Cordoba à ocho de Diciembre.

Aunque las prevenciones, para preservar à esta Ciudad del contagio fueron grandes, desde el mes de Junio de mil seiscientos quarenta y nueve empezaron à enfermar algunas personas pobres, que pusieron al Obpo. antecesor, Cabildo, y Ciudad en gran cuidado; y ofreciendo limosnas para la curacion, dispusieron, que se les hiciese con la mayor asistencia, y regalo. Yà por Noviembre estaba el contagio manifiesto: y luego que entrò nuestro Obpo. en Cordoba, fuè à visitar el Hospital de S. Lazaro, donde se curaban, y consolò à todos con su presencia, amonestaciones, y limosnas, que les diò: à imitacion de su Prelado socorriò el Cabildo al dicho Hospital con doscientos duc. entre otras limosnas, que determinò distribuir à veinte de Diciembre de mil seiscientos quarenta y nueve. Entrò el año de mil seiscientos y cinquenta, y considerando el Cabildo, que se aumentaban los enfermos, y que necesitaba de socorros el dicho Hospital para la curacion, ofreciò à veinte de Enero cien duc. en cada mes por el tiempo, que durase la epidemia; celebrò nuestro Obpo. esta accion piadosa, y à veinte y dos del mismo mes participò al Cabildo, que daria otros cien duc. para que los distribuyesen con los del Cabildo los Diputados nombrados para el socorro. De diferentes Obraspias del Patronato del

1650

Ca-

Pppp

Cabildo se aplicaron doscientos y diez duc. en cada mes, y ciento y ocho fanegas de Trigo para el mismo fin. Del Hospital de S. Sebastian, que por estar dentro de la Ciudad, è inmediato à la Casa del Obpo., y Catedral, se mandò cerrar, aplicò el Cabildo otros cien duc. cada mes con todas las aves, que tenia de renta. El Arzpo. de Sevilla D. Fr. Domingo Pimentèl inviò al Obpo., y Cabildo mil fanegas de Trigo, y mil duc. para la curacion. La Ciudad, y personas piadosas contribuyeron con buenos socorros, con que se pudo asistir con abundancia, y regalo à los enfermos, que ha veinte de Enero llegaban à quatrocientos en S. Lazaro, y muchos convalecientes en la Hermita, y Casa de S. Sebastian contigua.

Las rogativàs por la salud se continuaban desde el año antecedente en todas las Iglesias, y Conventos; y para aplacar la ira de Dios de nuevo, se traxeron en procesion general las reliquias de los Gloriosos Martyres à la Catedral Domingo por la tarde veinte y tres de Enero: en los dias siguientes se celebraron nueve fiestas solemnes, y en el decimo se hizo otra à S. Rafaèl, expecial protector de Cordoba. Las reliquias permanecieron expuestas en el Altar de Nra. Sra. de Villa-Viciosa para la devocion de todos, hasta que cesò el contagio, y se llevaron à trece de Octubre à S. Pe-

dro. Nro. Obpo. predicò el dia dos de Febrero, y con su Apostolico zelo exortò à la devocion de Nra. Sra., purificacion de las conciencias, y socorro de los pobres, y enfermos. Con esto se fervorizaron los Parroquianos de la Catedral, y dispusieron dar una explendida comida à todos los enfermos del contagio; lo que executaron, llevando en procesion muy devota la Imagen de Jesu-Christo Crucificado, y la de S. Sebastian, que se venèran en su Altar del Punto: à la vuelta las colocaron en la Capilla del Sagrario, y por nueve dias celebraron fiestas, y rogativas, para conseguir de Dios salud pùblica.

En el Convento de la Merced, extramuros de la Ciudad, se venèra de antiguo una devotisima, y milagrosa Imagen de Christo Crucificado; y aunque en otras ocasiones se havian hecho rogativas, y fiestas por el Cabildo, y Ciudad en su Capilla, en èsta pretendiò la Ciudad, que se traxese la Divina Imagen à la Catedral: y haviendolo conferido nuestro Obpo., y Cabildo, determinaron ir en procesion general à veinte y cinco de Marzo por la tarde, y traer la milagrosa Imagen. En la Catedral estubo, hasta el Domingo veinte y siete de Marzo por la tarde, que se volviò à llevar con la misma procesion general, à que asistiò el Obpo., que havia predicado por la mañana con gran

edi-

edificacion, y consuelo de todos. La procesion se terminò en el Convento, por no fatigar al devoto Prelado con la vuelta. Hasta aqui se havia estilado poner un tablado, y sitial en la Capilla mayor, para que predicase el Obpo., y en esta ocasion significò, que queria predicar desde el pulpito, por ser mas acomodado, para oir el Pueblo, y asi se ha observado despues por el mismo Obpo., y sus sucesores.

Para evitar los concursos en tiempo tan peligroso, se ordenò, que en adelante no huviese sermones, ni procesiones publicas; y asi las de Letanias, y Corpus no salieron de la Iglesia; sucedia en Cordoba, lo que en la Nave de Jonas, que cada uno clamaba al Sto. de su devocion, que fuese intercesor, para aplacar à Dios, y suspender su ira. Quiso su Mag. ir levantando el azote, y se empezò à experimentar mejoria. Escogiòse el dia de Santiago, Patron de España, para publicar la salud, y el Cabildo suplicò à nuestro Prelado, que se dignase predicar en fiesta de tanto gusto. La vispera por la tarde vino la Ciudad à dar las gracias à Nra. Sra. de Villa-Viciosa, y Sagrados Martyres, y al dia siguiente se celebrò la fiesta del Soberano Apostol con la mayor solemnidad, y alegria de todos. El Cabildo reconocido al favor de Nra. Sra. por haver preservado del contagio à todos los Prebendados (aunque havia tocado à personas de sus familias) fuè à dar las gracias al Santuario de la Fuen-Santa, y determinò, que acavadas Completas, todos los Sabados se cantase el *Sub tuum præsidium* en la Capilla de Nra. Sra. de Villa-Viciosa: Asimismo desde este año celebra solemnemente la fiesta de S. Sebastian con distribucion à los que asisten.

Deseaban ambos Cabildos, que el voto, ò juramento de defender la Immaculada Concepcion de Maria Sma., de que yà hicimos mencion en el Capitulo septimo, se hiciese con la mayor solemnidad, y con Estatuto, que obligase à los sucesores, quando fuesen de nuevo admitidos, y à todos los Capellanes, y Ministros; y lo propusieron à nuestro Obpo., que tubo gran gusto, y aprobò tan piadoso intento: y asi de comun consentimiento se determinò, que se hiciese el Domingo once de Septiembre en la Catedral, despues del Evangelio. La noche antes se iluminò toda la Ciudad, correspondiendo todas las campanas de las Iglesias; y por la mañana se colocò la Imagen de Nra. Sra. de Villa-Viciosa en el Altar mayor, donde celebrò el Dean D. Pedro de Castro Toboso Misa votiva de la Immaculada Concepcion, haviendo precedido procesion con la Sagrada Imagen por el Patio de los Naranjos. Cantado el Evangelio por el Doctor, y Canónigo D.

Antonio Pardo , leyò en alta voz la forma del juramento , que se havia de hacer , y predicò el Doct. D. Antonio de Paredes , Racionero de esta Sta. Iglesia , sujeto muy digno de mayores premios , como lo acreditò en Pulpito , y Catedra en dos ocasiones , que voluntariamente se opuso à las Canogias Magistrales. En la Capilla mayor estaba prevenida una mesa, y Misal , para hacer el juramento. Nro. Obpo. diò principio à este autorizado acto , jurando , y prometiendo defender la Immaculada Concepcion de Nra. Sra. , y sentado en una silla , junto à la mesa, fueron por su orden llegando todos los Prebendados , Capellanes, Corregidor , y Veintiquatros , y en sus manos hicieron el mismo juramento. Desde este dia se ha observado inviolablemente por ambos Cabildos , que todos sus individuos , quando toman posesion, hagan este juramento.

El Pontifice Inocencio X. criò Cardenal à D. Antonio de Aragòn, Arcediano de Castro , y Canonigo : diò noticia de esta promocion al Cabildo, la que se celebrò con summa alegria ; pero en pocos meses se convirtiò en tristeza por la muerte temprana de este purpurado, que sucediò en Madrid à ocho de Octubre de este año de mil seiscientos y cinquenta. Fuè afectisimo à su Iglesia , y para el cumplimiento de su funeral le dexò quinientos duc. , no pudiendo hacer mayor demostracion de su amor por su pobreza , y empeños. Naciò en la Ciudad de Lucena , y estudiò Canones en Salamanca, donde tomò Beca en el Colegio mayor de S. Bartolomè. Fuè Inquisidor en Zaragoza , y despues en la Suprema.

La devocion al Arcangel S. Rafaèl se aumentò notablemente en Cordoba desde este tiempo. En reconocimiento de los beneficios, que debia esta Ciudad à su proteccion , nombrò el Cabildo à doce de Junio de mil seiscientos quarenta y nueve Diputados , para que tratasen con el Obispo , sobre rezar del Arcangel en la Ciudad, y Obispado. Por entonces no tubo efecto ; y al año siguiente à peticion de nuestro Obpo. , y ambos Cabildos, concediò el Papa à diez de Septiembre Misa , y Rezo del Arcangel , aprobado yà para la Religion de Nra. Sra. de la Merced , y que se celebrase el dia siete de Mayo. Para este dia siete de Mayo del año de mil seiscientos cinquenta y uno se dispusieron magnificas fiestas , que podrà vèr el curioso en libro expecial , que imprimiò en Cordoba año de mil seiscientos cinquenta y tres D. Pedro Mesìa de la Cerda , Cavallero del Avito de Alcantara. En la Catedral se celebrò por ocho dias con asistencia de Obispo , Cabildos , y Pueblo innumerable , que concurriò à las fiestas. El primero dia predicò el Doct.

Doct. D. Joseph de Valvellido, Canonigo Lectoral, y en el Octavo (que fuè à catorce de Mayo) el M. Fr. Juan de Almoguera, Ministro del Convento de la Sma. Trinidad de Calzados. La devocion se ha continuado con gran fervor, y por concesion del Papa Clemente XII. se puede rezar un dia desocupado en cada mes con Rito de Semidoble. No puede disimularse un error repetido en dicho libro, de que la Iglesia Parroquial de S. Pedro era Catedral en tiempo del Obpo. D. Pasqual, quando se colocò en su Torre la Imagen del Glorioso Arcangel; porque desde que se conquistò Cordoba, hà sido Catedral la misma, que hoy lo es.

Con la peste, que afligiò à Cordoba el año de mil seiscientos y cinquenta se juntò la falta casi total de cosecha; y en el año siguiente de cinquenta y uno fuè muy mediana : con que se experimentò una carestia, y falta de pan, que puso en conturbacion à todos. Hallavase por Corregidor el Conde de Peñaparda, Cavallero de buenos deseos; pero de poca actividad, y providencia, para solicitar el remedio. Nro. Obpo. sentia mucho esta negligencia, y temia, que fuesen mayores los males de este Pueblo; y asi le amonestò muchas veces, que tomase providencia pronta para mantener esta Ciudad; y à veinte de Abril de cinquenta y uno escribiò al Corregidor, y Ciudad un munitorio Pastoral, en que les hace cargo de la obligacion grande, que tenian, de atender al abasto de la Republica, y les amonesta por las entrañas de Jesu-Christo, y por la virtud, y autoridad de su oficio, que cumplan con ella ; porque de otra manera dice : *intentaremos los medios mas convenientes, y sino pudieremos conseguir este bien, pasaremos nuestra Casa à otra Lugar de este Obispado, donde hagamos mas fruto, y se sirva à Nro. Sr.* La Ciudad determinò buscar Trigo para el abasto; pero tan remisamente, que no tubo efecto considerable, porque el precio fuè creciendo de modo, que llegò à valer la fanega à ciento y diez Rs. y no havia caudales, para comprar lo necesario : què gran vigilancia, y prevencion deben tener los que gobiernan, para no perder los Pueblos en semejantes necesidades !

El Rey pidiò al Papa Capelo para el Arzpo. de Sevilla con el animo de que renunciase el Arzdo. y volviese à Roma : y nombrò à nuestro Obpo. para el Arzdo. El Cabildo sintiò mucho esta noticia, y à trece de Abril nombrò quatro Diputados, para que en su nombre le manifestasen el gran dolor, que tenian por la perdida de tal Prelado, y le suplicasen, que diese su licencia, para inviar dos Prebendados à la Corte, que representasen al Rey los deseos del

Ca-

Cabildo, de conservarle en el Obispado por el bien grande de los pobres, y mayor servicio de Dios. El V. Obpo. los recibió con la afabilidad acostumbrada, y estimó entrañablemente el afecto del Cabildo: y en quanto à inviar personas à la Corte, le parecía, que no tendria efecto favorable esta diligencia, por estar muy adelantado el empeño del Rey, y que sentirìa, que gastase el Cabildo inutilmente: mas que se valiese de todos los medios, que juzgase convenientes. El Cabildo escribió al Rey, al Marquès del Carpio D. Luis de Haro, y à otros Ministros, de que no se consiguió fruto.

Por Mayo salió nuestro Obpo. à la visita del Obispado, y à diez y nueve de Junio se hallaba en Buxalance, de donde se vino à Cordoba el dia veinte y uno à instancias del Cabildo, que le pidió se hallase presente al concurso del Canonicato Magistral. En èl fuè electo à once de Julio el Doct. D. Fernando Gazapo de Somorriva, natural de la Villa de Carvajales del Arzdo. de Santiago, Colegial en el mayor del Arzpo. en Salamanca, y Canonigo Lectoral de la Sta. Iglesia de Coria. Fuè excelente Teologo, y dexò escrito un tomo en folio, en que tratò muchas questiones quodlibetas, sobre la primera parte de Sto. Tomàs, y le dedicò à S. Alvaro de Cordoba. *Pater, & sola-*

tium vitæ meæ (dice) *Sancte Frater Alvare multis ab hinc annis tua intercesione conservationem vitæ vitæ meæ à Deo piè suadeor me consequtum fuisse; & quid mirum, cum quotidie tot miracula atefacta fideles venerentur.* Novisimamente declaró à veinte y dos de Septiembre de mil setecientos quarenta y uno el Smo. Benedicto XIV. el culto immemorial de este Santo, y concedió Oficio con Rito doble para la Religion Dominicana, y Ciudad de Cordoba, lo que se solicitaba con ansia en el año de mil seiscientos sesenta y seis, en que escribia este Doctor: no llegò à imprimirse esta obra, por muerte de su Autor, que sucedió à veinte y seis de Abril de mil seiscientos sesenta y siete.

La falta de pan era muy grande en la Ciudad; y doliendose nuestro Obpo. con el amor de verdadero Padre, determinò, que la limosna diaria, que daba en dinero, fuese en pan, y en menos de un año dió dos mil fanegas à los pobres, sin lo que daba à Comunidades, y personas honestas; à veinte y cinco de Agosto pidió al Cabildo, que nombrase Diputados, para tratar, y conferir con ellos, y otros de la Ciudad sobre remediar la falta de pan, que se experimentaba, y amenazaba mayor por la esterilidad del año. Para esto compró mil fanegas de Trigo à precio de ciento y diez reales, y lo dió à la Ciudad à diez y ocho, que

era

era el coto. El Cabildo diò quinientas fanegas al mismo precio, y dieron otras personas algunas porciones de granos, con que se fuè socorriendo la necesidad que havia. El Obpo. predicò en su Catedral dia de Todos Santos, y exortò con Apostolico zelo à tener paciencia en las aflicciones, con que Dios castigaba à este Pueblo por sus propias culpas, y à imitar à los Santos, para conseguir el consuelo que lograron.

52   Entrò el año de mil seiscientos cinquenta y dos tan escaso de aguas, que à veinte de Abril se hacian publicas rogativas à Nra. Sra. de Villa-Viciosa, y procesion general al Convento de S. Francisco con la Sagrada Imagen, para conseguir la lluvia. Con esto empezò à faltar el pan en la Ciudad, y no se hallaba Trigo por ningun precio. El dia seis de Mayo una muger afligida con la muerte de un hijo, que decia, de hambre, se lamentaba de su desdicha, y falta de pan, con que todos perecian. El vulgo, que en tales ocasiones se mueve con facilidad, empezò à tumultuarse, y juntarse en gran numero, y clamando viva el Rey, y muera el mal gobierno, caminò à la Casa del Corregidor, Vizconde de Peñaparda, que yà se havia retirado ocultamente al Convento de la Sma. Trinidad. Viendo fustrado su intento, pasaron al Palacio del Obpo. pidiendo remedio, porque pere-

cian de hambre; y desde un balcòn procurò sosegarlos, y mandò entregar las llaves de los graneros, en que havia seiscientas fanegas de Trigo, para las limosnas cotidianas de pan. *Señor* (respondiò la turba) *no queremos el Trigo de V. S. I. pues sabemos, que es para remediar nuestras necesidades; lo que pedimos es, que V.S.I. venga gobernandonos, para sacar el Trigo de las Casas, que dixêmos, para remediar la necesidad, que padecemos.* El V. Prelado baxò, y considerando, que con su presencia podria evitar las violencias, que intentasen, y conseguir, que sin cometer desorden, diesen los dueños algun Trigo, para satisfacerlos, convino en acompañarlos.

El Cabildo se juntò à la hora de tercia, y nombrò ocho Prebendados, para que asistiesen al Obpo., y ayudasen à sosegar el Pueblo. En algunas Casas dieron voluntariamente el Trigo que tenian; pero en otras usaron de violencia, quebrando las puertas de los graneros. Casa huvo, en que se hallaron quatro mil arrobas de harina yà podrida; rara inhumanidad en tiempo tan necesitado, y fiera codicia! Entre tanta confusion ninguna persona faltò al respeto, y veneracion debida al Prelado, ni en las Casas executò otro exceso, que llevarse el Trigo. Con esto se fuè sosegando el tumulto, y por la noche quedò quieta la Ciudad, que procurò asegurar el V. Obpo.

con

con multiplicadas rondas de Prebendados, Eclesiasticos, y Religiosos graves, que velaron toda la noche. Al dia siguiente se volvieron à juntar los amotinados en mayor numero, y temiendo se continuase con mayor desorden, y furor el alvoroto, se mandò exponer el Smo. en la Catedral desde las ocho de la mañana, y hacer continuas rogativas, para que su Divina Magestad aplacase su ira, y moviese los corazones de los que fomentaban tan peligrosos alvorotos. La misma diligencia se practicò en todas las Iglesias, y Conventos de la Ciudad; y quiso Dios, que por el espiritu, y autoridad de nuestro Prelado, como de un S. Leon, se sosegase este tumulto.

De lo sucedido en este dia escribiò prontamente al Marquès del Carpio, dandole cuenta de lo que havia practicado: *Pero recelandose (dice) que se queria reprimir por fuerza este motin, amaneciò esta mañana muy crecido, y à las ocho havia mas de diez mil hombres con armas. Sali à ellos, y poniendome en parte eminente, los procurè sosegar, y se sosegaron algun tanto: porque gran parte eran de la Pleve inferior, que los venian forzando, y recogiendo violentamente; advertiles, que no traian orden, para recoger el Trigo, que pretendian, y ponerle cobro para el avasto comun, y para disponer, y dar ordenes à otras cosas que pedian. Que en ausencia del Corregidor se les daria por parte de su Mag. quien gobernase la Ciudad, sin que se faltase à su servicio, y obediencia, pues la aclamaban como fieles, y leales Vasallos suyos: vinieron en este partido, y pidieron, que los gobernase por parte de su Mag. D. Diego Fernandez de Cordoba; luego de secreto despaché à un Eclesiastico, que buscase al Corregidor, para que sobstituyese su oficio à este Cavallero, como lo hizo, y me traxeron la delegacion. Y dandome priesa el tumulto, para que fuese à las Casas, y Sala comun del Ayuntamiento, ò Cabildo de la Ciudad, me obligaron à llegar à ella en medio de diez, ò doce mil hombres, y me encerré en la Sala con asistencia de seis Prebendados Diputados por el Cabildo de mi Iglesia, è hice juntar à los Veintiquatros, y Jurados, que se pudieron hallar, y formando con ellos Cabildo de Ciudad ante el Secretario de él, se aprobò la delegacion del Corregidor en D. Diego de Cordoba; y aunque lo resistia, se le obligò à que lo aceptase, hasta que se diese cuenta à su Mag. por parecer evidente servicio suyo; porque no se perdiese esta Ciudad, y otras de esta Provincia con daño irreparable de la Corona de su Mag. Con esto, y comenzar à darles ordenes, se sosegò el tumulto, y retiraron las armas: aunque esta tarde se han vuelto otras dos veces à mover, y sosegar; están temerosos del castigo, y con esto no se* se quietan del todo. Instan por el perdon de su Mag. para acabarse de quietar. Parece, que importa se les asegure por parte de su Mag., con pretesto, de que no han hecho daño, ni actual resistencia, y que el principal intento ha sido buscar pan. Esto Señor, está movido, y yo tengo avisado algunas veces este peligro demàs de un año de esta parte, y ahora ultimamente habrà veinte dias; si se huviera seguido mi voto, allà, y acà, creo no huviera sucedido esto. El motivo proximo ha sido la falta de pan, y carestia de todo lo usual: pide remedio esta gente à estas cosas, y otras; y temen, que se les ha de volver à baxar el vellòn, que ahora ha subido; y si fuese asi se puede temer mucho mal; mayormente, quando và reconociendo la Plebe en esta tierra, à donde llega la fuerza opuesta à la suya: y no es bien hacer muchas experiencias de sufrimiento, ni poner à riesgo lo que de cierto se posee, por lo dudoso; y mas siendo lo cierto de muy mayor importancia; esto es lo que mas me duele, con ser asi, que desde que entré en esta Ciudad he padecido todo genero de calamidades; peste, hambre, y ahora guerra por mis grandes pecados: por esta parte quizà me serà de conveniencia, lo que siento es, lo que es conveniente al servicio del Rey Nro. Sr., y Real Catolicisima persona. Asistiré à todo lo que pareciere del servicio de su Mag. en este motin, y avisaré de lo que vaya sucediendo. No vuel-

vo à escribir à su Mag., porque supongo le participarà V. E. estas noticias, y mi cuidado, hasta que Dios quiera quitarmele, volviendome al Monasterio. Cordoba siete de Mayo de mil seiscientos cinquenta y dos. B. L. M. de V. E. su muy servidor Fr. Pedro, Obpo. de Cordoba.

Al dia siguiente ocho de Mayo toda la Ciudad estuvo en quietud; y en accion de gracias fuè el Cabildo al Sagrario, donde estaba manifiesto el Smo., y se cantò Te Deum laudamus. Escribiò al Rey todo lo sucedido; y tambien el Obpo., pidiendo el perdon general, que concediò su Magestad; con que quedò consolado, y quietò todo el Pueblo. Mucho debiò en esta ocasion Cordoba à este V. Prelado: pues con su prudencia sosegò un motin tan grave, y con su piedad les consiguiò general perdon; pero no faltaron algunos, que sentidos de haverles sacado el Trigo, qué ocultaba, ò negaba su codicia, divulgaron tres Capitulos contra el Obpo., para hacer menos disonante su delito, en que era el Obpo. participante: estos fueron, que al tiempo del motin tenia en su casa gran porcion de Trigo: que havia dado al Rey, lo que debia dar à los pobres, defraudandoles de las limosnas; y ultimamente, que havia vendido los granos à precios excesivos, y no havia observado la tasa. Aunque esta calumnia merecia desprecio, y no satisfaccion, pareciò à

Qqqq　　　　nues-

nuestro Obpo. darla con un manifiesto del dia diez y ocho de Junio, en que hizo evidencia con certificaciones de la Notaría mayor de Rentas, y de su Tesorería, todas las rentas, que havia gozado desde el dia en que pasó la gracia del Obispado el Pontifice, hasta fin del año de mil seiscientos cinquenta y uno, y la distribucion de ellas; de que constó no tener mas, que seiscientas fanegas de Trigo para su gasto, y limosnas hasta Agosto, y no haver dado al Rey socorro alguno de las rentas de Cordoba, por las graves, y muchas necesidades de sus feligreses; y si en Segovia, y Siguenza havia socorrido al Rey con algunas porciones de granos para el Exercito de Cataluña; lo havia hecho en beneficio de sus feligreses, cuyas Iglesias, y Casas defendia aquel Exercito, por estar en las fronteras de aquellos Obispados.

Sobre no haver guardado la tasa del precio de los granos, respondió, que en los Obispados de Castilla, aunque pasase el Trigo à la tasa, nunca llegó à ella. Y teniendo aviso, de que algunos Mayordomos havian excedido, los castigò, y obligò à restituir el exceso. Con este rigor tirò à observar la tasa en los Obispados de Segovia, y Siguenza, como es publico, y notorio; y entrando en esta de Cordoba la hallò generalmente relaxada, sin excepcion de persona alguna, con vista, y paciencia de los superiores. Y haviendo consultado sobre esta practica à algunos Obispos de esta Provincia le respondieron, que lo practicaban asi; porque si observaran la tasa, fuera en gran perjuicio de los pobres en el pan, que se havia de vender de la Mesa Episcopal, para las cargas, y limosnas de dinero, porque los compradores lo revendian à precios excesivos, y el util de este exceso se quitaba à los pobres, en cuyo beneficio lo havia de convertir el Prelado. No obstante esto diò orden à los Mayordomos del pan, que se diese alguno à la tasa à lugares necesitados de este Obispado: y lo que excediò la tasa nunca llegò à los precios corrientes, y muchos de ellos un tercio menos, y buena parte à la mitad menos del precio corriente; si lo huviera dado à la tasa, fuera imposible satisfacer à las cargas de la Dignidad, y Mesa Obispal, como se podrà colegir del sobre escripto sumario de las cuentas; y si fuese necesario se haràn manifiestas por menor las de los libros de su Contaduria. Muchos Ministros, y personas graves sintieron, que huviese publicado esta satisfaccion un Obpo. tan acreditado de sabio, y justo en toda España; pero como no hacía de sì este juicio, le pareciò, que era deudor, y debia satisfacer à todos por el exemplo, y honor de su

Dig-

Dignidad. Yà havia tratado este punto de la tasa tom. 1. Caten. moral. lib. 4. quest. 14. donde se inclinò à que obligaba; pero desengañado con la practica, y experiencia conociò, que era mas perjudicial, que util al bien publico en las Provincias, que padecian carestìa, y necesitaban de Trigo de fuera, para mantenerse.

Las necesidades grandes de estos años movieron à nuestro Obpo., y otras personas pìas, para solicitar algun remedio de las que en adelante sucediesen; y asi se determinò, que era muy conveniente fundar un monte de piedad de Trigo, que se guardase para el socorro, y ayuda de los pobres, y vecinos en tales años. El Obpo. ofreciò dos mil fanegas de Trigo, à cuyo exemplo se moviò el Cabildo para dar quinientas. Havia venido por Corregidor D. Sebastian Corcuera y Hurtado, y pareciendole muy util este piadoso Posito, diò noticia al Rey, que no solamente le aprobò, sino que mandò dar quinientas fanegas de Trigo. Con esto se formò una junta del Obpo., Corregidor, un Veintiquatro por la Ciudad, y un Prebendado, que lo fuè D. Antonio Rivero, Tesorero de esta Sta. Iglesia, para tratar, y disponer las reglas, condiciones, y modos de practicar, y conservar este piadoso monte. La Ciudad, el Dean, y otras personas ofrecieron hasta cumplir à cinco mil fanegas, con

que se fundò este Posito. Algunos años permaneciò teniendo las llaves el Obpo., Corregidor, y el Administrador de dicho Posito. Pero parece, que se extinguiò en algun año de carestìa, pues en este tiempo no subsiste. Coronò este año la toma de Barcelona à trece del mes de Octubre: En la Catedral se dieron à Dios repetidas solemnes gracias por suceso tan feliz, y la Ciudad la celebrò con publicas fiestas.

El Pontifice pasò la gracia del Arzdo. de Sevilla à nuestro Obpo., y à once de Diciembre vino al Cabildo à dar la noticia, y despedirse, pidiendo, que le tuviese presente siempre; porque en todas partes deseaba complacerle; à que correspondiò el Presidente, manifestando el gran sentimiento del Cabildo por su ausencia, y su sincero afecto de servirle; con que le acompañò todo el Cabildo, hasta dexarle en su quarto. En el mismo dia declarò el Cabildo la Sede Vacante à instancias del mismo Obpo., que no quiso continuar en el gobierno, aunque se detubo en Cordoba, hasta fin de dicho mes, y año. A la Iglesia donò dos fuentes grandes, y dos aguamaniles de plata, para el lavatorio de Jueves Santo. Mucho sintiò el Cabildo, y Ciudad la ausencia de un Prelado tan amable, y caritativo. No fuè menor el sentimiento del Prelado, pues toda su ansìa fuè quedarse en Cordoba, en caso de no permitirle, que se retirase à su Convento. Pero ni el Rey, ni el Pontifice quisieron asentir à sus deseos; y asi saliò para Guadalcazar el dia treinta y uno de Diciembre, dexando escrito para el Cabildo el papél siguiente. *Por no refrescar el tierno sentimiento de la ultima division de V. S. he determinado, hacerla por este papel, que quando se dè à V. S. estaré yà fuera de esta Ciudad, dexandole el corazon, y estando tan presente à su servicio con los deseos, como lo he estado con el cuerpo, y obligacion el tiempo, que he sido indigno ministro de esa Sta. Iglesia, y de V. S. à quien suplico me favorezca con sus santas oraciones, y con sus mandatos. Nro. Sr. guarde, y prospere à V. S. como deseo, y le suplico.*

En Guadalcazar se detubo, esperando la noticia de haverse tomado la posesion del Arzdo. que fuè à nueve de Enero de mil seiscientos cinquenta y tres, y pasò à Ecija, donde se detubo, y en otros Lugares del Arzdo. hasta el dia veinte y siete del dicho mes, en que hizo su entrada publica en Sevilla. Su Iglesia, y Ciudad le recibieron con todas las demostraciones de honor, y reverencia, que correspondian à tan gran Prelado, en quien vieron cumplidas sus esperanzas de gozar un Arzpo. afabilisimo, caritativo, y exemplar en todas las virtudes, porque en todas partes observò la vida Religiosa, y moderada, que estableciò en su familia, y persona: su Palacio era un Monasterio, siendo los adornos de su quarto las Imagenes de Sto. Domingo, San Agustin, y Sta. Teresa, à quienes tubo expecialisima devocion, y su libreria. En lo exterior tubo el explendor preciso por el honor de la Dignidad, y por no ser singular, aunque por otra parte lo sentia, por ser Religioso, y considerar, que hacia falta à los pobres; como las rentas eran mas copiosas en el Arzdo. tubo mucho mas, que distribuir en limosnas pùblicas, y secretas. En una ocasion, que se hallò sin dinero para socorrer una muger afligida, que le pedia limosna, para redimir un hijo cautivo, le diò un rico Pectoràl, para que le vendiese, y rescatase su hijo. Para la fabrica nueva del Sagrario de la Catedral, que estaba parada por falta de medios, ofreciò veinte mil duc. con esperanza de dar mas para acabárla, si Dios le diese vida. Fundò, y dotò el Hospital de Niños Expositos, y à la Casa de mugeres recogidas aumentò la renta, y diò reglas para el gobierno. Finalmente en cada Obispado consumiò la renta, que le havia dado; y si tomò alguna para el desempeño de Bulas, ò gastos necesarios, despues la restituyò para distribuirla entre pobres, de quienes era, segun decia.

En todas partes donde estubo

bo , procurò introducir la devocion de rezar el Rosario de Nra. Sra. El Rey se lo encargò , como muy importante , para conseguir la felicidad de la Monarquía : y asi à diez de Mayo de mil seiscientos cinquenta y tres publicò un devotisimo Edicto , con que excitò à frequentar esta pisima devocion en los Templos , que ha conservado Sevilla con singular exemplo , y alabanza de todo el Reyno , tan obligado à ser agradecido à Maria Sma. Corrigiò el gran exceso , que havia en tener Oratorios particulares , y prohibiò absolutamente , que se hiciesen los entierros en Coches , que estaba muy introducido. De los Conventos de Monjas desterrò las visitas , que llama el mundo devociones ; mucho desvelo le costò desarraigar este escandaloso mal ; pero lo consiguiò , aunque à costa de ser tenido por rigoroso.

Para ordenar à alguno hacia rigoroso examen de la suficiencia, vocacion , y costumbres , sin que le moviesen empeños superiores, para disimular en algo. Celaba mucho la decencia , y honestidad de los Eclesiasticos , asi en el Avito , como en la vida ; porque deben ser el espejo , en que se miren los Seculares. Si sabia algun defecto de alguno le llamaba , y como Padre le corregia ; pero le castigaba severamente , si le faltaba à la palabra , que daba de emmendarse. Un caso muy singular le

sucediò , con uno que vivia mal con una muger , que tenia en su casa. Corrigiòle benignamente , y le mandò , que echase la muger de su casa : diò palabra de hacerlo asi : y lo cumpliò ; pero , quedandose la ropa de la muger en su casa , no se arrancò del todo la ocasion , y volviò la amistad antigua. Supolo el V. Arzpo. , y llamandole le reprehendiò con tal severidad , que postrado à sus pies pedia con grandes demostraciones de arrepentimiento el perdon , y prometia con eficacia la emmienda. Esa palabra , que me dais , le dixo , dadsela à este Sr. Crucificado (tenia delante una Imagen de Jesu-Christo) à quien haveis ofendido con vuestras culpas , pues haveis yà faltado à la que me disteis : y mirad , que yo quedo por fiador de vuestra emmienda. Con esto le dexò ir libre. Algun tiempo viviò contenido el Eclesiastico ; pero como la muger solia ir à su casa por su ropa , volviò à encenderse el fuego , que para revivirle basta una centella de solo la vista. Procurò guardar gran recato ; pero quien ha podido ocultar tal fuego ? El V. Arzpo. llegò à saberlo , y se afligiò notablemente , considerando , que si èl fuera el Pastor , que debia , no se perdiera aquella oveja. Llamòle , y encerrandose con èl en su Oratorio, se desnudò las espaldas , y empezò à azotarse cruelmente. Yo (decia) *fuy el fiador , y asi debo pagar*

la

la pena. Yo tengo la culpa de sus vi-cios: porque si yo fuera buen Pas-tor no tuviera tan malos subditos. Atonito el Eclesiastico con lo que no podia pensar, y via en el Arzpo. le pedia con lagrimas el perdon, y procuraba quitarle la disciplina: aunque pedia con bastante instancia, no pudo conseguir, que cesase el castigo, hasta quedar cansado, y lleno de su sangre el Arzpo. Anunciòle, que presto le castigaria Dios, pues le havia vuelto las espaldas tantas veces. El Clerigo hecho un mar de la-grimas, le ofreciò la emmienda con la verdad que veria; y de hecho lo cumpliò, arrojando de su casa à la muger, y sus alhajas, y ropa, para que no quedase memo-ria; pero à las tres semanas mu-riò, y se cumpliò la amenaza del Arzpo. con admiracion de muchos, que lo supieron. En otras ocasio-nes se conociò, que estaba su espiritu sobrenaturalmente ilustra-do.

En el Hospital de los Exposi-tos, que fundò, se hallaba crian-do dos niños una muger poseida del Demonio: este infernal espi-ritu la atormentaba cruelmente; pero sin manifestarse, y se tenia por mal de corazon el accidente. Observaron, que quando estaba en la cama con los niños, estaba quieta, y sana; y quando los po-nia en las Cunas, era la inquietud grande, y repetia el accidente; con esto, y otras extraordinarias acciones, que executaba, se de-terminò el Capellan à valerse de un Religioso Francisco muy dies-tro, y practico, para que la con-jurase. Estando haciendolo una ma-ñana, se librò de las manos de los que la sujetaban, y corriendo por la Sala decia: *que viene, que viene,* à tiempo, que llegò al Hospital el Arzpo. Pusole su escapulario en la cabeza, y empezò la muger à temblar, y hacer visages hor-rendos; con que mandò el Arzpo. al Religioso, que continuase los exorcismos, porque estaba espiri-tuada aquella muger. El Demonio permaneciò mudo, hasta que apre-tandole con los exorcismos, dixo al Religioso: *nò hago caso de este que està aqui, y lo tengo de hacer de ti?* Como yo estoy delante, di-xo el Arzpo. al Religioso, no quie-re dar la obediencia à inferior: y asi tomando una estola empezò à conjurarle, y le mandò, que no maltratase mas aquella criatura, y que subiese à la lengua: obedeciò prontamente, y le volviò à man-dar, que respondiese à las pre-guntas siguientes. La primera fuè, còmo se llamaba? A que respon-diò, que Tahuz. La segunda, quien era su enemigo en el Iufierno? Dixo que Luzbèl; porque era de su propia Gerarquia, y los que eran de èlla, no le querian obede-cer, por ser iguales, y se aborre-cian mucho. La tercera, y en el Cielo? Respondiò: que S. Juan Baptista. Entonces le mandò, que

ba-

baxase al dedo menor del pie izquierdo, y no se moviese de alli: y que en dando las doce del dia, dexase libre aquella criatura, y diese señal. En punto de las doce saliò, arrojando la muger por la boca un alfiler de plata hecho una S. En este maravilloso sucesso se podrà ponderar, que el V. Arzpo. no expeliò al Demonio hallandose presente; acaso, para que no se atribuyese à milagro, sino à la eficacia de los exorcismos de la Iglesia; porque era summamente recatado en todas las acciones, de que podia resultarle alguna gloria, y honor.

El Breve para contribuir el Estado Eclesiastico en los diez y nueve millones se cumpliò por Agosto de mil seiscientos cinquenta y seis. Los Ministros Reales pretendieron, que se continuase la contribucion con la esperanza de nueva concesion, que havia pedido el Rey al Pontifice. El Estado Eclesiastico se opuso, por ser contra la immunidad, que no resanaba la esperanza; y nuestro Arzpo. aunque tan amante, y obligado del Rey hizo varias representaciones, y tubo diferentes juntas à favor de la immunidad. En el año antecedente de cinquenta y cinco havia pretendido con gran esfuerzo licencia para renunciar el Arzdo. y no lo havia conseguido; pero luego que empezò la controversia, se olvidò de la reuuncia, y solamente atendiò à la defensa de la

Iglesia, y Estado, aunque previa, que se le havian de originar muchas, y graves desazones, que tolerò con paciencia, por cumplir con su ministerio Pastoràl, por el que estaba resuelto à sacrificarse, y no huir, como mercenario. El Rey ofrecia, restituir lo que contribuyese el Estado Eclesiastico, en caso de no conceder el Papa nuevo Breve; pero esto no quietò la conciencia de nuestro Arzpo., y asi no se detubo en proceder contra los Ministros exactores con censuras, en que el dia antes de su muerte declarò por incursos, para que no cobrasen de los Eclesiasticos tales tributos, hasta que su Santidad lo concediese.

Para su muerte se previno con todos los Sacramentos, que recibiò con singular devocion. Aunque havia entredicho, se levantò, para llevarle en publico el Viatico: Esperò à Nro. Sr. incorporado en la cama con su Avito, y Estola; y haviendole adorado, hizo à su Cabildo una platica tan devota, y amorosa, que todos derramaron copiosas lagrimas. Encargò à todos, que mirasen por la immunidad de la Iglesia; y diciendo dos veces lo del Apostol: *Cupio dissolvi, & esse cum Christo*, añadiò con voz mas alta lo de S. Martin: *Domine, si adhuc populo tuo sum necessarius, non recuso laborem.* Pidiò perdon à todos, y despues de haver recibido à su Mag. echò à todos la bendicion, y le fue-

fueron besando la mano. Testò de veinte mil duc. de oro con facultad Pontificia, dexando algunos legados pìos, y por heredera la Fabrica de su Iglesia. A la de Cordoba legò dos mil duc.; y mil al Hospital de S. Jacinto de incurables. El dia veinte y cinco de Agosto de mil seiscientos cinquenta y siete por la mañana pidiò el Sacramento de la Extrema Uncion, que recibiò, y continuando su piisima preparacion para morir con el Rosario, y Letania de la Madre de Misericordia, entregò su espiritu al Criador à las doce del dia. Su cuerpo fuè depositado en la Capilla de nuestra Señora de la Antigua, hasta el año de mil seiscientos sesenta y dos, en que acabada la suntuosa Capilla del Sagrario, fuè trasladado, y puesto en un hueco, ò boveda debaxo del Altar mayor, segun su ultima voluntad. En esta ocasion se registrò, y hallò entero con buen olor, y sin señal de corrupcion, y tiene el siguiente epitafio: *Multiplicum virtutum Presul*, *&c.* Vease en Zuñiga, y Lorca.

Pocos dias despues de la muerte del Siervo de Dios se apareciò glorioso una noche al Presentado Fr. Antonio de la Madrid, su Confesor, que estaba encomendandole à Dios en el Coro del Convento de S. Pablo de Sevilla, y le dixo, que previniese à sus Alvacèas, que aplicasen las Misas, que no se havian cumplido de las quince mil, que dexò en su testamento, por las Animas de Purgatorio de los Obispados, y Arzobispado, que havia tenido, porque no necesitaba de sufragios, por estar gozando de Dios en la Buenaventuranza, y en ella tenia muchos Dotes de Gloria. Seràn dixo el Presentado por las grandes limosnas, que havia dado, à que respondiò: que eran por el gran zelo, que havia tenido del Culto Divino, y defensa de la Iglesia: y que lo de las limosnas era en los Prelados obligacion precisa. Uno, y otro es de obligacion de los Prelados; pero especialmente atribuyò su gloria al zelo: porque sobre la defensa de la Iglesia padeciò gravisimas contradiciones, que tolerò, y venciò contra todos los respetos humanos. Antes de morir repitiò las palabras, y fueron las ultimas, que se le oyeron: *Unus, & Trinus Trinus, & unus.* Y le preguntò el Presentado la causa: à que dixo: *que en aquella bora le bavia tentado el Demonio en el Mysterio de la Sma. Trinidad; pero que con la ayuda de Maria Sma. venciò la tentacion, y buyò el Demonio.* Con esto desapareciò, dexando suavisima fragancia, y diciendole: buen animo, servir à nuestro Señor, para venir à gozar de estas glorias.

De este doctisimo, y Santisimo Prelado han tratado muy honorificamente Gil Gonzalez en las Iglesias que tubo: Zuñiga en los

Anna-

Annales de Sevilla ; Don Nicolàs Antonio en la Bibliot. nueva , y otros muchos. El M. Fr. Antonio de Lorca de su Religion imprimiò su admirable vida con gran extension , y puntualidad en Madrid año de mil seiscientos setenta y seis ; podrà verla el devoto, y hallarà un Prelado de la primitiva Iglesia , exercitado heroycamente en todas las virtudes , y tan mortificado, que conservò hasta la muerte los silicios. En el Agiologio Dominicano de Fr. Manuel de Lima se halla esta vida abreviada. Dexò dos tomos impresos de la Catena Moral, que ofreciò dividida en cinco tomos. Los tres no salieron à luz con gran detrimento de los que desean ajustar sus conciencias con seguras opiniones , ni rigidas , ni laxas. Tambien imprimiò una breve summa de las Censuras Eclesiasticas, para que las leyesen algunos dias los Parrocos en sus Iglesias : y un Catecismo , para instruirse facilmente los fieles en los Mysterios de la Fè , Mandamientos , Sacramentos , y oraciones Cristianas.

CAPITULO XI.

DE LOS OBISPOS

DON JUAN FRANCISCO PAcheco,

Y DON ANTONIO VALDES.

DON JUAN FRANCISCO Pacheco fuè hijo del Marquès de Villena D. Juan Fernandez Pacheco; naciò en Escalona, y fuè Cavallero del Avito de S. Juan. El Rey le hizo gracia de Sumillèr de Cortina , y en la Sta. Iglesia de Jaèn obtubo el Decanàto , y un Canonicato, que residiò desde diez y siete de Abril de mil seiscientos veinte y dos años , con gran aceptacion de su Cabildo. El Rey le presentò para el Obispado de Cordoba , de que tomò posesion en su nombre D. Gabriel de Ledesma, Chantre de Jaèn à catorce de Enero de mil seiscientos cinquenta y tres. El Obpo. no vino al Obispado ; y asi le gobernò el dicho D. Gabriel, y fuè Provisor, y Vicario General, hasta el fin de este año, en que à veinte y nueve de Diciembre se declarò la Sede Vacante. 1653

El Dean , y Canonigo D. Pedro de Castro Toboso muriò à quince de Marzo; havia dado grandes señales de prudencia , y zelo, asi en el tiempo que fuè coadjutor,

Rrrr co-

como en el que gozò el Decanàto en propiedad ; y asi fuè sensible su temprana muerte. El Obpo., y Cabildo probeyeron el Canonicato en D. Diego Fernandez de Cordoba y Pimentèl, hijo de los Duques de ▮sa, y tomò la posesion à veinte y ocho de Noviembre. El Rey pidiò al Pontifice el Decanàto para el mismo D. Diego; pero no tubo efecto, porque estaba vacante hasta trece de Junio de mil seiscientos cinquenta y seis, en que tomò la posesion el Doct.

Dean. D. Francisco de la Rañaga , que se hallaba en la Corte Romana.

Nro. Obpo. escribiò al Cabildo en carta, que recibiò à siete de Julio de mil seiscientos cinquenta y tres , como el Rey le havia nombrado por Obpo. de Cuenca , y que se via obligado à aceptar esta merced por el mandato del Rey, y por las conveniencias del Duquè de Escalona su sobrino; pero que en todas partes le tenia el Cabildo, con el mayor reconocimiento , para executar quanto mandase por las obligaciones , que le debia. El año entrò tan seco , que à ocho de Enero empezaron las rogativas por el agua , y se continuaron hasta diez de Mayo, en que fuè el Cabildo con procesion general à la Parroquia del Salvador à celebrar una fiesta à Nra. Sra. del Pilar , para conseguir el beneficio por la intercesion de su Sma. Madre. La cosecha fuè muy corta , y la seque-

dad se continuò tanto , que à diez y nueve de Octubre se empezaron nuevas rogativas, y fiestas à Nra. Sra. de Villa-Viciosa por 'el daño que se padecia por el defecto de agua, asi en la salud , como en los campos.

Haviendo declarado el Cabildo la Sede Vacante à veinte y nueve de Diciembre de mil seiscientos cinquenta y tres, al dia siguiente treinta probeyò una Media Racion en D. Bernardino de Leon y Rocha , natural de Badajoz , y Colegial de Cuenca , que se hallaba Inquisidor en este Tribunal , de que tomò posesion à diez de Febrero del año siguiente de cinquenta y quatro , haviendo cumplido con el Estatuto de limpieza. Despues fuè promovido al Obispado de Tuy año de mil seiscientos sesenta y nueve, y de Coria año de setenta y tres. Tomò posesion del Obispado de Cuenca à diez de Enero de mil seiscientos cinquenta y quatro el Doct. D. Cristoval de Ordoñez , Prior de Guadix, à quien diò poder el Obpo. para gobernar el Obispado, por el tiempo de su ausencia. En el Obispado mostrò un animo generoso, y magnifico el Obpo. por todo el tiempo que viviò ; y asi estubo siempre empeñado. Su muerte sucediò à veinte y quatro de Mayo de mil seiscientos sesenta y tres, y dexò fundados tres Anniversarios : uno cumple su Cabildo, otro el Cabildo de Curas , y

Be-

Beneficiados; y el tercero el Clero de Sta. Catalina : à la Catedral donò antes de morir una colgadura muy rica. Su cuerpo està sepultado en su Catedral , y tiene el epitafio siguiente. D. O. M. Hic jacet D. Joannes Franciscus Pacheco , Episcopus Conchensis Regiusque Consiliarius , filius Marchionis de Villena , qui super corpus suum scribi jussit : hic jacet Episcopus indignior Ecclesiæ Conchensis. Obiit 24. Maij anno 1663. Etatis suæ 57.

DON ANTONIO VALDES naciò en Valladolid , siendo sus Padres Antonio de Valdès , Alcalde que fuè despues de Casa , y Corte , y del Consejo Real , y Doña Ana de Herrera y Arias , ambos de linage esclarecido. Estudiò Leyes , y Canones , y se graduò en ambos derechos. Obtubo un Canonicato en la Iglesia , y plaza de Inquisidor en el Tribunal de dicha Ciudad. En el año de mil seiscientos treinta y uno celebrò un Auto de Fè , y asistiò à su lado derecho el Obpo. D. Juan de Torres , y al izquierdo D. Juan Alonso Enriquez , Almirante de Castilla. El Rey le presentò en el Obispado de Mondoñedo , y le Consagrò en Madrid en el Colegio de Nra. Sra. de Atocha D. Fernando de Valdès , Arzpo. de Granada à diez y ocho de Marzo de mil seiscientos treinta y quatro , y en quatro de Abril tomò posesion del Obispado. En su Iglesia celebrò

Synodo en el año de mil seiscientos treinta y cinco ; y en el año siguiente de treinta y seis fuè promovido al Obispado de Oviedo , cuya gracia pasò el Pontifice Urbano VIII. en veinte y tres de Junio. Era el Obpo. muy afable , y pacifico ; y asi sentia mucho qualquiera ocasion de discordia ; huvola con su Cabildo , y se hallaba tan inquieto , y disgustado , que resolviò ir al Cabildo , y decir, que no havia de salir , hasta que todos quedasen compuestos , y gustosos ; lo que consiguiò con gran gozo suyo , y de todos los Prebendados.

De la Iglesia de Oviedo fuè promovido à la de Osma por Agosto de mil seiscientos quarenta y uno : visitò su Obispado , y repartiò en èl copiosas limosnas. Celebrò Synodo , en que corrigiò diferentes abusos , y estableciò decretos utiles , y saludables. El Rey le nombrò por Obpo. de Cartagena , y no admitiò esta gracia. Ultimamente le presentò para el Obispado de Cordoba à siete de Julio de mil seiscientos cinquenta y tres, y tomò la posesion en veinte y ocho de Marzo de mil seiscientos cinquenta y quatro el Doct. Don Matias Lopez de Valtablada , à quien diò poder tambien , para gobernar en su ausencia el Obispado. El Obpo. entrò en Cordoba à siete de Mayo , y fuè recibido en su Iglesia con la misma solemnidad, que lo havian sido sus antecesores.

1654

Rrrr 2   Ce-

Celebraba de Pontifical muy frecuentemente, y asistia al Coro con gran devocion, y zelo de que se observasen las Sagradas ceremonias; sobre algunas zelò en Cabildo de diez y nueve de Octubre; y propuso, que le parecia estar muy cargada esta Iglesia de Sermones, y asi era necesario, que el Cabildo lo tratase, para suspender algunos; pues los havia en todas las Dominicas, exceptuando las que havia entre Santiago, y Todos Santos. Por entonces no se determinò reducirlos, hasta el año de cinquenta y seis à veinte y tres de Junio. Pasada la Quaresma del año de mil seiscientos cinquenta y cinco saliò à visitar los Lugares de la Sierra; y à veinte y nueve de Junio se hallaba yà en Cordoba, donde diò licencia à las Monjas Capuchinas, para fundar su Convento de S. Rafaèl, que les donò, y fabricò el Duque de Sesa. Este Convento florece hasta hoy con tanta observancia de Religion, y austeridad, que verdaderamente es el ameno jardin del Divino Esposo, en que recoge las aromas de las virtudes, y siega los haces de mirra, de mortificacion, y penitencia: porque son tantas las vigilias, ayunos, cilicios, rigores, y pobreza, que mas parecen espiritus con cuerpos insensibles, que mugeres de mortales cuerpos. Todo se puede con la divina gracia, y creo, que el Celestial Esposo la derrama con

1655

abundancia en este Religiosisimo Convento de sus Esposas, que viven tan crucificadas.

El generoso animo del Rey se havia experimentado superior à las grandes adversidades, que se continuaban con las porfiadas guerras con Portugal, y Francia; pero hallandose sin Principe Varòn, que le sucediese en la Corona, empezò à flaquear su constancia: y como era igualmente piadoso, recurriò à Dios valiendose del Patrocinio de Maria Sma.; y asi escribiò à todas las Iglesias de su Reyno, que celebrasen en la Dominica segunda de Noviembre una solemnisima fiesta con el titulo del Patrocinio de Nra. Sra., para conseguir de la Magestad Divina las felicidades de la Monarquia, tan exhausta, y fatigada. En nuestra Iglesia se celebrò con la mayor solemnidad, y predicò el Doct. D. Juan Antonio Rosado, natural de Alcalà la Real, y Colegial de Cuenca, que de Canonigo Magistral de Coria, havia sido electo Canonigo Lectoral à veinte y ocho de Junio de este año de cinquenta y cinco. Para que esta fiesta del Patrocinio de Nra. Sra. fuese perpetua en España, recurriò el Rey à la Santidad de Alexandro VII., y la concediò benigno, con Indulgencia plenaria à todos los que contritos asistiesen à la Misa, è hiciesen las oraciones acostumbradas. *Præterea ad augendam fidelium religionem, & animarum salutem*

cœ-

cœlestibus Ecclesiæ Thesauris pia charitate intenti omnibus, utriusque sexus Christi fidelibus verè pœnitentibus, & confesis, ac Sacra Comunione refellis, qui Missæ solemni in die prædicta interfuerint, & ibi pro Christianorum Principum concordia, hæresum extirpatione, & Sanctæ Matris Ecclesiæ exaltatione pias ad Deum preces efuderint, plenariam omnium peccatorum suorum indulgentiam, & remisionem misericorditer in Domino concedimus. Es la fecha *datum Romæ die* 28. *Julij* 1656. *Pontif. nostri anno* 2. La determinacion de la Dominica de Noviembre, en que se havia de celebrar vino cometida à los Ordinarios. Nro. Obpo. con asenso del Cabildo à trece de Noviembre señalò la Dominica segunda, para celebrarla en la Catedral, y Obispado, aunque en el año de cinquenta y seis se celebrò en la tercera. El curioso podrà vèr la carta, y memorial del Rey à las Iglesias, y Ciudades en los Annales Sevillanos de Zuñiga.

Nro. Obpo. traxo en su compañia à su Madre, Sra. muy anciana, y la mantubo en su Palacio, hasta que muriò dia siete de Enero de mil seiscientos cinquenta y seis; fuè su entierro de secreto en el Convento de la Rizafa; y à quince del mes celebrò el Cabildo las honras, por diputacion de diez y nueve Prebendados en dicho Convento con toda solemnidad, y concurso. Al Obpo. pareciò muy debido hacer à su Madre este piadoso sufragio, y publicò obsequio; y asi à diez y seis Domingo por la tarde, y Lunes siguiente por la mañana celebrò de Pontifical las honras de su Madre en la Catedral con todas las demostraciones de doble en la Catedral, Parroquias, y Conventos, asistencia del Cabildo, y de toda la Ciudad. Predicò en esta funcion el M. Fr. Juan de Almoguera, natural de Cordoba, y Religioso de este Convento de la Sma. Trinidad de Calzados, Varòn muy exemplar, y muy docto, que despues fuè Obpo. de Arequipa, y Arzpo. de Lima, donde muriò.

El Corregidor, y Alcaldes extrageron de la Iglesia del Convento de la Merced à Fernando Prieto, Reo de pena Capital, que se havia refugiado en ella. El Provisor procediò con Censuras, para que le restituyesen; y puso entredicho en algunas Parroquias. Ultimamente à diez y ocho de Enero diò cuenta en Cabildo, de no haver obedecido la Justicia, y ser preciso ponerle en la Catedral, y en toda la Ciudad, como se puso. Esta competencia durò algun tiempo, en que se levantò, y volviò el entredicho à diez y ocho de Febrero, y quatro de Marzo. En los dias de entredicho se avisaba con los Mazuelos, para celebrar las horas Canonicas, en lugar de las campanas. El Cabildo representò al Obpo. los graves inconvenientes que

que havia de observarse el entredicho en tiempo de Quaresma ; y le levantò en la Catedral el dia siguiente cinco de Marzo, que era la Dominica primera.

Las urgencias grandes de la Monarquìa con las guerras obligaron à aumentar las sisas en las carnes, vino, azeyte, y vinagre, hasta tres millones, en que no debia contribuir el Estado Eclesiastico; y para que la immunidad no fuese violada, tubo nuestro Obpo. varias juntas en su Palacio con los Diputados del Cabildo, y Ciudad, y administradores de las rentas, para arreglar la satisfaccion, ò refaccion, que se havia de dar al Estado. Consideròse, que la Ciudad tenia trece mil vecinos, y de ellos los nueve mil contribuyentes ; y asi se determinò, que al Estado Eclesiastico se restituyese la novena parte, computandole por mil vecinos de los nueve, que contribuìan. El Cabildo se quexò agraviado por el Estado, y pidiò, que por las matriculas se hiciese mas exacta, y puntual averiguacion; pero còrriò la regla determinada, por complacer al Obpo., que la havia propuesto al Cabildo, hasta que se hiciese liquidacion mas exacta. Lo que diò mas cuidado fuè, que se cumplia el Breve, para que el Estado Eclesiastico contribuyese en los diez y nueve millones y medio à ultimos de Julio; y el Rey havia escrito, que se continuase la contribucion, por

haver pedido prorrogacion al Papa : sobre este punto vino el Obpo. al Cabildo à siete de Agosto con la carta del Rey, y su respuesta, en que le representaba su estrecha obligacion de asistir à su Clero, y à la defensa de su immunidad; y como le era imposible, obedecer à su Mag. en lo que le ordenaba; y pidiò, que lo considerase el Cabildo, y le advirtiese, lo que juzgase mas conveniente, añadir, ò quitar en la respuesta. Esto se ventilò con mas calor en el año siguiente, despues que muriò el Obpo., y volverèmos à tocarlo.

Al mismo tiempo deseaba con gran fervor el Rey, que declarase el Pontifice el Mysterio de la Immaculada Concepcion de Nra. Sra., y nombrò à D. Fr. Luis de Guerra, Obpo. de Cadiz, y electo de Plasencia, que era de la Orden de S. Francisco, para que pasase à Roma à la solicitud de causa tan pìa. Sobre esto escribiò à nuestro Obpo., Cabildo, y Ciudad, para que con instancia pidiesen al Papa la definicion de este Mysterio : y vistas las Cartas Reales en Cabildo del mismo dia siete de Agosto, se determinò, que fuesen uniformes las Cartas para su Santidad, expresando el gran deseo, que tenia el Reyno, y con expecialidad este de Cordoba, de vèr difinido este Mysterio, à que tenia singularisima devocion : y el sentimiento de los escandalos, que ocasionaban las disputas, y cesarian

rian con la declaracion, que suplicaban. No havia llegado el tiempo dispuesto por la Divina Providencia, para definir este Mysterio. Pero el Pontifice Alexando VII. expidiò à ocho de Diciembre de mil seiscientos sesenta y uno una constitucion, en que renovaba las de sus antecesores, dadas à favor del Mysterio: y prohibia tratar en publico lo contrario, debaxo de graves penas, y censuras; como tambien condenar la opinion contraria, como impia, ò heretica. Con esto puso à todos silencio, y cesaron las disputas publicas, que perturvaban la paz Cristiana, y Religiosa, y entiviaban la piedad, y devocion al Mysterio.

El Obpo. enfermò, y à quatro de Abril de mil seiscientos cinquenta y siete recibiò el Viatico, que le llevò el Cabildo en procesion publica. La enfermedad se fuè agravando, y muriò Viernes trece de Abril à las nueve de la noche. Su cuerpo fuè enterrado en el Crucero de la Catedral, donde tiene el epitafio siguiente: D. D. Antonius Valdès, Episcopus Mindoniensis, Obetensis, Oxomensis, ac demum hujus Sanctæ Ecclesiæ Cordubensis; Egenor. Pater Obiit 13. Aprilis anno Domini 1657. Dexò fundado un Anniversario, que le cumple el Cabildo. Fuè muy agradable, y pacifico; y asi muy estimado, y venerado de todos.

La exaccion de las sisas, y nuevos impuestos se practicaba por los recaudadores con varias extorsiones, y violencias, no solamente con los Seglares, sino tambien con los Eclesiasticos, que se quexaron à sus Prelados. Muchos procedieron con censuras en defensa de la immunidad Eclesiastica; pero preocupados los oidos de los superiores, que lo podian remediar, con los informes de los exactores fueron tenidos por rigidos, y desafectos al servicio del Rey los Prelados mas venerables, y sabios, que tubo España en este siglo. En Cordoba, y su Reyno se hallaba por Administrador General de estas rentas D. Fernando Manuel de Villafañe, Cavallero de Calatrava, y de grande justificacion; y asi no padeciò la Ciudad, y Reyno las violencias, y extorsiones, que huvo en Sevilla, y otras Ciudades, y son muy ordinarias en tales personas, por acreditarse de muy celosas en el servicio del Rey. Pero al Estado Eclesiastico se le cobraba igualmente, que al Secular todos los impuestos, con el pretexto de restituir, los que se havian exigido sin Breve, como se havia concordado; y no se daba la refaccion ofrecida, ni la que correspondia à los diez y nueve millones y medio, por el tiempo que no se havia conseguido la prorrogacion de su Santidad. El Cabildo procediò con censuras contra el dicho Administrador, y otros Ministros, para que no exigiesen del Estado Eclesiastico, lo que no debian

bian

bian contribuir, y restituyesen, lo que indevidamente se havia cobrado; sobre esto puso entredicho en la Ciudad à primeros de Agosto, y durò hasta veinte de Septiembre, en que se levantò, y fueron absueltos los excomulgados por ochenta dias, haciendo caucion jurada de dar satisfaccion al Estado, segun la concordia, que se hiciese con el Consejo, como lo havia ofrecido el Rey. La concordia se efectuò, y la aprobò el Rey el año siguiente de cinquenta y ocho.

El nacimiento del Principe D. Felipe Prospero à veinte y ocho de Noviembre, llenò de alegria todo el Reyno. En Cordoba no se esperò la noticia, que suele dar el Rey, para dar à Dios las gracias con *Te Deum laudamus*, y con una procesion general dia diez de Diciembre. La Ciudad celebrò esta felicidad con muchos, y continuados regocijos, que duraron hasta el año siguiente con gran diversion, y concurso de los Pueblos vecinos. Pero la temprana muerte de este Principe, que sucediò à primero de Noviembre de mil seiscientos sesenta y uno, causò mayor desconsuelo à toda la Monarquìa. El invierno de este año entrò tan frio, y con tantas heladas, que muriò mucho ganado, y se helò toda la arboleda; muchos hombres se hallaron muertos de frio en los campos: suceso pocas veces experimentado en este clima.

CAPÍTULO XII.

DEL OBISPO D. FRANCISCO de Alarcòn y Cobarruvias.

DON FRANCISCO DE Alarcòn y Cobarruvias naciò en Valladolid à veinte y nueve de Marzo de mil quinientos ochenta y nueve; fueron sus Padres D. Diego Fernandez de Alarcòn, Sr. de Valera, Oìdor de la Chancilleria, y despues del Consejo Real, y Doña Catalina de Cobarruvias y Leyva. Estudiò las primeras letras en Valladolid, y los Canones en la Universidad de Salamanca, donde se graduò de Doct. à quatro de Febrero de mil seiscientos y diez. El Obpo. de Salamanca D. Luis Fernandez de Cordoba le estimò mucho por su gran aplicacion, y virtud. En la Sta. Iglesia de Cuenca obtubo un Canonicato, y la Dignidad de Maestre Esquela por coadjutorìa de D. Sebastian de Cobarruvias, su Tio, hermano de su Madre. El Rey le diò una pension sobre el Obispado de Cordoba, y con unos Beneficios, que le resignò su Tio, llegò à gozar mil y quinientos duc. de renta. En el año de mil seiscientos veinte y tres logrò el titulo de Consultòr de la Inquisicion de Cuenca: y à diez y ocho de Enero de mil seiscientos treinta y cinco fuè nombrado Inquisidor de Barcelona, y

al

al año siguiente de treinta y seis, à veinte y nueve de Agosto, fuè promovido al Tribunal de Valencia, donde diò muchas pruebas de su zelo, sabiduria, y prudencia, que movieron al Rey, para presentarle en el Obispado de Ciudad Rodrigo.

Tomò posesion del Obispado à quatro de Julio de mil seiscientos y quarenta; y en San Geronimo de Madrid le consagrò D. Diego de Castejòn, Obpo. de Lugo. En este año se revelò Portugal, con que el Obpo. se hallò de repente en medio de la guerra; trabajò con gran desvelo por el servicio del Rey, y defensa de sus Ovejas, para lo qual hizo à su costa un fuerte en el Lugar de Gallegós, muy importante para detener las entradas de los Portugueses. En Ciudad Rodrigo fundò un Hospital, para curar los Soldados heridos, y à los prisioneros, que se hiciesen. Visitò todo el Obispado, y diò providencias muy oportunas en lo espiritual, y temporal: porque todo estaba muy estragado con las inquietudes, y licencias, que trae consigo la guerra. En la de Cataluña, que se havia revelado antes en el mismo año, se puso el mayor conato; y asi la de Portugal por este tiempo se reducia à robos, y muertes de los paìsanos de ambas partes; con que los Lugares quedaban desiertos, y lleno el Obispado de miserables, que procuraba consolar, y remediar el Obpo., aunque de Clerigo rico havia pasado à ser Prelado pobre. El Rey le estimò mucho su vigilancia en su servicio, y los oficios caritativos, que executaba en su Obispado, sobre que le escribiò repetidas veces las gracias.

El Rey le presentò en el Obispado de Valladolid, que aceptò; pero sabiendo el sentimiento grande, que tenian su Iglesia, y Obispado, por su ausencia en tiempo tan infeliz, pidiò al Rey, que le permitiese quedarse en Ciudad Rodrigo, à que le respondiò desde Zaragoza à veinte y quatro de Septiembre de mil seiscientos quarenta y cinco: *La tengo por bien, y lo admita: y os ruego, y encargo, que luego, como recibais esta, os volvais à vuestra Iglesia à continuar, lo que hasta aqui haveis hecho, consolando, y ayudando à aquel Cabildo, y Vasallos de aquella frontera, de que me daré por servido, quedando cuidadoso de vuestros aumentos.* Entre los Obispos, que se hallaron en Madrid, para celebrar las honras del Principe D. Baltasàr por Noviembre de mil seiscientos quarenta y seis, estubo este Prelado llamado del Rey; y à ultimos de dicho mes yà havia vuelto à su Obispado, donde recibiò carta del Rey del dia veinte y dos, en que le daba las gracias de haver acabado el fuerte de Gallegos, tan importante en aquella frontera.

De Ciudad Rodrigo fuè promo-

Ssss   vido

vido à Salamanca , y tomò la posesion en nueve de Febrero de mil seiscientos quarenta y siete : fuè muy acepto en aquella gran Universidad , que le veneraba , experimentada de sus grandes talentos , y prudencia , desde el tiempo de sus estudios : al año siguiente de quarenta y ocho à quince de Junio tomò posesion del Obispado de Pamplona , à donde le escribiò el Rey desde Madrid à diez y seis de Agosto de este año , nombrandole por Virrey de Navarra en el interin , que proveìa de persona , que lo fuese en propiedad : *por la satisfaccion , que tengo de la vuestra , y del zelo , con que me baveis servido , y servis , y la justificacion con que procedeis en todo.* En el año de cinquenta y dos presidiò las Cortes del Reyno de Navarra con igual satisfaccion del Rey , y Reyno. Sirviò al Rey con mil robos de Trigo , para mantener las tropas , que estaban en aquel Reyno , de que le diò el Rey las gracias à veinte y seis de Marzo de mil seiscientos quarenta y seis , y aseguró : *que le tendria en particular memoria , para bonraros , y haceros merced en las que juzgue de vuestra conveniencia.*

Yà estaba nombrado para Obpo. de Cordoba à ocho de Junio de mil seiscientos cinquenta y siete , en que le escribiò el Cabildo : y à dos de Enero de mil seiscientos cinquenta y ocho diò

la posesion del Obispado al Doct. D. Matèo de Salas , en virtud de poder del Obpo. , en que tambien le hacia Gobernador por el tiempo de su ausencia. El Obpo. entrò de secreto en Cordoba à primero de Abril por la noche , y à tres de dicho mes por la tarde vino à la Catedral , donde le esperaba el Cabildo , y le recibiò con las solemnidades acostumbradas. La negligencia , con que se trataba la guerra de Portugal , por atender à la de Cataluña , diò aliento à los Portugueses , para sitiar à Badajoz , Plaza la mas importante en la frontera. El Rey pidiò un donativo al Obpo. , y Cabildo representando la summa necesidad , que havia de gente , viveres , y dinero , para disponer socorro , y la importancia de conservar esta Plaza ; y à doce de Agosto le ofrecieron dos mil duc. prontos del caudal de Cabeza de Rentas , para el socorro , que se logrò , pues à diez de Octubre se vieron obligados los enemigos à levantar el sitio , de que se dieron à Dios las gracias con *Te Deum laudamus* en la Catedral dia diez y siete de dicho mes , en que llegò à nuestro Obpo. anticipada la noticia del suceso tan favorable , y deseado.

Desde el año de mil seiscientos treinta y siete se havia tratado de fabricar una Capilla Real suntuosa , donde se trasladasen los cuerpos Reales de D. Fernando IV.

1658

y

y D. Alonso XI. su hijo; y por memorial, que presentò al Rey el Doct. Bernardo Joseph Alderete, ofreciò el Cabildo sitio en el Patio de los Naranjos, donde pareciese mas conveniente. Este intento se havia dormido hasta este año de mil seiscientos cinquenta y nueve, en que de repente, y con secreto diò el Obpo. posesion à los Capellanes Reales de la Nave de Villa-Viciosa, que fuè el Coro antiguo, para hacer la fundacion de la Capilla. El Rey le escribiò las gracias à diez y siete de Agosto, y nombrò à D. Juan de Gongora del Consejo, y Camara de su Mag., y Gobernador del Consejo de Hacienda (que era natural de esta Ciudad, y Vizconde de la Puebla de los Infantes) por Superintendente de dicha Capilla, y obra, para que comunicando la planta con el Obpo., y previniendo lo necesario, se diese principio. El Cabildo estubo ignorante de este tratado, hasta el dia primero de Octubre, en que nombrò quatro Diputados, que se quexasen al Obpo. de no haver participado al Cabildo este intento; pues se hallaba perjudicado en el derecho, que havia gozado desde el principio, en conceder sitio, para fabricar Capillas en la Iglesia, y con expecialidad èsta, de que se havia tratado con el Cabildo muchas veces; y que le representasen los graves inconvenientes, que havia en fabricarse en aquel sitio;

pues se quitaba la hermosura, y simetria à la Iglesia, y la seguridad de la obra de Coro, y Crucero.

El Obpo. como yà se hallaba en el empeño, no diò respuesta favorable; y asi nombrò dos Prebendados, que fuesen à la Corte, y representasen al Rey los inconvenientes, que havia en tomar aquel sitio para la Capilla, y ofreciesen otros sitios dentro de la Iglesia, y en el patio. La comision vino à D. Francisco de Feloaga, del Avito de Alcantara, y Consejo Real, que se hallaba en Cordoba, para que con Maestros inteligentes reconociese los sitios, y escogiese el mas proporcionado para una Capilla Real suntuosa. Ultimamente se señalaron tres naves, desde la espalda de la Capilla mayor, y Sacristia, hasta las dos naves del Sagrario, que havian de quedar libres, en que convino el Cabildo à nueve de Febrero de mil seiscientos y sesenta. Despues se ofrecieron dificultades, que entiviaron esta fabrica, que huviera quitado mucho lucimiento à la extraordinaria arquitectura de la Iglesia, por cuya razon convino el Rey, que se fabricase en el Patio de los Naranjos. Pero no llegò el caso de mudarse la Capilla, y cuerpos Reales, hasta que se trasladaron à la Iglesia Colegial de S. Hipolito, de que yà se hizo memoria.

En el año de mil quinientos y diez fundò Doña Juana la Moya-

1660

na una Casa Beaterio, en que viviesen quatro Doncellas de su linage en virtud, y recogimiento.
Nombrò por unico Patrono al Cabildo, que por un Diputado annual gobernò dicho Beaterio con
el titulo de la Presentacion de
Nra. Sra. Tambien se llamò el
Beaterio de las *Haumadas*. En el
año de mil quinientos quarenta y
seis pretendiò incorporarse con el
Convento de Jesus Maria de Religiosas de S. Francisco de Paula,
que no tubo efecto, por inconvenientes que se hallaron; pero como el tiempo suele variar mucho
las disposiciones humanas, pareciò al Cabildo, que seria mas del
servicio de Dios, y mas conforme
à la voluntad de la fundadora,
que dicho Beaterio se uniese perpetuamente al Convento de la
Anunciacion, ò Encarnacion de
Religiosas Benitas, y Bernardas,
que está à la direccion del Cabildo: y asi à tres de Febrero de
mil seiscientos y sesenta diò su
consentimiento, como Patrono,
para que se pidiese à su Santidad
esta union, è incorporacion, la
que se executò en este año.

Nro. Obpo. saliò de Cordoba pasada Quaresma para la Villa
de Palomares del Obispado de
Cuenca, donde se detubo el verano. Gozaba su Casa del Patronato
de una Capilla en la Iglesia antigua del Convento de Sto. Domingo, y en este año trasladò el Patronato, entierros, y memorias al

Capitulo de los Religiosos. Tambien mandò reedificar el Mauseo-
lo del famoso Hernando de Alarcòn, su Visabuelo, que le havia
levantado, para perpetuar su memoria su hijo Hernando de Alarcòn, y Abuelo de nuestro Obpo.
en cuyo Cenotafio puso la inscripcion siguiente: D. O. M. &c.

La Religion de S. Agustin
celebrò con la mayor solemnidad
la Canonizacion de Sto. Tomàs de
Villa-Nueva, Arzpo. de Valencia,
por el mes de Mayo de este año
de mil seiscientos y sesenta. El
Cabildo se encargò del primer dia,
y nombrò diez y nueve Prebend-
dados, que en su nombre la celebrasen en su Convento, y al
Doct. D. Gregorio Victoria y Avila, Canonigo Penitenciario, para
que predicase, como lo hizo con
gran lucimiento. La funcion se
executò con gran magestad, y explendor por todas circunstancias.
No fuè de menor solemnidad la
del ultimo dia, pues corriò à devocion de la Ciudad, y se executò en la Catedral, trayendo en
procesion al Sto. sus Religiosos,
acompañados de las Religiones,
nobleza, y devoto Pueblo. Por la
tarde llevò el Cabildo con procesion general al Sto. à su Convento, y volviò la procesion à la Iglesia. En el mismo mes de Mayo
escribiò el Rey al Cabildo, que
hiciese rogativas, y oraciones à
Nro. Sr. por su salud, y felicidad
de su viage, que hacia, para en-

tre-

tregar en los confines del Reyno à la Serenisima Infanta Doña Maria Teresa al Cristianisimo Rey de Francia Luis XIV, con quien estaba desposada. El Cabildo determinò à veinte y uno de dicho mes, que se hiciesen rogativas, y oraciones à este fin, tan conveniente al bien del Rey, y Monarquìa. Con este Matrimonio se hicieron las paces entre las dos Coronas, y se esperabá, que volviese la felicidad à este Reyno; pero los sucesos adversos, que acontecieron en los años siguientes, y nueva guerra, que se moviò, luego que muriò el Rey, frustraron las esperanzas, que se havian concebido.

Nro. Obpo. volviò à veinte y seis de Octubre, y luego dispuso, que se prosiguiese la obra de la Torre de la Catedral, que no estaba acabada, desde el Relox arriba; y llegò à concluirse por Mayo de mil seiscientos sesenta y quatro, en que se puso el Arcangel S. Rafaèl, para coronarla. Tambien mandò hacer el Organo, que està al lado del Evangelio, y unas bancas forradas en Terciopelo, para que oyese el Cabildo los Sermones. Otras obras considerables se hicieron en la Iglesia por su orden, como las rexas de bronce del Coro, y Capilla mayor, y Crucero, que costaron siete mil duc.; y se enderezò una danza de arcos junto à la Capilla de S. Clemente, por Juan Francisco Hidalgo, insigne Arquitecto, y Maestro ma-

yor de la Iglesia; y mudò la Audiencia al Salòn, donde permanece en el Patio de los Naranjos. El Hospital de incurables, que llaman de S. Jacinto, estaba amenazando ruyna, y le reedificò à su costa; y mientras viviò, no cesò de hacer obras dentro, y fuera de la Iglesia.

Aunque las armas mandadas por D. Juan de Austria tuvieron felices progresos en Portugal, que alegraron el Reyno, ocasionò mayor conturbacion la temprana muerte del Principe D. Felipe Prospero, que sucediò à primero de Noviembre de mil seiscientos sesenta y uno. Quiso Dios anticiparle mejor Reyno, y que dexase libre el de España à D. Carlos Joseph, que naciò Domingo seis del mismo mes à la una del dia. En Cordoba se tubo la noticia de ambos sucesos, casi al mismo tiempo, y se celebrò el nacimiento del Principe con *Te Deum laudamus*, y otras fiestas, y regocijos, con que se alegrò la Ciudad, como otra Eva con el nacimiento de Seth, en lugar de Abèl desgraciado. 1661

El Breve expedido à ocho de Diciembre de mil seiscientos sesenta y uno à favor del Mysterio de la Immaculada Concepcion de Nra. Sra. llegò al Cabildo à catorce de Enero de sesenta y dos, y causò tan general gozo, que en todas las Comunidades, Iglesias, y Hermitas significaban las Campanas el sum- 1662 summo gusto de noticia tan plausible. El Cabildo celebrò tres dias de fiestas, que empezaron Sabado once de Febrero, en que celebrò de Pontifical nuestro Obpo.: y en los dias siguientes predicaron del Mysterio el Doct. D. Gregorio Victoria, Canonigo Penitenciario, y D. Juan Antonio Rosado, Canonigo Lectoral. En el Convento de S. Francisco se celebrò un Octavario, en que cada Comunidad Religiosa se hizo cargo de un dia, empezando el Cabildo por su Diputacion de diez y nueve Prebendados. La Ciudad autorizò con su asistencia las fiestas; pero no satisfecha su devocion con estas demostraciones, celebrò tambien otra muy solemne en la Capilla de Villa-Viciosa, donde solìa celebrarla todos los años el dia quince de Diciembre, hasta que el Obpo. D. Fr. Alonso de Salizànes dotò en la Catedral toda la Octava de la Concepcion de Nra. Sra.

Nro. Obpo. determinò celebrar Synodo, y señalò, para publicarle el Domingo diez y ocho de Junio de este año de mil seiscientos sesenta y dos, como se executò, celebrando el Obpo. Misa rezada, por causa de los muchos calores: por la misma causa se tuvieron las sesiones en el Palacio Episcopal (aunque en los Synodos antecedentes havian sido en la Capilla de S. Clemente) y se concluyeron el dia veinte y dos, allanando muchas dificultades el zelo,

y vigilancia del Obpo., porque tuviese efecto una obra tan util, y necesaria en el Obispado. Despues no han celebrado Synodo los Obispos sucesores, aunque muy zelosos Prelados, y han procurado la observancia de èste, porque la experiencia ha enseñado, que el Sto. Decreto del Concilio Tridentino Sess. 24. Cap. 2. *de reformatione*, en que manda, que todos los años se celèbre, tiene en la practica muchas dificultades, è inconvenientes, que no se pueden vencer en estos tiempos, en que està la caridad, y disciplina Eclesiastica muy resfriada: y asi se han contentado con la observancia de este Synodo, procurando extirpar los abusos, y corruptelas con sus decretos, y visitas.

El Rey pidiò al Obpo., y Cabildo algun socorro de granos, para mantener los Exercitos contra Portugal, cuya conquista se continuò felizmente en este año, tomando las Plazas de Jurumeña, Olivenza, Arronches, y otros Lugares importantes. El Cabildo ofreciò mil fanegas de Cebada, aunque el año no havia sido abundante, y el Obpo. diò otras mil fanegas con porcion considerable de Trigo. La Ciudad sirviò con un donativo quantioso de dinero, que repartiò à los vecinos; y para que los Eclesiasticos contribuyesen al mismo fin, se recurriò al Papa, pidiendo, que concediese 800y. duc. sobre las rentas Eclesiasticas.

El

El Obpo. vino al Cabildo à veinte y seis de Septiembre , y se despidiò, para ir à Palomàres, de donde volviò à fin de este año de mil seiscientos sesenta y dos. El otoño de este año fuè tan seco, y destemplado de aires, que obligò à traer à veinte y ocho de Noviembre la Imagen de Villa-Viciosa , y hacer fiestas , y rogativas por el buen temporal. Las enfermedades , y muertes repentinas fueron muchas en el invierno , y la primavera de mil seiscientos sesenta y tres entrò con aguas tan copiosas, que à diez de Abril determinò el Cabildo hacer rogativas por la serenidad. La toma de Evora, que fuè à veinte y tres de Mayo hizo olvidar estos males por pocos dias ; pues esforzados los Portugueses consiguieron de nuestro Exercito una Victoria completa , que hizo mudar el semblante de la guerra , y malograr los sucesos favorables antecedentes. Siempre ha sido fatal la confianza propia, y el desprecio de los enemigos ; pero en esta ocasion tubo mas alto principio nuestra desgracia, que fuè el saquèo de las Iglesias , y Catedral , hasta las reliquias , cuyos enormes sacrilegios probocaron la ira de Dios , para azelerar el castigo.

En el Capitulo nueve quedò notado quando empezò en los Sermones el elogio de la Immaculada Concepcion de Nra. Sra. : y en este año escribiò el devotisimo Rey al Cabildo, que en todos los Sermones se empezase : *Alavado sea el Smo. Sacramento , y la Immaculada Concepcion de Nra. Sra. concebida sin mancha de pecado original en el primer instante de su animacion.* El Cabildo deseando, que en todo el Obispado se introduxese , y observase lo mismo, nombrò Diputados, que llevasen la carta del Rey al Obpo., y tratasen este punto. Al Obpo. pareciò , que se estableciese , y asi à veinte y seis de Abril de mil seiscientos sesenta y tres, se determinò, que asi en la Catedral , como en todas las Iglesias del Obispado empezasen los Sermones con el dicho elogio , y que en caso de no hacerlo algun Predicador, no se le permitiese continuar , sino que prosiguiese la Misa. No faltaron Predicadores , que lo resistiesen , y censurasen el Decreto ; pero el M. Fr. Juan de Rivas del Convento de S. Pablo de esta Ciudad escribiò un papel muy docto, con que les puso silencio, y obligò à executarlo.

Las Santas Iglesias determinaron juntarse en Madrid à fin de concordar las gracias de Subsidio, y Excusado , y la de 800y. duc. que havia yà concedido al Rey el Pontifice : y fuè electo à siete de Enero de mil seiscientos sesenta y quatro el Doct. D. Juan Antonio Rosado, Canonigo Lectoral, para asistir por nuestra Iglesia , y Clero à la Congregacion : èsta empezò

1663

pezò

pezò à primeros de Marzo, y se continuò hasta el año siguiente de sesenta y cinco, en que concordò con el Rey las gracias de Subsidio, y Excusado, y la de 800ĝ. duc. en 525ĝ. La baxa de moneda diò asunto dilatado à la Congregacion, para que las Iglesias no fuesen perjudicadas.

1664   En este año de mil seiscientos sesenta y quatro fuè muy seca la Primavera, y desde primero de Abril se hicieron rogativas publicas. Muchas Comunidades Religiosas vinieron en procesion de penitencia à la Capilla de Nra. Sra. de Villa-Viciosa, à celebrar Misa, y rogativa por la gran necesidad de agua. La Ciudad propuso al Cabildo à siete de Mayo, que se traxese à la Catedral el Sto. Christo, que se venera en el Convento de la Merced; pero haviendolo comunicado con el Prelado, fuè este de parecer, que se evitasen los concursos, y procesiones generales, en que regularmente se cometen muchos desordenes, que probocan mas la ira Divina, que la Misericordia; y que se continuasen las rogativas en las Iglesias: con esto se suspendiò el Cabildo, y dispuso la Magestad Divina, conceder la lluvia, que remediò mucho; pero el año fuè muy esteril, y valiò la fanega de Trigo à sesenta reales.

    Hacìa gran falta en esta Ciudad un Hospital para la convalecencia de los enfermos, pues saliendo deviles de la curacion, con qualquiera exceso contraìan enfermedades mas peligrosas. Esta necesidad moviò à D. Francisco de las Infantas y Aguayo, del Avito de Calatrava, y Veintiquatro de Cordoba, à dexar su hacienda al Cabildo, para que fundase un Hospital de convalecencia para hombres, y mugeres, y que fuese unico Patrono, como lo era de el de S. Sebastian. Doña Leonor Galindo su muger, que tambien deseaba esta piadosa fundacion, diò cuenta al Cabildo à siete de Julio de este año de sesenta y quatro, pidiendo, que la aceptase; como lo hizo à diez y nueve de dicho mes, por ser muy del servicio de Dios, y emplèo de la caridad Cristiana, y propio de nuestra profesion. Luego se puso en execucion la fundacion del Hospital, que ha sido muy util à los pobres enfermos, y de grande alivio, y desahogo à los demàs Hospitales.

    Nro. Obpo. tambien movido de la falta de curacion para mugeres, determinò hacer alguna fundacion, ò dotacion determinada, para que se curasen: y asi dotò doce camas, para curar mugeres en el Hospital de S. Lazaro, que tiene la Religion de S. Juan de Dios; para lo qual entregò doce mil duc. En la Catedral deseò, que el Cabildo nombrase Prebendados, que alternativamente asistiesen al Monumento en las veinte y quatro horas, y que no fuesen

sen solamente dos, como se acostumbra; para que el culto, y asistencia fuese mayor, y mas devota; y para esto ofreció à cinco de Abril, que daria cien duc. de distribucion en cada año, hasta que tuviese posibilidad de dotar esta asistencia. El Cabildo le dió muchas gracias por tan santo zelo; pero considerando, que era menos reparable no empezar, que no continuar despues, le representó, que tenia por mas conveniente suspender la resolucion, hasta llegar el caso de dotarla. Las necesidades, y urgencias, que ocurrieron, no le dexaron arbitrio para practicar èsta, y otras piadosas dotaciones. Hubo Auto de Fè en la Corredera à veinte y nueve de Junio de sesenta y cinco, asistiendo el Cabildo.

Por muerte del Catolico, y piisimo Rey D. Felipe IV., que sucedió à diez y siete de Septiembre de mil seiscientos sesenta y cinco, entre tres, y quatro de la mañana, fuè aclamado por Rey su hijo D. Carlos II. à catorce de Octubre de dicho año. La Ciudad traxo el Pendòn Real à la Catedral, donde segun la costumbre, le recibió el Obpo. vestido de Pontifical, acompañado del Cabildo, y le vendijo. El Cabildo le acompañó à su Palacio, donde tenia prevenido mirador, para vèr la aclamacion del Rey, que se hizo en la Torre del Omenage, y despues le tubo un refresco muy

cumplido. El Tribunal intentó poner Dosèl en su Balcòn; pero, oponiendose el Obpo., y Ciudad, se suspendió, y se executó la funcion con gusto universal. Nro. Obpo. salió luego à visitar el Obispado, en que se detubo hasta la vispera de Navidad, que yà se hallaba en Cordoba: y se mantubo en èlla el año siguiente de mil seiscientos sesenta y seis, cumpliendo con su Pastoral ministerio, y visita de Parroquias. Por Julio de este año se prendió gran fuego en el Colegio de la Compañia, y le abrasó en la mayor, y mas principal habitacion. El Cabildo movido de tal desgracia, aunque no era año fertil, dió al P. Rector Andrès de Almoguera trescientos duc. para su reparo.

La guerra inopinada, que movió el Rey de Francia por los Estados de Flandes en el año de mil seiscientos sesenta y siete, obligó à admitir tratados de paz con Portugal (que se firmó en Madrid à veinte y tres de Febrero del año siguiente de sesenta y ocho) y à solicitar caudales, y gente, para oponerse; y asi à veinte y siete de Noviembre escribió la Reyna Gobernadora à nuestro Obpo. pidiendole, que levantase à su costa una Compañia de Infanteria de cien hombres, hasta conducirlos à Cadiz, y le remitió las patentes de los Oficiales, que eligiese. Aunque no estaba sobrado nuestro Obpo., no pudo negarse à esta pe-

1666

Tttt

peticion; y poniendo en execucion este Real Servicio, yà se hallaba la Compañia en Cadiz à tres de Febrero de sesenta y ocho, mantenida por el Obpo. hasta este dia. La Reyna le diò las gracias por el servicio, y diligencia, con muy especiales expresiones de estimacion; y mucho mas dice: *à vista de que otros de quienes se debia esperar igual atencion, no han seguido vuestro exemplo.* Al Cabildo pidiò tambien un donativo gracioso para esta guerra, y le concediò todas las sisas, que le eran debidas desde el año de mil seiscientos cinquenta y nueve, hasta el de sesenta y cinco.

No se debe omitir la memoria, que merece para la posteridad Doña Elvira Ana de Cordoba, Señora de la Villa de Zuheros, y Marquesa de los Truxillos, que, haviendo donado en vida un brasero de plata, para que en la Octava del Smo. Sacramento se pusiese con perfumes en la Capilla mayor, y una Lampara dotada à Nra. Sra. de Villa-Viciosa, otorgò su testamento à veinte y ocho 1667 de Septiembre de mil seiscientos sesenta y siete, en que distribuyò su caudal copioso en Obraspias. Entre ellas dotò la festividad, y Octava de Nra. Sra. de la Concepcion con ocho mil duc., y mitad del Cortijo de Barrionuevo Alto, para que el Cabildo la celebrase, como la del Smo. Sacramento, que dotò el Obpo. D. Fr.

Diego Mardones. Al Hospital de Convalecientes dexò otros ocho mil duo. para aumento de sus rentas; y dispuso, que del remanente de sus bienes se fundase una Obrapìa, para casar huerfanas pobres de esta Ciudad, y Villa de Zuheros, y que à cada una se diesen cinquenta duc., dexando por Patrono de èlla al que gozase el Mayorazgo de su Casa de Zuheros, con la obligacion de nombrar cada año las Doncellas à proporcion de la renta en el dia de la Concepcion de Nra. Sra.

Haviendo asistido nuestro Obpo. à los exercicios literarios de los Opositores à la Canogìa Magistral, se hallò en Cabildo à quince de Octubre con diez y seis Canonigos para la eleccion, en que variando los votos, quedaron para segundo Escrutinio el Doct. D. Juan Gomez de Fuentes, Colegial del mayor de Cuenca, y Canonigo Magistral de Siguenza, y el Doct. D. Francisco de la Parra Zamorano, Colegial de Sta. Catalina de Granada, y Magistral de Almerìa. El Obpo. dixo, que por ciertas, y urgentes causas, que le movian, no queria votar en este segundo Escrutinio, sino que casaba su voto, y desde luego se conformaba con lo que el Cabildo dispusiese, y votase, que seria lo mas acertado, conforme à justicia, y razon. Con esto se retirò al apartado, que sirve de Sacristia, para que el Cabildo confiriese

riese este punto nuevo; y despues de haverle tratado, resolviò, que el Sr. Obpo. podia casar su voto, y conformarse con lo que el Cabildo hiciese, y que lo que le obstaba, conforme al Estatuto, de no estar presente el Sr. Capitular, que casa su voto, y no quiere votar, sino que debia irse fuera, se dispensaba con el Sr. Obpo. esta circunstancia, respecto del gran escandalo, que causaria al Pueblo, que està à la puerta del Cancel en semejantes ocasiones; y asi volviò à su asiento el Obpo., y no votò. El Dean pretendiò no votar, y quedarse en el Cabildo; pero no se consintiò, sino que saliese fuera, como lo executò; porque no hay consequencia, ni debe haverla de un Sr. Prelado à otro Capitular, aunque sea el Sr. Dean. Saliò electo el Doct. D. Juan Gomez de Fuentes; y haviendole hecho collacion del Canonicato, acompañò el Cabildo al Obpo. hasta la puerta de la Iglesia, segun costumbre en semejantes actos.

El Obpo., y Cabildo de Canonigos, havian con paz, y buena correspondencia conferido una Racion, y otra Media à las personas, que havia propuesto el Obpo.; pero haviendo vacado un Canonicato à tres de Junio de mil seiscientos sesenta y ocho, se fuè dilatando la provision, y se divulgaron algunas voces de discordia, que obligaron al Obpo. à escribir este papel al Cabildo. *Illmo. Sr.:* *importando para mayor servicio de Nro. Sr. verme con V. S. I. en junta, antes de señalar dia, para proveer en simultanea la Canogia vacante; pedi al Sr. Dean convocase à V. S. I., y advirtiendo despues, que qualquiera novedad nuestra ocasiona en los de afuera inquietud, me ha parecido reducir à este papel mi proposicion, para que V. S. I. la considere, y dirija al acierto, que todos debemos procurar. Llevò Dios al Sr. D. Francisco de Mendoza en los primeros de Junio, y pasado el Novenario, comuniquè à cada uno de V. S. mi pensamiento, de que ascendiese à esta Prebenda el Racionero Entero D. Gabril Huarte; nuestro Secretario de Camara, cuya capacidad tiene V. S. I. reconocida en Cabildo, y comisiones, y en los negocios en que entra à presidir con la voz, y parte del Obpo. No procedimos luego à màs, porque de conformidad se tratò, corriese una comision, que muchos dias antes havia dado V. S. I., para que se viera por los Actos Capitulares antiguos, y modernos lo mas juridico, y formal, que se ha practicado en las provisiones de simultanea, porque no se variase en cosa esencial ahora, ni en lo de adelante. Y hecha la relacion à V. S. I. por los Sres. Diputados de lo que hallaron escrito por espacio de doscientos, ò mas años, observaron tambien (segun he entendido) que nunca discordaron el Obpo. y Cabildo, sino fuè una vez; para que persona tan grande, como la* del Sr. D. Antonio de Aragòn, Cardenal, que fuè despues, autorizase esta Comunidad, siendo Prebendado de ella : con la dilacion de casi tres meses gastados en dicha diligencia, se han hecho en la Ciudad, Madrid, y otras partes, perjudiciales juicios contra la paz, y sana correspondencia de V. S. I. con este su indigno Prelado, à que he satisfecho con las razones, que he podido ; mas porque concurren algunas apariencias, de que V. S. I. duda, de seguir esta vez el corriente unanime de las provisiones, le suplico, como Amigo, y Siervo suyo, y como lo que le represento, le encargo, mire, que và para once años, que estoy en esta Silla, sin que ayamos tenido diferencia alguna, como bendito Dios, tampoco las tube en otras tres Santas Iglesias; y no permita V. S. I., que al cabo de mi vejez me vea yo desfavorecido de su mano : y porque no ha faltado, quien me dixese estaban quexosos de mi algunos de V. S. aunque no me acusaba la conciencia de haver dado causa, he ido à todas sus posadas, à certificarlos de mi buena intencion, donde recibì las honras, que confesarè siempre; si bien à estas no se han seguido otras de comunicarme, y verme, para que yo espere el suceso, y pacificacion, que estoy solicitando; sin que me desanime el haver visto, que se le ofreciò al Sr. Duque de Sesa este Canonicato para su hijo, y su Excelencia no haverle aceptado, por hacerme à mi merced : He entendido tambien, que se rugia entre algunos de V. S. no sè que platica, de que se entablase turno en nuestras Provisiones, como le hay en Salamanca, y otras Catedrales : holgàrame yo mucho de haverle hallado introducido en èsta, para evitar dependencias, y otros embarazos; y si adelante V. S. I. tratara de ello, no reusarè la conferencia; pero en la ocasion presente yà vè V. S. I. no fuera cosa decente à la Dignidad, ni à mi persona hablarlo, pues se atribuyera à pacto, por no perder la provision de nuestra Vacante. En fin Sr. Illmo., porque V. S. conozca mi desinterès, y quanto procuro aya concordia, y paz entre nosotros, he considerado con la nueva causa de haver dos vacantes juntas, Canongìa, y Racion, servir à V. S. I. por lo que me toca con la Racion, para quien gustare le proponga, haciendome V. S. I. merced, de que obtenga la Canongìa el propuesto por mi, con lo qual atajarèmos discursos, y el adivinar semblantes particulares, que por esto he querido hablar con V. S. todos juntos. Guarde Dios nuestro Sr. à V. S. I. en la grandeza que le deseo. Cordoba, y Agosto veinte y nueve de mil seiscientos sesenta y ocho. B. L. M. de V. S. I. su mayor servidor. El Obpo. de Cordoba.

A este papel respondiò el Cabildo con el siguiente : Illmo. Sr., el papel de V. S. I., que por mano del Sr. Dean se introdujo en este Cabildo, fuè oido, y entendido con summa reverencia, y veneracion;

y

y damos à V. S. I. las posibles gracias por las honras, y mercedes, que por él se sirve de hacernos. En quanto al principal asunto, que contiene en razon de la propuesta del Sr. Racionero D. Gabriel de Huarte, para el Canonicato vacante por muerte del Sr. D. Francisco de Mendoza, lo que podemos responder à V. S. I. haviendolo considerado, es, que quando llegare el caso de la provision, tendrà el Cabildo, por lo que le toca las debidas consideraciones al mayor servicio de Dios Nro. Sr. aumento de su Divino Culto, y bien de esta Sta. Iglesia, que son los fundamentos sòlidos, en que subsisten el acierto de las elecciones, y conservacion de la paz: confiamos seguramente de las singulares prerrogativas de Cristiandad, y prudencia, que en V. S. I. resplandecen, nos alentarà, para poner en execucion tan bien ordenados deseos, que solo se encaminan à la observancia de nuestras obligaciones, sin genero de intervencion en particulares dictamenes, ni pasar à discurrir en los medios, que V. S. I. ha sido servido de proponernos; en que este Cabildo no ha tenido parte. Guarde Nro. Sr. à V. S. I. en su grandeza, como hemos menester. De nuestro Cabildo hoy Sabado primero de Septiembre de mil seiscientos sesenta y ocho.

Viendo, que esta provision se dilataba, determinò el Cabildo à veinte y cinco de Septiembre, que por la parte que le tocaba se hiciese el dia siguiente veinte y seis, avisando al Obpo. la determinacion del Cabildo; para que concurriese por sì, ò por persona con poder expecial, si gustaba, que por ambas partes se hiciese al mismo tiempo. Por parte del Obpo. no pareciò persona, y el Cabildo junto yà el dia veinte y seis recibiò el papel siguiente, por mano del Pertiguero, que compelido con Censuras, se viò precisado à introducirle: *Al recado del llamamiento de V. S. fecho por su Pertiguero, para nombrar en el Canonicato vacante; lo que se ofrece responder, y representar al Cabildo de Canonigos, es, que dicho llamamiento es sin los requisitos de derecho, y contra la costumbre immemorial de esta Sta. Iglesia, perteneciente pribativamente al Prelado señalar el dia, convocando el Cabildo de Canonigos, para la provision de semejantes Prebendas, y Dignidades, y proponer el sujeto, que le pareciere, en que concurran, ò discuerden los Votos Capitulares; y no estando en mora el Obpo., pues el semestre no se cumple hasta tres de Diciembre, y quedan sesenta y nueve dias; y que el animo suyo havia sido de proveer la Canogìa, luego que pasò el novenario del difunto, y no tubo efecto, porque se nos propuso por parte de los Capitulares, se les diese tiempo, para registrar los Autos, y libros del Cabildo, para ajustar las formalidades, conque se deben gobernar estas materias de la simultanea, segun la costumbre, en lo qual venimos,*

fian-

fiandola de la Diputacion del Cabildo, sin intervenir nuestra parte, y voz; aunque esa diligencia, y ajustamiento era comun à Prelado, y Cabildo, en la qual consumieron casi los tres meses los Diputados; por tanto estamos prestos de concurrir, y nombrar sujeto digno en la forma, que lo han hecho nuestros antecesores, y desde luego señalamos para dia de dicho nombramiento el Martes veinte y siete de Noviembre de este presente año, y como Prelado amonestamos, y requerimos las veces de derecho, que dicho Cabildo no innove, ni proceda, haciendo nombramiento antes del dicho dia veinte y siete de Noviembre, y protestamos la nulidad, daños, y perjuicios, que de lo contrario se puedan seguir en general, ò en particular. El Obispo de Cordoba.

Luego, que el Cabildo recibiò este papel, conociò el perjuicio, que se le seguia; pues hasta aqui havia señalado dia, y convocado para semejantes provisiones, en que havian consentido los Prelados: y atribuyendose el Obpo. pribativamente esta facultad, determinò continuar por su parte la eleccion, dexando al Obpo. su derecho, para nombrar por su parte en el dia que señalase, y asi no consintiò en los requerimientos, ni protestaciones de su Illma; antes desde luego las reclama, para que ahora, ni en tiempo alguno no le pàren, ni puedan parar perjuicio. De diez y siete votos, que con-

currieron tubo quatro D. Gabriel Huarte, y trece D. Juan Antonio de Otalora, del Avito de Santiago, y Auditor de la Sacra Rota, con que se declarò por èl la eleccion. En el dia veinte y siete de Junio havia vacado una Media Racion, sobre cuya provision huvo la misma discordia: pues el Cabildo nombrò en èlla à veinte y siete de Octubre à D. Juan Ventura del Corral, y el Obpo. señalò el dia veinte de Diciembre para hacerla. El Obispo nombrò para la Canogìa à D. Gabrièl Huarte, à quien se llegaron quatro votos; y para la Media Racion à D. Pedro Velloso y Armenta su Provisor con quatro votos que se llegaron; pero confirmandose los trece en D. Juan Antonio de Otalora, y D. Juan Ventura del Corral, se declararon discordes ambas elecciones.

Sobre el punto principal de esta discordia, que era si pertenecia pribativamente al Obpo. señalar dia, y convocar al Cabildo, para hacer la provision, ò si cada parte podia hacerlo por sì separadamente, pronunciò el Nuncio un Auto, en que declaraba, que pasados tres meses desde la vacante, sino se convenian el Obpo., y Cabildo, tenia cada uno facultad para hacer la provision por su parte, avisando à la otra, para si queria concurrir. Nro. Obpo. sentia notablemente este litigio por su edad, y condicion pacifica, y agradable

à

à todos : no tenia menor sentimiento el Cabildo Canonico de litigar con un Prelado summamente amable, y à quien estimaba, y veneraba como Padre: y asi no huvo dificultad en venir en concordia, à que diò principio el Prelado : pues llamando al Doct. Don Gregorio Victoria, Canonigo Penitenciario, y al Doct. D. Francisco del Baño, Canonigo Doctoral, les propuso, para que lo significasen al Cabildo, el deseo que tenia de la paz, y que los pleytos que tenia con el Cabildo, se compusiesen, y ajustasen ; y que venia desde luego, en que el Auto del Nuncio no pasase adelante con la restitucion de los tres meses en que el Cabildo haya de aguardar: sino que desde luego quedasen iguales, en quanto à poderse juntar cada uno por su parte sin el otro, solo con avisarle ; y hacer cada uno por su parte la eleccion, y que el Cabildo diese por sì los llamamientos.

En dos de Abril de mil seiscientos y setenta participaron al Cabildo los dichos Canonigos, Penitenciario, y Doctoral, lo que les havia significado el Obpo., y oido con singular aceptacion, y gusto, encargò à los mismos, que significasen à su Illma. la estimacion, que el Cabildo hace de proposicion tan santa, y tan propia de su zelo Pastoràl, asegurandole, que el Cabildo de Canonigos en comun, y en particular, siempre

ha estado, y estarà con la veneracion, que debe à su Illma., que esto no ha sido mas, que defender, lo que era derecho del Cabildo, à que en conciencia no se podia faltar ; y que de parte del Cabildo se deseaba la paz, y concordia muy de corazon, asi por el afecto, con que estiman à su Illma. como por la obligacion del estado, en que debe ser tan propio. Dioles facultad, para tratar con el Obpo. sobre los puntos de la concordia ; y à diez y nueve de Mayo vino su Illma. al Cabildo, para otorgarla, como se executò con gran complacencia de todos.

El Pontifice confiriò el Canonicato devuelto à D. Alonso Fernandez de Cordoba y Aguilar, natural de Montilla, è hijo legitimo de D. Luis Ignacio Fernandez de Cordoba y Figueroa, y Doña Mariana Fernandez de Cordoba y Aragòn, Marqueses de Priego, y Duques de Feria, de que tomò posesion en veinte y ocho de Mayo de mil seiscientos y setenta. Haviendo cumplido su primera residencia, pidiò al Cabildo licencia para estudiar Canones en la Universidad de Salamanca, la que se le concediò por cinco años en veinte y ocho de Febrero de mil seiscientos setenta y uno. Poco despues diò el Papa otro Canonicato à D. Antonio Fernandez de Cordoba y Figueroa, natural de Montilla, è hijo de los mismos Marqueses de Priego, y Duques de Feria,

ria, de que tomò posesion à veinte y tres de Octubre de dicho año de setenta y uno. Despues de cumplida la primera residencia, obtubo licencia para ir à estudiar Canones por cinco años à Salamanca, donde ambos hermanos tomaron Beca en el Colegio mayor de Cuenca. D. Antonio siguiò el estado de Secular, y D. Alonso, despues de varios emplèos, consiguiò la Sagrada Purpura de Cardenal; fuè Inquisidor General, y muriò à diez y nueve de Septiembre de seiscientos noventa y nueve.

Luego que nuestro Obpo. vino à su Obispado, procurò poner en toda perfeccion el Convento de Religiosas del Cistèr, que havía mandado fundar en la Villa de Guadalcazar el Arzpo. de Sevilla D. Luis Fernandez de Cordoba, quando se hallaba Obpo. de Malaga. Para esto traxo cinco Religiosas de virtud del Convento de Sta. Ana de Malaga; pero la experiencia enseñò, que no podia mantenerse en Guadalcazar el Convento con la perfeccion, y numero, que havia dispuesto el Fundador; y asi deliverò trasladarle à Cordoba, donde dispuso Casa en que estuviesen las Religiosas con mayor commodidad, y pudiesen observar su Regla. Haviendo conseguido Bula del Papa, traxo las Religiosas, y à veinte de Diciembre de mil seiscientos y setenta les diò Constituciones muy acomodadas al pais, con que ha florecido este Convento en la observancia regular, y hoy es de los mas Religiosos, y acreditados de Cordoba. Tambien diò Reglas al Colegio de Huerfanas, y al Colegio de San Pelagio Martyr diò Constituciones, que renovò, y reformò en parte el Obpo. D. Pedro de Salazàr, en las que hizo año de mil setecientos y quarenta con el motivo de las Catedras, que dotò, y puso el Cardenal Salazar en dicho Colegio.

El Pontifice Clemente X. declarò à siete de Febrero de mil seiscientos setenta y uno la Santidad, y culto immemorial de San Fernando Rey de Castilla, y Leon, con facultad de poder celebrarle à treinta de Mayo (en que muriò) en todos los Dominios del Rey Catolico con Rito doble en Misa, y Oficio Divino. Esta noticia muy deseada de todo el Reyno, le llenò de summa alegria, y en Cordoba, que yà à seis de Marzo havia llegado, se celebrò con publicos regocijos. En la Catedral se celebraron tres dias con todas las demostraciones festivas, y empezaron Domingo siete de Junio, por venir el dia propio en infraoctava de Corpus. En el primer dia celebrò de Pontifical nuestro Prelado, y en los siguientes predicaron las virtudes, y glorias del Sto. Rey, los Doctores, D. Juan Antonio Rosado, y D. Gregorio Victoria: La Ciudad, Capilla Real, y Comunidades continuaron, dando do à Dios las gracias de vèr colocado en los Altares al Rey , por cuya mano se restituyò esta Ciudad al culto Cristiano, y à quien debian muchas mercedes, y privilegios. En la Capilla de Villa-Viciosa se erigiò Altar al Santo , y en adelante se ha celebrado su dia con repiques , y solemnidad de primera clase , y observado por fiesta de precepto , conforme al Breve de veinte y seis de Agosto de setenta y tres.

El Colegio de la Compañia de Jesus celebrò un Octavario de fiestas à la Canonizacion de San Francisco de Borja. En el primer dia, que fuè à veinte de Octubre hizo la fiesta nuestro Obpo. , y celebrò de Pontifical : el Cabildo hizo en su Catedral la del dia Octavo veinte y siete en memoria, de haver predicado el Sto. en esta Sta. Iglesia, y haver fundado este Colegio, y quasi todos los de Andalucia. Los Padres acompañados de las Religiones traxeron al Sto. el dia antes, hasta el Arco de las Bendiciones , donde le recibiò el Cabildo , y cantando el *Te Deum laudamus* le llevaron Prebendados à la Capilla mayor, y colocaron en el Altar mayor al lado de el Evangelio. Por la noche se iluminò la Torre; y al dia siguiente se celebrò la Misa del Santo con toda solemnidad, à que concurrieron los Padres, que tuvieron su asiento en la Capilla mayor, y el Padre Rector en el Coro, junto al

Arcediano de Cordoba ; predicò del Santo el Doct. D. Gregorio Victoria , y por la tarde llevò el Cabildo con procesion general al Santo à su Colegio.

De los Martyres de Cordoba se rezaba con Rito semidoble; y pareciendo à nuestro Obpo. , que segun el Breve de Gregorio XIII. se podian celebrar con Rito doble, lo propuso al Cabildo, y à ocho de Agosto de mil seiscientos setenta y uno se conformò con el Obpo. , que en adelante se celebrasen dobles en todo el Obispado. A instancias de la Reyna Catolica concediò el Pontifice à veinte y nueve de Enero de dicho año, que se celebrase el Dulcisimo Nombre de Maria Sma. en todos los Dominios de España; pero no contenta su fervoroso zelo con esta gracia, pidiò, que su Santidad concediese, como lo hizo à siete de Octubre del mismo año, Indulgencia plenaria, y perpetua à todas las personas, que, haviendo confesado, y comulgado, asistiesen à la Misa solemne en qualquiera Iglesia de estos Reynos, haciendo à Dios las oraciones acostumbradas; y nuestro Obpo. la mandò publicar à veinte y dos de Agosto de mil seiscientos setenta y dos, **1672** para que llegase à noticia de todos.

Los Religiosos Trinitarios Descalzos edificaban su Iglesia por este año de mil seiscientos setenta y dos, y aunque nuestro Obpo. proseguia la del Hospital de S. Jacinto, y otras obras, diò à los Religiosos un gran socorro, para continuar su fabrica. En el año siguiente de setenta y tres hizo Ordenes à veinte y tres de Septiembre, hallandose en edad de ochenta y cinco años. El Convento de Nra. Sra. de la Merced celebrò por siete dias la Canonizacion del Glorioso Martyr San Pedro Pasqual, Obpo. de Jaèn; y para la ultima fiesta, que fuè Domingo veinte y nueve de Octubre traxo al Sto. à la Catedral, donde le recibiò el Cabildo, como lo havia executado con S. Francisco de Borja: predicò en esta funcion el Doct. D. Gregorio Victoria, asistiendo los Religiosos en la Capilla mayor, y el Padre Comendador en el Coro. Por la tarde llevò el Cabildo con procesion general al Sto. Obpo., y Martyr al Convento de S. Francisco, donde se quedò por estar muy distante, y extramuros su Convento.

El Racionero D. Tomàs Gonzalez de Tebar dexò fundada una Obrapìa para Niños de la Doctrina, y nombrò al Cabildo por Patrono. Para que esta piadosa obra llegase à tener efecto, le aplicò nuestro Obpo. los bienes, que havian quedado del Beaterio, que fundò en esta Ciudad Doña Beatriz de Cordoba, y se hallaba yà desierto; con que à veinte y siete de Septiembre de mil seiscientos setenta y quatro la admitiò el Ca-

bildo, y recogiò algunos Niños huerfanos, para que fuesen educados por un Capellan, y asistiesen à los entierros. En este tiempo sucediò un caso, que se experimenta pocas veces. Muriò una persona en Campeche, y mandò restituir mil pesos al Cabildo de Cordoba, por haverse valido de ellos en algunas administraciones, que havia tenido: tubo el Cabildo esta noticia, y pidiò à Don Pedro Corvete, General de la flota, que les pusiese cobro: executòlo con tanta fineza, que à primero de Diciembre de este año de setenta y quatro avisò, que los tenia en Sevilla à disposicion del Cabildo; porque le diò las gracias correspondientes; y el Cabildo aplicò quatrocientos pesos à la Fabrica, para que se convirtiesen en lo que hiciese mas falta al culto Divino.

Nro. Obpo. havia dotado un Anniversario en cada Iglesia de Ciudad Rodrigo, Salamanca, Pamplona, y Cuenca, donde havia sido Obpo., y Prebendado; y sabiendo, que la de Cuenca havia padecido muy grave daño en su Fabrica, ofreciò mil duc. en carta de diez y seis de Agosto de setenta y quatro, para ayuda à repararla, quedando con el quebranto *de no ser poderoso, para encargarme del total remedio, por el aprieto en que nos hallamos de hacienda.* A la Fabrica de Salamanca donò quinientos duc., y à la de Cordoba insti-

ti-

1673

1674

tituyò por heredera , pagados diferentes legados pìos , y dos mil duc. al Cabildo , para que le cumplìese un Anniversario cada año. Al Cabildo hizo una donacion intervivos de veinte mil duc. , para que dotase con sus reditos seis huerfanas cada año , y con el residuo celebrase el dia de la Concepcion de Nra. Sra. con toda grandeza , y lucimiento.

A la edad crecida de nuestro Obpo. (contaba yà ochenta y siete años) sobrevino el accidente de supresion de orina , que le postrò à trece de Mayo de mil seiscieptos setenta y cinco; cada dia se agravò mas , y el dia diez y seis por la noche recibiò con gran devocion à Nro. Sr. por Viatico. Sintiò notablemente , que no se le huviese ministrado el Cabildo , y asi pídiò al dia siguiente , que le diese el consuelo de ir à verle; porque deseaba vèr , y despedirse de todos. El Cabildo diò à su Prelado este consuelo , y llegando cada uno à besarle la mano , le pe-

dia con mucha ternura , que le perdonase , y encomendase à Dios; encargò à todos lo mismo , poniendoles presente el grande amor, que les havia tenido , y diò noticia de la donacion intervivos, de veinte mil duc. , que hasta entonces no havia manifestado. El Dean le respondiò , agradeciendo summamente las continuadas finezas, que el Cabildo havia experimentado , y manifestando el gran sentimiento , y dolor , con que quedaba ; luego que volviò el Cabildo, manifestò el Smo. , è hizo rogativa por su Prelado , que ultimamente entregò su espiritu al Criador entre quatro , y cinco de la mañana del dia diez y ocho de Mayo , en que se celebra la dedicacion de esta Sta. Iglesia. Su cuerpo se depositò en la Capilla del Sagrario (donde hasta hoy se mantiene) porque por su testamento se mandò enterrar en su Capilla de la Villa de Palomàres , y dexò ordenado , que le pusiesen este epitafio:

SOLI DEO, HONOR, ET GLORIA.

Aqui yace D. Francisco de Alarcòn y Cobarruvias , Obispo de Cordoba, fundador de las memorias de esta Capilla , hijo de D. Diego Fernandez de Alarcòn , Patròn de èlla , Señor de Valera , y su Estado ; del Consejo Supremo de Castilla , por merced del Sr. Rey D. Felipe II. , y de Doña Catalina de Cobarruvias y Leyva , su muger , Sobrina del Illmo. Sr. D. Diego de Cobarruvias y Leyva , Obpo. de Cuenca , Presidente de Castilla ; fueron sus ascensos desde Maestre Escuela , Dignidad , y Canonigo de la Sta. Iglesia de Cuenca , Inquisidor de Barcelona , y Valencia , Obpo. de Ciudad Rodrigo , Salamanca , y Pamplona , de donde pasò à Cordoba el año de 1658.; muriò el de 1675. (à 18. de Mayo en su Palacio Episcopal) y fuè trasladado , &c.

Fuè nuestro Obpo. muy afable con todos, piadoso, y liberal. Tubo gran inclinacion à obras: y asi en la Iglesia, y su Palacio se hicieron muchas en su tiempo; mandò hacer los retratos de los Obispos, desde D. Leopoldo de Austria, y los colocò en el Salòn, donde se han continuado los sucesores. Del Convento de S. Geronimo de Talavera traxò al Padre Fr. Sebastian de S. Geronimo, insigne escriptor, para renovar los libros de Coro, y hacer de nuevo los que faltaban. Por su orden delineò un mapa del Obispado de Cordoba D. Luis David Hosfrichter, que imprimiò, y dedicò à nuestro Obpo. El libro vertido de Toscano en Castellano, *la mejor Lis de Francia*, està dedicado à este Prelado, y le dice el traductor, que es descendiente del Rey de Francia S. Luis, por Doña Juana Reyna de Napoles, visabuela del Obpo., y Madre de su Abuelo D. Fernando de Alarcòn.

El Arcediano de Pedroche en nombre del Cardenal, Arzpo. de Toledo, D. Pasqual de Aragòn presentò en Cabildo de veinte y nueve de Octubre de este año de mil seiscientos setenta y cinco dos blandones de plata demàs de dos varas de alto cada uno, un Caliz, Patena, Viñageras, Salvilla, y Campanilla de plata sobredorados, para el Culto Divino en los dias clasicos. El Cabildo diò las debidas gracias à su Eminencia, y determinò, que en adelante se celebrasen cada año dos Misas en el Punto, y cada mes un Responso en los Oficios por su alma: y que en los blandones se pusiesen el nombre, y armas, para perpetua memoria de la liberalidad de este Eminentisimo Prelado. Por la misma mano presentò en cinco de Febrero de mil seiscientos setenta y seis cinco Relicarios con caxa, y pie de plata, entre los quales hay uno grande, que tenia su Eminencia en su Oratorio. Havia sido en esta Sta. Iglesia Arcediano de Pedroche, y la mirò, y atendiò siempre con afecto de fino Prebendado.

Por este tiempo florecia en Cordoba con gran opinion de Santidad el V. Presbytero Cristoval de Sta. Catalina, natural de la Ciudad de Merida, y fundador del Hospital de Jesus Nazareno. Viviò algunos años en el desierto de la Sierra con un Hermitaño, donde se exercitò en vida penitente, y contemplativa; pero llamandole Dios à la activa, baxò à la Ciudad, y conociò, que hacìa mucha falta un Hospital de mugeres impedidas por su edad, ò accidentes; y se determinò à recogerlas, y asistirlas junto à una Hermita antigua de S. Bartolomè, que yà se llamaba de *Jesus Nazareno*, por la devotisima Imagen, que havia en èlla. Antes havia sido Hospital, ò recogimiento de pobres, porque Martin Gomez de Aragòn, fun-

fundador del Convento de S. Martin le nombra en su testamento año de mil seiscientos treinta y cinco *Hospital de Jesus Nazareno*: aqui juntó piadosas mugeres, que cuidasen de las enfermas, y algunos hermanos, que solicitasen el socorro, y limosna; y à quince de Febrero de mil seiscientos setenta y tres Miercoles de Ceniza consiguió la Hermita para Iglesia, y dió principio à obra tan util, que ha sido, y es exemplar de piedad, que han imitado otros Pueblos de fuera, y dentro del Obispado. Entre las limosnas, que suele dar el Cabildo por Navidad, hallo nombrado el Hospital de Jesus Nazareno à veinte de Diciembre de mil seiscientos setenta y quatro, y en los años siguientes; y asi se equivocò el escritór del compendio de esta fundacion, diciendo, que era Obpo. D. Fr. Alonso Salizanes, pues lo era D. Francisco de Alarcòn. Viviò el Siervo de Dios cuidando con heroyca caridad de su Hospital hasta veinte y quatro de Julio de mil seiscientos y noventa, en que entregò su espiritu al Criador; predicò su exemplar vida, y heroycas virtudes el V. P. Pdo. Fr. Francisco de Posadas, que despues escribiò su vida, y se imprimiò en esta Ciudad año de mil seiscientos noventa y nueve.

CAPITULO XIII.

DEL OBISPO D. Fr. ALONSO de Salizanes y Medina.

NACIò EL OBISPO D. Fr. Alonso de Salizanes en la Ciudad de Zamora, y fuè hijo de Garpar de Medina Requejo, y de Doña Josepha Sanchez Salizanes, su legitima muger. Desde niño manifestò gran inclinacion à la virtud: y asi le destinaron sus Padres al Estado Religioso. Sabida la Grammatica, tomò el Avito en el Convento de S. Francisco de dicha Ciudad, donde estudiò las Artes, y Teologìa con gran aprovechamiento, y las enseñò despues por orden de sus superiores. Por el gran credito de su sabiduria, y virtud le hicieron Guardian de diferentes Conventos, y le eligieron Provincial. En estos empléos cumpliò tan exâctamente, que en el Capitulo General, que celebrò su Religion en Roma año de mil seiscientos sesenta y quatro, fuè electo General de su Orden Serafica. El Rey le presentò para el Obispado de Oviedo, de que tomò posesion año de mil seiscientos sesenta y nueve, y continuò en el gobierno de su Religion con aceptacion universal, hasta que se hizo la eleccion de nuevo General. Hallòse presente en Agreda à la muerte de la Venerable, y famosa

Ma-

Madre Maria de Jesus, que sucedió à veinte y quatro de Mayo de mil seiscientos sesenta y cinco, y en el de seiscientos y ocho tubo en su Convento de Madrid una junta de los Religiosos mas sabios, y autorizados de su Religion, para examinar los escritos de esta V. Sierva de Dios. De Obpo. no innovó en lo exterior, ni interior de su persona, mas que lo muy preciso : porque en todo quiso ser Religioso muy observante de su Regla. Su Palacio era un Monasterio, y su familia tan arreglada, que parecia de Religiosos. Visitó su Obispado, y dió muchas limosnas. Predicaba muy frequentemente con gran provecho de las almas, porque tubo gran gracia, y fuè de los Predicadores mas famosos de su tiempo.

De Oviedo fuè trasladado à Cordoba, y pasò la gracia en Roma à diez y ocho de Noviembre de mil seiscientos setenta y cinco: tomò la posesion de este Obispado à veinte y ocho de Enero de mil seiscientos setenta y seis D. Miguel de Vega y Serna, su Provisor, y Vicario General ; y gobernò el Obispado, hasta veinte y ocho de Marzo, en que entrò el Obpo. en Cordoba. En el dia siguiente, que era Domingo de Ramos vino por la tarde à la Iglesia, y fuè recibido con las demostraciones, y ceremonias acostumbradas, como sus antecesores. El Cabildo le visitò, como es estilo

el dia siguiente Lunes, y el Martes por la mañana vino à Cabildo à estimarle su visita, y à ofrecerse con toda fineza, para quanto gustase disponer de su persona. Celebró de Pontifical Jueves, y Viernes Santo, siendo innumerable el concurso del Pueblo : porque havia años, que no lo havia executado publicamente su antecesor por su edad tan crecida.

Nro. Obpo. vino al Cabildo à diez de Julio, y propuso, que padeciendo cruel peste Cartagena, y otros Pueblos, era muy necesario hacer algunas rogativas, para aplacar la ira Divina, y preservar esta Ciudad del contagio: el Cabildo estimò su santo, y Pastoral zelo, y decretò, que se hiciesen algunas plegarias, que se continuaron hasta el año siguiente de mil seiscientos setenta y siete, en que à catorce de Julio se traxeron las Reliquias de los Martyres à la Catedral, y por ocho dias se celebraron fiestas solemnes, empezando nuestro Obpo. el dia primero, en que celebrò de Pontifical. Al mismo tiempo padecia la Plaza de Oràn peste, hambre, y guerra, y escribió el Rey à nuestro Obpo., y Cabildo, pidiendo, que la socorriesen con algun Trigo, por ser la necesidad extrema ; yà se conocia, que era la cosecha muy corta, y que estaba esta Ciudad muy exhausta, como se experimentò despues, valiendo yà por Septiembre à cin-

quenta

quenta y cinco reales la fanega de Trigo, y à veinte y dos la de Cebada ; pero no obstante à veinte de Julio se ofrecieron al Rey para el socorro de Oràn quatrocientas fanegas de Trigo, à doscientas para cada Mesa.

Por este tiempo florecia D. Fr. Alonso Bernardo de los Rios y Guzman, hijo de esta Ciudad, y del Real Convento de la Sma. Trinidad de Religiosos Calzados, donde tomò el Avito, y siguiò los estudios con gran aceptacion de su Orden. Siendo de quarenta y un años, fuè electo Obpo. de la Havana, y despues trasladado à la Mitra de Ciudad Rodrigo, que gobernò seis años. En este de mil seiscientos setenta y siete fuè promovido à la Metropolitana de Granada, que rigiò hasta cinco de Octubre de mil seiscientos noventa y dos, en que muriò de sesenta y seis años con la fama de muy Religioso, y zeloso Prelado. Sucediòle en Ciudad Rodrigo D. Fr. Miguel de Cardenas, natural de esta Ciudad, è hijo de este Convento de Carmelitas Calzados, de quien hicimos yà mencion; fuè muy famoso Predicador, y muy celebrado en la Corte. Muriò en su Obispado muy al principio con gran sentimiento de su Iglesia. D. Lope de los Rios, tambien natural de esta Ciudad, ascendiò à Presidente del Consejo de Hacienda, haviendo obtenido otros empléos honorificos, en que desempeñó sus grandes obligaciones muy à satisfaccion del Rey.

Nro. Obpo. empezò al principio de este año de setenta y siete à visitar por su persona las Parroquias, y Conventos de Cordoba, y predicò en la Catedral Miercoles de Ceniza, que fuè à tres de Marzo. S Francisco Solano de la Orden de S. Francisco, y natural de la Ciudad de Montilla de este Obispado, estaba Beatificado; y viendo su Religion, que se podia celebrar del Sto. en toda la Diocesi, en virtud de las Bulas, que tenia, pidiò al Obpo., que mandase rezar, y celebrar del Santo; y à nueve de Agosto determinò con asenso del Cabildo, que se celebrase à diez y ocho de Julio con Rito doble. El Rey pidiò al Pontifice, que se celebrase de precepto el dia del gran Doctor de la Iglesia S. Agustin en todo el Reyno de España; y haviendo remitido el Breve, en que lo concedia el Papa, le mandò publicar nuestro Obpo. à veinte y cinco de Agosto, para que en adelante se guardase por de fiesta.

Las necesidades se aumentaron cada dia : pues la fanega de Trigo llegò à valer à noventa reales, y aunque se formò una junta del Obispo, Corregidor, y Diputados de Cabildo, y Ciudad, para cuidar del abasto, no se hallaba en la Ciudad por precio alguno. El Obpo. ofreciò buscar diez mil fanegas, y el Cabildo diez y nueve ve mil, con que el Pueblo se fué manteniendo. Diariamente repartia el Obpo. quarenta fanegas de pan en su Palacio à los muchos pobres, que se refugiaron à esta Ciudad, y con liberal mano socorria con racion de pan, ò dinero à muchas personas, y familias honradas. En un dia se hallaba muy fatigado con tantos pobres, y entrando à verle el V. P. Cristoval de Santa Catalina le dixo: *Qué quiere? Viene à pedirme para su Hospital? No Señor, respondiò el V. Padre, sino à que si V. S. gusta me envie allà algunos de estos pobres, que yo los cuidaré:* quedòse admirado nuestro Obpo. (que como asegura el V. P. Pdo. Posadas, fuè sin ponderacion muy limosnero, y que por su mano, y de otros, que supo, repartia muchas limosnas) y solia decir despues: *Quién tuviera la fè del Padre Cristoval! Quién tuviera su confianza!* Con que se alentaba à socorrer à todos los necesitados, sin reparar en la falta de medios. Estimò mucho à estos dos Venerables Varones, y los socorria frequentemente, para mantener el Hospital de Jesus, y Convento de Escala-Cœli. Fuè muy afecto à todas las Religiones, y las atendia, no solamente en comun, sino tambien en particular: porque como experimentado, conocia, que tenian muchos Religiosos sus necesidades, y los ayudaba con varios modos, y pretextos, que to-

maba, para que nó pasasen el rubòr de pedirle.

El Arcediano de Cordoba D. Juan de Esquivèl y Flores donò à la Iglesia à diez de Febrero de mil seiscientos setenta y ocho un gran brasero, todo de plata, para que sirviese en las Pasquas, y Octavas en la Capilla mayor; y tambien una colgadura que tenia. El Doct. D. Francisco Antonio Bañuelos y Morillo, Maestre Escuela, y Canonigo diò à ocho de Junio del mismo año un frontal de plata para las festividades del Smo. Sacramento. A ambos diò muchas gracias el Cabildo., y les estimò el zelo del mayor culto, que solicitaban à Nro. Sr. con sus dadivas. Nro. Obpo. no solamente cuidaba de socorrer las grandes necesidades corporales, que havia, sino tambien de dar el pasto espiritual à sus Ovejas; pues aunque se hallaba indispuesto, predicò el Domingo primero de Quaresma con gran espiritu, con que consolò à todos para tolerar las aflicciones, que padecian: porque ademàs de la penuria de pan, reynaba en esta Ciudad, y otras de España un contagio, que no cesò, hasta que se aplicò el remedio del agrio de limas.

En Sicilia entregaron unos sediciosos à los Franceses à Mecina, y otras Plazas confinantes, y para esta guerra pidiò el Rey un donativo à la Iglesia. El Cabildo representò la gran necesidad

en

en que se hallaba esta Ciudad, que era preciso remediar : y asi se escusò de conceder el donativo ; pero volviendo el Rey à instar, concediò el Cabildo à veinte de Junio mil duc. en los efectos de sisas debengadas. Los Franceses recelando otras visperas Sicilianas, como las del año de mil doscientos ochenta y dos, ò conociendo, que esta guerra en Sicilia no les era util, sino perjudicial, y costosa, desampararon la Isla; lo que participò el Rey, para que se diesen gracias à Dios, y se hiciesen demostraciones publicas de alegria. En nuestra Iglesia se cantò el *Te Deum laudamus.* Havia concedido el Pontifice Inocencio XI. al Rey una decima de 800y. duc., que havia de pagar el Estado Eclesiastico en dos años, para subvenir à los gastos de la guerra. Los Cabildos representaron al Papa, y Rey los atrasos, y diminucion de las rentas ; pero aunque los Moros se havian retirado de Oràn, y las paces se trataban, fuè preciso concordarla en este año de mil seiscientos setenta y ocho en 490y. duc., y concediò el Papa nuevo Breve, para que se incluyesen los Beneficios, que havia exceptuado en la gracia. Tocò al Obispado 6. q. 642y814. maravedis en ocho pagas.

El Rey movido de su devocion al Patriarca S. Joseph, determinò declararle por Tutelàr de todos sus Reynos, y Señorios: y asi escribiò al Cabildo à veinte y nueve de Noviembre de este año de setenta y ocho, para que se celebrase por Tutelar con las demostraciones, que se hicieron el año de mil seiscientos quarenta y tres, quando fuè recibido por Protector el Arcangel S. Miguel. Esta resolucion del Rey fuè gratisima à nuestro Obpo., porque era devotisimo del Sto. Patriarca : y asi manifestò al Cabildo à veinte y cinco de Enero de mil seiscientos setenta y nueve, que queria dotar, desde este año la festividad del Santo, para que se celebrase con la mayor solemnidad en esta Iglesia ; y que en ella celebraria de Pontifical, como lo executò ; y desde este año se ha celebrado con toda solemnidad. La Sta. Iglesia de Santiago, viendo, que de esta resolucion del Rey, aunque tan pìa, podria resultar alguna diminucion al unico Patronato de Santiago Apostol, Patrono tan antiguo de España, escribiò à veinte y dos de Diciembre de setenta y ocho, pidiendo, que se suspendiese la declaracion de *Tutelar,* hasta informar al Rey, de quien esperaba, que mandaria suspender su orden, como lo havia hecho su Padre sobre la proteccion de San Miguel. En èlla acuerda la fineza antigua de este Cabildo sobre el unico Patronato del Apostol, y su Acto Capitular de veinte y seis de Noviembre de mil seiscientos veinte y siete, que conserva entre los

1679

papeles mas importantes: *para recuerdo perpetuo de la summa obligacion, que debemos à V. S.* Esta carta se leyò en Cabildo à treinta de Enero, y se mandò, que se confiriese con el Obpo. por los Diputados nombrados para tratar este punto.

El Arzpo., y Cabildo de Santiago hizo representacion al Rey, y en su vista, aunque yà havia llegado el Breve de su Santidad, escribiò al Cabildo à treinta y uno de Diciembre de mil seiscientos setenta y nueve, que ha tenido por bien de resolver, el que se suspenda el Breve, y que no se use dèl, en quanto al Patronato de S. Joseph. Y por lo que toca al Jubilèo, Indulgencias, y Altar privilegiado, que se comprehenden en el Breve: *las bareis publicar en esa Iglesia, para que los fieles gozen de este bien,* y en este estado se quedò.

Haviendo celebrado Capitulo Provincial en este Convento de S. Francisco Sabado quince de Abril de mil seiscientos setenta y nueve, al dia siguiente Domingo, despues de Oficios, vino en procesion la Provincia à la Catedral, donde concedido Altar, y Coro (como en otras ocasiones semejantes se havia hecho) celebrò con toda solemnidad la fiesta de gracias à Nro. Señor. Nro. Obpo. vino al Coro, para hallarse en la fiesta, como hijo de S. Francisco, y el dia diez y ocho se despidiò en Cabildo, para salir à la visita del Obispado, que no havia podido executar hasta ahora, por no faltar de la Ciudad en tiempo de tantas necesidades. Antes havia manifestado al Cabildo, que pareciendole muy digno de celebrarse con la mayor solemnidad en esta Iglesia la hora de la Ascension de Nro. Sr., era su animo dotarla, si convenia en ello el Cabildo. Para tratarlo con el Obpo. diò comision el Cabildo à dos Capitulares, à quienes escribiò el Obispo la carta siguiente: *Señor, aunque V. S. me participò los excesivos favores, con que los Sres. del Cabildo correspondian à mi buen deseo, y segura voluntad en orden à dexar à mi arbitrio, en situar la cantidad necesaria, para que la hora de la Ascension se celèbre con toda magestad, por lo que pide tan gran solemnidad, y la decorosidad de tan Ilustre Cabildo; y haviendo remitido la resolucion para otro dia, los embarazos la dilataron, de modo, que no ha sido posible perfeccionar la resolucion hasta ahora, y es forzoso darla por escrito, atento, à que es tanta la gente, que ocurre à confirmar, que sin gran nota no puedo dar la espalda à tal obligacion; y correspondiendo con las que debo à V. S., repito, y repetiré siempre immortales gracias à V. S. por la soberana atencion, y generosidad, con que me favorecs. Mi deseo es, que la fiesta de la hora se celèbre, poniendo el Altar, como el dia del Cor-*

Corpus, y para cera, y distribucio-
nes en la conformidad, que à V. S.
le pareciere, de modo, que todos go-
cen, y la musica sea satisfecha, se
darán ciento y veinte duc., y por
esta vez; para que se compre cera
ayudo con ochocientos reales mas; y
en llegando yo à esa Ciudad, de es-
ta solemnidad, y de la de S. Joseph
barémos la escritura. Sirvase V. S.
de participarlo asi en el Cabildo, y
que mi buen afecto no se termina en
esto, pues solicita pasar mas allà de
lo que se puede imaginar. Guardeme
Dios à V. S. como puede, y he me-
nester. Luzena Mayo cinco de mil
seiscientos setenta y nueve. B.L.M.
de V. S. su mas verdadero servidor
Fray Alonso, Obispo de Cordoba.
En vista de esta carta aceptò la
fundacion el Cabildo à ocho de
Mayo, y celebrò la hora à once,
que fuè dia de la Ascension: lo
que se ha continuado con toda solemnidad, y singular devocion de
los fieles. ●

Por muerte del Doctor Don
Francisco de la Arrañaga, Dean,
y Canonigo (que sucediò à trece
de Enero de mil seiscientos setenta y ocho) consiguiò el Decanàto
D. Cristoval de Aguayo y Manrique, natural de esta Ciudad, hijo de los Marqueses de Santa-Ella:
y tomò la posesion à veinte y
quatro de Enero de mil seiscientos setenta y nueve. Era de diez y
ocho años, y muriò sin Ordenarse
de orden Sacro; diò grandes muestras de zelo en la asistencia del

Coro, y del honor de su Iglesia
en los pocos años, que gozò esta
Dignidad.

En la Ciudad de Malaga se
introduxo la peste por Octubre de
mil seiscientos setenta y ocho, y
en nuestra Iglesia se decretaron rogativas por su salud, y la preservacion de esta Ciudad, como se
havia executado en el año de mil
seiscientos treinta y siete. El contagio se estendiò à otros Pueblos
vecinos, y pusieron à esta Ciudad
en gran temor. Nro. Obpo. havia
vuelto de su visita en ocasion, que
se havia ofrecido alguna dificultad
en traer publicamente las Reliquias de S. Pedro, como lo pedia
la Ciudad; y considerando la necesidad grande, y deseo fervoroso,
con que estaba el Pueblo todo,
allanò con summa prudencia, y
pastoral zelo los inconvenientes, y
dificultad, que retardaban la resolucion del Cabildo; y asi se traxeron las Reliquias con procesion
general el dia catorce de Julio de
mil seiscientos setenta y nueve. En
la Catedral se celebrò una Octava
de fiestas à los Martyres con gran
devocion, y solemnidad, pidiendo
su intercesion, para mitigar el castigo de Dios, y librar à esta Ciudad; y el dia veinte y tres se volvieron à llevar à la Iglesia de S.
Pedro.

El Rey celebrò su desposorio
con la Serenisima Sra. Doña Maria Luysa de Orleans à veinte de
Agosto de este año de setenta y

nue-

nueve ; y lo participò al Cabildo, para que pidiese à Dios la felicidad, y favorables progresos, que con su matrimonio esperaba esta Monarquia; à este fin fueron Obispo, y Cabildo con la Ciudad, y Religiones el dia veinte y ocho al Convento de S. Francisco, donde hecha una deprecacion volvieron à la Catedral, y se celebrò la Misa con la solemnidad, y grandeza que correspondia. La Ciudad celebrò este matrimonio con demostraciones publicas, que alegraron el Pueblo, aunque con el temor del contagio se procurò evitar, que fuese grande el concurso.

La devocion que tenia nuestro Obpo. al Mysterio de la Pura Concepcion de Maria Sma. era tan tierna, y fervorosa, que quando hablaba de este Soberano Mysterio, no podia contener las lagrimas, y en pidiendole alguna cosa por èl, aunque fuese dificultosa, sin dilacion la concedia. Con esto deseaba con ansia, que en su tiempo se celebrase en la Catedral el dia, y Octava de la Concepcion de Nra. Sra. con el mismo aparato, y grandeza, que el dia, y Octava de Corpus; via, que estaba en litigio con la Camara Apostolica la donacion hecha por su antecesòr de los veinte mil duc. para este fin, y que era dudoso, que llegase à tener efecto (como no lo tubo, ni lo dispuesto en su testamento) y que era necesario mucho caudal para dotacion tan

grande, que no tenia por la esterilidad de los años de setenta y siete, y setenta y ocho: y asi sentia notablemente, que se dilatase poner en execucion, lo que havia manifestado de pasar su afecto mas allà, de lo que se podia imaginar. Pero Dios, que tenia reservada esta obra, para que la hiciese este Prelado en obsequio, y gloria suya, de Maria Sma., y bien de los fieles unicamente (como lo protextò nuestro Obpo., y mandò, que no se hiciera memoria de èl en los Sermones) diò abundancia en el año de setenta y nueve; y no sufriendo mas dilacion el fervor de nuestro piisimo Obpo. escribiò un papel al Cabildo à veinte y seis de Noviembre, en que manifestò todo su animo de dotar esta Octava, y hacer Capilla nueva al Mysterio de la Concepcion de Nra. Sra. El Cabildo aceptò à veinte y nueve del mismo mes, y diò las debidas gracias al Obpo. por dotacion tan loable.

En la Nave del Sagrario estaba desierta muchos años antes, y casi arruinada la Capilla de S. Matìas, llamada del Sol, y se havia adjudicado à la Fabrica, con el intento de mudar à ella la Pila Baptismal por estar en sitio mas proporcionado, para que los Curas administrasen el Sacramento del Baptismo; y valiendose de este intento nuestro Obpo. mudò la Pila, y en la que havia estado, empezò à labrar la preciosa Capilla

de

de Jaspes, que dedicò à Nra. Sra. de la Concepcion, donde dotò una Misa en cada dia, (aunque su intento fuè dotar dos) y que la dixese Prebendado; adornòla ricamente de Reliquias, Ornamentos, Lampara, Vasos, y alhajas correspondientes à obra tan insigne, y costosa; y manifiestan el animo magnanimo del fundador, y causan admiracion, que tuviese medios en años tan cortos, y pocos un Prelado tan Religioso, y limosnero.

Vivia con el temor, de que llegase la muerte antes de perfeccionar esta fundacion, que deseaba fervorosamente vèr cumplida: y asi à cinco de Agosto hizo la escritura de donacion al Cabildo, representando, que tendria singular consuelo en vèr, que se celebraba la Octava en este año de mil seiscientos y ochenta. El Cabildo la aceptò à siete de Agosto, y en accion de gracias determinò celebrar por la salud de Prelado tan devoto, y bien hechor dos Misas con toda solemnidad; una al Smo., y otra à Nra. Sra.; y perpetuamente una Misa Rezada en los primeros Domingos de cada mes. No es decible el consuelo, que recibiò con la noticia de la aceptacion del Cabildo; participòla à la Ciudad, y pidiò, que autorizase con su presencia tan gran festividad, à que le correspondiò con la piedad, y devocion acostumbrada à tan Soberano Myste-

rio, remitiendo el acuerdo de veinte y cinco de Noviembre, en que havia hecho voto de asistir perpetuamente por Ciudad à las Procesiones, Misas, y Sermones de los ocho dias.

En este año venìa el dia de Nra. Sra. en la Dominica segunda de Adviento, y para que se pudiese celebrar de Nra. Sra., y empezar en este dia la Octava, pidiò à su Santidad, que concediese el Rito de primera clase: y que fuese la Octava cerrada. No pudo lograr esta gracia, aunque tubo grandes esperanzas de la Corte Romana, que se concederia: y asi en fuerza de èllas, y de consulta de personas doctas se empezò à celebrar desdè el Domingo ocho con las mayores demostraciones de regocijos pùblicos, que hicieron la Ciudad, y sus vecinos; y con el mayor aparato, y adorno de la Capilla mayor, y asistencia de las Religiones, de quienes escogiò parà el pulpito los mas famosos Oradores, que havia en Andalucia. El Pontifice Benedicto XIII. concediò à ocho de Septiembre de mil setecientos veinte y siete, que en esta Ciudad, y Obispado se celebrase de primera clase esta festividad à solicitud de D. Francisco de Medina Requejo, Arcediano de Pedroches, y Canonigo, Sobrino de nuestro Obpo.: imitò al Tio en la tierna devocion à este Sagrado Mysterio, y reparò las quiebras, que padecian las rentas

de

de la dotacion por la baxa de los censos, y otros accidentes.

Algunos sucesos de este año de mil seiscientos y ochenta, le hicieron memorable à la posteridad. La baxa grande de la moneda de oro, plata, y de molino se publicò en Cordoba à trece de Febrero, y de ciento y quatro reales, que valia el doblòn, quedò reducido à quarenta y ocho reales: el real de à ocho de à veinte y seis reales y medio, baxò à doce reales; y la moneda de molino à la quarta parte. Tambien huvo el terremoto mayor, de que hay memoria el dia de S. Dionisio por la mañana nueve de Octubre; muchas Casas quedaron arruinadas, otras muy sentidas; y finalmente no huvo edificio, que no padeciese daño muy notable; pero por la Divina Misericordia, ninguna persona padeciò en esta ruyna. El Cabildo se juntò despues, y creyendose todos milagrosamente salvos, fueron en procesion al Sagrario à dar gracias al Smo. Sacramento, y à Nra. Sra. de Villa-Viciosa (que estaba en su Capilla) y à la de S. Dionisio. Al dia siguiente diez se hizo fiesta al Santisimo, y à once determinò, que Sabado doce se celebrase una fiesta con toda solemnidad, llevando en procesion al Altar mayor la Imagen de Nra. Sra.; y el Domingo trece otra en la Iglesia de S. Pedro à los Gloriosos Martyres Fausto, Januario, y Mar-

cial, cuyo dia era, poniendolos por intercesores, para mitigar la ira Divina; pues desde el dia de S. Geronimo treinta de Septiembre se hallaba convatida esta Ciudad con furiosos ayres, tempestades, pluvias, y rayos. Otra al Arcangel S. Rafaèl; y otra à S. Dionisio; la que se votò perpetua en su dia, con distribucion à diez y nueve de Junio de ochenta y uno. El Cabildo de la Ciudad, acompañado de los demàs Cavalleros, que se hallaban en la Ciudad, vino Domingo veinte à la Catedral à celebrar otra fiesta à Nra. Sra. en accion de gracias. La Sagrada Imagen de Villa-Viciosa se traxo à la Capilla mayor, y en la Misa comulgaron todos con gran devocion, y edificacion del Pueblo: por la tarde volviò à la procesion, con que fuè restituida à su Capilla.

El contagio se estendió por muchos Pueblos de Andalucia, y en el año de mil seiscientos ochenta y uno tocò en algunos Lugares del Obispado. La Villa de Cabra padeciò mucho, y pidiò al Obpo. y Cabildo socorro de viveres, de que estaba muy necesitada, lo que executaron prontamente, como tambien lo hicieron con la Rambla, Montoro, Luzena, y otros Pueblos. En la Catedral se continuaban las rogativas, y à veinte y ocho de Julio se determinaron fiestas al Smo., à Nra. Sra., y al Patriarca S. Joseph; y en la Iglesia

sia de S. Pedro otras à los Gloriosos Martyres, y à S. Rafaèl Arcangel. En la Ciudad se vivia con gran recelo; y à primero de Abril de mil seiscientos ochenta y dos diò noticia nuestro Obpo. al Cabildo, que le havian dicho, havia tocado yà en la Ciudad, y que era preciso recurrir à Dios, implorando su misericordia; y asi se determinò hacer fiesta en los dias siguientes al Smo., Maria Sma., y S. Joseph; y otras rogativas ordinarias: cada dia se aumentaban las sospechas del contagio, y como estos males son recuerdos, que nos obligan à buscar à Dios, en todas partes eran continuas las rogativas. La Ciudad vino Sabado dos de Mayo à celebrar fiesta à Nra. Sra. en su Capilla de Villa-Viciosa: y à quince del dicho mes fuè el Cabildo con procesion general à la Iglesia de S. Pedro à celebrar fiesta, y rogativa à los Martyres. En el dia diez y seis pidieron D. Martin de Angulo, y D. Antonio de Cardenas, Cavalleros Veintiquatros en nombre de la Ciudad, que se traxesen las Reliquias à la Catedral, pues yà havia tocado el contagio à algunas personas. Las Reliquias vinieron con procesion general el dia veinte, y en el veinte y dos se celebrò una fiesta, suspendiendo un Octavario, para despues de la Octava de Corpus. Las procesiones del dia, y de la Octava del Smo. se hicieron por la Iglesia,

llevando en ellas las reliquias; y para evitar los concursos, y por haver tocado el contagio en el Convento de la Sma. Trinidad de Calzados, y otros, se suspendieron los Sermones. Pasada la Octava de Corpus empezò la de los Martyres Domingo siete de Junio, en que comulgò la Ciudad; y haviendola celebrado se colocaron las Sagradas Reliquias en la Capilla de Villa-Viciosa, para que toda la Ciudad pudiese celebrar las fiestas, y rogativas de su devocion à Nra. Sra., y à los Gloriosos Martyres.

En esta ocasion obrò nuestro Obpo., como vigilantisimo Pastor, y verdadero Padre, pues no solamente atendiò à asegurar la salud espiritual de sus Ovejas, previniendo ministros, que las asistiesen con zelo, sino tambien la temporal con copiosos socorros, que diò para la curacion de los enfermos. A veinte y dos de Mayo publicò un Edicto, obligando con censuras à manifestar toda la ropa, y alhajas venidas de Lugares sospechosos, y solicitò, que el Corregidor con dos Veintiquatros, un Inquisidor, y dos Prebendados se juntasen en su Palacio, para tratar los medios convenientes para la salud, como se havia executado el año de mil seiscientos quarenta y nueve, y siguiente de cinquenta. Los enfermos de contagio se curaron en el Hospital de S. Lazaro de la Orden de S. Juan de Dios,

y

y ayudaron con camas, y otros socorros los Hospitales de S. Sebastian, Anton Cabrera, S. Francisco, Caridad, y otros. El Cabildo contribuyò de su Mesa Capitular, y Obraspìas con trescientos duc. cada mes, y aplicò todo el pan de la Obrapìa del Prior Argote. Las Parroquias turnaban, en llevar comida, y cena; pero haviendo tocado el contagio à algunas personas, que la llevaban por la Parroquia de S. Miguel, se mandò por la Junta, que hiciesen el socorro de otra forma. La Ciudad, y muchos vecinos ayudaron mucho en tan grave necesidad; con que se logrò una curacion con tanto acierto, que peligraron muy pocas personas, respecto de las muchas, que padecieron el contagio.

En el mes de Junio se experimentò el mal en su mayor fuerza, y à diez y ocho se celebrò fiesta à S. Francisco Xavièr en la Catedral por los grandes milagros, que Nro. Sr. es servido de hacer, en los que se valen de su intercesion, afligidos de pestilencia, y otras dolencias; à S. Sebastian, y S. Roque se celebraron el dia veinte y cinco, y à tres de Julio; y fuè Dios servido de ir templando su rigor: pues à quince de Julio diò cuenta en Cabildo el Doct. D. Juan de Fuentes, Diputado para la junta de salud, que Dios Nro. Sr. havia usado de misericordia, como milagrosamente en esta Ciudad. La salud se publicò à veinte y cinco de Julio por la tarde, viniendo la Ciudad à caballo hasta la Catedral, donde se cantò solemnemente el *Te Deum laudamus*. En los dias siguientes se continuaron las gracias à Dios con diferentes fiestas, que se celebraron. Las Sagradas Reliquias de los Martyres de Cordoba se mantuvieron en la Catedral hasta veinte y cinco de Octubre, en que se llevaron con procesion general à su Iglesia de S. Pedro, haviendo celebrado antes un Octavario, que empezò Domingo diez y ocho al Smo. Nra. Sra. de Villa-Viciosa, S. Rafaèl, S. Sebastian, S. Roque, S. Francisco Xavièr, S. Joseph, y ultimamente à los Gloriosos Martyres, por cuya intercesion havia conseguido esta Ciudad la salud, quando menos podia esperarse. En el dia veinte y nueve, y treinta se celebrò Anniversario Solemne por los defuntos en este contagio, à que asistieron el Obispo, y Ciudad, con toda la nobleza, y Pueblo innumerable.

El Doct. D. Francisco Antonio Bañuelos y Morillo, Maestre Escuela, y Canonigo fabricò en su Casa un Convento, para que le habitasen Religiosos Recoletos de S. Francisco, y le dedicò à S. Pedro de Alcantara. Tubo el consuelo de verle dedicado, y à seis de Julio de este año de mil seiscientos ochenta y dos, dixo en èl la primera Misa. Florece en èl la sus-

austeridad Religiosa con la mayor perfeccion, y rigor, y ha tenido Religiosos muy exemplares, y doctos, que han servido à Dios en dirigir, y auxiliar à las almas en el articulo de la muerte, y promover à los fieles à la frequencia de los Sacramentos.

Haviendo vacado en mes ordinario una Media Racion, vino al Cabildo nuestro Obpo. à veinte y nueve de Septiembre, y nombrò por su parte à D. Antonio Maldonado Monge, su Provisor, y Vicario General, por concurrir en èl las calidades de prudencia, virtud, y saviduria, y tener entendido ha de cumplir exactamente las obligaciones de Prebendado, y Capitular de tan grave Iglesia. El Cabildo votò por su parte por votos secretos, conforme à Estatuto, y fuè nombrado por todos los votos, y luego se le hizo la colacion. Fuè Varòn muy exemplar, y caritativo. Tubo singularisima devocion à Nra. Sra. de Villa-Viciosa, y cuidò muchos años de su Santuario, y animò con socorros, y limosnas à muchos, para que poblasen el Lugar. En la Capilla de la Catedral, donde està la Sagrada Imagen, hizo, y dorò el retablo, y donò una grande Araña de plata. Tambien hizo el Retablo del Altar del Sto. Christo del Punto, y le dorò; todo su caudal distribuyò en el Divino Culto, y pobres: y asi logrò una feliz, y suave muerte à diez y ocho de Di-

eiembre de mil setecientos veinte y uno. Imprimiò en Cordoba año de mil setecientos y siete un tomo en quarto, que intitulò: *Justitia galeata*, en que defendiò los derechos de nuestro Rey à la Corona.

La Capilla de Nra. Sra. de la Concepcion se acabò con singular gozo de nuestro Prelado; su deseo era celebrar en ella de Pontifical la primera Misa con asistencia de Cabildo, y Ciudad; pero contemplando la estrechèz del sitio para el concurso, vino al Cabildo à dos de Diciembre, y pidiò, que por la tarde fuese en procesion cantando el *Te Deum laudamus*, para dedicarla à Nra. Sra.; pues queria celebrar al dia siguiente la primera Misa; y asimismo entregò las Escripturas de la dotacion de la Capilla, y del Patronato, que dexaba al Cabildo para despues de su vida. El Presidente le diò las debidas gracias por el Cabildo, que despues de haver acompañado à su Illma. determinò, que se executase la procesion por la tarde, y nombrò seis Prebendados, que le asistiesen en la Misa, cantando, al mismo tiempo, la musica motetes de Nra. Sra. y repicando en la torre. Donò muy preciosas Reliquias, Calices, Ornamentos, Misales, Atriles, Blandones, Lampara, Fuentes, y otros vasos, y alhajas de plata para adorno de la Capilla, y Divino Culto: y para que estuviese asistida, y

Yyyy   avier-

avierta por la mañana, dexò renta à un Eclesiastico, que fuese Confesor; y dotò una Misa cada dia, que precisamente se hà de celebrar por un Prebendado en èlla: y por si otros querian por devocion decir Misa, mandò, que se les franquease todo lo necesario, y que el Capellan no la cerrase hasta acabarse el Coro.

El fervoroso deseo de nuestro V. Prelado, de que se celebrase la Octava con toda magestad, y explendor, le obligaba à idear circunstancias, que la hiciesen mas solemne, y plausible. En el año antecedente à veinte y siete de Octubre vino à Cabildo à pedir, que se manifestase el Smo., para que al mismo tiempo fuesen venerados, y celebrados, Hijo, y Madre, en tan Divinos Mysterios; y à veinte y nueve convino el Cabildo en determinar, que en adelante se manifestase Nro. Sr. por toda la Octava, desde la Misa, hasta acabar las laudes, como se hace en la Octava de Corpus, de que quedò el devoto Prelado summamente gustoso, y agradecido. En este año de ochenta y dos mandò hacer ocho vestidos de felpa azul bordados, para que se vistiesen los Niños de Coro, como en la Octava de Corpus, y pidió al Cabildo, que lo permitiese, porque deseaba, que en esta festividad no faltase circunstancia de alegria, y mayor grandeza. Al mismo tiempo señalò salario para dos

Niños de Coro, que asistiesen por la mañana en la Capilla al tiempo de las Misas: y ultimamente dispuso, que en el dia de la Concepcion se diesen dotes à doncellas huerfanas pobres, para tomar estado del residuo de las rentas à doscientos duc. cada uno, y son dos, ò tres las que se dan cada año. Por su alma dotò tambien dos Anniversarios, que se han de cumplir despues de la Octava de la Concepcion; uno, y el otro en el dia desocupado mas immediato al de S. Ildefonso. Otorgò la Escriptura de Patronato, y dotacion à primero de Noviembre de este año de ochenta y dos, y dice en ella: *Atendiendo à que las Eclesiasticas rentas, que Dios Nro. Sr. por su infinita bondad nos ha encomendado, se conviertan (despues de socorridas por limosnas las mas precisas necesidades) en la mayor honra, y gloria de su Divina Magestad, y su purisima Madre, edificamos en esta nuestra Iglesia una Capilla con la advocacion de la Limpia, y Pura Concepcion, donde los fieles, &c.* Esto nos manifiesta la parsimonia, y Religiosa vida, que observaba este Illmo. Prelado; pues en tan pocos años, y no floridos, pudo socorrer las necesidades, y hacer las fundaciones pias tan grandes, y costosas, que excedieron de cien mil ducados.

Las calamidades de los años siguientes no le dexaron continuar otras, que tenia meditadas; porque

583 que el año de mil seiscientos ochenta y tres fuè tan seco, que faltò casi en todo la cosecha, y perecieron muchos ganados. Esto quebrantò mucho el corazon piadoso de nuestro Obispo, y pareciendole, que era castigo de Dios, y que se debia aplacar la ira, y justicia Divina con rogativas, y penitencias, publicò en el mes de Julio un Edicto exortando à sus Ovejas à verdadera penitencia de sus pecados, reformacion de costumbres, para aplacar por este medio la Divina justicia, que està gravemente ofendida, y castiga con las calamidades, que tantos años ha se experimentan, y padecen, y este año con la corta cosecha de frutos, falta de pastos para los ganados, y por la mucha sequedad, cortedad de molienda, que yà se experimentaba, por la poca agua que lleva el Rio. De este Edicto diò noticia al Cabildo à dos de Julio, para que se publicase en la Iglesia el primer dia de fiesta, y se determinasen algunas rogativas, con que se excitasen los fieles à clamar à Dios, y hacer penitencia.

Por el mismo tiempo diò noticia el Rey del formidable Exercito, que enviaba el Turco contra Viena de Austria, y Dominios Cristianos, y encargaba, que se hiciesen fervorosas suplicas à Dios, por el bien de la Cristiandad, y feliz suceso de las Armas Catolicas, contra el enemigo comun; y asi se hicieron publicas, y continuas rogativas por ambos fines, hasta que llegò la feliz noticia de haver conseguido las Armas Catolicas à dos de Septiembre una gloriosa, y completa victoria del Turco; porque se dieron à Nro. Sr. Sacramentado solemnisimas gracias Domingo siete de Noviembre, celebrando nuestro Obpo. de Pontifical. El año continuò tan seco, que à veinte y quatro de Noviembre se determinaron diferentes rogativas por agua, pues perecian los ganados, y el cultivo de la tierra estaba detenido, y asi se quedaron muchos Cortijos, y tierras por sembrar, sin poderlo remediar los Dueños.

Los Labradores consiguieron Real Provision, para no sembrar mas de la tercera parte de las tierras, que tenian obligacion por los contratos, porque havian quedado tan exaustos en los años antecedentes, que muchos havian quedado pobres. Hallavase Corregidor D. Francisco Ronquillo y Briceño, bien conocido despues por los grandes emplèos que tubo de Corregidor de Madrid, Capitan General de Castilla, y Gobernador del Real Consejo; y previendo con gran prudencia el perjuicio grande, que padeceria la Ciudad, y Reyno en el año siguiente, mandò intimar à los Dueños de los Cortijos, y tierras, que las empanasen enteramente: y en caso de no poder, ò escusarse de ha-

hacerlo, daria providencia, para sembrarlas por el publico. No tubo efecto esta acertada providencia por las muchas aguas, que empezaron desde primero de Diciembre. En este año de ochenta y tres empezò este Corregidor à fabricar la Plaza de la Corredera, segun la planta, que hoy se vè, para lo qual pidiò à los dueños de las Casas el util, que diesen en las fiestas extraordinarias de Toros que huviese. El Cabildo conociendo la gran utilidad, que tenia en el reparo de sus Casas, y la hermosura, y adorno, que tendria la Ciudad con esta obra, concediò à veinte de Enero, que dicho util de sus Casas se aplicase à la reedificacion de la Plaza, por el tiempo, que fuese Corregidor, y durase la obra. Mucho ennobleciera la Ciudad, si huviera llegado à perfeccion este edificio; pero los años eran mas propios, para llorar las culpas (como nuestro Obpo. exortaba) que para celebrar tales fiestas.

Las aguas continuaron de forma, que à siete de Enero de

1684 mil seiscientos ochenta y quatro havia tenido yà el Rio quatro crecientes tan grandes, que havia muchos años, que no se havian experimentado semejantes; el Puente amenazaba ruyna, como la huvo despues en dos arcos, y quedò la Ciudad incomerciable: muchos edificios se hundieron, y las Casas mas fuertes padecieron mu-

cho daño. Los ganados perecieron; los Lugares, y muchos Molinos del Rio quedaron desvaratados, de modo, que no pudieron repararse. En la Ciudad se padeciò gran carestia de pan, y demàs alimentos, sin esperanza de socorro: y asi à veinte y dos de Enero, haviendose celado en Cabildo, que parecia haver convertido Nro. Sr. en castigo por nuestros pecados el agua, que deseabamos para el remedio de los campos, siendo yà en tanta abundancia, que no solo se experimentaba igual daño en los ganados, sino muchas ruìnas de Casas, que han sucedido, y muchas, que se temian con la noticia, que acavaba de llegar, de haverse llevado el Rio dos arcos del Puente, y el reparo que se estaba haciendo, para asegurar el comercio, y paso de èlla, y las muchas necesidades, que cada dia se aumentaban con tan continuas crecientes, no solamente en los pobres, sino tambien en los mas acomodados, y prevenidos; todo lo qual se debia considerar, para aplacar la indignacion Divina, por medio de algunas rogaciones publicas, ò de otros modos, que fuesen convenientes. El Cabildo en consideracion de este cristiano zelo determinò diferentes rogativas por tantas necesidades, y que en la Misa se diese la oracion pro serenitate.

Nro. Obpo. sentia notablemente tan amontonadas calamidades,

des , que no podia remediar , y atribuyendolas à sus culpas , clamaba continuamente à Dios , que pues era el culpado, descargase en èl su justo azote , y no en sus Ovejas , que reputaba inocentes. Tan afligido estubo , que desde ultimos de Noviembre estubo enfermo, sin poder asistir à la Octava de Nra. Sra. , que fuè lo mas sensible, por su gran devocion , y sin poder dar audiencia , y tratar los negocios, que ocurrian por la behemencia, y molestia de su achaque. Yà se hallaba aliviado à veinte y ocho de Enero de este año de ochenta y quatro , en que tambien havia cesado el rigor de las aguas; pero apenas empezò el sol à calentar, quando se encendiò la Ciudad con una epidemia de perniciosos tabardillos , que durò casi por todo el año de ochenta y quatro , que al mismo tiempo afligiò à esta Ciudad , y Obispado con la gran esterilidad que huvo. Muchos Prebendados , y personas de distincion murieron , entre las quales falleció à quatro de Julio el Dean D. Cristoval de Aguayo y Manrique con universal sentimiento, por las singulares virtudes de prudencia, zelo del Divino Culto , y modestia , que manifestò en sus pocos años.

Para aplacar à Dios , y conseguir de su piadosa mano la salud, se hicieron rogativas al Smo. y à Nra. Sra. de Villa-Viciosa , y à catorce de Julio, despues de pri-

ma, traxo el Cabildo las Sagradas Reliquias de S. Pedro à su Catedral, donde se celebrò un solemne Octavario de fiestas à los Martyres , implorando su Patrocinio, à que asistiò la Ciudad , como lo acostumbra ; aunque nuestro Obispo se hallaba achacoso, quiso asistir à todas las funciones , hasta volver las Reliquias à su Iglesia de S. Pedro , que fuè el Domingo veinte y tres por la mañana : porque como verdadero Padre, y Pastor , padecia las enfermedades de todos , y sentia menos sus males, que los de sus amadas Ovejas. La epidemia se templò , aunque no cesò del todo, hasta los fines del año : pues à once de Octubre se decretaron nuevas rogativas , por la salud de esta Ciudad , y de todos los Reynos de España.

Era muy especial la afabilidad , conque trataba nuestro Obpo. à todos, grandes, y pequeños , y asi le veneraban, y amaban todos como Padre: en las discordias era mediador, que ponia en paz demodo , que las partes le quedaban agradecidas. Entre algunos Prebendados havia algunas quexas, sentimientos , y aun litigios , que turbaron no poco la paz del Cabildo ; y deseando èste la union, y quietud de todos sus Capitulares (nombrò como lo acostumbra en semejantes casos) Diputados de la mayor aceptacion, para que mediasen , y los reduxesen à una fraternal concordia ; pero no teniendo

endo

endo esta providencia el efecto deseado, determinò el Cabildo à 1685 quatro de Junio de mil seiscientos ochenta y cinco, que los Diputados suplicasen en su nombre al Obpo., que como Padre, y Pastor interpusiese su zelo, y autoridad, para lograr el fin de la buena correspondencia, caridad, y atencion, que deseaba el Cabildo, profesasen sus Capitulares, cumpliendo con las obligaciones de su estado. El Obpo. oyò la proposicion del Cabildo, con la piedad, y benignidad, que acostumbraba, y diò muchas gracias por la vigilancia, con que procuraba el Cabildo conservar la paz de sus Capitulares. Fuè llamando à todos, y los exortò à la paz, y concordia con palabras tan amorosas, y eficaces, que ninguno se resistiò, y en breves dias ajustò, y reconciliò à todos; con que asegurò la paz al Cabildo, que reconocido le diò muchas gracias por el verdadero amor, con que atendia à escusar las diferencias Capitulares.

Los accidentes, que padecia se agrabaron hasta postrarle en cama: recibiò los Sacramentos con gran devocion, y se dispuso para morir con resignacion, y confianza en la voluntad, y misericordia Divina. Otorgò su testamento con facultad Pontificia; pero como este año de ochenta y cinco fuè esteril, como los antecedentes, no dexò bienes mas que para los gas-

tos precisos; y asi no se pudieron fundar, ni aumentar algunas Obraspias. En vida havia donado à la Iglesia su baculo, alhaja de gran primor, y muy rica: hoy se conserba en memoria de Prelado tan bien hechor, y pio. Ultimamente entregò su espiritu al Criador Lunes diez y nueve de Noviembre de mil seiscientos ochenta y cinco à la una del dia. Su cuerpo fuè sepultado en el hueco, que para sì, y demàs Obispos sucesores, que gustasen, havia hecho en su Capilla de la Concepcion.

Siempre viviò, como Religioso muy observante, y ordenò su familia, y Palacio, como si fuera un Convento. En la pobreza de espiritu fuè muy extremado; pues luego que recibia algun dinero le daba pronto destino. Conservò la gran humildad, con que le educò su Religion Serafica, siendo el primero, que cerradas las puertas, tomaba la escoba para barrer sus quartos con el pretexto de enseñar, como lo havian de hacer los criados. Su devocion à Maria Sma. S. Joaquin, Sta. Ana, S. Joseph, y S. Francisco, fuè muy especial; y promoviò el Culto, y Oficio de S. Pedro Regalado en toda España. El Pontifice Inocencio XI. le estimò con especiales señales de benevolencia, y èl hizo grande aprecio de los Varones virtuosos, y sabios, à quienes socorria frequentemente en las necesidades. En la leccion, y estudio fuè per-

pe-

petuo, y asi estaba muy pronto en lo que se ofrecia para resolverlo. Haviendo de predicar en la Dominica de Pasion el Doct. D. Juan Gomez de Fuentes, Canonigo Magistral, poco antes le diò un accidente, que le impidiò executarlo : con que el Maestro de Ceremonias pasò à dar noticia à nuestro Obpo., y à tomar su orden, para que el que havia de predicar en S. Francisco, ò en otro Convento, viniese à predicar à la Catedral. El Obpo. se quedò suspenso, y dixo, que no se moviese, que yà iria al Coro, y determinaria, lo que se havia de hacer; *Señor* : replicò el Maestro de Ceremonias; *el tiempo es muy corto, y no habrà lugar, para que venga el Predicador. Vaya Vm.*, le dixo, *que tiempo suficiente hay.* Vino el Obpo. al Coro à tiempo de predicar, y predicò un Sermon tan lleno de doctrina saludable, y oportuna para el dia, que dexò à todos con gran admiracion, de oirle de repente, como si se huviera prebenido mucho antes.

En el tiempo que muriò nuestro Obpo. sucediò un caso, que fuè publico, y se refiriò en los pulpitos, como lo asegurò D. Joseph Antonio Morero, Maestro de Ceremonias, que fuè en esta Iglesia; Varon de singular virtud, y verdad, y autor del libro intitulado : *Origen del Martyrologio* ; impreso en Cordoba año de mil setecientos diez y seis. Exorcizaba un Sacerdote à una muger espirituada, y en tres dias no hablò el Demonio; aunque le mandaba, que respondiese, como lo havia hecho antes : pasados los tres dias, y muerto nuestro Obispo, volviò el Ministro de Christo à conjurarle, y hablò el Demonio; con esto le mandò el Sacerdote, que dixese, porque no havia respondido en los dias antecedentes : *Hemos estado muy ocupados en Palacio con la muerte del Obispo*, respondiò el Demonio; *pero no hemos podido hacer cosa, ni hemos tenido entrada, porque Maria Sma., S. Joseph, y la Monja de Agreda, han asistido alli; y nos lo han embarazado.* Aunque el Demonio es padre de la mentira, alguna vez dice la verdad obligado del Altisimo, y de sus Sagrados Ministros; y siendo este testimonio tan conforme à las virtudes, y devocion grande, que tubo nuestro V. Prelado à Maria Sma. S. Joseph, y V. Maria de Jesus, confiamos con segura, y cierta fè humana, que le premiò Dios con el eterno descanso de la gloria.

La Sagrada Congregacion de Ritos havia expedido un Decreto, en que ordenaba, que en las Procesiones de Corpus, y Octava llevase el Preste al Smo. en sus manos, y no en andas, y hombros de Sacerdotes, y à ultimos de Mayo de ochenta y quatro le hizo saber à nuestro Obispo, y Cabildo el Nuncio de su Santidad. Obedeciose el Decreto; y asi en los años

años de ochenta y quatro, y ochenta y cinco llevò el Preste al Smo. sobre la revocacion de este Decreto escribieron el Obispo, Cabildo, y Ciudad al Pontifice Inocencio XI. proponiendo la costumbre antiquisima, la decencia grande, conque era llevado en una Custodia riquisima, donde le vian, y gozaban los fieles; la gran fatiga del Preste en estacion tan larga, y otras razones, que lograron la suspension del Decreto, y declaracion, que no comprehendia las Iglesias de España; y asi en el año de ochenta y seis volviò à llevarse en la Custodia à su Magestad. El zelo del Corregidor D. Francisco Ronquillo procuraba adelantar las obras publicas con gran desvelo: y para el reparo del Puente, que era tan necesario al bien comun, pidiò al Cabildo, que ayudase con algun socorro, pues se hallaba sin medios, para continuar. El Cabildo considerando, que la obra era tan util, y precisa, determinò à tres de Julio de ochenta y cinco, que se diesen seis mil reales al Corregidor para dicha obra.

El Pontifice Inocencio XI. concediò un Jubilèo al que por su persona, ò con limosnas ayudase al Emperador D. Leopoldo en la guerra contra los Turcos; y por orden del Nuncio se publicò en 1686 Cordoba por Febrero de mil seiscientos ochenta y seis. Asimismo concediò una decima de seiscien-

tos mil duc. sobre las rentas Eclesiasticas de estos Reynos, para el socorro de esta guerra. Muchas limosnas se juntaron, y remitieron al Nuncio; pero en orden à la decima huvo grandes representaciones de las Santas Iglesias, por lo atenudo de las rentas Eclesiasticas con la miseria continuada de los años, y por lo grabado, que se hallaba el Estado Eclesiastico con las gracias concedidas al Rey. Aunque el Pontifice oyò benignamente la representacion, que en nombre de todas le hizo la Santa Iglesia de Toledo, escribiò una carta llena de suavidad, y paternal amor, en que exortaba, à que fuese la primera en esforzarse; pues con su exemplo se alentarian las demàs Iglesias à contribuir socorro tan necesario: y asi se concordò esta decima en cien mil duc., que pagò en dos plazos el Estado Eclesiastico de Castilla, y Leon.

CAPITULO XIV.

DEL OBISPO, Y CARDENAL

D. Fr. PEDRO DE SALAZAR.

NACIO D. Fr. PEDRO DE Salazar en la Ciudad de Malaga año de mil seiscientos y treinta, siendo sus Padres D. Nicolàs de Salazar y Arciniega, Regidor de dicha Ciudad, y Doña Manuela Gu-

Gutierrez de Toledo. Desde sus primeros años diò muestras de su inclinacion à las letras, y asi luego que aprendiò las primeras en Malaga, pasò à cursar en la Universidad de Salamanca. Llamòle Dios para la Religion de Nra. Sra. de la Merced, donde tomò el Avito, y fuè Colegial en su Colegio de la Vera-Cruz de dicha Universidad. Fuè excelente Teologo en Catedra; pero mucho mas en el Pulpito, de donde tubo origen su fortuna: pues el Rey le hizo su Predicador. En Madrid predicò con tanta aceptacion, que comunmente se decia: *quien se quiera salvar, venga à oir à Salazàr.* En las Prelacias de algunos Conventos acreditò su acertado gobierno, y el zelo de la observancia Religiosa: y asi su Religion le eligiò General en el Capitulo, que celebrò en diez y ocho de Octubre de mil seiscientos y setenta en el Convento de Nra. Sra. del Puche. Su primer cuidado fuè promover el culto del Glorioso Martyr S. Pedro Pasqual, Obispo de Jaèn, è hijo de su Religion; y tubo la dicha de conseguir el Decreto del Pontifice Clemente X. à dos de Diciembre de mil seiscientos setenta y tres, en que declarò el culto immemorial, que havia tenido el Glorioso Martyr, y concediò à toda su Religion Oficio, y Misa del Sto. Martyr, y Pontifice, que despues se estendiò para toda España à solicitud de nuestro

General. Tambien solicitò, que se reconociesen los escritos del Santo, y los imprimiò año de mil seiscientos setenta y seis en tomo de folio, que dedicò al mismo Pontifice en accion de gracias por su Religion.

El Rey le nombrò para el Arzobispado de Palermo, que no admitiò, escogiendo quedarse en el retiro de su celda, y continuar en el exercicio de Pulpito, y Confesonario, para bien de las almas; pero no pudo escusarse para el Obispado de Salamanca, que se le confiriò año de mil seiscientos ochenta y uno. Consagròle el Obispo de Avila, y Presidente de Castilla Don Fr. Juan Asensio de su misma Religion, en la Corte, de donde saliò luego para su Obispado. En Salamanca hallò algunas disensiones graves, y las aplacò con su autoridad, y zelo. Visitò el Obispado; y pareciendole, que era necesaria una Mision, para desarraigar algunas costumbres malas, y enemistades envegecidas, determinò hacerla por sì, llevando por compañero al Apostolico Varòn, Padre Tirso Gonzalez, General que fuè de la Compañia de Jesus, tan conocido por su Apostolico espiritu, y doctisimos escritos. Logrò muy copiosos frutos de esta Mision, y al mismo tiempo socorriò con limosnas copiosas las necesidades corporales de sus Ovejas, cumpliendo con el ministerio de Pastor vigilantisimo.

Su

Su integridad, y gravedad en corregir, y castigar los delitos le adquirieron el nombre de *rigoroso*, *y severo*; pero al mismo tiempo era muy notable la suavidad, y blandura, con que recibia, y trataba à los arrepentidos, y los exortaba à la virtud: y asi el que era juez inexorable, para corregir los malos, era Padre benigno, y afable, para consolar, y alentar los buenos. Sus palabras eran sermones vivos, que penetraban los corazones: porque tubo especial gracia para persuadir, y energìa para reprehender.

Entre los Principes, que le estimaron como Varon Apostolico, fuè el mas señalado el Conde de Oropesa: y hallandose Presidente de Castilla solicitò, que el Rey nombrase à nuestro Obispo para la Mitra de Cartagena: diole la noticia; pero estimando la merced no la admitiò: porque al mismo tiempo trataba descargarse de la de Salamanca, y retirarse al desierto de las Batuecas, y pasar su vida con aquellos Padres, que olvidados enteramente del mundo, tienen su contemplacion, y conversacion continua en el Cielo. Este intento havia yà conferido con el P. Fr. Alonso de la Madre de Dios, entonces Rector del Colegio, y despues General de los Carmelitas Descalzos. Pero Dios, que le dirigia à mas altos fines, cortò sus pasos al retiro, y soledad, nombrandole el Rey en el

Obispado de Cordoba, y proponiendole al Papa Inocencio XI., para que le diese Capelo en la creacion de veinte y siete, que hizo à dos de Septiembre de mil seiscientos ochenta y seis, en que le criò Cardenal con el titulo de Santa-Cruz en Jerusalèn: y à diez y seis del mismo mes le hizo la gracia del Obispado de Cordoba.

En quatro de Diciembre de mil seiscientos ochenta y seis tomò la posesion de este Obispado D. Juan Antonio Victoria (Canonigo, y Vicario General, y Provisor, que fuè despues) y su Eminencia entrò en esta Ciudad al principio de Enero de mil seiscientos ochenta y siete. Luego que se desembarazò de los cumplimientos precisos, quiso, que sus Ovejas oyesen, y conociesen la voz de su Pastor: y asi predicò el Sermon de Ceniza, y el Domingo tercero de Quaresma en el Pulpito, aunque el Cabildo le propuso, que predicase en el Trono, que antiguamente solia disponerse para predicar los Prelados, porque fuese con mas decencia, y autoridad; pero escogiò el Pulpito, imitando à sus antecesores, por no parecerle conveniente predicar en trono; porque era su fin dar el pasto espiritual à los fieles, y que oyesen la divina palabra, y explicacion del Evangelio: para lo qual era mejor el pulpito, por estar en sitio mas proporcionado, y preeminente al auditorio, y todos

dos podrian oirle; pero desde el trono perderia el auditorio la mayor parte del Sermon.

En el Obispado de Salamanca le sucediò el Doct. D. Martin de Ascargota, natural de Cordoba, y Dean de Granada, donde antes fuè Colegial Real, y Magistral en su Iglesia. De Salamanca fuè trasladado al Arzobispado de Granada, por muerte del Arzpo. D. Fr. Alonso de los Rios, natural tambien de Cordoba, de quien se hizo yà mencion. En ambas Iglesias fuè singularmente venerado, por su afabilidad, piedad, larga misericordia, y exemplar vida, en cuya opinion muriò. D. Francisco Bernardo de Quiròs del Avito de Santiago, Colegial del Mayor de S. Ildefonso, y Consejero del Real de las Ordenes se hallaba agente del Rey en la Corte Romana, quando vacò el Decanato, y un Canonicato en esta Iglesia, y le hizo gracia de ambas Prebendas el Pontifice Inocencio XI.; tomò la posesion à veinte y quatro de Noviembre de este año de mil seiscientos ochenta y siete. Vino à residir sus Prebendas, mas no hallandose gustoso con la vida atareada al Coro, dispuso de èllas, como se dirà despues.

Nro. Obpo. Cardenal saliò à la visita del Obispado à fines de este año de ochenta y siete, y volviò à veinte de Abril de ochenta y ocho, haviendo visitado la Sierra; pocos dias se detubo en Cordoba, y volviò à continuar la visita de la Campiña. En este tiempo se havia dificultado sobre dar sillas à los Prebendados, que se havian de ordenar. El Cabildo le propuso la immemorial costumbre, y estilo, de haverlas concedido sus antecesores; pero al Prelado pareciò consultar à la Sagrada Congregacion de Ritos, por no derogar los derechos de su Dignidad Cardinalicia, que havia jurado guardar. La Congregacion respondiò, que: *Ex equitate, & indulgentia, se les podia permitir sentarse en escaños.* Este Decreto se hizo saber al Cabildo à diez y seis de Marzo de mil seiscientos ochenta y ocho, y viendole contrario à su posesion, y estilo antiguo, representò al Prelado, que no concediendo las sillas, tuviese à bien, que los Prebendados se ordenasen por otro Obispo, con que se evitaban los inconvenientes de ceder los derechos de una, y otra parte. Esta resolucion del Cabildo moviò al Cardenal à hacer segunda consulta, que es la siguiente: *Quæritur an Episcopus, etiam si sit Cardinalis, debeat inter ordinationum solemnia, permitere Canonicis, & Racionerijs, qui ab eodem promovendi sunt ad Ordines Sacros, quod super sellas sedeant, donec allij inferiores ordinantur? Nam si illis hoc non permititur, nollunt accedere ad suscipiendos ordines: & quatenus Episcopus ad hoc non teneatur; quæritur an possit, eisdem id concedere*

dere ex indulgentia , vel urbanitate sine perjuditio dignitatis Cardinalitiæ, & Episcopalis.

La respuesta fuè : *respondetur : Potest Episcopus , quamvis sit Cardinalis , id permitere ex equitate, & indulgentia quadam , dum modo tamen sellæ pro Canonicis , & Rationerijs sint inferiores, sella Episcopi : & ita declaravit , & decrevit, & servari mandavit die 3. Aprilis 1688. A. Cardinalis Cibo. Bernardinus Casalicus. S.R.C. Secretarius.* Recibiò esta respuesta, hallandose en Montilla, nuestro Prelado à dos de Junio , y luego la participò al Cabildo , para que los Prebendados dispuestos para ordenarse, fuesen à Cabra , donde havia de hacer las ordenes, y que en ordenarlos tendria gran complacencia: como lo executò dando silla regular à un Canonigo, que fuè, y vino muy favorecido de su Eminencia , à quien diò el Cabildo las debidas gracias. Despues se vino à Cordoba , donde continuò la visita de la Ciudad , y sabiendo, que tenian mucha necesidad los Niños Expositos, à quienes havia socorrido el Cabildo con cien duc. y cien fanegas de Trigo à veinte y uno de Agosto , les mandò socorrer con otra tanta cantidad, para el mes de Septiembre , y aplicò à esta Obrapìa todas las cantidades , que importasen las penas de los transgresores de sus Edictos de gobierno. Las limosnas à Iglesias, Conventos , y pobres en su vida, fueron muchas, y copiosas ; y de muchas secretas no huvo noticia , hasta su muerte , que las declarò un Eclesiastico , por cuya mano las daba.

Por Febrero del año siguiente de mil seiscientos ochenta y nueve volviò à la visita del Obispado , y se vino en el Verano con el gusto de haverle visitado todo hasta las Aldeas mas pequeñas, y confirmado à innumerables personas. El Pontifice Inocencio XI. muriò à doce de Agosto , y con la noticia tubo orden de salir aceleradamente , para hallarse en Roma à la eleccion de nuevo Pontifice : y asi à tres de Septiembre se despidiò del Cabildo para hacer su viage. Antes de llegar à Roma tubo la noticia de haver sido electo Alexandro VIII. en seis de Octubre ; pero hallandose yà en Italia, determinò llegar, y dar la obediencia al nuevo Papa. Por orden del Rey se detubo en la Curia, donde representò su caracter con integridad , y satisfaccion de las Cortes de Roma en las Congregaciones que asistiò, y de Madrid en los negocios , que se le encargaron. Esta detencion en Roma le moviò à tener un Obpo. auxiliar , que supliese en parte su ausencia del Obispado : y asi escogiò al M. Fr. Manuel de Torquemada de su Religion de la Merced , y natural de esta Ciudad , que se Consagrò en Baza con el titulo de Obpo. de Baruto,

y

y entrò en Cordoba por Noviembre de mil seiscientos y noventa.
90 Cumplimentòle el Cabildo, por sus Diputados; y se advierte, que no se halla exemplar de otro Obpo. auxiliar en este Obispado.

Por muerte de Don Joseph Daza Maldonado, Colegial de Cuenca, y Catedratico en la Universidad de Salamanca por Noviembre de mil seiscientos ochenta y seis quedò vacante una Racion Entera, y en virtud del Privilegio Cardinalicio, la proveyò en D. Francisco Zehegin y Godinez, su Provisor, y Vicario General, à quien despues diò Canonicato, y dexò por Gobernador del Obispado en su ausencia. Otras Prebendas vacaron en meses reservados, y pretendiò el Cabildo concurrir simul con el Cardenal à la provision de èllas; porque por el Privilegio cesaba la reservacion Pontificia, y se devolvia la provision al Ordinario: ayudaba esta pretension la pràctica de la Sta. Iglesia de Sevilla, pues siendo su Arzpo. Cardenal concurre simul con su Arzpo. à proveer las Prebendas vacantes en todos meses. Nro. Cardenal se opuso à esta pretension del Cabildo, porque en Sevilla era por privilegio especial concedido por Urbano VIII. à aquella Sta. Iglesia, de que èsta, ni otra gozaba; pues el privilegio Cardinalicio no quitaba la reservacion de los meses, sino la suponia; y asi no proveìa como Ordinario en los ocho meses reservados, sino por el privilegio, que le concedia el Pontifice. El Cabildo se contentò con hacer protesta, para que no se le siguiera perjuicio en su derecho. Al contrario quiso nuestro Cardenal impedir las coadjutorias, y aunque hallandose en Roma lo solicitò con eficacia, se concedieron las que se pidieron, con clausula derogatoria de qualquier privilegio.

Por muerte del Papa Alexandro VIII., que sucediò à primero de Febrero de mil seiscientos noventa y uno entrò nuestro 1691 Obpo. Cardenal en conclave, y saliò electo el Pontifice Inocencio XII. à doce de Julio de dicho año. Sobre esta eleccion tubo nuestro Cardenal algunas discordias con el Embaxador de España, de que se le hicieron cargo con agria quexa de su conducta por la Corte de Madrid; pero satisfizo al Rey tan plenamente, que acreditò mucho su justificacion, y cristiano zelo, y las verdaderas maximas Cristiano politicas, que en tales ocasiones deben practicar las Coronas.

Hecha la eleccion del Pontifice, pretendiò nuestro Cardenal volverse à su Obispado; pero nó pudo conseguirlo hasta el año siguiente de noventa y dos, en que saliò de Roma, y desembarcò en Alicante. Entrò en Cordoba à once de Abril, dando à Dios muchas gracias de haver vuelto à su Obispado.

pado. Solia decir à su Mayordomo D. Gabriel de Benavente, que despues fuè Canonigo: *Gabriel pidamos à Dios, que volvamos à España con la fè*. De este modo explicaba su aversion, y tedio à las cosas de la Corte. Antes de ir à Roma diò Canonicato à D. Gregorio Francisco de Salazar, su hermano, y ahora le traxo las Bulas del Decanato: pues haviendo vacado, el Pontifice Inocencio *propio motu* se le inviò para su hermano, como lo expresò al Cabildo en Carta su fecha en Roma à diez y nueve de Enero de noventa y dos. Haviale resignado D. Francisco Bernardo de Quiròs en favor de D. Gabriel Huarte, Arcediano de Pedroche, y Canonigo, que muriò por el mes de Diciembre del año antecedente de noventa y uno, antes de tomar la posesion, y pasada la gracia; y asi quedò vacante el Decanato, y Canonicato, que gozaba. Como la muerte sucediò en mes ordinario, perteneciò la provision del Canonicato al Cardenal, y Cabildo Canonico, y de comun consentimiento se confiriò à siete de Marzo à D. Francisco Godinez, Provisor, y Gobernador del Obispado. El Dean havia resignado tambien el Canonicato; y asi se retirò, sin haverse ordenado in Sacris.

Dean. D. Gregorio de Salazar tomò la posesion del Decanato à catorce de Agosto de este dicho año de 1692 mil seiscientos noventa y dos.

El Rey pidiò un socorro para los Hospitales de Cataluña; porque estaban en necesidad muy grave: sobre lo mismo volviò à instar al Cabildo el Arzpo. de Zaragoza, Presidente de Castilla; y haviendose votado este socorro, conforme al Estatuto de nuestra Iglesia, se negò por un voto secreto, bastante para no concederse; entonces enardecidos algunos Capitulares, por el honor del Cabildo, ofrecieron de sus rentas hasta doscientas veinte y dos fanegas de Trigo, para que el Cabildo socorriese tan grave necesidad: lo que agradò tanto al Arzpo. Presidente, que escribiò muchas gracias por el socorro, y modo honroso, con que se havia practicado; aunque es importante el Estatuto, que requiere el consentimiento de todos en las cosas de gracia, no dexa de ser muy rigido, para èste, y semejantes casos; pero el mismo Estatuto encarga, que quando es justo, que se conceda por el exemplo, y honor del Cabildo, lo consideren todos sin pasion, y particular respeto, para hacer lo que estàn obligados.

El Cardenal saliò à visitar segunda vez el Obispado por Marzo de mil seiscientos noventa y tres, y se detubo casi todo el año en la visita. El Cardenal de Aguirre, y Duque de Sesa escribieron al Cabildo, para que concediese la Hermita de la Fuen-Santa al P. Fr. Juan Elias de Jesus

Cru-

Crucificado, que tenia licencia de su General del Carmen, y medios, que le havian ministrado personas devotas, para fundar un Convento de trece Religiosos Recoletos Misioneros, lo que cederia en gran bien de esta Ciudad, y Obispado; pues harian Misiones, y enseñarian en los Lugares cortos, y Aldèas la Doctrina Cristiana. El Cabildo haviendo considerado este negocio à siete de Octubre, resolviò responder al Cardenal, y al Duque, que aquella Casa de Nra. Sra. no era Hermita, como se suponia, sino insigne Santuario, y nobilisima porcion de esta Sta. Iglesia, y toda la devocion del Cabildo, que procuraba servir à Nra. Sra. en èlla, con todo aquel culto, que le ministraba su deseo, y obligacion, y asi que no podia abdicar de sì tan gloriosa filiacion en agravio de la memoria de los antecesores, y conocido perjuicio de los venideros. Con esto no tubo efecto la fundacion pretendida.

A peticion de los Reyes se celebrò un solemnisimo Novenario al Smo. Sacramento por los fines que tenian sus Magestades. Empezò en veinte y dos de Octubre de noventa y tres, à que asistiò la Ciudad, y todo el Pueblo. En los Conventos se continuò esta devocion con gran fervor; pues considerando, que el fin era la sucesion de Principe, de que necesitaba esta Monarquia, todos de-

seaban con ansia conseguir de Dios este gran beneficio para el Reyno; pero no convino, pues no le concediò Dios por sus altos fines; aunque en todas las Catedrales, y Conventos de España se hicieron estas piadosas rogativas. Hallavase el Rey desde el año de noventa, en segundo Matrimonio con la Reyna Doña Maria Ana de Neuburg, Princesa Palatina, por muerte de la Reyna Doña Maria Luisa de Orleans; y en ninguno de los Matrimonios havia dado esperanza de tener sucesion, y asi solamente confiaba conseguir de Dios este consuelo; pero no convino, &c.

Las necesidades, que padecian los Hospitales de Cataluña, obligaban à solicitar continuos socorros. El Cabildo ofreciò à veinte y seis de Febrero de mil seiscientos noventa y quatro dos mil reales, y cien fanegas de Trigo, y el Cardenal los socorriò con otra buena limosna. En la Semana Santa se retirò al Monasterio de S. Geronimo, donde Consagrò los Olios, sobre que tubo algun sentimiento el Cabildo; y asi determinò, que en la Iglesia se celebrase el Lavatorio, y que se vistiesen los pobres à su costa, como solia executarlo el Prelado, para que no faltase en la Catedral esta piadosa, y solemne funcion. Havia consultado el Cardenal à la Sagrada Congregacion, si podria permitir, sin perjuicio

1694

de

de la Dignidad Cardinalicia, que en los Pontificales tuviesen sillas los asistentes, como las havian tenido de tiempo immemorial con sus antecesores: à que le respondiò la Congregacion, que no permitiese tener sillas, sino escavelos. Havia hecho saber esta respuesta al Cabildo à veinte y tres de Marzo de ochenta y ocho, y desde entonces se havia abstenido de celebrar Pontificales en Cordoba: porque ni queria perjudicar su Dignidad, ni litigar con su Cabildo sobre este punto. Para evitar este reparo en adelante se confiriò con su Eminencia el modo, y à veinte y ocho de Marzo del año siguiente de noventa y cinco se concordò, que la silla del Cardenal estuviese elevada, sobre una tarima, à las de los asistentes, del modo, que estaba la del Prelado en el Coro.

La Sacristia de la Catedral era muy estrecha para la commoda custodia de los Ornamentos, y Vasos Sagrados: y asi no correspondia à la grandeza, y necesidad, que tenia la Fabrica. El Cardenal deseaba darle Sacristia capaz; pero no hallaba sitio à proposito para hacerla. Havia una Capilla de S. Martin, que estaba casi desierta, cuyo Patronato pertenecia por el apellido de Cabrera al Mayorazgo de las Escalonias, y convino en cederla à la Fabrica, dando entierro à su Casa en la Capilla del Sagrario. De

este convenio se diò noticia al Cabildo à once de Febrero de mil seiscientos noventa y quatro, y le aprobò; conque con esta Capilla, Sacristia, y ante Sacristia (en que estaban dos Altares de S. Andrès, y Sta. Barbara, que se trasladaron à otros sitios) quedò lugar muy capaz, para edificar la suntuosa, y costosa Sacristia alta, y baxa, que hizo en esta Sta. Iglesia. En la baxa erigiò cinco Altares, donde colocò las insignes, y preciosas reliquias que tenia, y havia traido de Roma, y en la alta adornò un Altar, dedicado à Sta. Teresa de Jesus, de quien fuè summamente devoto. Tambien mandò hacer un frontal de plata, diez candeleros grandes, atriles, Sto. Christo, y palabras de la Consagracion, para adornar el Altar mayor en las Octavas, y fiestas clasicas: y ayudò à la Fabrica para hacer nuevo Organo al lado de la Epistola, que correspondiese al del Evangelio.

El zelo Pastoral obligaba à velar continuamente à este Eminentisimo Prelado por el bien de sus Ovejas: y asi saliò à visita por Mayo de mil seiscientos noventa y cinco, y volviò à continuarla à primeros de Diciembre del mismo año. Hallandose en Cordoba por el estìo, reduxo à concordia à los Curas del Sagrario, y Rectores de las Parroquias con los Beneficiados, que litigaban sobre diferentes derechos, desde que se

eri-

erigieron en perpetuos los Curatos, y Rectorias. Consta de trece Capitulos la concordia, que firmaron ambas partes, y aprobò el Cardenal à veinte y tres de Octubre. El Cabildo havia pretendido, que la perpetuidad de dichos Curatos, y Rectorias debia ser solamente, *quoad exercitium Curæ animarum*, y no *quoad propietatem*; pues esta residia en este Obispado en el Prelado desde su principio; y asi havia expedido su Decreto el Cardenal en el año de mil seiscientos ochenta y ocho, en que prohibia, que se denominasen Curas, y Rectores propios, y en consequencia de esto se formò el primer Capitulo; *que los derechos de la Dignidad en quanto al Cura animarum (que pribativamente les toca, y pertenece en todas las Iglesias de esta Ciudad, y Obispado à los Señores Obispos, y el gobierno de èllas) ban de quedar asentados.* En esta forma la aprobò tambien el Cabildo à veinte y dos del dicho mes, para la mayor firmeza.

El Doct. D. Luis Antonio Belluga y Moncada, Canonigo Lectoral, fundò la Casa, y Oratorio de S. Felipe Neri, donde viviò con algunos Eclesiasticos, que agregò para servir à Dios, y cuidar del bien espiritual de las almas: à siete de Septiembre de mil seiscientos noventa y seis bendixo la Iglesia con el titulo de Nra. Sra. de los Dolores. Naciò este insigne Prebendado en la Ciudad de Motril, y fuè Baptizado en su Iglesia Parroquial à treinta de Noviembre de mil seiscientos sesenta y dos. Despues de haver estudiado la Teologia en la Ciudad de Granada tomò Beca en el Colegio mayor de Sta. Maria de Jesus de Sevilla, de donde vino en el año de ochenta y seis à la oposicion de la Canogìa Magistral, que llevò entonces el Doct. D. Geronimo del Valle y Ledesma, y Obispo despues de Almerìa, de quien se harà memoria adelante. En la Santa Iglesia de Zamora obtubo la Canogìa Lectoral, y à cinco de Noviembre de mil seiscientos ochenta y nueve fuè electo Canonigo tambien Lectoral de esta Sta. Iglesia, de la qual Prebenda tomò la posesion à diez y seis de Diciembre. En Cordoba viviò con gran opinion de virtud, y sabidurìa, hasta que el Rey le nombrò por Noviembre de mil setecientos y quatro, para la Mitra de Cartagena, que admitiò, con gran repugnancia, à instancias de nuestro Cardenal Salazar, y del V. P. Pdo. Fray Francisco Posadas, con quien mantubo muy estrecha amistad en vida, y continuò despues en Roma las mas eficaces diligencias, para abreviar los Procesos de su Beatificacion, que se estàn formando. Se Consagrò por el Cardenal en su Capilla à diez y nueve de Abril de mil setecientos y cinco, y saliò para su Obispado el dia veinte y dos. En Murcia cumplió exactisimamente con el Pastoral ministerio, cuidando de la salud espiritual, y corporal de sus Ovejas, que ha solicitud suya fueron defendidas de los insultos, y violencias de los Hereges, desde el año de mil setecientos y seis, en que intentaron dominar aquella Ciudad, y Obispado : el Rey le nombró por Capitan General, y le mantubo en su obediencia el Reyno de Murcia, y en remuneracion de tan señalado servicio, le promovió al Obispado de Cordoba, que no aceptó.

No sirvió con menor zelo á la Iglesia, quando fué necesario; y asi le nombró Cardenal Presbytero del titulo de Sta. Praxede el Pontifice Clemente XI. à veinte y nueve de Noviembre de mil setecientos diez y nueve, dandole este excelente elogio : *Creare intendimus : : : : Ludovicum Belluga, Episcopum Cartaginensem ortodoxæ veritatis zelatorem maximum: Pontificiæ autoritatis intrepidum defensorem, Ecclesiasticæ libertatis assertorem fortissimum : magnum religiosissimæ Hispanicæ nationis lumen, & ornamentum.* Havia hecho voto de no admitir otra Dignidad, y entonces meditaba renunciar el Obispado, y retirarse, y asi no admitió la Purpura; pero el Pontifice le mandó, que admitiese el Capelo dispensandole el voto, aunque fuese confirmado con juramento. En el año de mil setecientos veinte y tres renunció el Obispado, y se fué à Roma donde vivió con gran opinion de erudiccion, y santidad hasta el dia veinte y dos de Febrero de mil setecientos quarenta y tres, en que entregó su alma al Criador. Siempre conservó una fina correspondencia con este Cabildo, à quien regaló por memoria de su gratitud, con un riquisimo Terno, bordado de tela blanca; y le correspondió el Cabildo, celebrandole honras à tres de Abril, en que celebró de Pontifical nuestro Prelado presente D. Miguel Vicente Cebrian y Agustin, en demostracion de su afecto à este Venerable Purpurado. Imprimió algunas Cartas Pastorales, y papeles en defensa de la immunidad, y disciplina Eclesiastica: y ultimamente dió, y dexó todos sus bienes para limosnas, y muchas obras, y fundaciones pìas que hizo.

Por Mayo de este año de mil seiscientos noventa y seis volvió nuestro Obpo, Cardenal à la visita del Obispado, y à veinte y dos de Junio se hallaba en Montilla; siempre llevaba dos Prebendados de sus Familiares, para que le acompañasen, y ayudasen en la visita. Con la frequencia de visitar el Obispado, llegó à la comprehension tan puntual de todo, que aun por los nombres conocia à todas sus Ovejas, grandes, y pequeñas, y sabia el estado, y vida, que tenia cada una. En una oca-

ocasion llegò uno, que era pobre, y anciano, y le preguntò donde havia estado en el tiempo de la visita antecedente, pues no le havia visto, ni havia asistido quando diò la Comunion. A otros hacia otras preguntas, de que se admiraban por la puntual noticia, que conservaba. En Cordoba se hallaba à quince de Septiembre, en que llegò noticia de estar el Rey en gran peligro : por lo que determinò el Cabildo hacer rogativas à Dios por su salud, à que asistieron el Cardenal, y Ciudad, y à las fiestas del Smo., que se celebraron el Domingo treinta en accion de gracias, por la salud recobrada de su Magestad.

Continuò nuestro Cardenal Obispo la visita del Obispado en las primaveras de los años siguien-97 tes de mil seiscientos noventa y siete, y noventa y ocho. Antes de salir confiriò con el Cabildo à diez y siete de Marzo una Canogìa vacante en mes ordinario à D. Pedro de Salazar y Gongora, del Avito de Calatrava, su Sobrino, de que tomò posesion à diez y ocho 98 de Abril de dicho año de noventa y ocho. Despues sucediò en el Decanato, y Obispado ; y asi haremos memoria muchas veces de este Cavallero Prebendado. La gran sequedad de la primavera de este año de noventa y ocho obligò à traer de su Santuario la Sagrada Imagen de Nra. Sra. de Villa-Viciosa à la Iglesia del Salvador,

de donde vino à la Catedral con procesion general el dia dos de Mayo. El Cabildo celebrò nueve dias de fiesta con asistencia de la Ciudad, y fuè servida su Magestad de consolar à este Pueblo con el remedio de la agua, y de una cosecha razonable. Por la misma falta de agua se celebrò fiesta, y procesion general con la Sagrada Imagen à nueve de Abril de mil seiscientos noventa y nueve, y ex- 1699 perimentò esta Ciudad con abundancia el beneficio de la lluvia: por cuya razon se dieron solemnes gracias à Nra. Sra. à doce de Mayo, en que predicò el P. Juan de Aragon, Rector del Colegio de la Compañia de Jesus, famoso orador por su devocion, y singular savidurìa. Desde este tiempo hà permanecido esta Milagrosa Imagen en la Catedral para consuelo de este Pueblo, y remedio de sus aflicciones en èstas, y otras necesidades.

Por muerte del Rey D. Carlos II., que sucediò à primero de Noviembre de mil y setecientos 1700 con el mayor sentimiento de toda la Monarquìa Española, fuè llamado à la Corona, por el testamento que dexò otorgado, D. Felipe V. Duque de Anjou, hijo segundo del Delfin de Francia, y nieto de la Infanta de España, Reyna de Francia Doña Maria Teresa, hermana del Rey defunto : En Cordoba fuè aclamado Rey à tres de Diciembre de dicho año con la solemnidad acostumbrada. Nuestro Obpo. Cardenal vestido de Pontifical recibió, acompañado del Cabildo, à la Ciudad, que traxo el Real Estandarte à la Catedral, para que le vendixera. Estando en esta funcion se dió noticia, que el Tribunal de la Inquisicion havia puesto Dosel en el sitio del Campo Santo, donde solia asistir antiguamente à los actos de Fé, y que D. Bartolomé Saenz Muñoz, unico Inquisidor estaba sentado *pro Tribunali*, esperando, que la Ciudad fuese à la funcion de aclamar al Rey desde la Torre del Omenage, como era costumbre. Hallavase por Corregidor D. Francisco Matanza, y mandó à su Alcalde mayor D. Joseph de los Rios, que acompañado de D. Francisco de Argote, Cavallero del Avito de Calatrava, Veintiquatro, y Alguacil mayor de esta Ciudad, pasase con el Escribano mayor del Cabildo, y Ayuntamiento, y requiriese al Tribunal, que quitase el Dosél puesto, por ser novedad contraria à la costumbre immemorial, y à los Decretos Reales, que prohiven el uso de Dosél en todas las funciones, que se celebrasen con aparato de Real representacion. Al requirimiento respondió el Inquisidor, que estaba en su Casa, y podia hacer lo que mejor le pareciese, y que sabia bien lo que se hacia: pues la Cedula Real de Felipe IV. en que ordenaba, que no asistiese el Tribunal en las funciones publicas, que no fuesen de fé, solamente hablaba con el Tribunal de Granada, y no con èste, que aun no havia convidado la Ciudad, para autorizar este acto tan solemne. Esta resistencia de quitar el Dosel obligó à la Ciudad (que en interin estubo detenida en la Catedral) à hacer la proclamacion en la Plaza de la Corredera desde su Balcón grande, asistiendo diez y seis Prebendados, en nombre del Cardenal, y Cabildo: este caso pareció tan mal à los Gobernadores del Reyno, que mandaron salir de los Dominios de España al Inquisidor, y de hecho salió de Cordoba para Portugal à quince del dicho mes de Diciembre.

El feliz arribo del Rey à su Reyno causó universal alegria, y en accion de gracias se celebró en la Catedral à veinte de Febrero de mil setecientos y uno una fiesta al Smo. con *Te Deum laudamus*, que autorizaron el Cardenal, y Ciudad, con todos los Cavalleros, y personas de distincion. El Cabildo tubo carta del Rey, fecha en el buen Retiro à veinte y uno de Marzo, en que manifestaba, que seria de su Real agrado, que nombrase sus Diputados, para darle la obediencia, y cumplimentarle (como lo havia suplicado el Cabildo) *à fin de que experimenteis, los de mi Real gratitud, inclinada siempre à bonraros, y favoreceros; y asi* nombró à D. Juan de Argaez,

Ca-

Canonigo de esta Iglesia, que se hallaba Inquisidor de la Suprema, y à D. Luis Fernandez de Castro, Medio Racionero, que desempeñaron con todo lucimiento, y magnificencia su embaxada, haviendolos acompañado con gran parte de la grandeza el Excmo. Marquès de Priego siempre atento, y afectuosamente interesado en la mayor autoridad, y explendor de este Cabildo. En atencion de continuarse el sitio de Ceuta, que havia puesto el Rey de Mequinez desde el año de mil seiscientos noventa y quatro, y de la invasion de estos Reynos, que yà se temia, pidiò el Rey un donativo al Cabildo, y à veinte y uno de Julio ofreciò servirle con mil pesos escudos, que se entregaron al Marquès de Mejorada, y diò las gracias al Cabildo el Presidente de Castilla con singulares expresiones de haver estimado el Rey este socorro.

Nro. Obpo. Cardenal havia depositado veinte y seis mil duc. para la obra de la Sacristia, que con esto se continuaba felizmente, y se aseguraba su perfeccion en qualquier accidente. En este año determinò fundar un Colegio para criar Niños de Coro, donde aprendiesen la Grammatica, canto, y los instrumentos conducentes al Culto Divino. Para este fin comprò unas Casas principales junto al Convento de S. Pedro de Alcantara, y estando yà muy adelantada la fabrica, por representacion, que le hicieron el Cabildo, y Ciudad, con el V. P. Pdo. Fr. Francisco Posadas, de ser mas util, y necesaria para el bien de esta Ciudad la fundacion de un Hospital General para la curacion de hombres, y mugeres, mudò el animo, y resolviò fundar el Hospital, agregando los demàs Hospitales, que havia en la Ciudad, y hacer en otra parte el Colegio; pero en esta idea encontrò grandes dificultades sobre la union de los otros Hospitales, y asi deseando lo mejor, y mas necesario para el servicio de Dios, y bien de los pobres, continuò la fundacion del Hospital, à quien dotò de rentas, y dexò por su heredero en el testamento cerrado, que otorgò à treinta y uno de Octubre de mil setecientos y tres, y al Cabildo por unico Patrono. Empezò la curacion en doce de Noviembre de mil setecientos veinte y quatro, y se continùa con gran zelo en beneficio grande de esta Ciudad, y Obispado. El Obpo. D. Pedro de Salazar, su Sobrino, quedò encargado con los demàs Alvaceas del Cardenal de perfeccionar esta fundacion; como le executò, y dexò tambien por heredera de sus bienes, segun diremos despues.

Hallandose el Rey en Napoles en el año de mil setecientos y dos el Cardenal Arzpo. pidiò, que S. Januario fuese declarado Patron de España con el Apostol Santiago, lo que concediò el Rey,

1702

y

y à su representacion el Papa Clemente XI. expidiò la Bula declarandole Patrono menos principal de España, que remitiò à èsta la Sta. Iglesia de Santiago, à fin de que concurriese à pedir à su Magestad, que no se publicase, ni se hiciese novedad en este asunto tantas veces tocado. El Rey oyò benignamente las representaciones, y mandò suspender la publicacion. El desembarco, que hicieron los Ingleses este año en el Puerto de Sta. Maria, causò notable cuidado, y alteracion en todo el Reyno, y para implorar el Divino socorro determinò el Cabildo algunas rogativas à dos de Septiembre, y nuestro Cardenal Obispo concediò cien dias de Indulgencia à todos los que asistiesen à ellas. Para el pronto socorro de los Soldados ofreciò à cinco de dicho mes mil doblones de donativo, y otra tanta cantidad ofreciò el Cardenal, aunque tenia las dos obras grandes de la Sacristia, y Hospital entre manos, y no havia salido de todo el empeño, que contrajo en Roma. Este donativo voluntario fuè muy estimable por la Reyna Doña Maria Luisa Gabriela Emanuel, Princesa de Saboya, que por ausencia del Rey se hallaba gobernadora del Reyno, y asi escribiò al Cabildo la Carta siguiente: *Venerable Dean, y Cabildo de la Iglesia Catedral de Cordoba; el servicio de mil doblones, con que concurris en la urgencia de hallarse las Armadas enemigas de la Religion, y de esta Monarquia en las costas de Andalucia, es muy propia de vuestro zelo à mi servicio, y à la defensa de tan capitales importancias, y asi como le admito, como nuevo testimonio de vuestra fineza con la mayor gratitud, asi he querido manifestarosla, y la propension, con que en todas ocasiones os darè señales de ella. De Madrid à nueve de Septiembre de mil setecientos y dos. Yo la Reyna.* De orden de su Magestad se entregaron los mil doblones al Marquès de Villadarias, Capitan General de las Costas de Andalucia.

No manifestò la Ciudad de Cordoba menores señales de su innata fina lealtad, y de su Catolico zelo por la Religion, y servicio del Rey. Luego que llegò la noticia del desembarco aprontò medios, armas, y gente, que inviò à la defensa. No huvo persona de distincion en la Ciudad, que no saliese voluntariamente al socorro; y asi se vieron obligados los Ingleses à volver à embarcarse por no perderse: por este triunfo se cantò el *Te Deum laudamus*, en accion de gracias à veinte y nueve del mismo mes. Este suceso obligò al Rey à volverse de Italia à la Corte, donde fuè recibido con summo gusto; y en Cordoba huvo muchas demostraciones de alegria para el Pueblo: haviendose cantado el *Te Deum,*

y

y dado gracias al Santisimo, y à Nra. Sra. de Villa-Viciosa à veinte y tres de Enero de mil setecientos y tres, en que llegò la noticia de estar yà el Rey en la Corte de Madrid.

Los Colegiales de S. Pelagio iban à estudiar la Filosofia, y Teologìa al Colegio de la Compañia de Jesus, y considerando nuestro Cardenal la distancia, que hay de un Colegio à otro, y algunas razones congruentes al mayor aprovechamiento de los Colegiales, y recogimiento, y buena crianza de la juventud, resolviò fundar tres Catedras de Teologìa, y una de Filosofia en el mismo Colegio, que empezaron à diez y nueve de Enero de mil setecientos y tres. Para la subsistencia anejò una Prestamera de Belalcazar, è Hinojosa, que le pareciò suficiente para dar cien duc. anuales à cada Catedratico. El Cardenal pagò de su caudal las Catedras, y los gastos precisos, hasta que tubo efecto la anexion, y asi agradecidos justamente le veneran por segundo fundador; pues desde este año ha logrado el Colegio excelentes individuos, que han obtenido las Catedras con singular lucimiento suyo, y aprovechamiento de los demàs.

El Dean D. Gregorio de Salazar muriò à doce de Marzo de mil setecientos y quatro, y le sucediò su Sobrino D. Pedro de Salazar, que se hallaba coadjutor en la Dignidad, de que tomò posesion à veinte y nueve del referido mes, y año. Muy sensible fuè esta muerte à nuestro Cardenal; pero su gran resignacion, y la dilatada enfermedad, que por quatro años padeciò su hermano el Dean, la hicieron mas tolerable. El Cabildo le cumplimentò acompañandole en su justo sentimiento, lo que estimò mucho, y demàs de los Oficios funerales, que disponen los Estatutos, le hizo otros de Vigilia, y Misa. Su cuerpo fuè sepultado en la Capilla de S. Lorenzo. En este año presentò el Rey para el Obispado de Osma à D. Jorge de Cardenas, natural de esta Ciudad. Fuè Colegial en el mayor del Arzpo., y Catedratico en la Universidad de Salamanca. En la Santa Iglesia de Siguenza obtubo el Arcedianato de Molina, con una Canogìa, y en Valladolid se hallaba Inquisidor, quando le hizo el Rey la gracia del Obispado. Diò noticia de èlla à nuestro Cabildo, y à veinte y dos de Abril le respondiò la enhora buena. Poco tiempo gozò la Dignidad; pues muriò por Noviembre del año siguiente de mil setecientos y cinco con gran sentimiento de su Iglesia por sus prendas muy amables.

Haviendo determinado el Rey salir à campaña contra Portugal, participò su resolucion al Cabildo en Carta de veinte de Enero de mil setecientos y quatro, y à nue-

ve.

ve de Marzo hallandose yà en Talavera dice en otra: *Os he querido participar haver puesto en execucion mi viage el dia quatro del corriente, para que dispongais, que todos los dias se hagan rogativas por mi salud, y felices sucesos de la Campaña, que me daré por muy servido de esta tan propia demostracion de vuestra fineza.* En virtud de esta Carta, y de la obligacion tan propia del Cabildo, determinò hacer continuas rogativas, y fiestas al Santisimo, y Nra. Sra. de Villa-Viciosa, por los expresados fines. La felicidad de la Campaña fuè grande; pues se tomaron algunas Plazas en Portugal. Pero los excesos de los Soldados en los saquèos, hasta lo mas Sagrado irritaron la indignacion Divina, deforma, que por Agosto tomaron los Ingleses la importante Plaza de Gibraltar, que conserban hasta hoy, y en los años siguientes fueron muy adversos los sucesos de esta guerra: pues cuidadosos los Soldados de sus despojos desertaron la milicia, y de dos Exercitos grandes que havia, no quedò gente para la defensa. Para restaurar à Gibraltar escribiò el Rey à treinta y uno de Agosto pidiendo algun socorro al Cabildo, y à diez y seis de Septiembre ofreciò servirle con ochocientas fanegas de Trigo.

1705   Al año siguiente de setecientos y cinco, que fuè muy desgraciado por Estremadura, y Cata-

luña, fuè preciso levantar el sitio de Gibraltar, con gran desconsuelo de Andalucìa: pues se temia, que por esta Plaza havian de invadirla los enemigos. Pero estos al año siguiente de setecientos y seis 17 tomaron el designio de penetrar el Reyno hasta la Corte de Madrid, con que cortaron la comunicacion de estas Provincias con las de Castilla, donde se retirò el Rey. En este tiempo tan turbado se formò una junta en el Palacio Obispal, à que asistieron el Cardenal, Corregidor D. Francisco Salcedo, un Inquisidor, y dos Cavalleros Veintiquatros, con quatro Prebendados, que nombrò el Cabildo à veinte y ocho de Junio. El Marquès de Villadarias, que se hallaba Capitan General de las Costas, vino à Cordoba, y à ocho de Julio propuso en la junta la gran necesidad de gente, y caudales, que havia para defender estas Provincias de las invasiones enemigas, y asi pidiò socorros prontos al Cardenal, Cabildo, y Ciudad; el Cardenal ofreciò seis mil duc., y mil fanegas de Trigo, y la Ciudad ciento y cinquenta mil reales; pero los Diputados del Cabildo no ofrecieron hasta dar cuenta al Cabildo, y à diez de dicho mes ofrecieron quatro mil duc. para el socorro de necesidades tan urgentes. Los vecinos formaron algunas Compañias para guardar la Ciudad, y socorrer à otras si fuese necesario.

El

El Cardenal se gravò con estos acontecimientos, y sus accidentes havituales, que padecia, y no podia asistir à las juntas, y asi pidiò la junta, que asistiese el Dean D. Pedro de Salazar y Gongora. Esta conçurrencia tenia gran dificultad por el lugar que debia tener; pero todo se facilitò determinando, que no huviese ceremonia, ni preferencia en los asientos. Resolucion acertada, y digna de praçticarse en semejantes ocasiones. En la Ciudad, y Obispado se gòzò de gran tranquilidad, y à siete de Agosto llegò la noticia de haver recobrado el Rey à Madrid, la que se celebrò con singular alegria, y demostraciones festivas de amor, y fidelidad.

La enfermedad de nuestro Obpo. Cardenal se agrabò, y à doce de Agosto empezò el Cabildo rogativas por su salud. Recibiò en publico el Viatico, que le ministrò el Cabildo, y se despidiò de todos con tanta ternura, y amor, que besandole la mano, ninguno pudo contener las lagrimas. Pidiò, que le encomendasen à Dios, y continuando fervorosos actos de fè, esperanza, caridad, penitencia, y resignacion, pidiò el Sacramento de la Extrema Uncion, y à las dos de la mañana del dia catorce entregò su espiritu al Criador. Su cuerpo fuè depositado el dia quince siguiente por la tarde en la Capilla de la Concepcion, que hizo su antecesor, hasta veinte y quatro de Julio de mil setecientos y diez, en que fuè trasladado al suntuoso Mausoleo, que le fabricaron sus Alvaceas, en la Capilla, que fundò, y sirve de Sacristia mayor, y tiene este Epitafio:

H. S. E.

Emus. D. D. Frater Petrus de Salazar, Ordinis Beatæ Mariæ de Mercedè Generalis, Episcopus Salmantinus, & Cordubensis: ab Innoc. Undecimò, Caroli Secun. Hispaniarum Regis, nominatione tituli Sanctæ Crucis in Hierusalem, Presbyter Sanctæ Romanæ Ecclesiæ Cardinalis creatus. Omnibus virtutum, & literarum ornamentis clarisimus, Ecclesiasticæ disciplinæ vindex, pauperum Parens, quos, ut etiam mortuus sublevaret, insigne xénodochium erexit, & dotavit. Obiit 14. Augusti 1706. Vixit annos 76. menses 4. dies 3.

Communi Parenti bene precare.

En su Testamento, que otorgò con facultad Pontificia, dexò, que se fundasen dos Anniversarios por su alma en la Santa Iglesia de Salamahca, y otros dos en la de Córdoba, que se cumplen. A los

Con-

Conventos pobres de Religiosas, y Hospitales, mandò, que à cada uno se diese porcion de trigo, y que se repartiesen à pobres tres mil duc. A su Convento de Malaga legò su copiosa librería, y fabricò la pieza para tenerla. Socorriò en vida, y dexò un legado al Convento de Recoletas de su Orden, que fundò en Madrid con el titulo de S. Fernando, quando era General. A su Colegio de Salamanca ayudò con buena porcion para la obra. A su hermano Don Juan de Salazar mandò un anillo, y un Breviario à su Sobrino el Dean, por memoria de su afecto, y voluntad, que les tenia. De toda su familia hizo memoria; dexando una alhaja à los que havia dado renta Eclesiastica, y à los demàs, legados proporcionados à sus servicios. Ultimamente instituyò al Hospital por heredero, con lo qual, y lo que yà le havia aplicado, quedò dotado con mas de quatro mil duc. de renta. Tambien consiguiò del Papa Clemente XI., que le annejase un Beneficio de Castro, y Espejo; cuyos frutos, y renta anual, hasta que se abriò el Hospital, año de veinte y quatro se hicieron Capitales para aumento de la renta.

Llenò sin duda este Eminentisimo Purpurado todos los numeros de un Prelado excelente, y muriò con la opinion de haver sido uno de los grandes Obispos, que ilustraron à España en su ti-

empo. En su persona siempre pareciò muy Religioso, y fuè muy parco en comida, y vestido, aunque en lo exterior de su porte mantubo gran decencia por la autoridad de sus Dignidades. Decia Misa muy temprano, con la asistencia de toda su familia, y tubo singular devocion à Maria Sma., cuyo rosario rezaba en comunidad todos los dias; à su Patriarca S. Pedro Nolasco, S. Raymundo Nonato, S. Pedro Pasqual, S. Agustin, y Sta. Teresa tubo especialisimo afecto, y mientras viviò celebrò fiesta à la Serafica Madre, y le dedicò la Capilla, que labrò en la Catedral. Fuè un Pastor vigilantisimo, y con especial cuidado en punto de Ordenes: y asi practicò puntualmente la Bula *Speculatores domus Israel*, que expidiò el Pontifice Inocencio XII. à quatro de Noviembre de mil seiscientos noventa y quatro. Sobre la clausura, y recogimiento de las Religiosas fuè zelosisimo; porque en su tiempo havia gran desorden en las comunicaciones, ò diabolicas devociones con Religiosas, y para extinguirlas de raiz se viò obligado à salir à horas muy incommodas, y entrarse de repente en los Locutorios de los Conventos: con que pudo corregir tan escandaloso desorden. Remediò tambien el abuso de salir las Novicias à las casas de sus Padres, ò de otras personas en el dia de su livertad, para la profesion; pues

las

las obligò à tener otro año de No-
viciado si salian, en virtud de una
declaracion de la Sagrada Congregacion, que consiguiò.

Fuè muy amante de la ver-
dad, y sentia mucho, que no se
la dixesen con sinceridad : por cuya razon aborrecia los afectados
vocabularios de las Cortes. Al tiempo de hacer su jornada à Roma
le dixeron algunas personas, que
importaba mucho tener cautela, y
no explicarse conforme à la verdad en los negocios, para no ser
burlado de la fina politica de los
Italianos. A que respondiò : „que
„si llegase à entender, que su Dig-
„nidad le havia de obligar alguna
„vez à faltar levemente à la ver-
„dad, la detestaria como à instru-
„mento del Demonio, y que en-
„tendia de la piedad de los Reyes
„Catolicos, que de èsta, y no de
„otra suerte querian ser servidos.
Tan alto concepto havia hecho de
este Eminentisimo Prelado el Cardenal Velluga, que hallandose muy
repugnante à aceptar el Obispado
de Cartagena, se rindiò al dictamen de nuestro Cardenal Salazar,
y proponiendole, que su salud no
era robusta, y asi temia morir
presto, le dixo : que no temiese,
porque era conveniente admitir el
Obispado, y que estuviese seguro,
que viviria hasta cumplir ochenta
años. En Murcia padeciò una grave enfermedad, en que tubo gran
peligro ; pero confiado en lo que
havia oido al Cardenal Salazar,

manifestò à un Religioso Sobrino
suyo, y à otras personas de su familia, que esperaba vivir, pues
no llegaba à los ochenta años. De
hecho viviò hasta cumplir ochenta
años, y muriò al principio del
ochenta y uno.

En el Desierto de Villa-Viciosa havian poblado algunos, atra-
hidos del Santuario de Nra. Sra.,
y aunque el Capellan les decia
Misa, y asistia en los casos urgentes, padecian mucha incommodi-
dad para recibir los Sacramentos
en Espiel, donde estaba la Parroquia. Esto moviò à nuestro Cardenal à fundarles Iglesia Baptismal, y poner Rector, que les ad-
ministrase los Sacramentos, con
que el Lugar se aumentaba cada
dia. El zelo que tenia por el bien
espiritual de sus Ovejas le obligò
à buscar Misioneros, que le acompañaban en las visitas que hizo, y
mientras viviò, los inviaba por el
Obispado, señalandose en este
Apostolico ministerio el V. Pdo.
Fr. Francisco Posadas, à quien estimò con singular devocion, y oìa
con gran gusto, y satisfaccion de
su heroyca virtud, y provechosa
predicacion, y de sus acertados
dictamenes. Ultimamente tubo en
gran aprecio à las personas virtuosas, y doctas, y las ayudò, y
socorriò en lo que pudo.

Tubo determinado unir al
Hospital, que fundò, una Hermita
de S. Bartolomè, que estaba contigua, y antiguamente havia sido
Bbbbb 2   ayu-

ayuda de la Parroquia del Sagrario; pero por su muerte no llegò à tener efecto. Permanecia en èlla una Cofradia de las Animas, y considerando que gastaba en mantenerla gran parte de las limosnas, que se daban para sufragios, convino en la incorporacion con el Hospital, que se obligò à repararla, y conservar la Cofradia: y asi se incorporò, y uniò al Hospital à cinco de Julio de mil setecientos y siete por Decreto del Cabildo Sede Vacante. La gran devocion, que esta Ciudad tubo al Apostol S. Bartolomè se demuestra por las muchas fundaciones de Hospital, Altares, y Hermitas, ò Capillas dedicadas al Glorioso Apostol: no he observado, si huvo en lo antiguo algun motivo, ò caso especial, que excitase esta devocion especial en Cordoba.

1707

En tiempo de este Purpurado, floreciò D. Fernando Manuel y Mesìa, natural de esta Ciudad, y muy estimado de nuestro Cardenal por las singulares prendas de virtud, prudencia, y sabidurìa que le adornaron. Tomò Beca en el Colegio mayor de Cuenca de Salamanca, en cuya Universidad se graduò de Doctor, y despues de haver regentado otras Catedras, obtubo la de Prima de Leyes. Pasò à Oidor de Valladolid, y de aqui à Roma por Auditor de la Sacra Rota. El Rey le presentò para el Obispado de Zamora año

de mil seiscientos noventa y tres, que gobernò hasta el año de setecientos y dos, en que fuè promovido al Arzobispado de Burgos: escusose de admitir este ascenso; pero instado del Rey pasò à Burgos, donde muriò año de mil setecientos y quatro, dexando en sus Ovejas un gran sentimiento de perder tal Pastor en tan breve tiempo de Pontificado, que apenas pudieron gozarle; pero en Zamora diò todas las pruebas de un vigilantisimo Prelado, que movieron al Rey à promoverle al Arzobispado.

CAPITULO XV.

DE LOS OBISPOS

DON Fr. JUAN DE BONILLA, Y D. Fr. FRANCISCO DE SOLIS.

DON Fr. JUAN DE BONIlla naciò en Madrid à primero de Junio de mil seiscientos quarenta y ocho, y tubo por Padres à D. Juan de Bonilla, natural de la Villa de Arevalo, y à Doña Ana de Vargas, natural de Madrid: ambos de familias nobles, y principales. Inclinose al Estado Religioso, que tomò año de mil seiscientos sesenta y tres en el Convento de la Sma. Trinidad de Calzados de Madrid, donde profesò en el año siguiente de sesenta y qua-

quatro. En la Filosofia , y Teologìa aprobechò de modo, que leyò la Filosofia en su Convento de Valladolid , y la Teologìa en su Colegio de Salamanca. En la Universidad se graduò de Doctor en Teologìa , y obtubo la Catedra de Filosofia , que regentò con gran credito , y aplauso. Su Colegio, le eligiò por Ministro , y en el año de mil seiscientos noventa y tres lo fuè tambien de su Convento de Madrid , donde diò cabales muestras de un acertado gobierno : por lo qual le eligiò su Provincia año de mil setecientos y tres Ministro Provincial , y desempeñò con universal aceptacion su ministerio. En el año siguiente de setecientos y quatro le presentò el Rey para el Obispado de Almerìa , que gobernò con igual aceptacion , y acierto. Socorriò con todas sus fuerzas, y con gran desvelò la Plaza de Oràn , que estaba sitiada por los Infieles , y pudo mantenerse , por entonces, con el cuidado, y vigilancia , que tubo este Prelado en abastecerla.

Por Noviembre de mil setecientos y seis le promoviò el Rey al Obispado de Cordòba , de que tomò posesion en virtud de poder D. Pedro Joseph Romero de Vargas à doce de Julio de mil setecientos y siete , y le gobernò pocos dias por haver muerto à trece de Septiembre, antes de venir à Cordoba nuestro Obispo. El nacimiento del Principe , y Rey Don Luis Primero, que fuè el dia veinte y cinco de Agosto à las diez, y diez y seis minutos del dia llenò todo el Reyno de alegria , y esperanza de gozar alivio, y tranquilidad de los militares estruendos, que se miraban mas favorables con la feliz victoria , que se havia conseguido en los campos de Almanza à veinte y cinco de Abril del mismo año. En Cordoba se celebraron repetidas fiestas de gracias à Nro. Sr. en la Catedral , y Santuario de la Fuen Santa , y el Pueblo gozò de muchos, y varios regocijos , que se acostumbran en semejantes ocasiones. Al mismo tiempo llegò la noticia de haver nombrado el Rey en el Obispado de Almerìa al Doct. D. Geronimo del Valle y Ledesma, Canonigo Magistral, que se celebrò con demostraciones publicas. Esta gracia no tubo efecto hasta el año de mil setecientos y catorce, en que volverèmos à tratar de èlla.

Nro. Obpo. entrò en Cordoba à diez y nueve de Octubre , y Domingo por la tarde veinte y tres vino acompañado de la Ciudad , y Nobleza , como es estilo à hacer el juramento acostumbrado, y le recibiò el Cabildo con la solemnidad , que havia executado con sus antecesores. Antes de venir havia pedido el Rey al Estado Eclesiastico , que le anticipàse dos millones de escudos de diez reales cada uno , à cuenta del Subsidio,

y

y Excusado , por las grandes urgencias de la guerra ; y tocaba à
este Obispado 728╫449. reales.
Bien conocia el Cabildo la gravisima causa , que havia para esta
anticipacion ; pero faltaban los medios , y la facultad , y aprobacion
del Pontifice para poder exigirlo
del Clero : y asi recurrió al Nuncio de su Santidad , quien se es-
cusó por no tener tal facultad. En
este estado se hallaba este negocio , quando vino à Cordoba nuestro Obispo , y considerando la necesidad , y dilatado recurso à Roma , no solamente aprobò la anticipacion , sino que facilitò los medios , tomandolos del deposito de
la Capilla Real , y Obraspìas.

    El Rey volviò à pedir à los
Eclesiasticos un donativo voluntario , y à veinte y quatro de Ene-
1708 ro de mil setecientos y ocho ofreciò el Cabildo por sus Prebenda-
dos , y familias ciento y cinquenta
doblones. En Roma no agradò la
anticipacion , ni este donativo , y
por Carta del Nuncio se diò à entender este desagrado à las Iglesias , y la facultad al Obispo para
absolver *ad cautelam* de las Censuras , à los que huviesen concurrido à la anticipacion , y donativo mencionado. No dexò esto de
conturbar los Cabildos ; y mas viendo que el Papa concediò al
mismo tiempo un donativo honesto al Rey , que havia de exigir
del Estado Eclesiastico ; con que
en lugar de resanar los defectos,

si los huvo en la anticipacion , y
donativo voluntario , quedò el Clero cargado de otro donativo , en
que no contribuyò el Estado Secular. El Breve vino cometido al
Nuncio de su Santidad , y este diò
sus veces à los Obispos para exigir este honesto Subsidio en sus
Diocesis. Entre las condiciones,
que traia el Breve era una : *accedente consensu Cleri* ; sobre la qual
huvo alguna dificultad en resolver
à quien pertenecia prestar este consentimiento ; porque las Iglesias
Catedrales del Reyno alegaron
pertenecerles esta facultad por antigua costumbre , y posesion, en
que se hallaban : y asi recurrieron
à la Sagrada Congregacion de immunidad , que expidiò la declaracion siguiente.

*Eminentissimi , & reverendis-
simi , Domini. D. Franciscus Man-
so agens , & procurator Generalis
Ecclesiarum , & Cleri Regnorum
Castellæ , & Legionis , humilimus
orator Eminentijs vestris reverenter
exponit : qualiter ab hac Sacra Con-
gregatione immunitatis Ecclesiasticæ
fuit per Epistolam scriptam sub diæ
15. Maij proximi preteriti imparti-
ta reverendissimo Nuncio Apostolico
in Regnis Hispaniarum residenti,
facultas denunciandi , & scribendi
Episcopis Ecclesiarum dictorum regnorum ab hoc ut isti permiterent
Ecclesiasticis eorundem regnorum ho-
nestum præbere subsidium majestati
Regis Catholici , adiecta tamen clausula , accedente consensu Cleri. Ve-*
rum

rum quia hujusmodi honesti subsidij
præstatio hactenus retardata fuit,
inter cætera, eo quod facultas, seu
posesio præstandi consensum pro uni-
verso Clero resedit semper, ac resi-
det penes Ecclesiam primitialem To-
letanam, seu alias etiam Ecclesias
Metropolitanas, & Cathedrales, à
quibus ministri regii exigere consue-
verunt obligationes, & exactiones,
non autem penes Clerum minutum;
ea propter orator prædictus suplicat
ijsdem eminentijs vestris; quatenus
declarare dignentur, quod servetur
prædicta consuetudo hactenus practi-
cata in his, alijsque similibus casi-
bus: justa sensum ejusdem Sacræ
Congregationis ab eminentijs vestris
oratori alias insinuatum et, &c.
Deus, &c. Sacra Congregatio su-
per immunitate Ecclesiastica, & con-
trobersijs jurisdiccionalibus: atentis
narratis censuit prefatam clausulam:
accedente consensu Cleri esse inteli-
gendam justa solitum Ecclesiarum,
in quorum fidem, &c. Romæ hac
die 27. Septembris 1708. G. Car-
dinalis Marescotus. P. Marefuscus
Secretarius.

En vista de esta declaracion
instaron el Rey, y sus Ministros
à los Cabildos, para que en nombre del Clero Seglar, y Regular
diesen su consentimiento, y determinasen la cota de este honesto Subsidio. El Cardenal Arzobispo de Toledo, y su Cabildo ofrecieron la cantidad, que importaba
un Subsidio ordinario; con la qual
se conformaron los demàs Obis-

pos, y Cabildos, y así tocò à este Obispado de Cordoba el Subsidio de 1189712. reales, y dos
maravedis, que se havia de co-
brar de las rentas Eclesiasticas, y
patrimonios, que gozaban los Eclesiasticos, y de las memorias, y
Capellanias Laycas, y satisfacer
al Rey en dos pagas à fin de Febrero, y Julio al año siguiente de
mil setecientos y diez.

Las rogativas por los felices
sucesos de la guerra eran continuas, y en este año de mil setecientos y ocho se aumentaron por
las muchas lluvias, y fuertes temporales, que padeciò este Reyno;
à que se siguiò gran plaga de langosta, y muy corta cosecha, de
que se originaron muchas, y peli-
grosas enfermedades, continuadas
por el año siguiente. Para el abasto de la Ciudad se formò una junta en el Palacio de nuestro Obispo, que con afecto de verdadero
Pastor, no omitiò diligencia en
buscar socorro à sus Ovejas. Saliò
à muchos Lugares del Obispado,
y comprò la porcion de trigo,
que pudo hallar, con que pudo
mantener las copiosas limosnas de
pan, que repartiò en este tiempo.
Llegò à valer la fanega de Trigo
à noventā, y à cien reales; no
tanto por la esterilidad del año,
quanto por el desorden de asen-
tistas probeedores de los Exercitos; pues valiendose de este pretexto compraron casi violentamente en todas partes al precio de
veiñ-

veinte y ocho el Trigo, y trece reales la Cebada, que son los cotos corrientes, y vendieron despues los granos, que segun decian sobraban, à los precios que quisieron.

El Provisor havia aumentado los derechos, y con varios pretextos havia introducido otros, de que se seguian grabes perjuicios à las partes, y negocios pertenecientes à las rentas decimales. Para remedio de esto presentaron los Procuradores à veinte de Diciembre un memorial al Cabildo, en que exponian los excesos, y pedian su proteccion para contener al Provisor en la observancia del Synodo, y costumbres antiguas de este Obispado. El Cabildo cometiò este negocio à quatro Diputados, para que informados de la verdad suplicasen al Obispo, que tomase la providencia mas propia de su honor, y Pastoral zelo. Fuè muy sensible al Obispo el modo de proceder de su Provisor, que hasta entonces havia ignorado, y asi para satisfaccion publica de su deseo, y cuidado Pastoral, pribò del oficio al Provisor, y despidiò de su familia.

Haviendo muerto un Canonigo en mes ordinario, tocaba la provision al Obispo, y Cabildo; y para proceder à élla era necesario, que el Obispo ratificase, y confirmase la concordia hecha con el Obispo Alarcòn, y admitida por sus subcesores Salizanes, y Salazar. Nro. Obpo. persuadido de su Provisor nuevo se detubo en admitirla, queriendo, que se reformasen algunas clausulas, y se añadiesen otras. Esta novedad se participò al Cabildo à seis de Marzo de mil setecientos y nueve, y haviendola extrañado mucho, determinò hacer por su parte la eleccion en el dia siguiente siete de Marzo, y que el Obpo. la hiciese por su parte en el dia que gustase. En el dia siete dicha yà la Misa del Espiritu-Santo, como es costumbre, avisò el Provisor, que se hallaba con poderes del Obispo para ratificar la concordia, y asistir à la eleccion; con que entrò en el Cabildo, y alegò varias doctrinas, y razones para persuadir la reforma, y adictamento de algunas clausulas. El Dean respondiò, que yà el Cabildo havia determinado no variar clausula alguna; y asi que la aprobase como estaba si tenia especial poder para ello, y haviendole manifestado se tubo por vastante, y ultimamente la ratificò, y confirmò.

En el poder para la eleccion solamente se le daba facultad, para asistir, y no para proponer persona por parte del Prelado, con que haviendo salido del Cabildo pasò èste à la eleccion, y por mayor parte fuè nombrado en el Canonicato D. Alonso Gomez de Cardenas, Chantre, y Racionero Entero. Por parte del Obispo fuè

nom-

nombrado à diez de Mayo D. Gregorio Macias Soler su Secretario: y no estando conforme el Cabildo en la persona, por ambas partes se diò por discordada la eleccion, y devuelta à su Santidad la provision del Canonicato, que ultimamente obtubo por Roma el dicho D. Gregorio. El nombrado por el Cabildo recurriò al Metropolitano Arzobispo de Toledo, que lo era el Cardenal D. Luis Fernandez Portocarrero, y le proveyò el Canonicato por el derecho de haversele devuelto por la discordia: asi el Obispo, como el Cabildo se opusieron, y cesò el empeño por haver muerto el Cardenal en este tiempo.

Muchos años havia, que esta Ciudad pretendia una Reliquia de su Glorioso Mártyr S. Zoylo, cuyo Sagrado Cuerpo se venera en el Monasterio Benedictino de la Villa de Carriòn, como queda dicho en la primera parte, y haviendola conseguido la condujo el Doct. Don Francisco Bañuelos y Paez, Maestre Escuela, y Canonigo, y depositò en la Iglesia de S. Pedro, de donde se traxo en procesion à la Catedral à diez y siete de Junio de mil setecientos y nueve. El Cabildo celebrò tres solemnes fiestas al Sto. Martyr, con la asistencia de la Ciudad, y de nuestro Obispo, que deseando el mayor culto, y custodia de la Reliquia, mandò hacer un precioso Relicario, que costeò, y colocò en èl la Reliquia. En la Catedral se mantubo hasta catorce de Abril de mil setecientos y catorce, en que se llevò à la Iglesia de S. Miguel, donde està su noble, y antigua Cofradia.

Los Religiosos Carmelitas Descalzos determinaron poblar su Convento de San Juan Baptista, que llaman el Desierto, dos leguas de la Ciudad, y para lograrlo pidieron el favor del Obispo, y Cabildo con cartas al Presidente, y Consejo de Castilla: era esta una obra de grandisima utilidad espiritual para los fieles, que havitan las Haciendas de la Sierra, y asi à tres de Agosto de este año de mil setecientos y nueve diò sus cartas el Cabildo, y el Obispo los protegiò de modo, que sin embarazo alguno volviò à poblar aquel Convento el V. P. Fr. Andrès de Jesus, y viviò en èl con exemplar vida, y provecho de las almas. Despues de su muerte ha vuelto à despoblarse, por el motivo de ser enfermo aquel sitio, y de gozar de mayor recogimiento. Nro. Obpo. saliò por Octubre à la visita de su Obispado; donde se detubo hasta fin del año, en que à veinte de Diciembre se hallaba yà en Cordoba, para dar las providencias conducentes à la distribucion del honesto Subsidio, sobre que instaba el Rey, y à la correspondencia con la Corte Romana, por haver prohivido el Rey à dos de Julio todo comercio con aquella Corte.

Por muerte de Doña Isabèl Josepha de Alaysa y Mardones à quince de Agosto de mil setecientos y diez sucediò el Cabildo en el gran Patronato, que fundò para limosnas el Obispo Don Fr. Diego Mardones, de que yà se hizo mencion. En la fundacion dexò dispuesto, que en sucediendo el Cabildo celebrase una fiesta con Sermon cada año, y considerando que havia sido el Obispo Religioso de Sto. Domingo, y que havia dotado la Octava de Corpus en esta Iglesia, determinò à quatro de Diciembre de dicho año, que en adelante se celebrase con la mayor solemnidad la fiesta de el Doctor Angelico, y Eucaristico Sto. Tomàs de Aquino: de que dieron las gracias al Cabildo el Arzpo. de Santiago, los Obispos de Guadix, y Almerìa, y los Prelados, y Conventos principales de esta Provincia de Predicadores. No tenia el Sto. Doctor altar en esta Iglesia, y se ofreciò à ponerle à su costa el Doct. D. Alfonso de Nava, Canonigo Lectoral, en la Capilla de Nra. Sra. de Villa-Viciosa al lado del Evangelio, como lo executò gastando mas de quarenta mil reales. En este sitio estaba un Altar pequeño de S. Fernando, que se trasladò al lado de la Epistola, y para que correspondiese al de Sto. Tomàs (aunque el sitio no era tan capaz) se ofreciò D. Fernando de

Molina y Sandoval, Medio Racionero à hacer el Altar del Sto. Rey, en que gastò mas de quince mil reales.

En esta Capilla solamente quedaba el Altar principal de Nra. Sra., que por su antiguedad necesitaba de renovacion muy grande. De èsta se encargò D. Antonio Monge Maldonado, Medio Racionero, y Diputado, que era del Santuario de Villa-Viciosa, y con las limosnas que juntò, y mas de treinta mil reales que diò, hizo retablo, gradas de jaspe negro dentro, y fuera de la Capilla, y otros adornos, que la han ennoblecido mucho. En el tiempo de esta obra se colocò la Imagen de Nra. Sra. en la Capilla de S. Pablo, porque la devocion pudiese frequentar el culto: y en la noche entre el dia tres, y quatro de Marzo de mil setecientos y once sucediò, que unos ladrones entraron, y quebrando un tablero de las puertas del trono, quitaron à la Sagrada Imagen un rico pectoral de esmeraldas, que havia dado el Cardenal Salazar, una joya de esmeraldas, y un clavo de perlas, y con otras alhajas de la Capilla, se llevaron cinco lamparas de plata. Aunque se hicieron grandes diligencias, hasta hoy no se han descubierto los reos, ni vestigio alguno de las prendas rovadas; pero hallandose nuestro Obispo con otro rico pectoral de esmeraldas le donò à Nra. Sra., y

otros

otros devotos hicieron las dos lamparas grandes que tiene.

Los sucesos de la guerra en el año de mil setecientos y diez, con la victoria que consiguieron los enemigos à vista de Zaragoza à veinte de Agosto fueron funestos à este Reyno, que se consideró perdido; pues penetrando otra vez hasta Madrid, y Toledo dexaron sin comunicacion con el Rey à Andalucia, y otras Provincias. Estas se mantuvieron finas por el Rey, y se esforzaron à socorrer con donativos muy quantiosos, con que pudo volver à hacer frente à sus enemigos. El Cabildo dió mil fanegas de Trigo à veinte de Octubre, y nuestro Obispo contribuyó gran cantidad de dinero, que buscó, y remitió al Rey, que se hallaba en Casatejada, Villa del Obispado de Plasencia. Al Rey se juntaron muchas tropas de todas partes, con que volvió à la Corte de Madrid, y siguiendo à sus enemigos consiguió à diez de Diciembre la famosa victoria de Viruega, que mudó el semblante de la guerra, y aseguró al Rey la Corona de España. Agradecido el Rey à tan gran beneficio recibido de Dios, escribió à las Stas. Iglesias, que en todos los años se celebrase Domingo Infraoctavo de la Concepcion de Nra. Sra. una solemne fiesta al Santisimo en desagravios de las injurias, y ofensas, que havian executado en Madrid, y otras partes los enemigos de la Religion Catolica: y à diez y siete de Julio de mil setecientos y once determinó el Cabildo, que se executase perpetuamente, como lo deseaba la piedad de nuestro Catolico Monarca.

Quando vino à Cordoba nuestro Obispo estaba yà tocado de Perlesia, y de otros accidentes: y por consejo de los Medicos tomó baños de mosto en la Villa de Aguilar. Los accidentes se agravaron hasta postrarle, y à quince de Diciembre pidió que el Cabildo le diese el Viatico, como era costumbre, y al dia siguiente diez y seis le recibió con gran devocion, y ternura, y pidió al Cabildo, que le encomendase à Dios. En la Iglesia se hicieron rogativas publicas por su salud, y el Obispo unicamente trataba de disponerse para morir; pues conocia, que no podia vivir muchos dias, segun iban faltando las fuerzas. Entró el año de mil setecientos y doce, y à la una y media de la mañana del dia primero entregó su alma al Criador à los sesenta y tres años, y siete meses de su edad. Su cuerpo fué sepultado el dia dos de Enero por la tarde en la Nave de Villa-Viciosa al lado de la Epistola, donde tiene este epitafio en una losa de jaspe negro.

1711

1712

Ccccc 2   HIC

HIC JACET.

Imo vitæ jacit splendorem Illmus. ac Reverendimus D. Joan de Bonilla, & Vargas; ex Santissimæ Trinitatis familia, primum Almeriensis, demum Cordubensis Episcopus, cujus Charitas pauperum charitati, cujus zelus oris summus ac æris summa, & Philipo quinto sua jura defensanti, & nostris adversus Mauros præsidiis præsidio fueræ; qui invita pectus, in morte pectorale post mandavit, & Corpus huic Sacello, & Sat. Cœlo animam. Hujus Pontificis annuli extincta lux tanta anni prima luce Obiit, nimirum die 1. Januarij anni 1712. ætatis suæ 64. Pontificatus 4.

Lege viator, & cum urbe, vel cum Orbe luge.

Fuè nuestro Obispo naturalmente muy pacifico, y afable con todos. Aunque sucedió la discordia con el Cabildo sobre la eleccion de la Prebenda siempre conservò un afecto muy singular al honor del Cabildo, y deseo de obsequiarle, como lo executò algunas veces. Con la gran turbacion, que en estos años padeciò el Reyno, lograron muchos la ocasion de satisfacer sus pasiones, ò de adelantar su merito con la depresion de otros: y asi fueron llamados à Madrid dos Prebendados, y atribuyeron à nuestro Obispo, que havia sucedido esto con su consentimiento, de que naciò principalmente la dicha discordia: pero nuestro Obispo se quexò altamente, de que se presumiese de èl tan siniestramente, y los ayudò con sus representaciones tan sinceras, y eficaces, que volvieron premiados à Cordoba. Su liveralidad fuè magnanima: y asi

muriò pobre, y aunque otorgò su testamento con facultad Pontificia, solamente dexò bienes ganados para satisfacer los acreedores, y à sus criados un moderado Viatico en premio de sus servicios.

En este año de mil setecientos y doce procurò el Rey poner Exercito muy poderoso, para que las paces de que yà se trataba fuesen mas ventajosas à la Corona, y asi escribiò al Cabildo Sede Vacante à veinte y seis de Abril una carta digna de tan Catolico Monarca, en que despues de expresar el estado miserable del Reyno concluye: *Principalmente quando se espera con el auxilio Divino una paz, que alivie los trabajos de tantos años siendo el modo de conseguirla mas ventajosa, util, y honrosa el poner los Exercitos mas fuertes, poderosos, y lucidos à costa de los ultimos esfuerzos; y porque en todo son los Eclesiasticos mas principalmente interesados, como lo*

acre-

acreditan las experiencias de lo mucho , que ban padecido , y tan lamentables , que ban penetrado lo mas intimo de mi corazon : be resuelto noticiaros el estado en que me ballo, y en conformidad de lo que inconcusamente en caso de menos urgente necesidad , rogaros , y encargaros muy afectuosamente me socorrais con lo que os fuere posible, dexando libre, y enteramente á vuestro arbitrio , y amor el socorro que fuere de vuestra voluntad bacerme para tan precisos , y universales fines ; aseguurandoos quedaré con toda gratitud á la caridad, que en esto executareis. De Madrid á veinte y seis de Abril de mil setecientos y doce años. En vista de esta Carta resolviò el Cabildo servir à su Magestad con ochocientas fanegas de Trigo para el socorro de las tropas.

El año entrò muy seco , y asi se hicieron publicas rogativas por agua ; pero fuè necesario recurrir al ultimo remedio de sacar en procesion general la milagrosa Imagen de Nra. Sra. de Villa-Viciosa à catorce de Marzo , y fuè tan puntual el socorro abundante de lluvia, que dispensò su Divina, y maternal piedad , que se tubo generalmente por milagroso. Los campos se repararon , y la cosecha fuè abundante. A veinte de Julio donò al Cabildo el Canonigo D. Juan de la Cruz y Ximena una estatua de plata, muy preciosa del Patron de España Santiago, à caballo, para que se pusiese en

el Altar mayor en su dia : el Cabildo le diò las debidas gracias , y mandò que en todos los años se pusiese en el Altar desde las visperas del Glorioso Apostol.

Por causa de la interdiccion de comercio con la Corte Romana se continuò la Sede Vacante del Obispado por el año de mil setecientos y trece. En èl pintò D. Antonio Palomino , natural de esta Ciudad , y pintòr de Camara del Rey los lienzos de la Asuncion de Nra. Sra., y de los Martyres, que adornan el Retablo de la Capilla mayor, y los de la Sacristia, que hizo el Cardenal Salazar. Empezò en Cordoba, y los acabò en Madrid ; fuè el mas afamado en su arte por este tiempo, y dexò impreso un libro de la pintura. Tambien se empezò la Custodia nueva para exponer al Santisimo en las Octavas de Corpus , y Concepcion , de que en el Capitulo siguiente trataremos ; pero la obra mas grande fueron las bobedas de las naves de la Iglesia. Esta se havia conservado en su antiguedad de techos , que yà por partes amenazaban ruyna; porque con la humedad las cabezas de los maderos de Alerce , que entraban en los muros, y arcos se havian corrompido , y fuè necesario reparar la nave del Punto. Hallavase Obrero de la Fabrica el Doct. D. Geronimo del Valle y Ledesma , y determinò que dicha nave se hiciese de bobedas, con que tendria

ma-

1713

mayor hermosura, y claridad. La obra parecio tan bien à todos, que muchos Prebendados se hicieron cargo de embobedar à su costa algunas naves; otros ofrecieron ayudar, para que se hiciesen en todas; y asi insensiblemente se emprendió una obra muy costosa, y se continuò hasta el año de mil setecientos veinte y tres, en que se concluyò con la hermosura, y claridad que hoy està.

Muriò à veinte de Septiembre el V. Pdo. Fr. Francisco Posadas de la Orden de Sto. Domingo, y natural de esta Ciudad. Fuè Varòn Apostolico en sus obras, y predicacion, con que ilustrò maravillosamente este Obispado. Su cuerpo fuè sepultado en el Convento de S. Pablo, donde obra Dios por su intercesion muchas, y continuadas maravillas. Imprimiò su vida en un tomo de folio el M. Fr. Pedro de Alcalà, Prior de dicho Convento, y Provincial que fuè de su Provincia de Andalucia, y diò à luz en seis tomos en quarto los Sermones, tratados espirituales, consultas, y cartas del V. Padre, que pudo recoger. En vida imprimiò este V. Siervo de Dios las vidas de su Patriarca Sto. Domingo, del V. P. Cristoval de Sta. Catalina, y V. Leonor de Christo, Religiosa de su Orden; Triunfos de la Castidad contra Moliños, y los Sermones intitulados Ladridos del Perro, predicados à la Ciudad, todos en quarto impresos en Cordoba. Hoy se està formando el proceso de *Virtutibus, & miraculis*, para su Beatificacion, que con ansia espera esta novilisima Ciudad; pues continùa la ardiente devocion, y veneracion, que le tubo en vida con excepcion de la regla: *nemo Propheta acceptus est in Patria sua*, y no se darà por satisfecha hasta verle colocado en los altares. En su muerte mandò el Cabildo doblar como à Prebendado, con quatro campanas en la Catedral, y Parròquias de la Ciudad, y fuè innumerable el concurso de todo genero de personas, que fueron à verle, y venerarle. No faltò à este Venerable Varon el honor, que suelen conferir las Mitras, y Dignidades, que no tubo; porque con invencible humildad resistiò las de Caller, y Cadiz, en que le nombrò el Rey, y las de su Religion, que le ofrecian.

DON FRANCISCO SOLIS.

DON Fr. FRANCISCO Solis naciò en la fortaleza del Peñon, en que era Alcayde D. Francisco de Solis Valdespino, natural de Xerez de la Frontera, su Padre, de Doña Catalina de Herveas, su legitima muger, y natural de Melilla. Desde su infancia diò muestras de un gran ingenio Africano, y tomò el Avito en el Convento de Nra. Sra. de la Merced

ced de la Ciudad de Malaga, de donde pasò al de Sevilla, en que profesò à doce de Abril de mil seiscientos setenta y quatro. Por orden de sus superiores fuè à su Colegio de la Veracruz de Salamanca, para que trasplantado se perfeccionase en la Sagrada Teología en aquel celebre emporio de ciencias : en aquella Universidad sustentò un acto de Conclusiones por su Colegio, con que empezaron à brillar con admiracion las luces de su ingenio delicado. Entre los arguyentes fuè uno el Maestro Aguirre (despues meritisimo Cardenal de la Sta. Iglesia de Roma) y haviendose enredado en el argumento concediò el mayor, y menor, y negò la consequencia. El Maestro alegaba, que estaba legitimamente dispuesto el Silogismo, à que respondiò el sustentante, que tenia defecto : *Padre actuante*, le dixo el M. Aguirre, *es muy mozo, y trae todavia el Vade en la cinta, para hallar defecto al Silogismo* : à que satisfizo prontamente : *por eso mismo, Reverendisimo Padre, tengo mas prontas las reglas de Dialectica* : con esto acabò en fiesta el argumento.

Su Religion le graduò de Doctor en aquella Universidad, donde adquiriò con los repetidos actos literarios singular fama de Teologo, y tambien de Orador muy eloquente : porque à la agudeza de su ingenio acompañaba una expresion muy elegante, y un no

vulgar estilo. En su mocedad dexò correr con libertad el discurso à algunas opiniones singulares; pues rara vez los ingenios grandes dexan de tener algunas extravagancias, y de incurrir en escollos paradoxicos. Pero su Religion le corrigiò de modo, que en adelante siguiò las sendas comunes, aunque tocadas con novedad, y delicadeza. En la Universidad tubo por competidores en las Catedras à los Maestros Sierra Agustino, y Arroyo Benedictino, sobresalientes tambien en talentos, y la emulacion de los tres hizo tan celebre esta competencia, que se llevaba la atencion de todos, y fuè muy resonada en el Consejo. Por la intempestiva muerte del Maestro Sierra, y retiro de la Universidad del Maestro Arroyo (que despues fuè General de su Religion) quedò nuestro Maestro Solis sin la emulacion, y competencia de tales antagonistas, y obtubo las Catedras de Filosofia, y algunas de Teologia, que regentò con singular credito.

En el año de mil seiscientos noventa y siete, que fuy à la Universidad tenia la de Teologia Moral, y llevado de su gran fama le oì el tratado de *probabilitate opinionum*, de que hizo un resumen en la aprobacion del libro intitulado *Lidius Lapis*, que en el mismo año diò à luz el Doct. D. Francisco de Perea, y Porras, entonces Colegial del mayor de Cuenca, ca , y Catedratico de la de San Anselmo, y despues Canonigo Penitenciario de Salamanca , Obispo de Plasencia, y Arzobispo de Granada; de quien hago gustoso , y agradecido esta memoria , por la gran estimacion , que le debi en Salamanca , y por los singulares favores , que continuò hasta su muerte. En el siguiente año, de noventa y ocho se ausentò de Salamanca nuestro Maestro Solis en compañia del Duque de Montalto, que pasò por aquella Ciudad , y prendado de sus talentos quiso que le acompañara , y le fuè siempre fino encomiaste , y amigo. Su Provincia de Andalucia le eligiò por Provincial en este Convento de Córdoba con gran complasencia del Cardenal Salazar, y en este ministerio se detubo en Andalucia.

En el año de mil setecientos y uno le nombrò el Rey para el Obispado de Lerida, y se Consagrò à veinte y uno de Diembre del mismo año. En el siguiente de setecientos y dos por Febrero entrò en su Iglesia, y empezò luego à emplearse en la solicitud Pastoral : pues visitò todo su Obispado hasta los Lugares inaccesibles , y pequeños, que no havian visto su Pastor mas de sesenta , y cien años. En esta visita gastó tres años, y confirmò mas de veinte y dos mil almas. Las grandes inquietudes de Cataluña à favor del Archiduque se manifes-

taron en el año de setecientos y cinco , y nuestro Obispo no perdonò trabajo , gasto, ni su persona para mantener su Ciudad , y Obispado en la debida fidelidad al Rey, lo que fuè muy aceprable à su Magestad, y desagradable à sus mismos subditos Catalanes. En Lèrida le saqbearon el Palacio, y sequestraron las rentas, y apenas pudo librar su persona dentro, y fuera de su Obispado , en cuyas cercanias se mantubo hasta que la sedicion, y peligro de caer en manos de los enemigos, le obligaron à retirarse à la Corte con beneplacito del Rey.

Los de Lèrida , y otros sintieron mal de la retirada del Obispo, y escribieron contra èl algunos libèlos , y satiras abusando de las palabras de Christo : *Mercenarius fugit , quia Mercenarius est, &c.* Pero el Obispo escribiò una docta Apologìa en su defensa, que dedicò al Rey, y anda impresa en Madrid año de mil setecientos y siete. Otros Obispos siguieron el mismo dictamen de retirarse, y aun de los que se quedaron en sus Obispados los abandonaron despues, y se pasaron con el Archiduque à Barcelona. Pero nuestro Obispo en el año de setecientos y seis bolviò à residir en algunos Lugares de su Obispado en cumplimiento de su Pastoràl ministerio, hasta que el infeliz suceso del sitio de Barcelona bolviò à alterar la Cataluña, con que se viò obligado

à

à refugiarse en Jaca por no caer en las manos de sus enemigos. A dos de Noviembre de mil setecientos y ocho se hallaba en Barbuñales, donde escribió una alegacion muy erudita, sobre que los patronados, beneficiales personales, no podian ser comprehendidos en los sequestros, ò confiscaciones de los bienes executadas en virtud de sentencia de Juez Layco, y por la autoridad del Principe secular, especialmente con el exercicio de presentar. Esta alegacion se imprimió en Huesca año de mil setecientos y nueve. Vivian altamente impresas en el pecho de nuestro Obispo las obligaciones de Pastor, y de vasallo jurado, y por cumplir con ambas se expuso à muchos peligros, y padeció grandes trabajos.

Obligado el Pontifice por el Emperador à reconocer al Archiduque su hermano por Rey de España en los Paìses conquistados, y admitir los propuestos para los Obispados, y otras Dignidades, determinó el Rey, que cesase el comercio con Roma, hasta que se pusiese en plena libertad el Pontifice. La Curia Romana atribuyó à nuestro Obispo, que havia influido con su dictamen à este decreto, y le notó de sospechoso en la obediencia, y veneracion debida al Papa; pero el Obispo, que sabia muy bien discernir los puntos, y respetos, dió tal satisfaccion, que serenó las sospechas, y qne-

xas, que contra èl havia concevido la Curia. En el año siguiente de setecientos y diez volvió à retirarse de su Obispado temiendo caer en las manos de sus enemigos, que lo deseaban grandemente; pero mejorado el sistèma del Reyno en el año siguiente de once se detubo en la Corte por orden del Rey, y le nombró por Obispo de Siguenza.

Antes de pasarse la gracia en Roma le promovió el Rey à este Obispado de Cordoba, cuya noticia participó al Cabildo en Octubre de mil setecientos y trece, y à veinte y siete de Marzo de mil setecientos y catorce tomó posesion del Obispado con su poder el Doct. Don Pedro de Salazar y Gongora, Dean, y Canonigo, y le gobernó hasta ocho de Junio en que entró en Cordoba nuestro Obispo. En los Capellanes Reales halló la oposicion de presentar las licencias de celebrar en la Capilla Real reputandose allí por exentos, y haviendo preso, y castigado à los que havian celebrado en èlla contra su edicto, recurrieron à la proteccion de la Real Camara, y nuestro Obispo imprimió un informe, en que demostró su jurisdicion en hecho, y derecho. En este informe siguiendo al P. Mariana escribió; que el deposito de los Reales Cuerpos de D. Fernando IV., y D. Alonso XI. en la Capilla Real era interino hasta concluirse la Iglesia Colegial de San

1714

Ddddd					Hi-

Hipolito, que empezò à fabricar el Rey D. Alonso para entierro suyo, y de su Padre. Esta narrativa diò motivo à los Canonigos de S. Hipolito, para pretender la union de la Capilla Real con su Iglesia, y la traslacion de los Cuerpos Reales, que consiguieron, como diximos Lib. 3. Cap. 7. 9. y 10.

1715   En el año de mil setecientos y quince despues de Quaresma saliò à la visita de Palma, y otros Lugares, y se volviò à la Ciudad por el verano, en que concluyò un Proceso de milagros de S. Juan de la Cruz para su Canonizacion. Otro havia de empezar para la Beatificacion del V. P. Fr. Juan Baptista de la Concepcion, fundador de los Trinitarios Descalzos, y hallandose yà tocado de una profunda hipocondrìa, le cometiò à su Provisor, y Jueces, entre los quales fuy uno en ambos Procesos. Varios discursos huvo sobre su enfermedad, y causas de que procedia; pero nuestro Obispo cada dia se agravaba mas sin conocerlo, como sucede à los poseidos de melancolia. Los Medicos de quienes no gustaba, ni de las medicinas que recetaban, sino de las selectas quintas esencias que tenia, calificaron la enfermedad de *Escorbuto:* èlla le fuè consumiendo, y postrando hasta el dia trece de Octubre de mil setecientos diez y seis por la noche, en que conociò su imminente peligro, y recibiò los Sacramentos, y al dia siguiente catorce por la mañana entregò al Criador su espiritu. Su cuerpo fuè sepultado junto al de su antecesor en la Nave de Villa-Viciosa, y tiene el Epitafio siguiente.

D. O. M.

Hoc jacet in tumulo Præsul, cognomine Solis
    Franciscus, cujus lux inhumata nitet.
Artibus instructus, multum sermone disertus,
    Nobilitate clarus, Religione pius;
Palladios postquam dat Salmantina Triumphos
    Cathedra; vult omnis cingere Mitra Caput;
Namque Illerdensis lætatur Principe tanto:
    Abula pro nullo cedet honore suo:
Saguntina simul à primo nobilis ævo
    Voluit æquali fælicitate frui:
Huic tandem Ecclesiæ nondum tres præfuit annos,
    Proh dolor! ut ploret jam mea musa tacet.
Abiit, non obiit pridie Idus Octobris anno
    Domini M.D.CCXVI. ætatis suæ 59.

Tubo

Tubo este Prelado un espiritu magnifico , inclinado siempre à obras grandes: tenia el intento de continuar la fabrica de su Palacio, y de hecho empezò por el Jardin, dandole mas terreno, y mayor capacidad. A su Convento de Nra. Sra. de la Merced ayudò con reales para la obra de la Iglesia, y havia ofrecido continuar los socorros; pero la muerte desbaneciò todas las ideas , que pedian mas dilatado Pontificado. Dexò varios manuscriptos, que havia trabajado sobre puntos arduos, que se le cometieron por orden del Rey, y tambien una impugnacion de algunas proposiciones de Paschasio Quesnel, que he visto, y es correspondiente à su erudicion , è ingenio.

Por renuncia, que hizo el Obispo de Malaga año de mil setecientos y siete promoviò el Rey al Obispo de Almerìa , y nombrò en este Obispado al Doct. D. Geronimo del Valle y Ledesma, Canonigo Magistral de nuestra Iglesia de Cordoba. No tubo efecto esta presentacion hasta la muerte del Obispo de Malaga , y traslacion del de Almerìa, que fuè año de mil setecientos y trece. Naciò en la Ciudad de Luzena por Mayo de mil seiscientos y cinquenta, y estudiò Teologìa en la de Granada, donde tomo la Beca en el Colegio Real. Obtubo la Canogìa Magistral de Cadiz ; y à treinta y uno de Octubre de mil seiscientos ochenta y seis fuè electo Canonigo Magistral de Cordoba, viviò con gran aceptacion en la Iglesia, y Ciudad, y tubo la fama de excelente Orador. A diez y nueve de Mayo de mil setecientos y catorce se despidiò del Cabildo para ir à Granada , donde le Consagrò el Arzobispo D. Martin de Ascargota. Gobernò su Obispado de Almerìa hasta doce de Noviembre de mil setecientos veinte y dos, en que muriò. A la Fabrica de nuestra Iglesia socorriò , para las bovedas que dexò principiadas con doce mil reales : y al Cabildo à quien havia donado otros doce mil reales para desempeño de la Mesa dexò un legado , &c. en memoria de su amor , y estimacion: à que correspondiò el Cabildo, celebrando funerales por su alma. Haviendo sucedido yo en la Canogìa Magistral , no serà ageno de esta obra hacer memoria de mis antecesores, que la obtuvieron despues, que se confiriò por concurso.

CANONIGOS MAGISTRALES.

PRimero. El Doct. Diego Muñoz de Ocampo, de quien se hizo memoria Cap. 2. Segundo. Doct. Pedro Gomez de Contreras, electo à treinta de Mayo de mil quinientos noventa y cinco. Tercero. Doct. Lucas Gonzalez de Leon, Canonigo Lectoral de Segovia, electo à veinte y ocho de Marzo de de mil seiscientos veinte y seis. Quarto. Doct. D. Fernando Gazapo, Colegial del mayor del Arzobispo en Salamanca, y Canonigo Lectoral de Coria, fuè electo à once de Julio de mil seiscientos cinquenta y uno. Quinto. Doct. D. Juan Gomez de Fuentes, Colegial del mayor de Cuenca, y Canonigo Magistral de Siguenza, fuè electo à quince de Octubre de mil seiscientos sesenta y siete. Sexto. Doct. D. Geronimo del Valle, de quien hemos tratado. Septimo. Doct. D. Juan Gomez Brabo, nació en la Villa de Cabeza del Buey à diez y nueve de Noviembre de mil seiscientos setenta y siete, estudiò la Filosofia, y Teologìa en el Colegio mayor de Sto. Tomàs de Sevilla, de donde pasò à cursar à Salamanca año de mil seiscientos noventa y siete. En el de mil y setecientos tomò Beca en el mayor de Cuenca, y à veinte de Marzo de setecientos y cinco fuè electo Canonigo Lectoral de la Sta. Iglesia de Badajoz. En el mismo año concurriò à la Lectoral de Cordoha, que compitiò con el Doct. D. Alfonso de Nava, y à dos de Octubre de mil setecientos y catorce fuè electo Canonigo Magistral de esta Sta. Iglesia.

CANONIGOS DOCTORALES.

Primero. Doct. Cristoval de Vallecillo, Colegial del mayor de Santa-Cruz de Valladolid, fuè electo à catorce de Julio de mil quinientos setenta y cinco. Segundo. El Doct. Andres de Rueda Rico, que se hallaba Provisor, fuè electo à diez de Octubre de mil quinientos noventa y ocho. Tercero. El Lic. D. Martin de Orellana, que se hallaba Alcalde mayor de Cordoba, fuè electo à veinte y seis de Marzo de mil seiscientos quarenta y nueve. Quarto. Doct. D. Francisco del Baño Montañès, Colegial Real de Granada, fuè electo à veinte y ocho de Noviembre de mil seiscientos sesenta y nueve. Quinto. El Lic. D. Andrès de Soto y Cortès, Colegial del mayor de S. Ildefonso en Alcalà, fuè electo à diez y ocho de Febrero de mil setecientos y dos. Sexto. Doct. D. Joseph Zapata, Colegial del mayor de Cuenca, y Canonigo Doctoral de Guadix, fuè electo à veinte y dos de Noviembre de mil setecientos treinta y ocho.

CANONIGOS LECTORALES.

Primero. Doct. Francisco Fernandez del Aguila, Colegial en los Colegios de Siguenza, Valladolid, y S. Bartolomè de Salamanca, de quien se hizo mencion Cap. 2. Segundo. Lic. Alonso Muñoz Navarro, electo à veinte y tres de Marzo de mil quinientos ochenta y cinco. Tercero. Doct. Alvaro Pi-

Pizaño de Palacios, electo en veinte y seis de Enero de mil y seiscientos. Quarto. Doct. D. Gonzalo de Cordoba Carrillo, Magistral de Malaga, fuè electo à veinte y ocho de Julio de mil seiscientos veinte y uno, pasò à Penitenciario de Sevilla. Quinto. Doct. Bartolomè Ximenez de Castro, Colegial de S. Ildefonso de Alcalà, fuè electo en quince de Noviembre de mil seiscientos veinte y cinco, pasò à Penitenciario de Toledo. Sexto. Doct. D. Juan de Soto Rueda, Arcediano de Guadix, fuè electo en veinte y siete de Noviembre de mil seiscientos y treinta. Septimo. Doct. D. Juan Perez Delgado, Colegial de Santa-Cruz, y Catedratico de Durando, fuè electo en ocho de Febrero de mil seiscientos treinta y tres, pasò à Obispo de Ciudad-Rodrigo. Octavo. Doct. D. Joseph Valvellido, Colegial de Cuenca, fuè electo en diez y seis de Julio de mil seiscientos quarenta y siete. Noveno. Doct. D. Juan Antonio Rosado, Colegial de Cuenca, y Magistral de Coria, fuè electo en veinte y ocho de Junio de mil seiscientos cinquenta y cinco. Decimo. Doct. D. Luis Belluga y Moncada, de quien se ha hecho memoria Capitulo antecedente, pasò à Obispo de Cartagena, y Cardenal. Undecimo. Doct. D. Alfonso de Nava, Colegial de Malaga en Alcalà, fuè electo en veinte y quatro de Noviembre de mil setecientos y cinco, y antes de la posesion tomò Beca en San Ildefonso. Duodecimo. Doct. D. Fernando Curado y Torre-Blanca, Colegial de Cuenca, y Magistral de Zamora, fuè electo à siete de Junio de mil setecientos veinte y seis.

CANONIGOS PENITENCIArios.

Primero. Doct. D. Francisco de la Palma, Maestre-Esquela de Baza, fuè electo à veinte y seis de Agosto de mil seiscientos quarenta y siete. Segundo. Doct. D. Gregorio Victoria y Avila, Magistral de Antequera, fuè electo à quatro de Junio de mil seiscientos cinquenta y ocho. Tercero. Lic. D. Pasqual Perez Cebrian, Colegial del mayor de Cuenca, fuè electo à veinte y cinco de Noviembre de mil seiscientos ochenta y seis. Quarto. Doct. D. Miguel de Lerin y Aguirre, Colegial de Santa-Cruz, y Canonigo Lectoral de Osma, fuè electo en veinte y siete de Septiembre de mil seiscientos ochenta y nueve. Quinto. Doct. D. Santiago Cabezudo, Colegial de S. Ildefonso, y Canonigo Lectoral de Astorga, fuè electo à siete de Noviembre de mil setecientos y trece. Sexto. Doct. D. Juan de Goyeneche, Colegial de S. Ildefonso, y Canonigo Lectoral de Segovia, fuè electo à veinte de Diciembre de mil setecientos treinta y cinco.

CA-

CAPITULO XVI.

DE LOS OBISPOS

DON MARCELINO SIURI,

Y DON TOMAS RATO.

DON MARCELINO SIURI nació à veinte y seis de Abril de mil seiscientos cinquenta y quatro en la Villa de Elche del Obispado de Origuela, y à dos de Mayo fuè Baptizado con los nombres de Marcelino, Cleto, Joseph, Antonio. Tubo por padres al Doct. en Leyes D. Antonio Siuri, y Doña Marcela Navarro, ambos de ilustres, y antiguas familias. Desde su infancia manifestò inclinacion à la piedad, y un vivo ingenio, y aplicacion à las letras; pues à los diez y nueve años se graduò en Teologia, y era Prefecto de los Colegiales del Colegio de los Reyes Magos de Valencia. En el año de mil seiscientos setenta y cinco le diò la Ciudad de Valencia la Catedra de Prima de Filosofia en su Universidad, que leyò seis años, y en el de ochenta y uno le promoviò à la Catedra de Teologia Expositiva, y à Pavordre de la Sta. Iglesia Metropolitana de dicha Ciudad. En la Universidad fuè Vice-Rector hasta el año de mil setecientos y ocho, en que saliò para Obispo de Orense. En todo

este tiempo observò gran retiro, empleandose unicamente en el estudio, y exercicios devotos de un exemplar Eclesiastico: y asi fuè venerado generalmente por Varon muy docto, y pio. De sus rentas tomaba lo muy preciso para mantenerse, y de lo restante daba limosnas, y compraba libros, de que juntò una libreria muy copiosa. A media noche se levantaba à rezar maytines, y muy temprano solìa decir Misa para poder asistir al Confesonario antes de la Catedra. A los Discipulos enseñaba no solamente las ciencias, sino tambien el Santo temor de Dios, que es el principio de la mejor savidurìa, y al que conocìa incorregible, despues de algunas amonestaciones, y consejos saludables, le despedia de su clase, hasta estar enmendado: con que logrò tener muchos discipulos sabios, y exemplares.

El Rey le nombrò por Obispo de Orense en el año de mil setecientos y ocho, y por tres veces reusò su humildad admitir la Mitra con varios pretextos, y razones que alegò; pero informado el Rey de las excelentes prendas de virtud, prudencia, y sabidurìa, que le adornaban le instò que la admitiese sin atender escusas: y asi se viò obligado à obedecer, por no resistir à la voluntad de Dios, que de este modo le llamaba à este alto ministerio. En el dia del Apostol S. Matias del año de
mil

mil setecientos y nueve le Consagrò en la Casa Profesa de la Compañia de Jesus de Valencia su Arzobispo Don Fray Antonio Folch de Cardòna , siendo asistentes el Doct. D. Rodrigo Marìn , Obispo de Segorbe , (que despues lo fuè de Jaèn) y Don Isidoro Aparicio Gilart , Obispo de Croya , Auxiliar del referido Arzobispo de Valencia , y al dia siguiente fuè à leer su Catedra à la Universidad, donde concurriò à oirle toda la Escuela , atrahida de la voz de que iba à despedirse de todos : y asi fuè visitando todas las Clases, que le recibieron con muchas aclamaciones.

Entrò en Orense por Abril de dicho año , y luego empezò à brillar la luz de este Sabio , y exemplar Prelado , asi en el pulpito, como en el gobierno de su Diocesi: pues la visitò toda sin dexar Poblacion alguna , venciendo las asperezas de los caminos por conocer , y dar el pasto espiritual , y corporal à todas sus ovejas. Mucho padeciò en esta visita , porque le afligieron los dolores nefriticos , ò de hijada , y piedra, que yà padecia , y en adelante fueron casi continuos : pero siempre los tolerò con invencible paciencia , y no dexò de continuar el trabajo de su pastoral ministerio. En esta visita corrigiò muchos abusos , y redujo à muchas personas à vivir segun las Leyes de sus Estados. Una poderosa resistiò obstinadamente

sus amonestaciones , y al salir del Lugar le hizo tales amenazas de males que le havian de suceder, si dentro de pocos dias no mudaba de vida , que ablandaron aquel corazon endurecido deforma , que al tercer dia fuè al Lugar donde estaba nuestro Obispo , y lleno de lagrimas se arrojò à sus pies , y le pidiò perdon ofreciendo executar quanto le ordenase. El Obispo le recibiò con la alegria , y amor de Padre al hijo prodigo , y haviendole consolado le diò los consejos , que convenian para enmendar su vida , y librarse de las amenazas que le havia intimado , y en adelante viviò muy ajustadamente, reconociendo que Dios havia usado con èl de misericordia por los meritos de este Prelado.

Siempre puso gran cuidado en dar las ordenes à personas dignas : y asi no solamente hacia ante sì el examen de la suficiencia, sino tambien el de la vida , y costumbres , valiendose de personas, que le informasen con secreto de cada uno. Tambien estableciò que los ordenandos hiciesen exercicios espirituales por diez dias , y que asistiesen en sus Parroquias à los Officios divinos , y exercitasen los ordenes que tenian. En los examenes de Confesores se hallaba presente para conocer la suficiencia , y segun ella daba la aprobacion , y licencia para confesar : porque en estos dos puntos , que observò siempre en los dos Obispados , con-

sis-

sistia la reforma del Estado Eclesiastico, y el remedio espiritual de las almas que por falta de Ministros idoneos peligraban: y asi en breve tiempo proveyò su Obispado de Parrocos, y Operarios de virtud, sabidurìa, y zelo, que aliviasen la carga de su ministerio pastoràl. Asimismo llamaba Misioneros extraordinarios, para que predicasen en su Obispado, y los mantenia todo el tiempo de la mision: porque el zelo de este V. Prelado fuè tal, que no omitia diligencia, ni medio que condujese al mayor cultivo, y aprovechamiento de las almas.

Las limosnas que distribuyò en su Obispado fueron muy copiosas, y para la nueva Iglesia de Santa Maria la Madre, en Orense antigua Catedral, que se hizo por la antigua, que amenazaba ruina, contribuyò con diez y ocho mil ducados. Restituyò al Obispado todos los caudales que tomò, para venir à Cordoba; y satisfizo à la Catedral la parte de Pontificales, que le podia pertenecer despues de su muerte. En el año de mil setecientos diez y siete pasò à Santiago por orden del Rey à ofrecer al Santo Apostol los dones, que suelen tributarle los Reyes de España en los años del Jubilèo, que son quando es Domingo el dia del sagrado Patrono, como lo fuè èste. Despues de volver à Orense, y antes de venirse à Cordoba, quiso visitar el cuerpo de Santa Marina

1717

Martyr, que se venèra en el Lugar de Aguas Santas, distante diez leguas de la Ciudad, y fuè acompañado de Dignidades, Canonigos, Abades, Parrocos, y personas de distincion con el proposito de registrarle, y colocarle en sitio mas elevado, para que le pudiesen vèr, y venerar aquellos Pueblos que tienen à la Santa singularisima devocion. No hay memoria de haverse registrado el cuerpo desde el tiempo del Rey D. Alonso el Casto, à quien se atribuye la fabrica del Templo, y Sepulcro; y aunque algunos Obispos lo intentaron, sorprendidos de un pabòr reverencial, se astubieron de executarlo: pero nuestro Obispo como su animo era, que el Sagrado Cuerpo estuviese con mayor decencia, y veneracion en los Altares, estaba yà para descubrirle, quando alvorotadas las mugeres de toda la feligresìa vinieron como Leonas furiosas à embarazarlo. El V. Prelado procurò sosegarlas asegurando, que no se llevarìa reliquia à otra parte, sino que se pondrian todas en publico, para que las viesen, y venerasen con mayor devocion, y lo mismo hicieron todos los circunstantes. Pero mas obstinadas se opusieron: con que huvo de ceder el Prelado, con paciencia, y exortandolas à la devocion de la Santa se retirò à Orense, admirado de commocion tan estraña.

El Rey le promoviò al Obispado

pado de Cordoba, que aceptò por la falta de salud, que havia experimentado en Orense, y à diez de Diciembre de mil setecientos diez y siete tomò en su nombre la posesion del Obispado el Doct. D. Pedro de Salazar, Deàn, y Canonigo, con poder tambien para gobernarle. Nuestro Obispo entrò el dia quince, y en el diez y nueve, que era Domingo, vino à la Iglesia con el acompañamiento acostumbrado de la Ciudad à hacer el juramento, y fuè recibido con la solemnidad misma, que sus antecesores. Por este tiempo pasò à Indias por Obispo de Buenos Ayres el M. D. Fr. Pedro Guaxardo, natural de Cordoba, è hijo del Convento de Trinitarios Calzados, y fuè electo Obispo de Puerto Rico el M. D. Fr. Fernando Baldivia, hijo de esta Ciudad, y de su Convento de S. Agustin. Tambien presentò el Rey en el Obispado de Tortosa al Doct. D. Bartolomè Camacho y Madueño, natural de la Villa de Montoro, Colegial del mayor de Cuenca, y Magistral de Palencia, y D. Benito Ramos Madueño, natural de la misma Villa, se hallaba Canonigo de Toledo, y Obispo de Sion, à quien el Cardenal Portocarrero de Cura de Capilla havia escogido por su virtud, y sabiduría para auxiliar suyo. Haviendose cumplido la Concesion de las gracias del Subsidio, y Excusado à fin del año de mil setecientos y doce, compuestas yà

las Cortes de España, y Roma, volviò el Papa à concederlas por otro quinquenio, que debia empezar en el año de mil setecientos diez y seis. Con esta ocasion solicitaron muchas Iglesias, que se celebrase Congregacion de todas en la Corte; asi para concordar las gracias con su Magestad, como para arreglar diversos puntos, y remediar algunos perjuicios, que se havian reconocido, y experimentado desde la ultima Congregacion del año de mil seiscientos sesenta y cinco. Juntose por licencia, que concediò su Magestad, y tubo principio el dia diez y siete de Agosto de mil setecientos diez y siete. Nuestro Cabildo nombrò por su congregante al Arcediano de Cordoba Doct. D. Joseph Diez de Recalde, cuyas relevantes prendas huvieran desempeñado su Cabildo, si huviera llegado à concurrir. En la Congregacion se trataron tales puntos, y con tal empeño, y ardor, que mas fuè division de Iglesias, que Congregacion: cada parte culpaba à la otra, y asi mandò el Rey, que solamente se tratase de la concordia de las gracias de Subsidio, y Excusado; con que à diez y siete de Enero de mil setecientos diez y ocho se disolviò la Congregacion con gran sentimiento de èste, y otros Cabildos, que sinceramente deseaban la union de las Iglesias, y bien del Estado Eclesiastico.

1718

En Cordoba aumentò nuestro Obis-

Obispo su familia ; pero no mudò el ajustado regimen que havia practicado en Orense : pues distribuyendo los oficios , que cada familiar havia de tener, destinò horas en que le havian de dar quenta, y asi sabia lo que sucedia, y tomaba las providencias convenientes. De uno supo que llevaba mas de lo arreglado por los despachos de su ministerio, y le despidiò à pocos meses que havia venido, con que hizo mas cautos à los otros. Regularmente le daba noticia el Provisor de todas las causas, y pleytos, despues de la comida, y cena ; y por si mismo despachaba los puntos de gobierno poniendo los Decretos por su mano. Su Palacio era una Casa de Religion, en que solamente se trataba de la devocion, y estudio : decia Misa muy temprano con asistencia de toda la familia, y despues de dar gracias con mucho espacio, recogiase à rezar las horas hasta las nueve del dia, en que solia dar audiencia à todos ; pero si la necesidad lo pedia à qualquiera hora recibia, y despachaba. Por la tarde rezaba las Visperas, y Maytines de otro dia, y se recogia en su estudio, ò en la galeria, donde decia, que hacia un poco de exercicio ; porque no solia salir, sino à la Iglesia, ò à negocio preciso. Por la noche trabajaba, ò leia hasta las ocho, y hasta las nueve gastaba en oracion, y rezar el Rosario con la familia. A las diez se quedaba solo leyendo algun libro espiritual, porque era el mejor remedio, decia, para conciliar el sueño, y tener en èl buenas imaginaciones. Esta distribucion de horas observò hasta la muerte ; pero que exercicios hiciese quando se encerraba en la galeria por la tarde, ò quando se recogia de noche, nadie lo supo: porque era muy recatado, y nunca permitiò, que durmiese cerca de sì otra persona.

La primavera del año de mil setecientos diez y ocho fuè muy seca, y la cosecha muy corta. La sequedad continuò en el Otoño, y à veinte y uno de Octubre se empezaron rogativas publicas por la agua, con cuya falta peligraban los ganados, y havia enfermedades. Nuestro V. Obispo se afligia mucho, y clamaba à Dios por misericordia, confesando, que afligia el Obispado por las culpas de Prelado tan indigno. Siempre que sucedia alguna calamidad, ò necesidad publica la atribuía à sus pecados, y pedia à Dios, que usase de misericordia con los inocentes, y que viniese sobre èl el castigo, pues era el que lo merecia ; pero que no lo desamparase : y asi repetia muchas veces: *hic ure, hic seca, hic non parcas, ut in æternum parcas.* Oyò Dios los clamores de este V. Prelado, y rogativas por agua, y à primeros de Noviembre empezaron las lluvias, con que se logrò la salud, y una abundante

te

te cosecha en el año siguiente de mil setecientos diez y nueve.

Asistia al Coro, y à los Sermones con frequencia, quando no le impedian los dolores: yà en los ultimos años eran tan continuos, y behementes, que le imposibilitaron à venir, y à celebrar de Pontifical en Jueves, y Viernes Santo; pero hasta el ultimo año consagrò los Oleos con summo trabajo en su Capilla. En este año de 19 diez y nueve predicò los Sermones de Ceniza, y Domingo de Pasion, y en el siguiente de veinte los de Purificacion, y Domingo primero de Quaresma. Era su estilo sin artificio; pero eficaz, y acre en las reprehensiones de los vicios, y muy devoto, y suave para fomentar las virtudes, que era el fin de todos sus Sermones. Predicando en Valencia le oyò un Herege Calvinista, y quedò tan convencido, que abjurò sus errores, y distribuyò entre pobres gran parte de su caudal, que era copioso: continuò una vida muy arreglada; y haviendose Ordenado de Sacerdote se retirò à un Desierto, donde viviò haciendo penitencia hasta lograr una feliz, y sosegada muerte.

En los años de mil setecientos diez y nueve, y veinte visitò 20 nuestro Obispo todo su Obispado, hasta las Aldeas, y Cortijos, y proveyò las Iglesias de Ornamentos, y demàs necesario. En todos los Lugares repartiò muchas limosnas, y continuò en distribuirlas todos los años por Navidad, diciendo, que aquellos pobres eran acreedores, como los de Cordoba: y asi en cada Lugar mandaba separar porcion de granos para socorrer las necesidades de aquel Pueblo. En la Ciudad repartia por las Parroquias, Mantos, Basquiñas, y Camisas, para Viudas, Doncellas, y otras pobres, y vestia en su Casa à muchos niños todos los años, dando mas à los que sabian mas bien la Doctrina Cristiana, con que estimulaba à los Padres à enseñarla à sus hijos. En su Palacio daba pan un dia à hombres, y otro dia à mugeres; y fueron tantos los que concurrieron de Jaèn, y otras partes en los años de veinte y tres, y veinte y quatro, que llegò à pasar la limosna diaria de setenta fanegas, y haviendo consumido todos sus granos, comprò el Trigo de las Fabricas à treinta y quatro reales, porque no faltase esta limosna. Los situados de pan à personas honradas, y vergonzantes, y limosnas ocultas, que hacia por mano de los Parrocos eran innumerables: à muchas Doncellas diò dotes para entrar Religiosas: à otras socorriò para casarse, y finalmente nadie le pidiò limosna, que no fuese socorrido: porque los pobres decia: eran los acreedores de todos los caudales, que Dios le havia entregado.

Para que no faltase à sus Ovejas

jas el pasto espiritual de la Doctrina inviaba frequentemente Misioneros, y mandò, que en todos los Sermones del año se explicase un punto de Doctrina Cristiana, en conformidad de los Decretos Pontificios. En la Catedral predicò la mision en el mes de Noviembre de mil setecientos y veinte el Doct. D. Juan Baptista Verge, Presbytero del Oratorio de Valencia, Varon de singular espiritu, à quien llamò el V. Obispo, que en la Universidad de Valencia fuè su Maestro, para èste, y otros fines; asistiò à oirla, y con su exemplo toda la Ciudad. Fuè grande el fruto de esta mision, y para lograrle mas copioso, detubo por algun tiempo à este Misionero en el Oratorio de S. Felipe Neri. A doce de dicho mes, y año se dedicò la Iglesia de este Oratorio, à que asistiò nuestro Obispo, y à sus expensas costeò la fiesta, en que predicò el dicho Doct. Verge. El Cabildo continuò el dia trece, y predicò el Magistral presente, y à catorce concluyò la Ciudad, llevando por Orador al Maestro Pedro del Busto de la Compañia de Jesus, bien conocido por lo sublime de su ingenio, erudiccion, y eloquencia.

Desde el año de mil setecientos y catorce se havia empezado una Custodia, para tener manifiesto al Santisimo en las Octavas de Corpus, y Concepcion; pero haviendose yà consumido la plata vieja, y otros socorros, que havian ofrecido algunos devotos se suspendiò esta obra, hasta que se desempeñase la Fabrica de las bobedas, que se continuaban con fervor. Ntro. Obispo determinò acabar la Custodia, y llevandola à su Palacio en quarenta meses la diò perfecta, para que sirviese en la Octava de Corpus de mil setecientos veinte y quatro. Gastò en ella diez mil pesos, y su peso es de ochocieutos marcos de plata. Al mismo tiempo emprendiò hacer la Iglesia del Convento de Religiosas del Cistèr, en que gastò cerca de treinta mil duc. Dedicòla celebrande de Pontifical à once de Noviembre de mil setecientos veinte y cinco. Acabadas estas grandes obras empezò la Iglesia de las Religiosas Capuchinas, en que gastò veinte mil duc. En la Iglesia, y enfermerías del Hospital de S. Jacinto treinta mil. En la Iglesia, y Colegio de las Huerfanas doce mil. En reparar el Convento de Corpus de Dominicas Recoletas seis mil. En la Iglesia Parroquial de San Andrès diez y ocho mil. En reparar la Iglesia Parroquial de San Nicolàs de la Xarquìa quatro mil. Para continuar la Iglesia del Convento de la Merced dos mil duc., y à otras Iglesias de la Ciudad, y Obispado socorriò para repararlas. Ultimamente donò à la Catedral doce mil duc. para redimir un Censo en que se havia empeñado para continuar las bobedas.   El

24 El Rey renunció el Reyno à diez de Enero de mil setecientos veinte y quatro, y à quince del mismo mes D. Luis Primero fuè aclamado Rey de España en S. Lorenzo del Escorial. En Cordoba se celebrò esta aclamacion con todas las solemnidades acostumbradas à veinte de Febrero, y nuestro Obispo despues de la vendicion del Pendon Real que hizo, llevò consigo al Cabildo à su Palacio, donde tenia preparado sitio, para vèr la funcion Real, que se executó en la Torre del Omenage, y Campo Santo. Despues tubo un refresco muy cumplido, porque su continua caridad con los pobres no le embarazaba para cumplir con gran decencia en las funciones politicas acostumbradas. El Rey D. Luis muriò entre dos, y tres de la mañana del dia treinta y uno de Agosto del mismo año con gran desconsuelo del Reyno: y asi con verdad se debe nombrar D. Luis *el deseado*. Su Padre D. Felipe volviò à reynar sin proceder aclamacion, ni juramento, que hiciese de nuevo el Reyno: porque aunque la renuncia fuè absoluta, y aceptada, se supuso por suficiente la aclamacion de su primer ingreso.

Las cortas cosechas de los años de veinte y dos, veinte y tres, y veinte y quatro, que huvo en Andalucia llenaron de pobres à esta Ciudad, atraidos de las limosnas de nuestro Obispo. En el otoño de veinte y quatro se detuvieron las aguas, y asi se temiò, que se continuase la esterilidad en el año siguiente; pero confiando nuestro Obispo en la piedad Divina socorriò à los pobres con mano tan liberal, que à ninguno excluia, aunque no fuese de su Obispado: porque à èl decia: *le obligaba socorrer al que necesitaba en su Obispado, y no le pertenecia inquirir si era, ò no era vecino, ò natural.* En su Casa repartia diariamente pan à todos, y llegaron à distribuirse cada dia setenta fanegas. Parece que aumentaba Dios los bienes à este V. Prelado: pues ni desmagò en continuar las obras pias, que havia empezado, ni llegò à empeñarse por las limosnas; lo que admiró à todos, considerando, que excedia mucho lo que daba, à las rentas que havia percibido. En el año siguiente de setecientos veinte y cinco diò nuestro Señor tan abundante cosecha, que no hay memoria de otra igual en muchos años, ni se ha logrado despues: y asi pudo nuestro Obispo emprender otras obras grandes, y en este año diò principio à la Iglesia de las Capuchinas.

1725

Haviendo recibido nuestro Obispo una carta del Nuncio de su Santidad en estos Reynos la remitiò al Cabildo, y es la que se sigue: *Ilustrisimo, y Reverendisimo Señor. Muy Señor mio: El Eminentisimo Señor Cardenal Origo prefecto de la Sagrada Congregacion, me* me escribe de orden de nuestro Santisimo Señor previniendome lo que debe observarse en esta Nunciatura en la concesion de los Breves de Promovendo ad ordines en el primer año de las vacantes de Iglesias, y en el mismo tiempo me manda participe á los Sres. Arzobispos, y Obispos de estos Reynos, por carta circular, que hagan saber á los Cabildos de sus Iglesias, como la mente de su Santidad con el voto de la misma Sagrada Congregacion del Concilio es, que en adelante los Cabildos, ó Vicarios Capitulares, Administradores, ó Provisores de las Stas. Iglesias vacantes, no concedan dimisorias dentro del año primero de la vacante, sino sola, y unicamente á los artados por razon de Beneficio Eclesiastico recepto, ó para recibir yà la orden que pide el mismo beneficio; y que ni dentro del año contado desde el dia de la vacante, ni despues de cumplido, aunque con motivo de obtener se repute por artado, conceder las dimisorias á titulo de Capellania fundada, ó erigida en el tiempo de la vacante, pues para el efecto de este ordenado conviene sea aprobada por el Obispo subcesor; que ni tampoco se concedan á aquellos cuyas Capellanias se fundaron antes de la vacante, sino es que aya sido aprobada por alguno de los Obispos antecesores, y vaste por congrua Synodal, y dando yo á esta orden el cumplimiento, que es de mi primera obligacion lo participo á V. S. Illma., para que lo comunique á su Cabildo, y se sirva darme aviso de haverlo executado, con muy freqüentes ordenes de su mayor servicio. Dios guarde à V. S. Illma. muchos años. Madrid, y Abril dos de mil setecientos veinte y seis. Firma el Arzobispo de Rodas. Las Santas Iglesias suplicaron à su Santidad, que moderase este Decreto, de cuyas resultas no tengo noticia especial.

Atendiendo tambien nuestro Obispo al provecho espiritual de sus Ovejas publicò à seis de Septiembre del mismo año de veinte y seis un Edicto, que decia: Como Nro. SSmo. P. Benedicto decimo tercio havia concedido generalmente à todos los fieles, que una vez en cada mes del año puedan ganar indulgencia plenaria, y remision de todos sus pecados, eligiendo cada uno el dia que quisiere; para la qual ha de preceder como disposicion necesaria confesar, y comulgar, y asimismo, que al toque de la campana al amanecer, ò al medio dia, ò al anochecer digan: Angelus Domini nuntiabit Mariæ, & Concepit de Spiritu Santo. Ecce ancilla Domini fiat mibi secundum Verbum tuum. Et Verbum Caro factum est, & havitavit in nobis. Rezando juntamente de rodillas tres veces la Ave Maria, añadiendo devota oracion, con que pidan à Dios por la paz, y concordia de los Principes Cristianos, extirpacion de las heregias, y exaltacion de la Santa Madre Iglesia. Otrosi concede su Santidad cien dias de

per-

perdon à todos los fieles en qualquiera dia que de veras contritos rezaren à los tiempos señalados las dichas *Aves Marias*, y rogaren por la paz de los Principes Cristianos, extirpacion de las heregias, y exaltacion de la Sta. Madre Iglesia. Añadimos, dice, *quarenta dias de indulgencia à todos nuestros subditos, que à la señal de la campana, que se hace en nuestra Catedral, y demàs Iglesias Parroquiales de esta Ciudad, y Lugares de este Obispado al Alzar en la Misa Conventual se arrodillaren adorando à nuestro Señor, pidiendo misericordia para sì, y felicidad para la Santa Madre Iglesia.*

Muchos años havia, que solicitaban los Obispos, y Cabildo la estension del Rezo de los Santos Martyres Patronos S. Acisclo, y Sta. Victoria en todos los Dominios de España, y no se havia conseguido, aunque el Cardenal Salazar havia hecho algunas diligencias en Roma. Finalmente se logrò à quince de Febrero de mil setecientos veinte y siete Decreto de la Sagrada Congregacion, que aprobò el Papa à primero de Marzo: *Ut sub ritu duplici de præcepto in cunctis Regnis Hispaniarum, ac ditionibus ipsi Serenissimo Catholico Regi subjectis ab omnibus Secularibus, & Regularibus recitari valeat.* Tambien se havia solicitado con gran fervor desde el año de mil seiscientos y ochenta, que se celebrase la Concepcion de nuestra Señora con Rito de primera

clase en esta Ciudad, y Obispado, y à seis de Septiembre del mismo año de setecientos veinte y siete concediò la Sagrada Congregacion, que asi en la Ciudad, y Obispado, como los Seculares, y Regulares: *Utriusque sexus, qui ad horas Canonicas tenentur in posterum justa petita (ab Episcopo, & Capitulo) recitari posse censuit.* Ambas gracias fueron muy celebradas en la Ciudad, que concurriò à manifestar su devocion con demostraciones de jubilo: y Obispo, y Cabildo las dieron al Cardenal Belluga, por cuya eficaz interposicion se consiguieron.

La horrible tempestad, que huvo en esta Ciudad el dia de S. Bartolomè, de que hicimos memoria lib. 2. cap. 7. causò gran pavòr à todos. Nro. Obispo se levantò, y clamò à Dios, que usase de misericordia con esta Ciudad: en esto estaba quando algunos de sus familiares se refugiaron à su quarto, y le hallaron con gran serenidad clamando à Dios: y para alentarlos les dixo: *esto si que es predicar; mas fruto ha de hacer este Sermon, que quantos se predicaràn en este año. Esto es avisarme Dios à mi, para que sea buen Obispo, y para que me enmiende de mis descuidos, y faltas.* Empezò la tempestad à las dos de la mañana, y permaneciò sobre la Ciudad hasta las quatro arrojando centellas, y rayos. Uno cayò en la Torre de la Catedral, que le hizo notable daño, ño, y à las Casas vecinas maltratò con las piedras de los piramides que destrozò, y derribò de la Torre; aunque media una Calle ancha, y eran grandes las piedras, las arrojò sobre las Casas. En otros sitios de la Ciudad cayeron otros; pero no hicieron daño grande, ni lastimaron à persona alguna, aunque una centella cayò entre alguna familia, que se havia recogido à rezar el Rosario à Maria Santisima. El tiempo quedò tan cerrado, y temeroso de repetir las tempestades, que en el dia veinte y siete se celebrò en la Catedral rogativa, y una Misa Solemne à Nra. Sra. con memoria à S. Rafaèl, para que librase Dios à esta Ciudad por su intercesion piadosa.

El Pontifice Benedicto decimo tercio Canonizò à S. Jacome de la Marca, y à S. Francisco Solano de la Orden de S. Francisco, à S. Luis Gonzaga, y S. Estanislao Koska de la Compañia de Jesus, y à S. Juan de la Cruz, primer Carmelita Descalzo. Sus Religiones celebraron fiestas muy solemnes, à que concurrieron Obispo, y Cabildo, cada uno en su dia. Las que hizo el Colegio de la Compañia fueron muy singulares, y plausibles, y las podrà ver el curioso en el Anfiteatro Sagrado del P. M. Pedro del Busto, à cuya direccion, y vigilancia debiò esta festividad el mas cumplido lucimiento, y diò à luz Don Pedro Clemente Valdès en Cordoba año de mil setecientos veinte y ocho.

El mismo Pontifice concediò à peticion del Rey la union de la Capilla Real con la Iglesia Colegial de S. Hipolito sobre que expidiò la Bula: *Anno Incarnationis Dominicæ 1726. tercio decimo Kalendas Aprilis Pontificatus nostri anno 3.; que es à veinte de Marzo de mil setecientos veinte y siete;* conseguida esta facultad de union, diò el Rey orden à quatro de Diciembre de veinte y siete, que nuestro Obispo hiciese la dicha union, y agregacion, y la executò à cinco de Febrero de mil setecientos veinte y ocho. Entre las circunstancias de esta union se estableciò que huviese dos Canogias Magistral, y Doctoral, que en adelante se confiriesen por concurso: y en el mismo año se dieron, concurriendo nuestro Obispo à los actos de Oposicion, y à las provisiones. Los Cuerpos Reales se mantuvieron en la Capilla, yà cerrada hasta ocho de Agosto de mil setecientos treinta y seis, en que fueron trasladados à la Iglesia de S. Hipolito entre dos, y tres de la mañana, haviendo estado en la Capilla desde el año de mil trescientos setenta y uno, que la acabò el Rey Don Enrique Segundo.

Los Infantes D. Luis, y Doña Maria Teresa pasaron à Sevilla donde estaban los Reyes sus Padres,

17

dres, y en esta Ciudad fueron recibidos con las demostraciones festivas, que eran debidas à tan altos caminantes. Vinieron à la Iglesia el dia cinco de Mayo de mil setecientos veinte y nueve por la tarde, y nuestro Obispo, y Cabildo los recibieron en la puerta de Sta. Catalina, de donde los llevaron por el Arco de las Vendiciones à la Capilla mayor. La Musica cantò diversos motetes à Nra. Sra. mientras hacia oracion la familia Real. Nro. Obispo les diò à venerar, y vesar la reliquia insigne del *Lignum Crucis*, y los regalò con otras reliquias que tenia prebenidas. Despues gustaron de ver toda la Iglesia, y las alhajas preciosas que tenia, y acompañados del mismo modo hasta la dicha puerta se despidieron. Quando los visitò nuestro Obispo se aficionò el Infantico D. Luis del Sombrero, de modo, que le tomò, y no le quiso soltar, aunque procuraron quitarsele dandole otras cosas de que gustaba para entretenerse. El V. Obispo se le dexò, y no quiso que le disgustasen. A todos admirò esta accion, y algunos la tuvieron por misteriosa. En tales personas todo se atribuye à misterio; pero haviendole visto despues Arzobispo de Toledo, y de Sevilla, y Cardenal, no es ageno de que lo fuese.

Por este tiempo yà se hallaba este V. Prelado muy fatigado con agudos, y casi continuos dolores, y postrado de fuerzas; hasta aqui havia observado los ayunos con tanto rigor, que no havia usado los Lacticinios, ni tomado Chocolate; pero el confesor le obligò à tomar este alivio. En la comida, y bebida fuè siempre tan parco, que se puede decir, que ayunaba todo el año; y asi leia, y escribia despues de comer, y cenar como lo hacia antes. En una ocasion le oyeron decir, que nunca havia comido, ò bebido sin necesidad, y siempre menos de lo necesario. Bien lo manifestaba su semblante; pues en él solamente se conocia, segun estaba consumido, que comia mas para detener la muerte, que para prolongar la vida; pero hasta su muerte observò la abstinencia de carne en los dias prohividos. Tambien le obligò el Confesor à dexar los cilicios, disciplinas, y otras mortificaciones que usaba; aunque muchas veces disimulaba las que podia, y no le hacian daño: y asi con el pretexto de estar caliente el Chocolate le mezclaba agua fria, y en los manjares hacia otras mezclas para quitarles el gusto. Su descanso de noche era en una cama de tablas, y un colchon; pero su familia recelaba que dormia sobre las tablas; y asi el Confesor le ordenò, que durmiese sobre el colchon, y que mirase à conservar la vida. En el resto de vida que tubo se aplicò todo à leer libros espirituales, y vidas de Santos.

Bien cierto estaba este V. Prelado, de que tenia muy proxima la muerte, y si la tubo siempre presente para arreglar su vida; al fin la miraba mas de cerca para vencerla. Hablando en una ocasion de cierta persona ausente, dixo con aseveracion, dos años antes de morir : *que volveria à Cordoba, y se hallaria en ella al tiempo de su muerte.* Lo que se vió cumplido, aunque era muy contingente la vuelta de la tal persona. A otra persona, que se ausentaba de Cordoba por algunos meses la dixo al despedirse : *que no se verian mas, porque antes de su vuelta habria ya fallecido.* Por Noviembre del año de treinta se hallaba mas aliviado de sus dolores, y pidiendole un sujeto una gracia para otros le respondió: *que no era factible en su dictamen tal gracia, que le pedia,* y añadió, *yo presto moriré, y luego que muera conseguiran esos sujetos lo que pretenden:* uno, y otro se vió cumplido en poco tiempo.

No solamente de su muerte, sino tambien de otros sucesos dió claros indicios de estar sobre naturalmente iluminado. En una ocasion, ya entrada la noche, mandó llamar à un ministro suyo, y le dió orden, que le tragese una persona que estaba oculta en una Casa con animo de ofender à Dios, señalando Casa, aposento, y sitio donde estaba, tan desconocida, y oculta, que solamente lo sabia la persona que pretendia ocultarla. Varias veces sucedió à una Prelada de un Convento hallarse afligida con dudas, y temores sobre el modo de su gobierno, y deseaba consultarlo con el Pastor : en interin que podia hacerlo iba al Coro, y pedia à Nro. Sr. que ilustrase, y moviese al Prelado, para que le ordenase lo que fuese mas agradable à su Magestad. A poco tiempo solia llegar un familiar del Obispo, y de su parte le decia pocas palabras, y con ellas quedaba tan satisfecha, y libre de sus temores, y escrupulos, como si le huviera consultado muy despacio. Otros muchos casos semejantes en que parecia que penetraba los corazones se pudieran referir.

Entró el año de mil setecientos treinta y uno, y continuando los dolores con vehemencia le obligaron los familiares, y Medicos, que no se levantase de la cama el dia veinte y cinco de Enero, pues hasta este dia no havia dexado de levantarse, y de dar audiencia publica. Recibió los Sacramentos con admirable disposicion, y exercicio de todas las virtudes, quedandose à veces suspenso en alta contemplacion. El Dean se hallaba fuera de Cordoba, y con la noticia vino à visitarle el dia veinte y seis por la noche, y entre agradecido, y confuso de la visita exclamó à Dios por tanta honra como le hacia, y le dixo:

Es-

Estoy como un Jumento en esta ca-
ma Sr. Dean. Con esto cerrò sus
ojos, y se quedò en silencio para
continuar su trato con Dios. El
Dean se retirò con lagrimas en sus
ojos, y lleno su pecho de ternura,
y admiracion de la humildad, paciencia, y devocion de tal V.
Prelado. En el dia veinte y siete
hizo el Cabildo rogativa à Nra.
Sra. de Villa-Viciosa por la salud de su Prelado, y la continuò
Domingo veinte y ocho; pero nuestro Sr. le queria premiar yà, y
à las diez de la noche entregò su
espiritu al Criador con tanta serenidad, como quedara su cuerpo
en un sueño placidisimo.

Otorgò su testamento con facultad Pontificia, y mandò enterrar su cuerpo en su Iglesia Catedral, donde eligiese el Cabildo;
y asimismo ordenò, que se aca-
vasen las obras de Iglesias, que
havia empezado, y que se redi-
miese el Censo de doce mil duc.

que tenia sobresì la Fabrica de la
Catedral. Uno de los Alvacèas le
preguntò que se havia de hacer
del caudal si sobraba alguno, à
que respondiò: *Beatus qui intelli-*
git super egenum, & pauperèm,
con que expresò su piadosa, y ultima voluntad. Entre los legados
pios dexò uno à una Doncella hu-
erfana que socorria, y diciendole
uno de los circunstantes que podia
dexarle mil reales, respondiò, mucho es, vasta darle cien pesos: lo
que notaron, y admiraron todos
los presentes: pues ignoraba el valor de los pesos, y que valian mil
y quinientos reales: Tan despe-
gado de las monedas havia vivi-
do, y tan negado à manejarlas.

El Cabildo hizo el entierro
el dia treinta por la tarde en la
Nave de Nra. Sra. de Villa-Viciosa, al lado del Evangelio, donde
tiene en una losa de jaspe negro el
siguiente Epitafio:

HIC JACET ILLMUS. AC VEN. D. D. MARCELINUS SIURI,
Valentinæ Metropolitanæ Ecclesiæ Præpositus, Episcopus Auriensis, ad
hujus Almæ Cathedralis sedem postmodum evectus; pauperum verè Pa-
ter, quibus ut in perpetuum subveniret, Sancti Hiacinthi Xenodochium
mire auxit. Plurimis constructis Ecclesiis, doctissimisque editis libris vir-
tute, ac doctrina maximè commendabilis fœliciter obdormivit in Domino
die 28. Januarij anno 1731. ætatis suæ 77.

Requiescat in pace.

La gran sabiduria que adornò
à este V. Prelado bien se manifiesta en los quatro tomos, que dexò impresos en folio. El primero

se imprimiò en Valencia año de
mil setecientos y siete, y es su
titulo: *Theologia Scholastica posi-*
tiva de novissimis el 2. 3. y 4. se

imprimieron en Cordoba año de mil setecientos veinte y tres, veinte y cinco, y veinte y siete con el titulo : *tractatus Evangelij* : en que se declaran, y exponen literalmente los quatro Evangelios, y toda la Historia Sagrada hasta la muerte de Santiago, Patron de España, que tratò San Lucas, Cap. 12. act. Otros muchos selectos M?S. Filosoficos, y Teologicos dexò con gran parte de su Libreria al Colegio de la Compañia de esta Ciudad : al Convento de Mercenarios de Elche remitiò en vida todo lo predicable que tenia asi impreso, como M? S.; y donò à su Sobrino Don Josef Siuri, Canonigo de esta Santa Iglesia, los libros Canonicos

No fuè menos famosa la exemplar vida de este V. Prelado: pues las muchas, y grandes obras que hizo manifiestan su liberalidad, y misericordia, tan limpia, y desinteresada, que en ninguna permitiò poner Armas, ni memoria suya. En la pobreza de espiritu fuè tan extremado, que era necesario porfiarle para ponerse algun vestido nuevo, ò parte de èl; porque decia : *que podia servir el que tenia, y que era contra los pobres.* En la ocasion de un Jubilèo, pidiò al Confesor, que le commutase la limosna en otra obra personal; à que respondiò el Confesor, *que podia aplicar la limosna que havia de dar el dia siguiente. Ese caudal no es mio, dixo : sino de los pobres:*

yo no tengo bienes mios, *de que pueda dar limosna para ganar el Jubilèo;* y asi le commutò el Confesor la limosna en otra obra piadosa. Nunca usò de seda en vestido, ni permitiò, que la usase su familia, à quien tenia gran cuidado de vestir, y dar lo necesario con honestidad, y decencia.

Su humildad admiraba à todos : pues para su asistencia, ni llamaba Paje, ni Capellan que le sirviese. Por temprano que fuese à su quarto yà le hallaban levantado, y compuesta la cama, y limpios los vasos. Como siempre habitò en los quartos altos, baxaba por una escalera secreta, que hay à los baxos, y en un Jardin contiguo se lavaba sin esperar, que se levantase la familia. En una gaveta que tenia reservada, se hallaron despues de su muerte varios silicios, disciplinas, hilo, y agujas con que cosia, y remendaba su ropa interior, quando podia ocultarlo. Y ultimamente en su trato, y comunicacion, ninguno le observò accion, ni palabra de propia alabanza, ni de desprecio de otro, aun quando por su oficio Pastoral le corregia.

Su mansedumbre fuè singular manifestando siempre las entrañas de Padre con los arrepentidos. En Valencia volviendo de leer su Catedra le saliò al encuentro una persona ciega de colera, y de invidia, por los aplausos, y sequito, que tenia en la universidad; y des-

despues de muchas palabras injuriosas que le dixo, le diò un golpe en la cabeza, que le hiriò. El Siervo de Dios llevò esto, aunque en ocasion tan inopinada, con tanta serenidad de animo, que abrazò, y pidiò perdon al agresor como si fuera èl reo : corriò la voz de este suceso, y viniendo sus discipulos quisieron vengar la injuria hecha à su Catedratico : pero èste con ruegos, y con la autoridad que tenia, los obligò à recoger las armas, y desistir del intento que havian traido.

Decia la Misa con gran ternura, y devocion, y en el oficio divino estaba tan atento, y absorto, que muchas veces no oìa voces, que le daban; y asi en Misa, y rezo, solia pararse, y preguntar, *que hemos de hacer ahora?* A un familiar de su mayor confianza solia decir : *Yo no entiendo esta cabeza: porque si aplico una poca atencion à Dios, luego me quedo sin tiento, y como atontado.* Este solia entrar donde estaba recogido, y en una ocasion le viò lleno de lagrimas, sin gemir, ni suspirar, y tan enagenado de sì, que no le viò entrar, ni oyò los pasos. En otra ocasion le hallò levantados los brazos à una Imagen de JesuChristo, y Maria Santisima, y tan elevado como si estubiera en pie, siendo asi, que estaba de rodillas. Varias veces le viò abrazado con un Crucifixo, y vesandole ternisimamente las llagas. Otras tendido

en el suelo, y clamando : *qué soy yo? Qué soy yo, sino un poco de polvo, una mala tierra, un hombre desconocido, y una criatura vilisima, y miserable?*

Entre los Santos sus devotos fuè San Joaquin, muy singular para este V. Prelado : quando era pequeño promoviò la devocion à este SSmo. Patriarca el V. Padre Juan Baptista Miralles, ilustre hijo de la Compañia de Jesus de Valencia; y para la Capilla que fundaba al Santo, mandò su Padre à nuestro Marcelino, que le llevase una limosna. Entregòla al V. Padre, y mirando al Joven le dixo: *Marcelino, di à tu Padre, que Dios le premiarà la limosna, y que el Señor S. Joaquin sabe hacer Obispos.* Por entonces no entendiò lo que el V. Padre le dixo, hasta que fuè electo Obispo de Orense, en que acordandose de ello, lo manifestò el dia de su consagracion, para que se annotase en la vida del dicho V. P. Miralles, como profecia cumplida en su persona. Vease tom. 1. tract. 4. sobre los Evangelios donde este V. Prelado escriviò las excelencias de los Santisimos Patriarcas S. Joaquin, y Santa Ana sobre todos los Santos despues de su hija, y Madre de Dios, Maria Santisima.

DON TOMAS RATO, Y Ottoneli naciò en la Ciudad de Genova, y fuè baptizado en la Iglesia Catedral à veinte de Noviembre de mil seiscientos ochenta.

ta y tres : fuè hijo de Don Francisco Rato, Martinez, natural, y vecino de la Ciudad de Valencia, y de Doña Maria Ottoneli, natural de dicha Ciudad de Gènova, y vecina de la de Valencia, donde criò à su hijo, y sus Padres le aplicaron à la facultad de Canones, y Leyes en la Universidad donde se graduò en Canones; y despues de háver regentado diferentes Catedras por otros, obtubo Catedra en propriedad, y leyò por espacio de doce años. En la Iglesia Metropolitana obtubo el Arcedianato de Murviedró; y por nominacion del Rey, fuè Auditor de Rota por la Corona de Aragòn. Estando en Roma consiguiò el Decanato de la Iglesia Metropolitana de Zaragoza, y en la de Tortosa la Dignidad de Sacriste. Por tiempo de diez años asistiò en su ministerio de Auditor con general aprobacion de justificacion, y literatura, y asi andan impresas sus decisiones. En el año de mil setecientos treinta y uno le propuso el Rey por Obispo de Cordoba, y à diez y ocho de Noviembre le consagrò en la Iglesia de Nra. Sra. de Monserrate en Roma el Cardenal D. Luis de Belluga, siendo asistentes D. Pompeyo Aldrovandi, Patriarca de Jerusalèn, y Decano de la Sacra Rota, que despues fuè Cardenal, y D. Joseph Saporiti, Arzobispo de Anazarbe, y el Pontifice Clemente XII. le declarò Obispo, asistente al Solio Pontificio.

Tomò la posesion del Obispado à cinco de Febrero de mil setecientos treinta y dos el Doct. D. Pedro de Salazar, Dean, y Canonigo, à quien diò tambien poder para gobernar el Obispado en su ausencia. El Obispo saliò de Roma por Mayo de dicho año, y haviendose detenido en Valencia algunos dias pasò por el Obispado, sin entrar en Cordoba, à la Corte, que se hallaba en Sevilla, donde se detubo dos meses. Y ultimamente entrò en Cordoba à diez y seis de Diciembre de dicho año de treinta y dos, y à diez y ocho vino publicamente à la Catedral, donde hizo el juramento acostumbrado, y fuè recibido, y acompañado con la misma solemnidad, que sus antecesores. En el dia de la Epifania seis de Enero de mil setecientos treinta y tres celebrò de Pontifical en la Catedral, en que fuè innumerable el concurso: porque en virtud de Breve Pontificio publicò Indulgencia Plenaria à todas las personas, que oyesen la Misa con la disposicion debida.

Haviendo celebrado Ordenes generales à veinte y ocho de Febrero de dicho año de treinta y tres saliò al Convento del Tardon, por comision del Pontifice, para visitar aquel Monasterio, y los demàs de la Provincia, que se hallaban con algunas inquietudes. A Cordoba volviò para la Semana Santa, y sabiendo que los Reyes se se volvián à Madrid , y pasaban por su Obispado , saliò à cumplimentarlos en la Rambla , y los acompañò hasta la Aldèa , ò Villa del Rio , ultimo Lugar de la Diocesi. Despues de la festividad , y Octava de Corpus saliò para la Corte , y à diez de Diciembre le nombrò el Rey por su Ministro en la Corte Romana , donde se pretendian diferentes puntos , que podria conseguir con su comprehension , y diligencia.

En este año de mil setecientos treinta y tres desde las nueve de la noche del dia veinte y tres de Septiembre padeciò Cordoba una horrible tempestad , que durò hasta las once , y tres quartos , y arrojò muchos rayos , y centellas en la Ciudad , y Arrabales. Aunque algunas cayeron entre personas Religiosas , y Familias Seculares , que se recogieron à implorar la Divina Clemencia , por medio de Maria Santisima , y del Arcangel S. Rafaèl , ninguna padeciò daño considerable; en el Convento de Sta. Inès cayò en el Coro entre las Religiosas una centella , que dando vuelta por todo el Coro abrasò parte de los Abitos de algunas Religiosas , y del manto de una Imagen de Maria Santisima que estaba allí , con que se consumiò. En accion de gracias celebrò el Cabildo Domingo veinte y siete una solemnisima fiesta à Nra. Sra. de Villa-Viciosa , exponiendo al Santisimo , y haciendo Commemoracion del Sto. Arcangel. (à que concurriò la Ciudad) por la visible misericordia , que havia experimentado este Pueblo por su Glorioso Patrocinio.

En el año siguiente de mil setecientos treinta y quatro saliò para Roma nuestro Obispo , y entrò en aquella Corte à diez y nueve de Abril. El principal punto que tratò , fuè que se confiriese al Infante D. Luis , yà Cardenal , el Arzobispado de Toledo , vacante por muerte del Cardenal D. Diego de Astorga; sobre lo qual propuso varios exemplares de haverse conferido tales Dignidades à semejantes Principes en menor edad de siete años , que tenía el Infante. La Corte Romana se detuvo , y nuestro Obispo tubo orden de volverse à España , y en el mes de Junio de mil setecientos treinta y cinco saliò de Roma para Madrid , donde permaneciò hasta su muerte. La cosecha del año de treinta y quatro fuè cortisima en las Provincias , fuera de Castilla la Vieja , que tubo para socorrer à las otras. En Andalucia como mas distante se padeciò mucho , y se buscò Trigo ultramarino , que vino con abundancia ; pero en algunos Lugares de este Obispado se encendiò un contagio , de que murieron muchas personas : y así en esta Ciudad , como en otros Pueblos se consumiò muy poco ; aunque por orden de la Junta , que se formò para el Abasto de la Ciudad,

1734

dad, y Reyno de Cordoba, se trajo bastante cantidad, en que padeciò la Ciudad gravisimo perjuicio, que algunos de la Junta protestaron; pues havia Trigo de la tierra vastante, si los registros se huvieran executado con legalidad, y rigor, como es necesario en tales urgencias. Nro. Obispo diò orden de continuar las limosnas de pan, en que consumiò todos sus granos. Otras muchas personas Eclesiasticas, y Seglares, dieron copiosas limosnas, con que se mantubo la multitud de pobres, que se refugiaron en esta Ciudad.

1735   El año de mil setecientos treinta y cinco fuè muy abundante, con que se pudo tolerar la penuria del año siguiente de treinta y seis por abundante de aguas. Estas faltaron en el Otoño, è Invierno, con que no se pudo sembrar, ni naciò lo poco que se sembrò, y asi à veinte y dos de Enero de
1737   mil setecientos treinta y siete se empezaron las rogativas por agua. En diez y seis de Febrero se hizo fiesta à Nra. Sra. de Villa-Viciosa, y à veinte y ocho se trageron con procesion general las reliquias de los Martyres à la Catedral. No huvo Comunidad, que no hiciese rogativas especiales en tanta necesidad, y desconsuelo: por toda la Ciudad de noche, y dia no se oìan mas que clamores de Rosarios, ni se encontraban mas que procesiones, y penitencias; pero no quiso la Magestad Divina dar

el socorro de la lluvia hasta que se traxo con procesion general la Milagrosa Imagen de Nra. Sra. de la Fuen-Santa à veinte y cinco de Abril. Siendo esta la primera vez, y unica hasta ahora, que haya entrado en la Ciudad desde su invencion: la lluvia se continuò, y hasta el dia quatro de Mayo no pudo llevarse la Sagrada Imagen à su Santuario. Mucho aprovechò esta agua para los ganados; pero faltò en todo la cosecha: porque lo poco que naciò se hizo ceniza à fuerza de los calores.

En tanta necesidad huvo el socorro de Trigo ultramarino con abundancia; y el Cabildo procurò comprar Trigo de la tierra, y de otras Provincias del Reyno para sembrar, y aliviar las grandes necesidades que havia. Nro. Obispo diò tambien orden de emplear todas sus rentas en beneficio de los pobres, à que concurrieron muchas personas Eclesiasticas, y Seculares, deforma que se huviera pasado mas bien, que en el año de treinta y quatro, si al mismo tiempo no se huviera padecido un mortal contagio, que se continuò con la hambre todo el año hasta Julio de mil setecientos treinta y ocho, y murieron en Cordoba mas de quince mil personas de todas calidades, y estados. En esta epidemia murieron diez Prebendados, y muchos Capellanes, y ministros de la Catedral. En los Lugares del Obispado se encendiò tambien

el

el mismo contagio, y en Cañete, y Buxalance fuè muy grande la mortandad.

Nro. Obispo permaneciò en la Corte, donde le cogiò la muerte à diez y siete de Febrero de mil setecientos treinta y ocho por un dolor de Costado, que al principio se tubo por constipacion. Recibiò con gran devocion los Sacramentos, y testò de los bienes propios patrimoniales, y adquiridos. Su cuerpo fuè sepultado en la Capilla de Nra. Sra. de los Desamparados de Valencia, en el Hospital Real de Aragòn de Madrid, donde yace. Fuè de condicion afable, y liberal; y sin duda huviera gozado esta Diocesi un Prelado muy benigno, y piadoso si huviera residido en èlla.

CAPITULO XVII.

DEL OBISPO DOCT. D. PEDRO de Salazar, y Gongora.

DON PEDRO DE SALAZAR naciò en la Ciudad de Motril, y fuè Baptizado en su Iglesia Parroquial à ocho de Enero de mil seiscientos setenta y seis. Sus padres fueron D. Geronimo de Salazar, natural de Malaga, y Doña Juana de Gongora, natural de la dicha Ciudad de Motril. Desde pequeño manifestò un ingenio muy perspicaz, y sus padres procuraron, que aprendiese la lengua la-

tina, y que tuviese la educacion conveniente para continuar los estudios. En este tiempo vino por Obispo de Cordoba el Cardenal D. Fr. Pedro de Salazar, Primo hermano del Padre de nuestro Obispo, y mandò, que se le traxesen para criarle; y penetrando la capacidad grande que descubria, dispuso que estudiase la Filosofia, y Teologìa en el Convento de S. Pablo de esta Ciudad. Obligole à estudiar la Teologìa Moral, haciendo que asistiese en su presencia à los examenes de confesores, y llegò à saberla con tal comprehension, que admiraba al Cardenal, y à los Examinadores. Con esto pareciò al Cardenal, que daria à la Iglesia un sujeto util; y asi le diò renta Eclesiastica, y para condecorarle mas, le sacò merced de un Avito de Calatraba, que se puso con D. Leonardo de Salazar su hermano mayor en el Convento de la Encarnacion de esta Ciudad.

Eran tan superiores los talentos de nuestro D. Pedro, que consiguiò saber la Musica, y otras havilidades de instrumentos propios, y convenientes para divertir la juventud. En la poesia fuè excelente; y asi muchos años hizo las Kalendas, que se cantaron en la Catedral, y otras cantadas de Sacramento, y Concepcion, que fueron muy celebradas. En una ocasion hizo unos versos, que por descuido llegaron à manos del Cardenal, y haviendole desagradado

Ggggg

mu-

mucho, le mandò, que no le viese, y encargò à persona segura que anduviese à su vista siempre, y le diese cuenta de todos sus pasos, y acciones, y con esta severidad le corrigiò. En el año de mil seiscientos noventa y ocho vacò en mes ordinario un Canonicato, y fuè provisto en èl, de que tomò posesion à diez y ocho de Abril, y desde este tiempo le llevò el Cardenal en su compañia, quando salia por las tardes; con que llegò à comprehender los negocios del Obispado, y à conocer las personas de caracter, y emplèo que havia.

Para ser coadjutòr de su Tio D. Gregorio de Salazar en el Decanatò, se graduò de Doct. en Canones, que estudiò de proposito, y à diez y ocho de Febrero de mil y setecientos tomò la posesion de la coadjutoria: y en propiedad à veinte y nueve de Marzo de setecientos y quatro. Entre las piezas Eclesiasticas que le confiriò el Cardenal, era una Prestamera de Villa Pedroche, que valìa annualmente tres mil duc.; y pareciendole que se daria à Dios mas culto, si con èlla se fundaban seis Capellanias para seis Eclesiasticos, que asistiesen al Coro todo el año tomò licencia del Cardenal para solicitar la Bula: mucho le costò esta gracia; asi en la expedicion, como en la redencion de los quindenios; pero finalmente la consiguiò, y desde primero

de Enero de mil setecientos y siete empezaron los seis Capellanes à residir en el Coro. Mientras viviò nombrò los Capellanes, y despues instituyò por Patrono al Cabildo pleno, y anejò una para el Maestro de Ceremonias de la Iglesia. Las demàs se deben dar por oposion al de mejor voz; y dexò hechas Constituciones, asi para los Capellanes, como para la Capilla de S. Pedro, que fundò, y dotò en la Iglesia.

Su animo era fundar Capilla suntuosa al Principe de los Apostoles S. Pedro: porque le tubo muy gran devocion, y aunque tiene otra Capilla, la mas singular, y antigua, que diò el Cabildo año de mil trescientos sesenta y ocho à D. Alonso Hernandez de Monte-Mayor, como yà se dixo: por falta de sitio proporcionado para fundar la Capilla pidiò al Cabildo, que le diese sitio para hacer mayor la Capilla de S. Lorenzo (que en su fundacion fuè dedicada al Espiritu Santo) por ser Patronos, y tener en ella su entierro los Deanes, y Arcedianos de Cordoba. El Cabildo le concediò el sitio, y puso Altar à S. Pedro, dotandole con Lampara, ricos Ornamentos, y alhajas, y vasos de plata, de que han de cuidar los Capellanes, y un Sacristan, à quien asignò competente congrua, y desde este tiempo se llama la Capilla de S. Pedro, y S. Lorenzo.

Por

Por muerte de su Tio el Cardenal se encargò de poner en perfeccion las dos obras empezadas de la Capilla de Sta. Teresa, y Hospital General, en que empleò gran cantidad de sus caudales. Para la Custodia nueva que se hizo, ayudò con quinientos pesos, y para la obra de las bobedas de la Iglesia diò mas de tres mil duc. A los Capellanes de la Veintena dotò la hora de prima: para que estimulados con esta distribucion (demàs de la que gozan de la Mesa Capitular) asistiesen con puntualidad por ser hora muy penosa para ellos : y asi à cinco de Abril de mil setecientos veinte y quatro entregò el Cortijo de las Velazquitas que comprò, y quatro mil pesos, que dexò impuestos para esta dotacion. Las limosnas ordinarias eran copiosas ; pero en los años de treinta y quatro, y treinta y siete fueron muy grandes, y diarias. Aunque al Hospital socorria continuamente ; desde que empezò en èl la curacion : en estos dos años miserables le mantubo casi en todo; pues le faltò el pan de sus rentas, y nuestro Dean le aplicò las suyas, demodo, que se continuò la curacion de todos los enfermos, que fueron muchos.

Su excelente caridad sobresaliò mas en la asistencia al Hospital en el año de treinta y siete: pues no contento con estar presente, para que los enfermos fuesen bien cuidados, solicitò Religiosos, y Eclesiasticos Seculares que fuesen à confesar à los enfermos, siendo el primero que los animaba con su exemplo. Los mas de estos operarios fueron tocados del contagio, y murieron: con que todos concibieron horror al Hospital, y procuraron astenerse. Pero nuestro Dean confiado en Dios continuò en asistir à confesar, y consolar à los enfermos con un Capellan suyo : y aunque muchas veces fuè necesario llegarse mucho à ellos para oirlos los librò Dios de la epidemia.

En este exercicio se hallaba, quando à veinte y cinco de Enero de mil setecientos treinta y ocho recibiò aviso de haverle nombrado el Rey para el Obispado de Jaèn. Aunque procurò ocultar esta noticia, por otras cartas se publicò; y se celebrò en la Catedral con las demostraciones acostumbradas en semejantes casos : lo que sintiò vastamente, porque su animo resuelto era no aceptar el Obispado, como lo executò el dia treinta de dicho mes; alegando su crecida edad, y quebrantada salud para tan grave, y nueva carga: y asimismo la obligacion de cuidar, y aumentar el Hospital en que se hallaba, por ser fundacion, y encargo de su Tio el Cardenal Salazar, lo que no podria executar en ausencia de Cordoba. Esta escusa agradò mucho à la Corte; y por disposicion Divina condujo para' nombrarle despues en el Obispado de Cordoba, cuyo Obispo era mozo, y se hallaba bueno, y sano en la Corte.

Padeciò nuestro Dean desde su juventud muy agudos dolores de estomago, que en varias ocasiones le pusieron en imminente peligro de su vida. Tubo una naturaleza muy valiente, y fiado en su robustèz, y corta edad excediò en tómar bebidas muy eladas, y frutas de todos generos, sin reserva de ocasiones, y horas: y asi padeciò muy frequentemente una copiosa fluxion al estomago, que despues terminò en gota. Como la salud no se aprecia hasta que se pierde, yà perdida solicitò, yà con consultas de Medicos afamados de España, yà haciendo viage à Francia, y Paìses baxos en el año de mil setecientos y catorce, para tratar los Medicos mas celébres, hallar remedio eficaz, que no logrò sino en la paciencia, y resignacion que tubo en padecer un martyrio prolongado por toda su vida.

Quando llegò la noticia inopinada de la muerte del Obispo, que fuè à veinte y dos de Febrero, trataron el Cabildo, y Ciudad suplicar al Rey, que nombrase por Obispo à nuestro Dean; asi por los singulares meritos, y prendas que gozaba; como por el bien de esta Ciudad, y Obispado en tiempo que padecia un contagio tan formidable; no pudo impedir nu-

estro Dean, que se hiciese esta suplica al Rey en el dia veinte y siete, porque se hallaba postrado de su accidente en cama. Pero al mismo tiempo le nombrò el Rey por Obispo, y à cinco de Marzo llegò la noticia en ocasion, que estaba en vastante peligro. La alegria fuè universal, y aunque toda la Ciudad se arrojò à verle, no se diò entrada mas que à algunas pocas personas que solian concurrir para su consuelo. A estas diò la noticia de la merced que el Rèy le hacia, y que su animo era no aceptarla, porque estaba mas dispuesto para ir al Sepulcro, que al Palacio, y en caso de vivir, quedaria tan debil, que seria preciso dexar, antes que cargar con otras obligaciones.

Los que estaban con èl procuraron persuadirle, que aceptase, porque en este Obispado podria cuidar, y socorrer mas bien al Hospital, y haviendole gobernado desde el año de treinta y tres por ausencia del antecesòr tenia comprehension de todo, y consiguientemente superado el mayor trabajo: *Si viviera el Obispo V. S. havia de continuar el gobierno por complacerle: pues por què se ha de escusar de executar por sì, lo que ha tomado sobresi por otro? Las circunstancias sucedidas desde la nominacion de V.S. al Obispado de Jaen han sido tan particulares, que facilmente persuaden ser esta la voluntad de Dios, de quien no podemos*

mos pedir manifestacion mas expresa: pues qué disculpa podrà V. S. alegar para no aceptar la carga, que le impone Dios, y haverla aceptado, y llevado mas de quatro años por un hombre? Si V. S. tiene salud podrà celebrar los Pontificales, y si Dios no se la dà es facil la providencia, y recurso à otro, y asi será resistir à Dios, no aceptar el Obispado presente.

Estas, y otras razones juntas con las instancias eficaces de la Corte, le obligaron à aceptar el Obispado, de que muchas veces se quexò diciendo: que le havian vencido por hallarse entonces casi muerto; pero haviendo convalecido pidiò las Bulas, y à cinco de Mayo pasò el Pontifice la gracia. En el intermedio de estos sucesos se continuaba el contagio con mayor vigor en la Ciudad. Las rogativas eran continuas en todas las Iglesias, y las procesiones de penitencia eran muy frequentes. Dos veces huvo procesion general con la Imagen de Maria Santisima de Villa-Viciosa à la Iglesia de San Pedro, y se traxeron las reliquias de los Martyres à la Catedral. La primera fuè à veinte y ocho de Marzo, y la segunda à tres de Mayo. En ambas ocasiones se traxeron, y llevaron à Nra. Sra., y Sagradas Reliquias por diferentes partes de la Ciudad. La afliccion era muy grande: pues en la Catedral apenas se enterraba un Prebendado; quando moria otro, y

en las demàs Parroquias, y Conventos sucedia lo mismo. Nuestro Obispo electo, yà convalecido havia vuelto al Hospital de donde se retirò indispuesto, y en el dia treinta y uno de Mayo estubo de gran peligro. En esta epidemia no havian probado bien las sangrias, y no obstante los Medicos determinaban sangrarle, aunque esta evaquacion le era nociba, para su accidente de gota; pero el enfermo, que asi por su aplicacion, como por la asistencia al Hospital tenia vastante inteligencia, y experiencia, no quiso que se aplicasen mas que sanguijuelas; con que movida la naturaleza, rompiò en un copioso sudòr, y al dia siguiente, que fuè Domingo de la Sma. Trinidad, y primero de Junio se hallò muy mejorado, y libre de peligro.

Las Bulas del Obispado llegaron el dia siete de Junio, y en el dia diez por la tarde tomò posesion en su nombre el Doct. D. Juan Gomez Brabo, Canonigo Magistral, y nuestro Obispo pasò à Sevilla para ser consagrado de su Arzobispo D. Luis de Salcedo y Ancona. Esta funcion se celebrò dia de S. Pedro, y S. Pablo en la Iglesia de Umbrete, que havia hecho el Arzobispo, y fueron asistentes D. Fr. Tomàs del Valle, Dominicano, y Obispo de Cadiz, y D. Fr. Manuel Tercero, Agustiniano, Obispo Icosiense. Nro. Obispo entrò en Cordoba à seis de de Julio, y en el dia ocho vino à la Catedral, donde hizo el juramento, y fuè recibido con las demostraciones acostumbradas. El Maestre-Escuela Doct. D. Pedro Cabrera y Cardenas se hallaba coadjutòr del Canonicato, que gozaba nuestro Obispo: y asi tomò la posesion à veinte y ocho de Junio del mismo año. El Decanato quedò vacante por esta promocion al Obispado, y le proveyò el Rey en el dicho D. Pedro de Cabrera, que presentò las Bulas en veinte y nueve de Julio, y tomò la posesion en ocho de Agosto de dicho año de mil setecientos treinta y ocho.

Dean.

Nro. Obispo empezò à trabajar en su Pastoral ministerio haciendo Confirmaciones en todas las Parroquias de la Ciudad: porque havian pasado algunos años, en que no se havia administrado este Sacramento, y à primeros de Octubre saliò à la Visita de la Sierra con animo de visitar esta parte de Obispado sin volver à la Ciudad; pero desde Fuentevejuna se volviò por el mes de Noviembre, obligado de su accidente habitual: y asi en adelante hizo la Visita de todo el Obispado en tiempo de verano, en que gozaba de algun alivio para poder trabajar. En la correccion de excesos usaba de gran blandura conforme à su genio, y rara vez necesitò del rigor, asi en tiempo de Dean, como de Obispo; por cuya razon fuè siem-

pre muy venerado, y en todas las diferencias fuè el mediador para la paz. A cada uno trataba segun su inclinacion, y genio; con que les ganaba los afectos; y ultimamente los reducia à executar lo que intentaba, y asi en los treinta y siete años de Dean, como en los quatro de Obispo tubo al Cabildo à su devocion. Nunca resolviò punto, que antes no consultase, y tratase con personas de quien tenia confianza, y como su comprehension, y experiencia era grande apenas se ofrecia negocio, que no tuviese premeditado.

La causa de Canonizacion de S. Alvaro de Cordoba estaba detenida años havia, aunque el Obispo D. Fr. Alonso de Salizanes havia declarado el culto immemorial. El Eminentisimo Belluga promoviò de nuevo esta causa en Roma, y vino comision à nuestro Obispo para recibir nuevas pruebas, y se concluyò con tanta felicidad, que se aprobò la sentencia del Obispo, y la Sagrada Congregacion expidió la declaracion que empieza: *Ordinis predicat, &c.*

La conduccion de la agua de la Iglesia es una de las mayores obras de Cordoba: porque viene desde la Rizafa por una atageda, catorce varas profunda, y capaz de andar por ella un hombre. S. Fernando la dexò à la Iglesia del mismo modo, que en tiempo de Moros venia à la Mezquita, y para conservar obra tan util, y grande

de

de dispuso el Rey D. Alonso el Sabio, que el Obispo, Cabildo, y Ciudad contribuyesen à cien maravedis cada año, y que los Judios, y Moros pagasen à cinquenta maravedis: pues todos eran utilizados en tenerla. El Rey D. Fernando IV. confirmò lo mismo, y eximiò à la Catedral de contribuir à los reparos, por ser corta su renta para mantener su Fabrica, y cumplir otras obligaciones. Pero como el tiempo muda, y varìa todas las cosas se vieron obligados el Obispo D. Fr. Alonso de Burgos, y el Cabildo à hacer concordia en el año de mil quatrocientos setenta y nueve sobre el repartimiento de la agua, y de las expensas, que correspondian à cada interesado, para los reparos de la atageda.

39 En el año de mil setecientos treinta y nueve se conociò que necesitaba de muchos, y costosos reparos, y determinò nuestro Obispo que se hiciesen: discurriò que viniendo encañada la agua desde el Convento de la Victoria, hasta la Iglesia tendria altura vastante, y vendria mas recogida, y con abundancia; y asi lo comunicò al Cabildo à veinte y seis de Abril
40 de mil setecientos y quarenta, para que tratase si era conveniente esta obra. El Cabildo aprobò la idea del Obispo, y haviendose executado se otorgò nueva concordia entre Obispo, y Cabildo, para que en adelante huviese claridad

en la agua de la Iglesia, Palacio, y Cabildo, y en los gastos que se ofreciesen para los reparos. Fuè obra muy costosa; pero se consiguiò el fin de recoger las aguas, y darles altura, y mucha estimacion para poder beneficiarlas. Las fuentes de la Iglesia se aumentaron, y con la altura que se diò à la agua se hermoseò notablemente el Jardin del Patio de los Naranjos.

Nuestro Obispo saliò à la Visita de la Campiña à primeros de Junio de quarenta, y volviò à Cordoba à fin de Agosto. En este tiempo se intentò dar mayor capacidad al Colegio de S. Pelagio, para que fuese mas crecido el numero de Colegiales en beneficio del Obispado, y nuestro Obispo no solamente aprobò este intento, sino que ayudò con diez mil reales para la obra, y hizo Constituciones à quince de Octubre de dicho año, en que diò la norma que debian observar los Catedraticos, y Colegiales en los actos literarios para el comun aprovechamiento; por quanto la fundacion de las Catedras, que hizo su Tio el Cardenal Salazar, fuè despues de las construcciones antiguas. Gran mecenas huviera logrado este Colegio si Dios le huviera dado mas larga vida.

El deseo de acabar la Visita del Obispado le obligò à salir el dia veinte y nueve de Mayo de mil setecientos quarenta y uno, 1741 aunque padecia su fluxion muy

con-

continua. El dia de San Pedro tubo en Palma , y haviendo visitado los demàs Lugares del contorno se volviò à Cordoba por Agosto. Hasta este tiempo havia usado del exercicio corporal como medicina, aunque muchas veces con gran trabajo, y molestia; pero en adelante le cobrò tanto temor, que no saliò de su Palacio, diciendo: *que en él hacia vastante exercicio.* De este modo pasò el invierno, y à diez y siete de Febrero de mil setecientos quarenta y dos hizo las Ordenes con summo trabajo, porque en la noche antecedente le havia caido la fluxion à las manos, y no podia usar bien de èllas; pero la molestia , y perjuicio de los Ordenandos, que eran vastantes, le movieron à no desconsolarlos, y à poner en peligro su vida: pues la fluxion se retirò , y en el dia diez y nueve por la noche le acometiò con tanta fuerza al estomago , que le tubo postrado en cama con summos dolores el dia veinte. Por la mañana del dia veinte y uno estubo tan aliviado, que firmò algunos despachos , y dixo : que serian los ultimos que firmase; recibiò algunas personas, que fueron à verle, y à las once del dia sintiò , que se fatigaba la Cabeza, con que las despidiò; pero à las doce padeciò tan violento rapto , que quedò como un tronco , y no pudo recibir el Viatico que se le llevò : administrosele la Extrema-Uncion , y à las cinco de la tarde del dia veinte y uno de Febrero de mil setecientos quarenta y dos entregò su espiritu al Criador.

Siendo Dean hizo su testamento, en que instituia por su heredero al Hospital del Cardenal su Tio. Despues de Obispo obtubo facultad Pontificia para testar, y confirmò al mismo Hospital por heredero : mandando, que se impusiese todo su caudal, para que tuviese el Hospital mas congrua. A la Catedral donò una Imagen grande de plata de San Sebastian valuada en mas de ochocientos pesos : y al Palacio Episcopal hizo donacion intervivos, y vinculò todas las colgaduras , pinturas, mesas, sillas, escritorios , y adornos de los quartos , con su libreria, para que las gozasen sus subcesores, con la obligacion de conservarlas, ò dexar equivalentes: porque la experiencia le havia enseñado, que costaba mucho à un Obispo el adorno de su Casa , y con su muerte se desperdiciaba todo. Y por su muerte dotò tambien la Fabrica de su Capilla con un Lagar muy bueno en la Sierra, que yà le havia dado con esta idea el nombre de Lagar de San Pedro; dexando dispuesto, que de su renta se mantuviese el culto de su Capilla , y el sobrante annuo se aplicase al Hospital General fundacion de su Tio.

En su tiempo fuè la concesion del Papa Benedicto XIV. por

su

su Breve de diez y siete de Julio de mil setecientos quarenta y uno, para que el estado Eclesiastico Secular, y Regular de España contribuyese al Rey Felipe V. en los de quarenta y uno, y quarenta y dos con un ocho por ciento de sus rentas para sus graves urgencias. La comision vino al Nuncio, que lo era Monseñor Juan Baptista Barni, Arzobispo de Edèsa. Su entablamiento fuè muy ruydoso. El Cabildo de Toledo por sì, y à nombre de los demàs representò à su Magestad con alegaciones muy eficaces resistiendolo; pero teniendose en la Corte por demasiadamente fuertes, hizo que ocupasen las temporalidades al Dean, y à otros de los primeros de aquel Cabildo; con cuya providencia, y otras, despues de algun tiempo, vinieron à concordar cada Iglesia Catedral separadamente, y de las Comunidades Regulares, la que quiso recurrir à la Corte. Nuestro Cabildo por sì, y por todo el Clero de ambos estados del Obispado se concordò en ciento setenta y quatro mil reales vellòn por lo respectivo al año de quarenta y uno, y por la de el de quarenta y dos no se tocò por la Corte. Mandò nuestro Prelado enterrarse en su Capilla de San Pedro, que havia fundado en la Catedral, donde fuè sepultado el dia veinte y tres de dicho mes de Febrero, y tiene en una losa de jaspe negro el epìtafio siguiente:

Nono Kalendas Martij M.D.CC.X.LII.
P.   M.   S.

Advena, quisquis eris
Gradum sistito, paucaque verba legito
Tam parvus cinis.

Illmus. ac Rmus. D. D. Petrus Antonius à Salazar & Gongora.
Huc ille decrevit Gigas.
Qui postquam Calatravensis Eques, Cordubensis Ecclesiæ Canonicus,
Decanus, & tandem Antistes. Giennensibus infulis repudiatis, ubi-
que pius, in pauperes profusus. Ut numquam non illis proficeret
Eminentisimi Patrui sui Xenodochium instituit hæredem,
D. Petri Sacellum dicavit,

Choro adjecit Cantores.
Inopino fato correctus, hic jacet mortuus vita Dignisimus: nam
ut moriens viveret, vixit ut moriturus. Lacrimas funde,
adde preces, & doctus abi.

Hhhhh

DISERTACION

HISTORICA

EN QUE SE TRATA DE LA IMAGEN
Milagrosa de nuestra Señora de la

FUEN-SANTA,

Y RELIQUIAS DE LOS SANTOS MAR-
tyres, que estàn en la Iglesia Parroquial
de San Pedro.

NTRE los muchos Santuarios dedicados à MARIA Santisima, que ennoblecen nuestra España, debe computarse por uno de los mas celebres el que con titulo de *Fuen-Santa* ilustra esta nobilisima Ciudad de Cordoba; porque si atendemos à la Sagrada Imagen, que en èl se venera, es antiquisima del tiempo de los Godos. Si miramos su invencion, fue milagrosa: si registramos las maravillas, hasta hoy las experimentamos por tres siglos continuadas: y asi puede Cordoba gloriarse tan afortunada, como Constantinopla con el Templo: *Sanctæ Mariæ ad fontem aureum,* que à un estadio de la Ciudad

fabricò el Emperador Leon por el año de quatrocientos cinquenta. Socorriòle milagrosamente MARIA Santisima con el agua de una fuente, y erigiò agradecido el Santuario, que permanece hoy con gran veneracion de los Cristianos, y Turcos por las maravillas, que experimentan; escriben de ellas Lambecio tom. 8. biblioth. cæsar. Crusio lib. 7. Turco Greciæ, y Ducange lib. 4. Constantinop. Christ. cap. 14.

No menos es favorecida esta nobilisima Ciudad de Cordoba con su Santuario, y Fuente-Santa, distante de sus muros poco mas de un estadio; porque desde sus principios obrò MARIA Santisima en este Santuario, y con el agua

de

de su Fuente tantos prodigios, que por los años de mil quinientos y quince, poco mas, ò menos, representò el Cabildo Eclesiastico al Summo Pontifice, que desde su milagrosa aparicion, y fundacion de el Santuario havia obrado MARIA Santisima muchos milagros, y continuaba en favoreer à esta Ciudad con repetidas maravillas. Tratò de la milagrosa aparicion, è invencion de la Imagen Don Francisco Torreblanca Villalpando lib. 1. juris spirit. cáp. 1. El Doctor Don Enrique Vaca de Alfaro compendiò la historia, y milagros desde el principio hasta el año de mil seiscientos y setenta, y despues el Maestro Fray Juan de Rivas (todos naturales de esta Ciudad) en la vida de San Alvaro de Cordoba lib. 1. cap. 17. De los Estraños Fernando de Molina, Guillelmo Gumpemberg, y el Doctor Don Estevan Dolz à veinte y cinco de Abril de su año Virgineo, donde los cita, y sigue.

PARRAFO I.

NO consta del tiempo, en que se ocultò esta Sagrada Imagen; y asi comunmente se cree haver sido, quando entraron en España los Sarracenos: pues entonces se retiraron muchos Cristianos llevando consigo Imagenes devotas, cuerpos, y Reliquias de Santos, que salvaron en Asturias, y otras partes, ò dexaron ocultas para eximirlas de los ultrajes Mahometanos: pudo suceder asi. Pero tengo por mas verosimil, que nuestra Sagrada Imagen no se ocultò entonces; porque en Cordoba se conservò por muchos años el exercicio libre de la Religion Cristiana con Templos, y Monasterios dentro, y fuera de la Ciudad; y asi no huvo motivo para ocultarla en lugar tan immediato, de donde se huviera extrahido, y restituido à su Santuario pasada aquella primera tempestad Mahometana, en caso de haverla ocultado por entonces.

Mas fundada es la congetura de haverla ocultado al mismo tiempo, que enterraron las Reliquias de los Martyres, que se hallaron en la Iglesia Parroquial de San Pedro año de mil quinientos setenta y cinco; pues la misma razon persuade, que perseguidos los Cristianos Mozarabes, y temerosos, de que los Mahometanos profanasen, y destruyesen los Templos, que hasta entonces havian conservado à costa de muchas contribuciones, se vieron necesitados à ocultar las Imagenes, y Reliquias de Santos, que tenian,

nian , para que no viniesen à las sacrilegas manos de los Infieles. El tiempo , en que sucediò esta persecucion , estuviera decidido , si en el marmol del Sepulcro de las Santas Reliquias se expresara la era mil sesenta y nueve, ò setenta y nueve, que corresponde al año de Christo mil treinta y uno , ò quarenta y uno, como pareciò à los Insignes Cordobeses Ambrosio de Morales , Padre Martin de Roa, y Maestro Rivas.

Pero considerada con la mayor reflexion la inscripcion del marmol , y con especialidad las ultimas letras ::: ATS ::: N ::: de que infieren dicha era, no hallo mas , que el vivo deseo , que tuvieron de saber el año de la persecucion , en que las ocultaron , para dar luz à la historia : pues manifiestamente son letras de los nombres corroidos de los Martyres, de quienes ocultaron las Reliquias. Esto se comprueba; lo primero , porque en el año de mil y setenta, poco mas, ò menos sacò de Cordoba el Conde Don Fernan Gomez los Cuerpos de San Zoylo, y San Feliz de Cordoba (no el de Alcalà , como juzgò Morales; porque este Martyr fue quemado , como dice San Eulogio lib. 3. cap. 9.) colocòlos en la Iglesia de Carrion ; y

permanecen en el Insigne Monasterio de San Benito , de donde se trajo à Cordoba la deseada Reliquia de San Zoylo año de mil setecientos y catorce ; y asi en el año de mil quarenta y uno no podian haverse ocultado las Reliquias; pues entre ellas se halla la de San Zoylo , que seria la que conservaron los Cristianos,quando se llevò el Conde los Sagrados Cuerpos.

Lo segundo , porque la inscripcion del marmol no es de caractéres goticos, sino galicanos, que empezaron à usarse en España despues del Concilio de Leon año de mil noventa y uno , como lo aseguran el Arzobispo Don Rodrigo , y Don Lucas Obispo de Tuy seguidos de nuestros historiadores : *Statuerunt etiam, ut de cæterò omnes scriptores omissa littera toletana , quam Gulfilas Episcopus adinvenit , gallicis literis uterentur.* Dice el Arzobispo lib. 6. cap. 30. hist. con que yà se havia extendido , y usado de este decreto en Cordoba , quando se hizo la inscripcion del marmol , que estaba en el Sepulcro de las Reliquias. Lo tercero , porque no se ha descubierto vestigio de persecucion alguna , que obligase à ocultar las Reliquias en dichos años ; pues por muchos se mantuvieron despues en Cordoba , y Andalucia los Cristianos Mozarabes , aunque oprimidos con exacciones , y tributos.

Lo mas verosimil entre tantas tinieblas parece , que asi la Sagrada Imagen , como las Reliquias se ocultaron en la ultima persecucion arabiga, en que fueron expulsos de Cordoba los Cristianos Mozarabes , ò naturales , y cesò el exercicio publico de la Religion Cristiana , convirtiendo en sinagogas de Judios (que havia muchos aun quando conquistò San Fernando la Ciudad) ò en Mezquitas de los Sarracenos , los Templos , que no destruyeron. Esta grande persecucion sucediò en el año de mil ciento veinte y quatro, ò veinte y cinco. Esta noticia conservò Orderico Monge en la Normandia , que vivia en ese tiempo. Publicò su historia dividida en trece libros Andrès Duchesnio año de mil seiscientos diez y nueve ; y asi no la pudo ver Ambrosio de Morales , que muriò en Cordoba à veinte y uno de Septiembre año de mil quinientos noventa y uno ; ni el Padre Martin de Roa , que imprimiò el Flos Sanctorum de Cordoba año de mil seiscientos y quince.

Refiere Orderico en el lib. 13. la entrada , que hizo el Rey de Aragòn Don Alonso por los Reynos de Jaèn , y Granada hasta Cordoba : *Remotas regiones usque ad Cordubam peragravit* ; y dice , que fue tan grande el terror de los Mahometanos , que se encerraron en sus fortificaciones; desampararon sus haciendas , y ganados ; y dexaron libres à los Cristianos sus abundantes Campiñas : con esta libertad se juntaron casi 10y. Cristianos Mozarabes , y fueron à vèr al Rey Don Alonso : *Tunc Muceranij fere decem millia congregati sunt , ac Regem Ildephonsum humiliter adierunt.* Representaron al Rey el intolerable yugo , que padecian , y el summo peligro de perder la Religion Cristiana , en que se hallaban : y asi le pidieron humildemente , que se los llevase à su Reyno ; pues estaban resueltos à perder sus casas, bienes , y conveniencias antes, que dexar la fé de Jesu-Christo , que profesaban , y havian guardado sus Padres. El piadoso Rey los consolò , y llevò à todos con sus mugeres , è hijos à su Reyno , donde , como dice Garibay lib. 23. cap. 8. les diò grandes , y honorificos privilegios : *Magna igitur multitudo eorum definibus suis exivit , & pro sacræ legis amore ingenti penuria , & labore afflicta exulavit.*

Que-

Quedaron muy irritados con este suceso, y retiró de los Mozarabes los Mahometanos de Cordoba, y otros Pueblos, y de comun acuerdo determinaron perseguir, y perder à los que havian quedado con ellos. A todos quitaron las haciendas, azotaron, injuriaron de varios modos, y ultimamente los cargaron de prisiones en las carceles: à muchos quitaron la vida con atroces castigos, y horribles tormentos; y à los que quedaron vivos traspasaron al Africa: *Porro Cordubenses, alijque Sarracenorum populi valde irati sunt*, prosigue Orderico, *ut Muceranios cum familijs, & rebus suis discessisse viderunt. Qua propter communi decreto contra residuos insurrexerunt, rebus omnibus eos crudeliter expoliaverunt, verberibus, & vinculis, multisque injurijs crudeliter vexaverunt. Multos eorum horrendis suplicijs interemerunt, & omnes alios in Africam ultra fretum athlanticum relegaverunt, exilioque truci pro Christianorum odio, quibus magna pars eorum comitata fuerat, condemnaverunt.*

Esta lamentable, y cruelisima persecucion de los Cristianos de Cordoba sucedió en el año de mil ciento veinte y cinco, en que Orderico la escribe: en un diario muy antiguo, que cita el Obispo Sandovàl, se dice, que fuè en la era mil ciento sesenta y dos, ò año de mil ciento veinte y quatro, en que tomò à Medina-Cœli el Rey Don Alonso de Aragòn: *Æra 1162. mense Julio cepisse Medina-Cœli, & Mozarabas Marrochiam trajecisse.* Los Annales de Toledo convienen en lo mismo. A este año se inclina mas en su critica à Baronio el eruditisimo Antonio Pagi; pero uno, y otro puede ser cierto: porque la persecucion, que empezò el año de mil ciento veinte y quatro, tendria su fin en el de veinte y cinco, en que acabò con los Cristianos de Cordoba pasando los desterrados à Marruecos. En estos años tuvieron fin los Christianos, y Fè Catolica en Cordoba, haviendo durado mas de quatrocientos años entre los Arabes, y permanecido constantes entre muchas, y varias persecuciones; en este tiempo ocultarian los Cristianos lo mas precioso, que tenian; y asi me persuado, que procurarian poner en salvo las Imagenes, y Reliquias sagradas, que tan religiosamente havian estimado, y conservado en sus Iglesias, y Monasterios; y en este tiempo los Mahometanos destruirìan, y profanarìan los Templos, y Lugares Sagrados, desiertos yà con el destierro

tierro de los Cristianos Mozarabes.

Hasta aora todos estaban persuadidos, que se havian conservado los Cristianos, y algunos Templos, hasta que conquistò San Fernando esta Ciudad año de mil docientos treinta y seis. Pero un Autòr tan calificado, y de aquel mismo tiempo, como Orderico nos dexa este punto sin duda. Tampoco la hay, en que luego, que entraron en España los Almohades, y dominaron la Andalucìa por el año de mil ciento y cinquenta, por especial punto de su secta persiguieron los Cristianos, que havian quedado, de tal forma, que raro, ò ninguno permaneciò entre ellos : *Prorsus ut ab hoc tempore*, dice el Padre Mariana lib. 11. cap. 1. *Pauci inter Mauros essent nomine, & professione Christiani.* Entonces se retiraron muchos del Reyno de Sevilla (donde no havian padecido la furiosa persecucion de Cordoba) con Clemente su ultimo Metropolitano Mozarabe à Talavera ; y otros muchos à Toledo con los Obispos de Medina-Sidonia, Peñaflor, ò Niebla, y Marchena, y un santo Arcediano llamado en arabigo *Archiquez*, por cuyo merito obrò Dios algunas maravillas, como afirma el Arzobispo Don Rodri-

go lib. 4. hist. cap. 3. Y asi quando conquistò San Fernando à Cordoba, Jaèn, y Sevilla, no se escribe, que en estas Ciudades huviese Cristianos Mozarabes, sino Cautivos.

Contra esto puede hacer la lapida, que estaba en la Iglesia de San Andrès, copiada por Ambrosio de Morales al fin de San Eulogio, y despues por el Cardenal Aguirre tom. 3. Concil. pag. 148. *Finò Don Pero Perez de Villammar Alcalde del Rey en Cordoba en 17. dias de Febrero. Era M. CC. dois. Feria sesta. Maestre Daniel me fecit. Deus lo bendiga. Amen.* De que se colige, que en el año de mil ciento sesenta y quatro havia Cristianos en Cordoba, è Iglesias publicas, donde se celebraban los Oficios Divinos, y se enterraban los Cristianos. Sobre este Alcalde, discurre Morales, que serìa puesto por el Emperador Don Alonso, quando en el año de mil ciento quarenta y seis le entregò à Cordoba el Rey Moro Abengamìa.

Esta inscripcion asi copiada padece insuperables dificultades. La primera es, que en el año de mil ciento sesenta y quatro correspondiente à la era mil docientos y dos, no fue Viernes el dia diez y siete de

Fe-

Febrero, sino Lunes.; pues corria la primera letra dominical E de aquel año bisesto. Segunda, que Abengamia se rebelò à poco tiempo de haverse retirado de Cordoba el Emperador ; y asi no havia de consentir, que se mantuviese el Alcalde, que el Emperador havia puesto. Tercera, que yà en el año de mil ciento sesenta y quatro dominaba en Cordoba Juceph Emperador de los Almohades, que no reconocia vasallage al Rey Don Alonso VIII. que reynaba en Castilla, ni permitia en sus dominios à los Cristianos.

Estos reparos han obligado à registrar con gran cuidado la lapida. Hoy està en casa de Don Pedro Villa-Zevallos, Cavallero summamente estudioso de antiguedades ; pues con la ocasion de fabricarse de nuevo la Iglesia de San Andrès, donde estaba, la recogiò, y se ha podido limpiar, y leer de espacio. En ella està todo, menos la era, que dice: *E. M. CC. nova epta sesta.* Que es año de mil docientos cinquenta y ocho, en que reynaba Don Alonso X. llamado el sabio. Y esto se comprueba tambien ; pues hasta el tiempo de este Rey las lapidas sepulcrales, y privilegios rodados se escribian en lengua latina, y no en la vulgar de Castilla;

lo que se observaria mas exactamente en Cordoba dominada de los Mahometanos. Y asi no obsta la inscripcion de esta lapida, y cesan todas las dificultades.

PARRAFO II.

DE lo antecedente se conoce la gran veneracion, y devocion, que tuvieron los Cristianos de Cordoba à MARIA Santisima por medio de esta Sagrada Imagen de la Fuen-Santa : pues con tanto cuidado procuraron ocultarla, y librarla de las injurias sacrilegas de los Infieles, como lo hicieron con las Reliquias de los Martyres. Tambien se colige la innumerable multitud de Martyres, que han ilustrado esta Ciudad con su sangre, asi en tiempo de los Emperadores Gentiles, como en el de los Arabes ; y asi podemos decir de Cordoba con toda verdad aquella gravisima sentencia de San Ambrosio : *Exultant felices singularium urbium populi, si unius saltem Martyris reliquijs muniantur : ecce nos populos Martyrum possidemus. Gaudeat terra nostra nutrix cælestium militum, & tantarum parens fæcunda virtutum.* Serm. de Ss. Nazario, & Celso. Qualquiera Ciudad se tiene por muy feliz

con

con tener un Martyr, ò gozar de sus Reliquias: Cordoba goza de innumerables Martyres, y Reliquias: y asi gloriese felicisima Madre de tan inclytos heroes, que han dado innumerables triunfos al Cielo, y han hecho felices con sus Reliquias à muchos Pueblos, y Ciudades.

Los Martyres solos de la ultima persecucion arabiga, que no sabiamos por nuestras historias, bastan para competir, ò exceder à Milàn, de quien habla San Ambrosio: y si juntamos los que padecieron en las primeras persecuciones de la Iglesia, y en la Arabiga casi continuada por mas de quatrocientos años serà muy rara, ò ninguna la Ciudad, que en Martyres pueda igualar à Cordoba. Para expresar vivamente esta verdad, se dice comunmente, que pidiendo un hijo de esta Ciudad Reliquias à un Pontifice, le respondiò: *En vuestra tierra las teneis; pues estilarà sangre de Martyres, si llegàra à exprimirse.* Y asi dignamente se puede gloriar nuestra tierra por ser Madre de tantos, y tan inclitos Soldados, que hasta derramar su preciosa sangre, y dar su vida innocentisima militaron por la Fè de Jesu-Christo: *Gaudeat terra nostra nutrix cælestium militum, & tantarum*

parens fœcunda virtutum.

Lo sensible en este punto es el poco cuidado de conservar individualmente, como encargaba San Cypriano lib. 3. Epist. 6. los nombres de los Martyres, años, y dias de sus martyrios. Debiò de nacer, ò de su gran multitud, ò de la summa angustia, que padecian los Cristianos en tiempos tan turbados, y peligrosos à los que los tenian por verdaderos Martyres, y les daban decente sepultura, como del Conde Servando se lamenta el Abad Sansòn en su apologetico: *Corpora, ut fuerant sub aris Deà posita, è suis loculis insignis Vespilo traxit, & fidelibus regis, ut fuerant ancipite ense truncata, monstravit; ut hoc facto animos regios in nostrorum perniciem excitaret: quatenus probarentur apud eum debito mortis obnoxij, qui ausi essent humare illius prostratos pugione.*

No obstante este summo peligro, en que estaban los defensores de los Martyres, y de su verdadero martyrio, no faltò en todo el cuidado à aquellos afligidos Cristianos: pues cada dia se vàn descubriendo las memorias, y actas de muchos, que ignoraron nuestros antecesores. El glorioso Doctor, y Martyr San Eulogio escribiò el martyrio

de

de los principales, que padecieron en su tiempo, alentò à muchos, y defendiò à todos por verdaderos Martyres de Christo con tanta solidèz, y espiritu, que obligò al Cardenal Baronio à pronunciar el elogio de haver mojado su pluma San Eulogio en el tintero del Espiritu-Santo: *Ut in pixide Spiritus Sancti calamum intixisse S. Eulogius videatur.* In Mart. die 24. Novemb. Este tesoro oculto por muchos años nos manifestò el piadoso estudio de Ambrosio de Morales con las actas del martyrio del mismo San Eulogio, y Santa Leocricia, y translacion de sus Sagrados Cuerpos à Oviedo, y las de San Pelagio. Tambien descubriò su infatigable piedad, y diligencia el martyrio de Santa Eugenia, y Santo Domingo Sarracino con sus compañeros ilustrando toda esta obra con admirables notas historiales.

Despues con igual piedad, y erudicion el Padre Martin de Roa dispuso, y formò un Flos Sanctorum de Cordoba, en que juntò todos los Martyres, que padecieron en los primeros siglos, con los que dieron noticia San Eulogio, y Morales del tiempo de los Mahometanos; y añadiò al fin de la vida de San Sandalio à San Feliciano, San Lope, Santa Aurelia, San Narciso, San Habundo, y San Marcos con sus compañeros, que por Santos de Cordoba han hecho memoria Autores calificados. No hay duda, que haviendo sido innumerables, cada dia se descubriràn muchos, que se ignoran; y asi en beneficio de nuestra Ciudad, apuntarè los que de nuevo he observado.

Turbados los Cristianos de Cordoba con la persecucion de Mahomad, y con los errores, que patrocinaban Hostigesio Obispo de Malaga, y el Conde Don Servando, un valeroso Cristiano, que no nombra el Abad Sansòn en su apologetico, confesò publicamente la Fè de Jesu-Christo, y detestò los errores, y engaños del falso Profeta Mahoma; por cuya razon fue preso, y despues muerto, conque logrò la corona del martyrio año de ochocientos sesenta y tres. En el siguiente año dos tiernas doncellas, y hermanas, que sin nombrarlas refiere Aymonio, fueron presas, y condenadas por la misma confesion de la fé: y temiendo la mayor, que flaquease la menor con la vista de su muerte, y martyrio, le dixo, que fuese la primera en padecer la muerte por Christo: à que respondiò la menor, que no tenia,

** por-

porque temer ; pues haviendo sido su Maestra en la vida Cristiana, era razon, que tambien lo fuese en la muerte por Christo : y asi ambas fueron degolladas , y lograron la celestial corona. Aymonio lib. 3. de la translacion de San Jorge, y Aurelio.

San Vulfura nació en la Francia, y vino à Cordoba por revelacion divina ; donde fue preso por confesar la fè, y detestar à Mahoma : visitòle en la carcel repetidas veces una Virgen nobilisima llamada Argentèa , que muertos sus Padres Samuèl , y Colamba vino à Cordoba en el año de novecientos veinte y ocho à vivir con las Virgenes Religiosas. Ambos havian tenido revelacion de ser compañeros en el martyrio : y asi la Santa frequentaba las visitas para lograr la ocasion de confesar à Christo. Estrañaron los Infieles esta demostracion de una Virgen tan noble , y le afearon, que viniese à aquel lugar à visitar à uno, que por malo, y detestable estaba preso. Confesò constante su Cristiana Fè , y fue puesta en la carcel, y condenada à morir con San Vulfura. Fuè el martyrio à trece de Mayo año de novecientos treinta y uno. Enterraron el cuerpo de Santa Argentèa el Obispo, y Clero en la Basilica de

los tres Santos (que hoy es la Iglesia de San Pedro) y con igual solemnidad al de San Vulfura en otro Cemeterio: *Argenteam cœnobio Basilicæ S. Trium presente Episcopo cum omni Clero solemniter recondentes : Vulfuram autem non impari modo in alio Cimiterio honorifice humantes.* Obrò Dios por la intercesion de sus Martyres muchos milagros , y sanò à muchos de diversas enfermedades hasta su tiempo , dice el Escritòr de sus actas, que publicò el Maestro Berganza en el lib. 3. cap. 7. de la historia de su Monasterio de Cardeña. Sospecho, que donde dice , que Santa Argentea fue enterrada : *Cœnobio Basilicæ S. Trium* , ha de decir *Cimeterio Basilicæ S. Trium.* Porque la Iglesia , ò Basilica de San Fausto , Januario , y Marcial no fue de Monasterio alguno, en que huviese Monges, como juzgò el Maestro Berganza, sino del Clero Secular con su Obispo : y de este modo corresponde à lo que despues dice de San Vulfura: *In alio Cimeterio honorifice humantes* , que fue enterrado en otro Cemeterio. De que se infiere no atreverse los Cristianos de aquel tiempo à enterrar los Martyres dentro de las Basilicas , como lo executaron desde el principio , y lo hicieron

con

con los de Cordoba, San Perfecto, San Pablo, Sisenando, y otros, segun escribe San Eulogio: porque desde la persecucion del Conde Don Servando, de que yà hicimos memoria, era delito enterrar à los que padecian; y asi no los enterraban en las Iglesias, como à los Martyres, sino en los Cemeterios comunes, como se dice de San Vulfura, y de San Pelagio.

San Martin de Soure natural del Reyno de Portugal fue hecho cautivo, y traido à Cordoba, donde muriò en la carcel à treinta y uno de Enero año de mil ciento quarenta y siete; imprimiò sus actas el Insigne Padre Bollando; y esperamos, que sus continuadores de la obra maxima *Acta Sanctorum* nos dèn à luz otras de Santos, y Martyres de Cordoba. El Maestro Bivar en las adiciones à Marco Maximo pag. 42. refiere de Luidprando el Martyrio de Santa Laura Viuda à diez y nueve de Octubre del año de ochocientos sesenta y quatro; dice, que fue de lo mas noble de los Cristianos Mazarabes de Cordoba, que tuvo dos hijas, y un hijo de su Matrimonio; y que despues de la muerte de su marido se retirò con sus hijas al Monasterio de Cuteclara, que gobernaba Santa Aurea; y despues del Martyrio de esta Santa gobernò el Monasterio nueve años, y acusada ante el Juez fue puesta en un baño de pez hirviendo, donde por tres horas estuvo constante alabando à Dios, y le entregò su espiritu. Toda esta narracion es muy sospechosa por la nota, que padece el Autor, por el baño de pez no usado por los Arabes, y por la clausula afectada, que concluye: *Cujus quidem S. Eulogius non meminit, quia ipse ante annos quinque martyrio coronatus erat.* Y asi suspendemos el juicio sobre esta Martyr hasta hallarse documento mas seguro. El mismo juicio debemos hacer sobre San Rutilio, San Ginès, y San Lorenzo Novariense Martyres, que introdujo Tamayo en su Martyrologio Hispano por de Cordoba con la autoridad sola de Luitprando, y semejantes Cronicones sospechosos. De otros Santos Martyres naturales de Cordoba se rezaba antiguamente en este Obispado: pero el Cardenal Baronio en la correccion de el Martyrologio Romano convenciò, que eran de Cordoba, ò Corduena en Persia, donde padecieron en la persecucion de Decio, como consta de las Actas de San Lorenzo apud Surium die 10. Augusti.

No debo omitir, que el

Padre Martin de Roa en su Principado de Cordoba cap. 8. y Don Francisco Carrillo de Cordoba en su certamen historico procuraron esforzar la opinion de haver sido natural de Cordoba el Invicto Martyr San Lorenzo. Ambos alegan la autoridad de un Flos Sanctorum antiguo, que està en el Archivo de nuestra Santa Iglesia, en que à diez de Agosto pone la vida, y martyrio, y dice expresamente: *Natus Cordubæ.* Este Flos Sanctorum fuè legado por Don Pedro Ayllòn, Dean, y Canonigo en su testamento, que otorgò à veinte y seis de Junio del año de mil trecientos y dos. Escribiòse entre los años de mil docientos y sesenta à setenta: porque en la vida de San Pedro Martyr de Veròna, que es el Santo mas moderno de los que escribe, refiere un milagro en el año de mil docientos cinquenta y nueve: y haciendo mencion de la deposicion del Emperador Federico dice: *Et sedes imperij usque hodie vacat.* No se ha podido leer el Autor; pero parece, que es Francès, y no Español; pues trata de muchos Santos de Francia, y usa siempre de los años de la Encarnacion de Christo, y nunca de la era de España. Con esto constarà la antiguedad, y autoridad de este gra-

ve monumento; pues cerca de quinientos años ha, que sin sospecha en contrario se tenia à San Lorenzo por natural de Cordoba.

PARRAFO III.

PAsemos yà à considerar, como ha hecho Cordoba felices à otros muchos Pueblos, y Ciudades con las Reliquias de sus Martyres. Yà vimos de San Ambrosio, que se tenian por felices las Ciudades, que gozaban de un Martyr, ò por lo menos de las Reliquias: *Exultant felices singularium urbium populi, si unius saltem Martyris reliquijs muniantur.* Tanto creciò el fervor de adquirirlas en el siglo quinto, y siguientes, que se tenia por religioso el hurto de prendas tan preciosas. De nuestra España se llevaron muchas à Francia, y otros Reynos exemptos de la esclavitud Mahometana: pero de Cordoba fueron infinitas, las que se llevaron, ò Monges Estrangeros, que venian buscando estos inextimables tesoros, ò los muchos Monges, y Cristianos, que se retiraban. De muchos consta por las historias, y observò en sus vidas el Padre Martin de Roa: en su tiempo no se havian descubierto las actas de la traslacion

de

de los Cuerpos de San Jorge Monge, San Aurelio, y Santa Sabigoto (aunque se sabìa, que estaban en Parìs) que escribiò Aymonio, y publicò el eruditisimo Mavillòn en el siglo 4. benedictino.

De ellas consta, que al principio del año ochocientos cinquenta y ocho vinieron del Monasterio de San Germàn de Parìs dos Monges llamados Usuardo (que escribiò despues el Martyrologio, y dedicò à Carlos Calvo, à quien llama *Magno*) y Olivardo, con el intento de llevarse los Cuerpos de San Jorge, y San Aurelio: para lograrlo trageron cartas del Obispo Athaulfo de Barcelona, y Conde Sunefrido para Leovigildo *Abad Salomès*, que era amigo de ellos. Este lo comunicò con el Abad Sansòn, y ambos facilitaron la entrega de los Santos Cuerpos, y no hallandose la cabeza de San Aurelio llevaron la de su muger Santa Sabigota. Los Monges del Monasterio de la Peñamelaria, donde estaban sepultados, resistieron mucho el despojo de tales Reliquias: pero valiendose de la autoridad del Obispo Saulo consiguieron, que los Monges se los entregasen, y ellos gustosos se los llevaron à Parìs.

De estas Actas consta, que era Saulo Obispo de Cordoba en aquel tiempo: de algunas cartas del Cavallero Alvaro, que con sus obras se hallan en letra gotica en el Archivo de nuestra Santa Iglesia, se conoce, que lo era algunos años antes, y que fue el Obispo, que mandò à San Eulogio, que celebrase. *Et Eulogio*, dice en la ultima: *In primo persecutionis impetu sacrificare jusistis.* Despues le dice, que huyò, y se ocultò; porque no le prendieran: lo que sin nombrarle refiere San Eulogio lib. 3. cap. 7. y asi se engañò Ferreras juzgando, que era Urbano el Obispo. Dos veces estuvo preso este Obispo Saulo, segun escribe San Eulogio; y huviera sido martyrizado, sino se huviera ocultado con tiempo. En la misma Epistola le dice Alvaro, que se obligò à pagar quatrocientos sueldos à los Eunuchos por la facultad de ser consagrado: por lo que se conoce el pesado yugo, que padecia la Iglesia por los Mahometanos.

Dulcidio Presbytero de Toledo vino à Cordoba por orden del Rey Don Alonso tercero llamado el Magno por el mes de Septiembre del año de ochocientos ochenta y tres, para ajustar la paz con Mahomad Rey de Cordoba; y haviendola ajustado saliò en el mes de Diciembre llevando los

Sa-

Sagrados Cuerpos de San Eulogio, y Santa Leocricia à Oviedo, en cuya Catedral se veneran: y de donde se trajeron Reliquias de ambos Martyres à esta Ciudad en el año pasado de mil setecientos treinta y seis, y se colocaron en la Hermita del Arcangel San Rafaèl. En el mismo año de ochocientos ochenta y tres, por la Primavera havia entrado en el Reyno de Leon el Exercito de Mahomad, y destruido el Monasterio de Saagun, donde martyrizaron à los Monges, que años antes se havian retirado de Cordoba con su Abad Alonso por la persecucion de los Mahometanos, y habitaban aquel Monasterio: el Abad Alonso estaba ausente, y dexò escrita esta memoria segun lo escribe el Maestro Berganza lib. 2. cap. 6. n. 64.

Domum Ss. Facundi, & Primitivi, quam Christianissimus Rex perfecerat, & in qua me indignum Abbàtem suffecerat, usque ad fundamenta diruerunt. Nec sanguinem pro Deo dare ibi merui cum ceteris Sanctis Monachis meis, qui ibi subierunt Martyrium; educatione, & litteris Garseani futuri regis intentus, & à domo alienus, uti pridem in Corduba peccatori, & indigno iterum accidit. De estas palabras se colige, que demàs del martyrio de los

Monges de Sahagun, (que por el año de ochocientos y setenta se retiraron de Cordoba à los dominios del Rey Don Alonso, y les aplicò el Monasterio de Sahagun, como consta del privilegio del año de ochocientos setenta y quatro, que cita Morales) padecieron tambien en Cordoba algunos Monges del Monasterio, en que era Abad el mismo Alonso, que no padeciò por ausente, ù otra causa, con los Monges, que despues fueron Martyrizados en Sahagun; y asi todos se deben computar entre los Martyres de Cordoba.

Don Velasco Obispo de Leon vino à Cordoba, y de vuelta llevò el Cuerpo de San Pelagio en el año de novecientos sesenta y nueve. Permaneciò en Leon hasta el año de novecientos noventa y cinco, en que fue Trasladado à Oviedo por los temores de Mahomad Almanzòr, que havia amenazado venir contra Leon, y destruirla, como lo executò. Despues los Reyes Don Fernando, y Doña Sancha con sus hijos, y Obispos del Reyno, le colocaron en lugar mas eminente, como consta de el privilegio, y donacion de dichos Reyes, que copiaron el Padre Roa, y Morales. La data es à ocho de Noviembre

era

era mil sesenta y uno, ò año de mil veinte y tres; pero en ese año, ni eran Reyes, ni tenian hijos, ni se havian casado Don Fernando, y Doña Sancha: y asi, ò la era mil sesenta y uno se ha de entender por año de Christo, ò por la era mil noventa y uno, que corresponde al año de mil cinquenta y tres; porque el numero X debe valer no diez, sino quarenta, como de diferentes instrumentos lo notò el mismo Morales en los escolios à San Eulogio fol. 60. pag. 2. y admira, que en este no lo observase. Yà dejamos advertida la traslacion de los Cuerpos de San Zoylo, y San Feliz al Monasterio de Carrion, que fundaron el Abad Teodemiro, y sus Monges, que se retiraron de Cordoba segun consta de las memorias de dicho Monasterio; y asi es verosimil, que lo huviesen sido en el Monasterio de San Zoylo, que estaba cerca de esta Ciudad, y que à instancia de los Monges de dicho Monasterio llevase el Conde el Cuerpo de este sagrado Martyr.

De San Acisclo consta, que huvo, y hay Reliquias en muchos lugares. San Eulogio remitiò una Insigne con otra de San Zoylo à Uvilesindo Obispo de Pamplona. De Santa Victoria su hermana, se ignoraba, que huviese salido Reliquia alguna, hasta que la Iglesia Colegial de San Saturnino de la Ciudad de Tolosa lo expresò en el indice de las Reliquias, que goza. *Corpora, & Capita SS. Martirum Aciscli, & Victoriæ 17. Novemb.* Concuerda el Maestro Fray Jayme Bleda en su Cronica lib. 2. cap. 17. *De Cordoba, dice, se llevò à Francia el Cuerpo de San Acisclo Patron de aquella Ciudad, que aora està en San Saturnino de Tolosa. Lo mismo se bizo del Cuerpo de Santa Victoria su hermana, que està en la misma Iglesia de San Saturnino, que es Colegial.*

Por otra parte el Maestro Fray Juan de Rivas lib. 2. cap. 15. de la vida de San Alvaro prueba la tradicion constante desde que se ganò Cordoba, de estar los Cuerpos de ambos Martyres, y Patronos en la Iglesia, y especial Capilla del Convento de dichos Martyres, y de haver obrado Dios muchas maravillas alli por su intercesion, y con el polvo de su sepulcro. Dificil es concordar estas opiniones, si ambas intentan poseer el todo principal de los sagrados Cuerpos; por esta razon dixo el Padre Mariana lib. 4. cap. 14. hist. *Fortassis in plures partes sacris Exuviis distractis variæ opiniones natæ, penes quos pars tan-*

tàntùm esset totam habere putantibus. Y así es preciso decir, que en Tolosa solamente hay parte de los Cuerpos de San Acisclo, y Santa Victoria. Escribe Andrès Sausay en su Martyrologio Galicano die 17. Novemb. que à solicitud de Carlo Magno se llevaron à Francia los Cuerpos de nuestros Martyres, y que en el año de mil noventa y seis los colocò Urbano II. en la Iglesia de San Saturnino Obispo de Tolosa al tiempo de Consagrarla : esto mismo aseguró con varios instrumentos Guillermo Catellio en la hist. de los Condes de Tolosa cap. 3. à quien siguiò Sausay con otros Autores de Francia.

Nuestro Doctor, y Martyr San Eulogio escribiò quarenta años despues de la muerte de Carlo Magno, y en varias partes afirma, que el Cuerpo de San Acisclo permanecìa en su Basilica, y Tumulo. Lib. 2. cap. 1. hablando de San Perfecto Martyr dice : *Corpus autem S. Martyris piis religiosorum officiis, dignoque Praesulis, & Sacerdotum obsequio in Basilica B. Acisсli in eo titulo, quo felicia ejus membra quiescunt, humatur.* En el cap. 8. tratando de Santa Flora, y Maria dice : *Capita vero Illarum in Basilica S. Aciscli Martyris reconduntur, quò praesen-*

tiali corporis sui favore populos Christianos tuetur. En el cap. 16. dice de San Argimiro, que fue enterrado en dicha Basilica de San Acisclo *Prope Tumulum praedicti Martyris, & S. Perfecti.* Conque se evidencia, que en Tolosa solo hay Reliquias de San Acisclo, y Santa Victoria, y puede ser, que llevasen las Cabezas; pero quedaron en Cordoba los Cuerpos de los Santos Martyres, y del de San Acisclo imbiò San Eulogio una Reliquia al Obispo de Pamplona. El mismo juicio hace Tamayo en el Martyrologio Hispanico die 17. Novem. de haver solo Reliquia, y no el Cuerpo de San Acisclo en el Monasterio de San Salvador de Breda en Cataluña, aunque Domenec afirmò, que estaba el Cuerpo.

De Santa Columba huvo Reliquia en la Iglesia de Santa Marta de Martos, como lo asegura Don Martin de Ximena en los Annales de Jaén año de ochocientos cinquenta y tres con la tradicion, y lapida gotica, que se conserva. Ambrosio de Morales, Roa, y Marieta congeturaron prudentemente, que era de nuestra Martyr la Cabeza, y Cuerpo de Santa Columba, que se veneran en los Monasterios de Santa Maria de Nàxera, y Santa Colomа. Tamayo fiado en **sola**

sola la autoridad de Luitprando introdujo otra Santa Columba Virgen, y Martyr natural de Tricio, ò Naxera hija de Mahomad Zaqueto Regulo, ò Gobernador de aquella Ciudad, que en el año de novecientos quarenta y nueve la martyrizò por haver abrazado, y estar constante en la Religion Cristiana, y que de esta son el Cuerpo, y Cabeza, que se veneran en dichos Monasterios.

De esta Santa Columba no havia noticia alguna, hasta que se publicò el Cronicòn de Luitprando, ò supuesto, ò tan viciado, que no solo à pervertido, y confundido la historia Eclesiastica de España, sino multiplicado Santos; confundido otros, que no lo son, con Santos del mismo nombre; y transformado unas Ciudades en otras quitando à unas, y dando à otras Santos, y Martyres à su arbitrio: y asi de este Cronicòn, y otros semejantes, que siguiò ciegamente Tamayo, dixo justamente el Cardenal de Aguirre tom. 1. concil. pag. 322. *Qua fictione quænam alia in rebus adeo sacris perniciosior esse possit, ego non video.* Que no haya havido tal Martyr Columba natural de Naxera hija de Zaqueto Mahometano martyrizada por su Padre en el año de novecientos

quarenta y nueve es evidente por nuestras historias, que aseguran estar Naxera, y todo el contorno hasta Tudela en poder de los Cristianos desde el año de novecientos veinte y tres, en que la conquistò el Rey Don Ordoño segundo, y restaurò el Monasterio de Santa Coloma, como consta del privilegio dado à veinte y uno de Octubre de novecientos veinte y tres, y en el año nono de su reynado; con que veinte y seis años antes del martyrio supuesto tenemos à Naxera Cristiana; y fundado, ò reparado el Monasterio de Santa Columba, que no podia ser la Columba, que aun no havia nacido, ò no era Cristiana.

Demàs de esto es totalmente increible, que no quedase memoria del martyrio de persona tan señalada, como hija de un Regulo, y que degollada trajo su cabeza hasta el lugar de Santa Coloma, como se dice: *Quod cum illa manibus sustulisset, ad oppidum usque S. Colomæ deduxit, ubi mira pietate circumvicinorum oppidorum coli cæpit.* Y asi quedese en su vigor la prudente congetura de Ambrosio de Morales, hasta que con alguna mayor luz se asegure del todo, ò se desvanezca: porque segun los enxambres de Monges,

*** ges,

ges, que se retiraban de Cordoba en aquellos tiempos, y poblaban Monasterios destruidos, es muy verosimil, que llevasen muchas Reliquias, y Cuerpos de Martyres, y entre ellos el de Santa Columba; y que de estos Monges poblase el Monasterio de Santa Coloma el Rey Don Ordoño, como lo havia hecho su Padre Don Alonso en otros Monasterios.

Lo cierto es, que haviendo sido innumerables los Martyres de Cordoba, son muy pocas las Reliquias, que se ocultaron en San Pedro; pues solamente pueden componer diez y ocho, ò veinte cuerpos enteros; indicio manifiesto de haverse llevado muchas de esta Ciudad à otras sin haver quedado memoria de como, ò quando se trasladaron, y de que Martyres fueron. Gocenlos en hora buena; porque si otras Ciudades, y Monasterios estàn favorecidos con los Cuerpos, ò Reliquias de los Martyres de Cordoba, èsta quedò protegida de sus gloriosos espiritus, como de San Hilariòn decian los de Chipre à los de Palestina, que se llevaron el cuerpo: *Cernas usque hodie miram inter Palæstinos, & Cyprios contentionem, bis corpus Hilarionis, illis spiritum se habere certantibus. Et tamen in*

utrisque locis magna quotidie signa fiunt, sed magis in hortulo Cypri, forsitam quia plus illum locum dilexerit. Dixo San Geronimo.

PARRAFO IV.

SOLO resta examinar el tiempo de la invencion de las Sagradas Reliquias, y de la milagrosa Imagen de nuestra Señora. La de las Reliquias fue à veinte y uno de Noviembre de mil quinientos setenta y cinco. Ambrosio de Morales l. 17. de la Cronica desde el cap. 4. y Padre Martin de Roa à veinte y uno de Noviembre trataron difusamente de la ocasion de esta invencion, de las diligencias, examenes, y pruebas, que se hicieron para calificarlas, y exponerlas al culto pùblico, donde podràn verse. Solamente puede haver el reparo de haverse probado la tradicion constante, desde, que se ganò Cordoba, de estar ocultas en la Iglesia de San Pedro (antes llamada de los tres Martyres) muchas Reliquias; y en virtud de esta tradicion haverlas buscado, antes, que se descubriesen, Don Pedro Fernandez de Cordoba, primer Marquès de Priego, Don Alonso Manrique, y Don Fray Juan

Juan de Toledo Obispo de Cordoba.

Esto parece , que se opone à lo que se ha dicho de no haver quedado Cristianos en Cordoba ciento y doce años antes de su conquista por San Fernando : porque esta constante , y cierta tradicion no podia venir por los Mahometanos , ni por los Judios , que en gran numero havitaban esta Ciudad; sino de los Cristianos, que sabian el secreto , y comunicaban sucesivamente de Padres à hijos. A este reparo se puede satisfacer de dos modos; el primero es , que aunque no quedaron Cristianos Mozarabes en Cordoba , siempre huvo muchos Cautivos Cristianos , que pudieron conservar esta memoria , como lo dice el Padre Martin de Roa: *Recivieronla los Ganadores de la Ciudad de los Cristianos Cautivos , que hallaron en ella ; y referian ellos , que asi lo havian oido de muy antiguo tiempo à sus antepasados.* El segundo modo de satisfacer es , que en la ultima persecucion , que huvo muchos Cristianos se retiraron à Castilla , y al Reyno de Sevilla , donde vivieron libremente hasta que se retiraron con los Obispos en la expulsion de los Almohades : y no puede dudarse , que estos Cristianos fugitivos dexarian muchas memorias de las cosas mas notables dignas de conservarse , como lo era esta.

En el año de la aparicion de nuestra Señora , y de la invencion de su Sagrada Imagen de la Fuen-Santa puede haver dificultad respecto de lo que hasta aqui han escrito todos los que han tratado este punto. Convienen , en que se apareciò MARIA Santisima acompañada de los dos Santos hermanos Patronos San Acisclo , y Santa Victoria Sabado ocho de Septiembre del año de mil quatrocientos y veinte, siendo Obispo de Cordoba Don Sancho de Roxas , y que despues de esta aparicion se hallò la Sagrada Imagen , y se erigiò el Santuario. El fundamento es una inscripcion , que permanece , y se renovò de otra antigua en el año de mil quinientos noventa y seis por orden del Prebendado Diputado de dicho Santuario. Pero sin duda huvo equivocacion de el año en la copia de la inscripcion antigua , ò por estar yà muy gastada , y no poderse leer bien , ò por no entenderse los numeros : porque en el año de mil quatrocientos y veinte no fue Sabado , sino Domingo el dia ocho de Septiembre, pues corrìa desde Marzo la letra Dominical F. y principalmente , porque en dicho año

*** 2   de

de mil quatrocientos y veinte no era Obispo de Cordoba, ni lo fue hasta veinte años despues Don Sancho de Roxas, sino Don Fernando Gonzalez Deza.

De esta equivocacion ha nacido confundir à Don Sancho de Roxas, que entonces era Arzobispo de Toledo, con Don Sancho Obispo de Cordoba; dividir un Don Fernando en Don Fernando Gonzalez Deza, y en Don Fernando de Mesa, que havia sido Obispo ciento y cinquenta años antes desde Diciembre de mil doscientos cinquenta y ocho, hasta mil docientos setenta y quatro, y ultimamente establecer dos Don Sanchos de Roxas Obispos de Cordoba, uno en el año de mil quatrocientos y veinte, y otro en el de mil quatrocientos y quarenta, y así para desvanecer este error se pondràn aqui los Obispos, que conducen para entender la serie, que tuvieron en este tiempo.

Don Fernando Gonzalez Deza Maestre Escuela, y Canonigo de Cordoba se halla Obispo electo de Cordoba Viernes veinte y dos de Noviembre de mil trecientos noventa y ocho, en que dotò la fiesta de las 11y. Virgines, y Domingo diez de Agosto de mil trecientos noventa y nue-

ve, fue consagrado en la Catedral de Sevilla por su Arzobispo Don Gonzalo de Mena. A nueve de Julio de mil quatrocientos y ocho diò su licencia, para que el V. Fray Vasco fundase el Monasterio de San Geronimo de dicha Ciudad. En este mismo año se acavò la Torre de Malmuerta, y en la lapida, que copiò Gil Gonzalez en la Cronica de Enrique tercero, se dice: *Seyendo Obispo Don Fernando Deza.* Continuanse las memorias de este Prelado hasta el año de mil quatrocientos diez y nueve, en que hizo con el Cabildo el estatuto de hermandad con el Obispo, y Cabildo de Jaèn. A quince de Marzo de mil quatrocientos y veinte, confirmò un privilegio de Don Juan segundo dado en Valladolid. A primero de Agosto de veinte y uno confirma un privilegio del Convento de la Santisima Trinidad de Cordoba: y à catorce de Enero de quatrocientos veinte y dos hizo una ordenanza contra los que no pagasen bien los Diezmos. A veinte y seis de Noviembre de mil quatrocientos veinte y tres hizo donacion de doce cahices de pan en cada año al Monasterio de San Geronimo en atencion de haverle fundado sin renta suficiente para mantener los Monges por

con-

contemplacion , y devocion, qué tuvo : y à veinte y seis de Mayo de veinte y quatro donò al Cabildo su libreria haciendo estatuto con pena de Excomunion mayor , para que ningun libro se venda , done, preste , ni alquile. Muriò en ese , ò siguiente año , y fue sepultado con sus padres en su Capilla de San Acacio, y 1 1 ß. Virgines , donde yace.

Que en todos estos años haya sido Obispo el mismo Don Fernando Gonzalez Deza se evidencia. Lo primero, porque en el año de mil quatrocientos y ocho diò la licencia para fundar el Monasterio de San Geronimo , y en el de veinte y tres le hizo la donacion de doce cahices de pan por la devocion , y contemplacion, que tuvo en fundarle sin la renta competente para mantener los Monges. Lo segundo, porque el Obispo Don Fernando, que donò la libreria año de veinte y quatro fue Don Fernando Gonzalez Deza: pues Viernes veinte y cinco de Abril de mil quatrocientos treinta y dos , estando en Cabildo el Obispo Don Gonzalo Venegas se determinò : *Que se faga de cada año doce memorias , è uno Anniversario , è la fiesta Acatij, & comitis ejus, por el Obispo Don Fernando de buena memoria por la libreria , que el di-* cho Obispo dejò al dicho Cabildo. Y todo esto se cumple por Don Fernando Deza en su Capilla de San Acacio, donde està enterrado. Lo tercero , porque el Don Fernando de Mesa, que se ha introducido desde el año de mil quatrocientos veinte y dos , fue mucho antes, como se evidencia del sepulcro de los cinco Obispos , en que Don Fernando de Mesa tiene el primer lugar , y el segundo Don Gutierre de Mesa , que muriò año de mil trecientos treinta y seis. El tercero Don Juan Fernandez Pantoja , que muriò año de mil trecientos noventa y siete , y asi de los demàs Don Gonzalo Venegas, y Don Tello de Buendia por su antiguedad. Ultimamente en todos estos años no hay memoria de Sede-Vacante , ni de Don Sancho de Roxas , sino la inscripcion , de que tratamos.

Don Gonzalo Venegas Canonigo , y Arcediano de Cordoba se halla electo , y yà confirmado à veinte de Septiembre de mil quatrocientos veinte y seis. Continuan sus memorias hasta el año de mil quatrocientos treinta y ocho, en que muriò , ò en el siguiente. Està enterrado en el sepulcro de los cinco Obispos , que hizo Don Leopoldo de Austria, en el quarto lugar. En este tiem-

tiempo huvo otro Don Gonzalo Venegas Tesorero de Cordoba, que fue electo Obispo de Cadiz, año de mil quatrocientos quarenta y cinco, y asi no pueden confundirse estos dos Obispos de Cordoba, y Cadiz, como lo han hecho algunos.

Don Sancho de Roxas vino à Cordoba de Obispo de Astorga. Empiezan sus memorias año de mil quatrocientos quarenta y uno, y se continuan hasta Jueves trece de Junio de mil quatrocientos cinquenta y quatro, en que hizo testamento con facultad Pontificia, y entre los legados pìos de Conventos, y Hospitales, dexa *A la Fuen-Santa cien maravedis.* Mandò enterrarse en su Iglesia Catedral junto à su primo, y antecesòr Don Gonzalo Venegas. Muriò Sabado por la tarde dia quince de Junio de dicho año. Con esto se desvanece la equivocacion de Gil Gonzalez, y otros, que confundieron este Prelado con Don Sancho de Roxas Obispo de Palencia, y despues Arzobispo de Toledo.

De esta serie se colige claramente, que la aparicion de nuestra Señora, è invencion de su milagrosa Imagen no pudo ser hasta el año de mil quatrocientos quarenta y dos, en que era Obispo de Cordoba Don Sancho de Roxas, y concurriò el dia ocho de Septiembre con Sabado: porque aunque concurrieron en el año de mil quatrocientos cinquenta y tres, por regir ambos años la letra Dominical G. yà en el de mil quatrocientos cinquenta havia sucedido la aparicion de nuestra Señora, y estaba fabricado el Santuario: consta esto de la narracion, que hizo en Roma el Cabildo à trece de Enero de mil quinientos diez y seis en el pleyto, que tuvo con el Obispo Don Martin de Angulo por haverse introducido à visitar el Santuario, y Hospital de Sàn Sebastian por Julio del año antecedente, sobre que obtuvo sentencia el Cabildo en el año de mil quinientos diez y nueve à doce de Agosto. Dice, pues, asi lo que pertenece al Santuario.

Insuper quoddam heremitorium S. Mariæ Virginis vulgo nuncupatum Fontis-Sancti ex eo, quæ Beata Maria Virgo prædicta alias cuidam Ortolano in quodam Orto oratorum prædictorum, seu in loco eidem contiguo apparuit, ab eisdem oratoribus ex pijs fidelium elemosinis fabricatum; & quia mirabiliter augmentatum fuit in magno Ædificio, in dies quæ crescit, & augmentatur mirabiliter propter mag-

nam

nam populi dèvotionmem , & miracula plura , quæ frequenter fiunt , sic quæ à sexaginta quinque annis proxime , & immediatè præteritis citra , & supra per eosdem oratores rectum , gubernatum , & administratum absque eo , quod Dominus Episcopus Cordubensis , aut aliquis Prælatus illud visitaverit , aut de illo se intromisserit; nihilominus tamen R. Pater D. Martinus Episcopus Cordubensis nuper de mense Julij proxime præteriti cupiditate ut creditur , occupandi motus minatus fuit velle omnino Visitare, & hujus *modi Curam , & administrationem de facto velle auferre* : *qua propter pro parte ipsorum oratorum , &c.* Continùa, que no obstante la apelacion interpuesta à su Santidad havia pasado à visitar el Hospital, y Santuario.

Por esta narracion sabemos , que à solicitud del Cabildo se fundò el Santuario de la Fuen-Santa con limosnas de personas piadosas , y que por el año de mil quatrocientos cinquenta se perficionò el edificio, que despues fue en grande aumento por la devocion de el pueblo, y milagros, que obraba Maria Santisima : lo que corresponde bien à la aparicion de nuestra Señora en el año de mil quatrocientos quarenta y dos , y no en otro ; pues solo en dicho año pueden salvarse los caractéres de Sabado ocho de Septiembre, y Obispado de Don Sancho de Roxas, y tiempo para edificar la Capilla , ò Santuario. Asimismo quedamos ciertos de los milagros , y favores , conque nuestra Señora de la Fuen-Santa ba beneficiado à esta Ciudad desde su milagrosa aparicion , y continùa su maternal Divina piedad en nuestros tiempos: por cuya razon està obligada esta nobilisima Ciudad à tributarle los mayores obsequios, y à continùar en la fervorosa devocion de esta Soberana Señora , à quien se dedica este escrito para mayor Gloria suya , y aumento de su culto, y de los Santos Martyres de Cordoba.

RELACION DE LA APARIcion de Maria Santisima, y de la invencion de su Imagen de la Fuen-Santa.

DON Pablo de Zespedes, Racionero de nuestra Sta. Iglesia , fue muchos años Diputado del Santuario de la Fuen-Santa , y haviendo registrado los monumentos antiguos dexò escrita la relacion siguiente, que hasta aora no se ha impreso. Don Francisco Torre-Blanca tom. 1. lib. 1. cap. 1. de Jure spirit. havia escrito con

al-

alguna variedad esta historia; pero haviendo llegado à su noticia esta relacion, retratò su narracion, y de mano propia substituyò esta.

Interdiu lucente sole ipsa Dei genitrix solet se visibilem hominibus apparere, ut anno Christi 1420. prope hanc Civitatem Cordubensem in agro prope flumen Bætim non longe à porta dicta de Baeza ad plagam Orientalem ipsa Virgo Virginum comitata Acisclo, & Victoria hujus Civitatis patronis Gundisalvo Garcia carduciatori visibiliter apparuit, & allocuta est; ut his verbis ex ejus miraculis gestis fidem facit Paulus de Zespedes hujus Ecclesiæ Porcionarius.

Reynando Don Juan el II. y siendo Obispo de Cordoba Don Sancho de Roxas, Sabado ocho de Septiembre del año de mil quatrocientos y veinte, cerca de la puerta del Sol en el camino, que và al vado, que dicen del Adalid, en el callejòn del Arroyo de las Moras, que està apartado de Cordoba cosa de trecientos pasos, como salimos de la puerta de Baeza àzia el Oriente: yendo Gonzalo Garcia, carduciador de lanas, vecino de Cordoba, lamentandose de su desgraciada suerte; porque no teniendo mas que su trabajo, no podia sustentar una muger, que tenia tullida muchos años en una cama, y una hija atada por loca, encontrò dos mugeres muy hermosas en pos una de otra, y un mancebo delante de buena disposicion, que venian àzia èl, y le dixo la primera, que era la mas hermosa: Paz sea contigo, no tengas pena, toma un jarro de agua de aquella Fuente, que està al pie de aquel Cabrahigo antiguo, y dala à tu muger, è hija, y quedaràn sanas: *Y èl reparando, y dudando en el caso, le dixo el mancebo:* Haz lo que te manda la Madre de Dios, que yo, y mi hermana Victoria, que viene detras, te hemos alcanzado este favor. *Y volviendo la cara Gonzalo Garcia à ver la Fuente, que le señalò, quando volviò à ver quien le havia hablado, se havian desaparecido, y fue al punto à un Alfaharero, que vivia junto à la puerta Baeza, y comprò un jarro barreño, y volviò con èl à la Fuente, que le havian señalado, y lo hinchò de agua de ella (la qual manaba entre unas piedras al pie de un Cabrahigo antiguo, que estaba arrimado al ballado de la entrada del callejòn, que và al Rio de Guadalquivir, y por la parte baxa hacia un grande charco, por tener poca corriente, donde lababan unas mugeres) Y llegando à su casa, le dixo à su muger lo que havia pasado, y le* le diò à beber de el agua, la qual quedò al punto sana, y lo mismo hizo con su hija, la qual al instante recuperò el juicio.

Divulgado esto por la Ciudad, y otras partes, acudieron muchas personas enfermas de todas dolencias à la dicha Fuente, y en bebiendo de su agua, quedaban sanos. Y creciendo la fama de sus muchos milagros, un Hermitaño de la Arrizafa, que havia mas de tres años, que de unas quartanas havia quedado hinchado, se fue à esta Fuente, y pidiendo à Dios nuestro Señor, y à la Virgen Santisima, mereciese alcanzar salud, bebiendo de la dicha Fuente, quedò sano, y volviendo à su Hermita, pidiò à Dios le hiciese merced de declararle; porque haviendo en aquel sitio otras fuentes, y manantiales sola aquella tenìa la virtud de sanar las dolencias? Despues de Maytines, estando haciendo oracion, oyò una voz, que le dixo: Sabe, que aquel Cabrahigo està alli desde que se perdiò España, y dentro de èl està una Imagen de nuestra Señora la Virgen Maria hecha de Alabastro, de media vara de alto con su precioso Hijo en brazos, que un devoto Cristiano encerrò dentro por un concavo, que tenìa, el qual despues cerrò naturaleza, y la ha tenido, y tiene en guarda; por la qual obra Dios tantos milagros, por el agua, que mana de entre sus raices, y te es revelado, para que lo vayas à decir al Prelado. Y en siendo de dia, el Hermitaño fue à dar quenta à Don Sancho de Roxas, Obispo de Cordoba, el qual embiò gente, que cortasen, y deshiciesen el cabrahigo, y buscasen la dicha Imagen, la qual fue hallada dentro del corazon de el arbol, del tamaño, materia, y forma, que le fue dicho al Hermitaño, con su niño en brazos sobre el lado izquierdo. Y por mandado del Obispo, se hizo alli un Humilladero encima de la Fuente, donde fue colocada dicha Imagen, que es el que hoy se vè sobre el pozo, donde estubo algun tiempo, hasta que muerto el Obispo, en la sede vacante, con la gran frequencia de los milagros, y limosna, el Cabildo de esta Santa Iglesia, hizo el pozo, que hoy se vè, para tener recogida el agua, y cubriò este Humilladero con quatro arcos cogiendo debaxo el que havia hecho el Obispo, quando se hallò.

Y despues teniendo noticia de la virtud, y milagros de esta fuente la Señora Reyna Doña Maria, hermana del Señor Rey Don Juan el Segundo, estando enferma de Idropesia, vino à tener novenas à este Humilladero, donde bebiendo de la dicha agua, quedò sana, y mandò limosna,

****

pa-

para que se levantase un quarto de casa alli junto, donde estuviesen las que viniesen à tener novenas à esta Santa Imagen, el qual el Cabildo con las muchas limosnas acrecentò para vivienda del Capellàn, y labrò una Iglesia de tres naves con su Capilla mayor, donde con procesion general de ambos Cabildos, se trasladò la dicha Imagen, sobre el Altar mayor al sitio que hoy tiene en un nicho enmedio del retablo, donde ha obrado, y obra Dios por ella infinitos milagros cada dia, de que dan testimonio las insignias, y tablas de ellos con muchas lamparas de plata, y otros dones. El Cabildo tomò en sì el Patronazgo, y diò el entierro de la Capilla à Don Francisco del Corral, Tesorero, y Canonigo de la Santa Iglesia, como consta de los autos, y papeles, que hay en el archivo de ella. En Cordoba à veinte y dos de Abril de mil quinientos noventa y quatro.

Pablo de Zespedes.

Concuerda esta narracion de Don Pablo de Zespedes con el testamento de Isabèl Garcia, otorgado à veinte y cinco de Enero de mil quatrocientos ochenta y uno ante Gonzalo Gonzalez Escribano pùblico de Cordoba, en que dexa à Catalina Lopez la serrana beata, las Reliquias de nuestra Señora de la FUEN-SANTA, que se apareciò à su marido Gonzalo Garcia. Tambien se confirma, que no fue la aparicion de nuestra Señora año de mil quatrocientos y veinte, porque haviendo estado tullida en una cama Isabèl Garcia muchos años antes, y loca la hija, tenia bastante edad, y no podia llegar regularmente al año de mil quatrocientos ochenta y uno, en que hizo el testamento; lo que no tiene reparo, que obste, si sucediò la milagrosa aparicion año de mil quatrocientos quarenta y dos, como queda probado en la disertacion antecedente.

NOTA.

Despues de estar impresa la historia de la aparicion de nuestra Señora de la Fuente-Santa, se hallò en el año de mil quatrocientos y cinquenta el acto Capitular siguiente. *Lunes tres de Agosto: En este dia diò licencia el Cabillo à Redulfo, para que fuese al Rey nuestro Señor con la peticion, que nuestro Señor el Obispo (Don Sancho de Roxas) è el dicho Cabillo le diò sobre la notificacion de los Miraglos de la Fuente-Santa, è lo mesmo sobre la hedificacion de la Iglesia, que por ende ha de facer à honor de la gloriosisima Virgen Maria* Esto nos asegura, que la Iglesia no estaba Edificada en ese año; y que fueron muchos los milagros, que obrò Maria Santisima en ese tiempo, de que se diò noticia al Rey, y se moviò la Reyna de Aragòn Doña Maria, hermana del Rey Don Juan, à venir à visitar el Santuario de nuestra Señora por los años de quatrocientos cinquenta y quatro, ò cinquenta y cinco, que se hallaba en Castilla: porque yà en el año de cinquenta y quatro se havia edificado Iglesia à nuestra Señora, como consta de acto Capitular de veinte y ocho de Junio de dicho año, que dice: *En este dia el Cabillo asi como Patron de la Eglesia de la Fuente-Santa fizo administrador della à Diego Fernandez de Frutos, Rector de Santa Marina.* Y asi se deberàn corregir, los que trataron este punto de la Edificacion de la Iglesia, y venida de esta Reyna à visitar el Santuario de nuestra Señora antes de este tiempo.

APENDICE

DE LOS

OBISPOS DE CORDOBA,

QUE LO HAN SIDO

DESPUES DE LA MUERTE

DEL DOCTOR BRAVO.

Sr. D. MIGUEL VICENTE CEBRIAN.

POR muerte del Sr. D. Pedro Antonio de Salazar obtubo la Mitra de este Obispado el Sr. D. Miguel Vicente Cebrian y Agustin. Nació el veinte y nueve de Septiembre de mil seiscientos noventa y uno en la Ciudad de Zaragoza, hijo de D. Joseph Cebrian y Alagòn, y de Doña Lorenza Agustin y Marcilla, Condes de Fuenclara, Casa Ilustre de aquella Ciudad, yà establecida en la Corte, y cubierta. Su hermano mayor el Conde D. Pedro, que la llevaba, fuè elevado por el Rey Felipe V. à la grandeza de primera clase, y à la insigne Orden del Toysòn, y por el Rey de Napoles à la de S. Genàro. Fuè Embaxador Plenipotenciario à las Cortes de Venecia, Viena, Dresde, y Napoles, Mayordomo mayor de la Reyna de las dos Sicilias, Mayordomo mayor, y Cavallerizo del Serenisimo Infante D. Felipe de Borbòn, Duque de Parma, y Placencia, y ultimamente Virrey de Mexico.

Siendo este Prelado de poca edad padeció gravemente el accidente de Alferecia, de que le libertò con un milagro S. Vicente Ferrer, como se refiere en la Vida de este Santo, que escribiò el P. M. Fr. Francisco Vidal, en cuyo reconocimiento le fuè devotisimo toda su vida, y añadiò desde la edad de veinte y dos años, en que sucediò el milagro, el nombre de Vicente à los demàs suyos.

Iiiii   Ob-

Obtubo por el Rey (acavados sus estudios , y graduado de Doctor en Canones) el Arciprestazgo de Sta. Maria, Dignidad de la Sta. Iglesia de Zaragoza en el año de mil setecientos y veinte, y ordenado despues de Sacerdote emprendiò con mas esmero la continua aplicacion à los exercicios de piedad , y devocion. En el año de mil setecientos veinte y seis se le confirió Plaza de Inquisidor del Tribunal de Barcelona. En el de mil setecientos treinta y uno fuè nombrado por el Rey para el Obispado de Coria , y haviendo sido consagrado en Zaragoza por su Arzobispo el Sr. D. Tomàs de Aguero en tres de Agosto del siguiente de treinta y dos pasò à su Obispado , de que tomò personalmente posesion el veinte y uno de Noviembre del mismo año.

En el año de mil setecientos quarenta y dos estando consultado por la Càmara para el Arzobispado de Zaragoza, le nombró el Rey para la Mitra de el Obispado de Cordoba , y recibidas las Bulas expedidas por el Señor Benedicto decimo quarto , en virtud de sus poderes tomò la posesion en su nombre D. Pedro de Cabrera y Cardenas, Dean , y Canonigo de esta Iglesia la tarde del dia treinta de Octubre del mismo año. Llegò à esta Ciudad el diez de Diciembre dèl, y en el diez y seis por la tarde hizo su solemne entrada, y juramento en esta Sta.

1742

Iglesia Catedral. Continuò en este Obispado la misma aplicacion à la disciplina Eclesiastica , que havia practicado en el de Coria , à cuyo fin diò à luz una Carta Pastoral Catequista en dos tomos en octavo , y otras dos particulares para Curas , y Eclesiasticos. Al año siguiente de quarenta y tres recurrió al Smo. Padre Benedicto XIV. representandole los inconvenientes , que para los pobres Artesanos , y trabajadores resultaba de la multitud de dias de fiesta ; en que no podian trabajar para alimentarse ; y conseguido el Breve de tres de Abril lo publicò nuestro Prelado por su Edicto en la Visita de Buxalance con fecha de cinco de Junio de dicho año.

Para que en el Seminario de S. Pelagio, que fundò en esta Ciudad, segun la mente del Concilio Tridentino, el Obispo D. Antonio Pazos , hiciesen los Seminaristas annualmente los espirituales exercicios , le impuso renta con que mantuviesen cada año diez dias dos Directores Espirituales, que se los diesen. En el año de mil setecientos quarenta y quatro Domingo ocho de Marzo consagrò para Obispo de Huesca al Sr. D. Antonio Sanchez Sardinero , Dignidad de Malaga , en la Iglesia de la Compañia de Jesus , siendo asistentes los Sres. D. Domingo de Rivera, Obispo de Gadara , auxiliar de Sevilla, y D. Fr. Manuel Tercero, Obispo de Nicocia in partibus , en Cu-

cuya funcion , y obsequio de su Ayjado, se portò con su acostumbrada magnificencia. A los seis de Noviembre de este año fuè proveido en el Canonicato Magistral de esta Iglesia el Doct. D. Francisco Xavièr Delgado y Venegas, que lo era de la de Badajoz , y Colegial del mayor de S. Ildefonso, y que haviendo obtenido despues los Obispados de Canarias, y Siguenza, ocupa hoy dignamente la Silla de la Metropolitana Arzobispal, y Patriarcal de Sevilla , y el Patriarcado de las Indias.

Con el pensamiento de compensar à su Iglesia , y Obispado de Coria aquellas porciones , en que la huviese desfrutado : estando yà viviendo en Cordoba inviò en diferentes ocasiones para el servicio de aquella Iglesia seis blandones , y cruz de plata para el Altar mayor : una arca, y caliz de lo mismo para el deposito del Triduo de Semana Santa , una colgadura de Terciopelo Càrmesì, con galòn , y flueque de oro para el Presbiterio , y un Terno entero de tela blanco. Y para los pobres de aquel Obispado setenta y seis mil reales en dinero con la lista de los Lugares , y modo en que se havian de repartir : cuya piadosa dadiva produjo tambien para la Iglesia de Cordoba el beneficio, de que renunciase aquella el derecho, que tenia por su muerte à la mitad de sus Pontificales. Para Sitial

en el Altar mayor de su Iglesia de Cordoba diò una Jerusalèn de plata, en que estàn figurados de debaxo relieve los principales mysterios de la Pasion , y en medio la Cena , en que se leen de oro las palabras de la Consagracion; y sobre el todo un Christo , que tenia en mucho aprecio.

Estando en la Visita del Obispado el dia veinte y dos de Julio de quarenta y cinco se prendiò **1745** fuego en su Palacio de esta Ciudad, y corriò tan velozmente, que se consumieron casi todas las Techumbres de èl, el Archivo de la Dignidad , y gran parte del general Eclesiastico. La noticia de este acaecimiento desgraciado , que le llegò prontamente, la oyò con exemplar resignacion, atribuyendola humildemente à sus culpas. Vuelto à Cordoba tratò de reparar esta gran ruyna , como con efecto lo executò , y con muchas mejoras de este grande edificio. Se hizo de nuevo la escalera principal; grandes havitaciones en donde estaba la antigua, una hermosa Capilla con tres retablos, y graneros muy fuertes , y capaces ; y para que quedasen firmes los derechos de la Mitra , que padecian en los instrumentos consumidos por el incendio, hizo con autoridad, y provision de la Chancillerìa de Granada , apeo , y deslinde de todas las posesiones de la Dignidad; en cuyas grandes obras , y diligencias judiciales gastò mas de setecientos mil reales de vellon.

En el mismo año de quarenta y cinco se recibió por medio del Fiscal del Real Consejo, dirigido al Sr. Obispo, y el Cabildo un Decreto del Rey Felipe V. su data en Aranjuez de dos de Septiembre de este año, por el qual determinaba su Magestad, que en observancia de las disposiciones del Sto. Concilio de Trento, y Constitucion del Sr. Alexandro VI. expedida en el año de mil quatrocientos noventa y nueve se suspendiesen las coadjutorias de todas las Prebendas, encargando, que si se les fueren presentadas algunas Bulas de estas Concesiones las suplicasen, y remitiesen al Consejo: siendo su Real voluntad, que esta resolucion tuviese fuerza de Ley, y su observancia como las demàs del Reyno. Las Bullas Sàcramentum penitentiæ, y la Apostolici Muneris, sobre el Confesor complice en culpa grave contra el sexto precepto con fechas de primero de Junio de quarenta y uno, y ocho de Febrero de quarenta y cinco fueron expedidas por el Papa Benedicto XIV., y publicadas por nuestro Prelado. Como tambien la otra del mismo Summo Pontifice, su fecha treinta de Mayo de quarenta y uno, y las siguientes declaratorias hasta el de quarenta y quatro, sobre la forma de ayunos, que fuè tambien publicada por Edicto de nuestro Prelado su fecha en la Visita de San-

ta-Ella de diez y nueve de Enero de quarenta y cinco.

Por Edicto en Cordoba de treinta de Marzo de quarenta y cinco de este Prelado se publicò la Bula del mismo Pontifice, su fecha veinte y dos de Enero del mismo, para que los Fieles de Castilla, Leon, è Indias puedan comer todo genero de Carnes en los Sabados simples del año; sin innobar la antigua costumbre de los Reynos de Aragòn, Valencia, Mallorca, Menorca, y Principado de Cataluña, de abstenerse de toda carne en estos dias.

Por Edicto de este Prelado de quatro de Enero del siguiente año de quarenta y seis se publicò el Jubileo, que el Sr. Benedicto XIV. havia concedido para Italia, por los terremotos, y guerras, que en ella se padecian, extendido à estos Reynos à instancia del Sr. Felipe V. para cuyas diligencias daba en èl las providencias oportunas.

En este mismo año dia siete de Febrero tomò posesion del Arcedianato de Castro de esta Iglesia el Eminentisimo Càrdenal D. Joaquin Portocarrero, conferido por su Santidad, y vacante por muerte de D. Juan Antonio del Rosal. En nueve de Febrero del mismo año de quarenta y seis murió el Rey Felipe V., y el dia siete de Diciembre del mismo año fuè aclamado el Rey D. Fernando el VI. La funcion fuè con los aparatos, vendicion del Pendòn Real, y publicacion en la Torre del Omenage, que las antecedentes. Enfrente de ella dispuso nuestro Prelado, en su Palacio, el balcòn de madera, y adornos, que en semejantes ocasiones; en que estubo con su Cabildo, à quien despues le fuè servido en sus quartos un abundante refresco. Para remediar la vida licenciosa de muchas mugeres, que con escandalo infestaban las conciencias de muchos, y aun las saludes, dispuso un recogimiento en el Hospital que llaman del Amparo, en donde con la reclusion precisa, y Santa direccion se mantenian; y prosiguen manteniendose las notadas de estos vicios, y à que acudia con la limosna que necesitaban, dexando por su muerte correspondiente asignacion, que durase hasta la venida de su subcesor, que suponìa la continuarìa, como con efecto sucede.

Con el mismo su acostumbrado zelo puso en observancia este Prelado la Bula del S.P. Benedicto XIV. de cinco de Agosto de '48 quarenta y ocho sobre la asignacion de Confesores extraordinarios à las Religiosas. Y tambien en su tiempo por otra Bula del mismo Papa, su fecha veinte y seis de Agosto del mismo año de quarenta y ocho, y à instancias del Rey D. Fernando el VI. se concediò facultad à los Sacerdotes de ambos estados en todos sus Dominios, para poder decir tres Misas el dia de la Commemoracion de los Fieles Difuntos.

Por este tiempo resolviò el Cabildo empezar su celebre Silleria del Coro, y para que havia dexado dos mil doblones el Arcediano de Cordoba D. Joseph Recalde, y deseando concurrir à esta grande obra diò en efecto para ella nuestro Prelado cinquenta mil reales, y algun tiempo despues la consignò mil reales cada semana, y cada mes al Artifiee D. Pedro Cornejo (celebre Escultòr que se traxo de Sevilla para esta grande obra, que la dirigìa, y diseñaba) cinquenta duc., cuya asignacion continuò hasta su muerte, con el corto intervalo, à que le precisò la summa carestia, y calamidades del año de setecientos y cinquenta, que le precisò à aplicarse todo à la comun miseria. Fuè este año summamente esteril en toda la Andalucia: se recurriò por ambos Cabildos à rogativas publicas, y procesiones en que se traxeron à la Catedral, en una la milagrosa Imagen de la Fuen-Santa, y en otra las Reliquias de los Stos. Martyres de S. Pedro; pero la justa indignacion de Dios contra nuestras culpas, prosiguiò manifestandose con calamidades. El Rey para subvenir por su parte à ellas, determinò que se formasen juntas de Ayastos en las quatro Capitales de Andalucia. Esta Real providencia se comunicò à nuestro

1750

tro

tro Prelado , y al Corregidor en carta de veinte y uno de Abril por el Gobernador del Consejo, Obispo de Barcelona, y con efecto se formò en el Palacio Episcopal, compuesta de su Ilustrisima , que la presidia, el Corregidor, el Dean, dos Veintiquatros , y un hombre del Comercio. Por otra particular (de acuerdo con el Comisario General de Cruzada, teniendose presentes las concordias del Subsidio, y comunicada à sus Subdelegados del Tribunal de esta Ciudad) se hizo registro general de granos de todo el Estado Eclesiastico, como se havia hecho del Secular. Tambien se debiò à la piedad del Rey , que por Decretó de veinte de Agosto despachase al Marquès del Raphal, Corregidor de Madrid al socorro de èstas, como con efecto venido hizo muchos emprestitos de la Real Hacienda, para fomentar la siembra del año siguiente , y muchas limosnas. A estas urgentes necesidades acudiò con quanto pudo nuestro Obispo, empezando su piedad por cercenar su gasto diario , moderar su Mesa , hasta privarse de beber agua de nieve , quitar el Coche de Camara vendiendo las mulas, y reduciendo à menor numero los Criados de librea: pasaron de doce mil fanegas de Trigo las que distribuyò aquel año: hacia repartir cada mes tres mil reales en los pobres vergonzantes de las Parroquias , y fueron muchisimas las demàs limosnas secretas , que diò por manos ocultas , y las suyas propias.

A su exemplo , y vistas las grandisimas necesidades , que se padecian aquel año en Córdoba, determinò su Cabildo ayudar extraordinaria , y edificativamente à socorrerlas ; y ademàs de las grandisimas limosnas, que estaba dando cada individuo de èl , hizo union de varias distribuciones , y maravedis , que le pertenecian aplicò à este acerbo los residuos de algunas Obraspias de su Patronato , que podian distribuirse en pobres, à que junta la piadosa industria , y caridad de sus Capitulares, formò un copioso deposito con el qual acabadas las visperas de los Stos. Patronos Niños , Acisclo, y Victoria vistiò mil Niños, mitad de cada sexo en la Catedral, dedicandolos à estos Santos, de que formada una procesion, que llenò de ternura , y lagrimas à un gran concurso que acudiò à verlos, fueron cantando la Letania à la Capilla de Nra. Sra. de Villa-Viciosa , conducidos de los mismos Capitulares, que por sus manos los havian vestido acomodando con exemplar aplicacion , y caridad à cada estatura , el que mejor le venia , porque eran talares , con divisa azul , que distinguia à los varones de las hembras. Desde aquel dia se asignaron una porcion de ellos à cada Casa de los Capitulares, en las que concurcurriendo una hora antes del medio dia el Prebendado con sus Criados los instruia en la Doctrina Cristiana, y les servian despues la comida, que era un quarteron de buen pan, y una porcelana de acemite, cuya limosna duró hasta la nueva cosecha. Es imponderable el fruto, que se siguió con ella por el alimento de estos pobrecitos, la instruccion Cristiana que lograron, y lo que pudo este buen exemplo, empeñandose tanto en cuidarlos, que tambien les daban camisas, medias, y zapatos, y socorros à sus Padres. En el resto de la Ciudad es indecible la limosna, que se dió por Comunidades, Cavalleros, y particulares, recogiendo porciones à darles de comer, cada qual segun alcanzaban sus haveres, ò industria.

En el año siguiente de cinquenta y uno por Breve del Señor Benedicto XIV. de veinte y cinco de Diciembre del año antecedente, en que se havia celebrado en Roma el Año Santo, lo concedió para nuestros Reynos, y nuestro Prelado lo publicó por su Edicto en la forma acostumbrada con fecha de veinte y quatro de Febrero, señalando Iglesias, y con las expresiones mas tiernas, y excitativas, à que rogasen à Dios nuestro Señor por los fines de la Concesion.

En veinte y ocho de Marzo de este año vacó un Canonicato de esta Iglesia, cuya provision (como que es ordinario de simultanea) tocaba al Obispo, y Cabildo de Canonigos: Nro. Prelado con fecha de tres de Abril del mismo recibió carta del Marqués de la Ensenada, Secretario de Estado, manifestandole de orden de la Reyna, que seria de particular satisfaccion à su Magestad fuese provisto en él, D. Andrés Enriquez, que era Medio Racionero de la misma Iglesia, y que expresase esto mismo al Cabildo. Por el mismo Correo, y con fecha de seis del mismo mes recibió el Cabildo de Canonigos carta de D. Joseph de Carvajal y Lancastèr, Primer Ministro, de orden del Rey, en que le decia seria de su Real agrado, que el Canonicato vacante se proveyese en D. Marcos Dominguez, por el desempeño, con que estaba obrando en la comision de su Real orden. Conferida esta novedad critica entre nuestro Prelado, y Cabildo resolvieron responder cada qual al Gefe de quien havia recibido su carta, pidiendole dictamen de como deberia portarse en servicio de ambas Magestades, siendo tantos sus deseos de obsequiarlos, y uno solo el Canonicato vacante. A que respondió el Sr. Carvajal al Cabildo la siguiente: *Asegurando yo à V. S. I. la satisfaccion del Rey en su pronto deseo de obsequiar una insinuacion de lo que le seria agradable, como si lo bi-*

biciese : puede V. S. I. complacer una tan formal demanda de la Reyna , como la que me insinua. Nro. Sr. guarde à V. S. I. muchos años como deseo. Buen-Retiro veinte de Abril de mil setecientos cinquenta y uno. ⊨ Joseph de Carvajal y Lancaster. ⊨ Sr. Dean , y Cabildo de la Sta. Iglesia de Cordoba. Y el Marquès de la Ensenada al Señor Obispo la siguiente : Illmo. Sr. respondo à la carta de V. I. diciendo : que haviendo enterado à la Reyna Nra. Sra. de quanto contiene ha estimado mucho la atencion de V. I. y la de ese Cabildo , à quien lo manifestarà : y respecto de que es igualmente del agrado del Rey el que la Canongia recaiga en D. Andrès Enriquez, me manda su Magestad decir à V. I. que no duda se verifique asì , de que espero aviso , conformandose su Magestad, en que se difiera la provision hasta el proximo Junio , para que pueda V. I. atender à su familiar en la resulta que dexe Enriquez. Dios guarde à V. I. muchos años como deseo. Buen-Retiro veinte de Abril de mil setecientos cinquenta y uno. ⊨ El Marquès de la Ensenada. ⊨ Señor Obispo de Cordoba.

En cuya atencion fuè provisto D. Andrès Enriquez en el Canonicato vacante , y el Cabildo escribiò immediatamente al Marquès de la Ensenada la siguiente carta : Excmo. Sr. Acavamos de tener el honor de obedecer à la Reyna Nra. Sra. concurriendo por la parte que nos pertenece en la provision de la Canogia vacante en esta Sta. Iglesia à favor de D. Andrès Enriquez , y tenemos el de participarlo à V. E. en aprecio de la Real dignacion de su Magestad , con la que deseamos condecorar perpetuamente nuestra obediencia. Dios guarde à V. E. &c.

A que el Marquès respondiò al Cabildo. Illmo. Sr. He dado cuenta à la Reyna Nra. Sra. de la carta de V. S. I. de tres de este mes, y le ha causado à su Magestad especial complacencia la exactitud, con que en obsequio de su alta recomendacion ha concurrido V. S. I. à la promocion de D. Andrès Enriquez para la Canongia , que estaba vacante en esa Sta. Iglesia : quiere su Magestad que manifieste à V. S. I. su Real gratitud , y su deseo de contribuir à las satisfacciones de V. S. I. y asi lo executa mi obligacion rogando à Nro. Sr. guarde à V. S. I. muchos años. Aranjuez ocho de Junio de mil setecientos cinquenta y uno. ⊨ El Marquès de la Ensenada. ⊨ Sres. Canonigos , Cabildo de la Santa Iglesia de Cordoba.

Este Prelado lleno de meritos, y virtudes , de devocion , santo zelo , integridad , y rectitud de animo, que con las demàs le hicieron digno exemplar de Obispos, acabò su vida la mañana del treinta de Mayo del año de mil setecientos cinquenta y dos , dia de S. Fernando , haviendolo insultado

tado el accidente de que muriò, desde el dia antes ; pero no se conociò su gravedad hasta que espirò. Fuè de notable quebranto para todo el Obispado su muerte, y enterrado la tarde del siguiente dia , y por disposicion suya delante del Altar de Nra. Sra. del Pilar , que està enfrente de la Capilla de la Concepcion en su Catedral.

Havia conseguido Breve de su Santidad para testar , y lo hizo con la piedad que las demàs obras de su vida , dexando por universal heredera de sus bienes à la Fabrica de su Iglesia de Cordoba, despues de varios legados pìos à Iglesias, Hospitales, Comunidades Religiosas , y quinientas fanegas de Trigo , para que se prosiguiese la limosna diaria de su puerta, haciendo el juicio , de que habria con ellas hasta que empezase la de su subcesor. Dexò tambien dispuesta la limosna de trigo de los Lugares de su Obispado , à cuyos pobres tenia establecido dar la decima parte de lo que le producian sus diezmos. Dexò tambien, siguiendo el exemplo de su antecesòr, vinculado para el Palacio Episcopal todo su menage , y li-

breria , dispuesto que se hiciese el dorado de los retablos de la Capilla del Palacio ; que se acabase la Iglesia Parroquial de S. Nicolàs de la Axerquia , otros muchos legados , y mandas pìas ; lo que asi executado por sus testamentarios, echò el Señor de tal forma su bendicion sobre estos caudales , tan santamente destinados , que llegò el remanente de ellos à beneficio de la Fabrica su heredera à mas de doscientos y veinte mil reales vellòn efectivos. Dispuso tambien, que fuese enterrado su cuerpo en sepultura terriza , y sobre ella solamente una piedra de tres quartas , en que huviese esculpidas unas calaberas , y este humilde , y breve epitafio:

Minimus Episcoporum Michael, Vincentius, Cebrian, & Augustin, Episcopus Cordubensis jacet hic:

Orate pro eo.

Pero pareciò que havia libertad para aumentarla en alguna parte , añadiendo à su continuacion el motivo de ser èsta , y alguna noticia de tal Prelado , y es la siguiente:

Ita demisse de se cogitans scripsit, ac praescripsit haud Episcoporum minimus; sed vel maximus : quia sui cognitione minimus , vel quia pietate , zelo , nobilitate : etenim ex Augusta , & praeclara domo comitum de Fuenclura , primae classis Hispaniae Magnatum, Magnus , bis exornatus ajebat; jacet hic : amor vero , & gratitudo sculpunt : hic erigitur , & ad astra evectus creditur die 30. Maij ann. 1752. aetatis. 60. Pontificatus Cauriensis 10. & Cordub. etiam 10.

Su familia en manifestacion de su memoria, y gratitud le hizo el año siguiente honras con grande solemnidad, en que oró el M. R. P. Maestro D. Geronimo de Vilches, ex-Provincial del Orden de S. Basilio de Andalucìa, cuyo Sermòn se diò justamente à la estampa, en donde, y en la aprobacion que està en èl del R. P. M. Fr. Juan Basquez, Dominico, que lo tratò muy interiormente se vèn con mas individualidad las virtudes grandes de este Prelado.

Sr. D. FRANCISCO DE SOLIS Folch de Cardona.

POR muerte de el Sr. Cebrian ocupò la Silla de Cordoba el Sr. D. Francisco de Solis Folch de Cardona, Rodriguez de las Varillas. Fuè hijo de los Sres. D. Joseph de Solis y Gante, Rodriguez de las Varillas, Duque de Montellano, Grande de España de primera clase, Gentil hombre de Camara del Rey con exercicio: Mayordomo, y Cavallerizo mayor del Sr. Infante Cardenal D. Luis Jayme de Borbòn, y Cavallero de Santiago; y Doña Josepha Folch de Cardona, Velvis, y Borja, Marquesa de Castelnovo, y de Pons. Diò esta Señora à luz à este Prelado en la Iglesia de S. Francisco de Madrid, por el raro acontecimiento de acaecerle alli el parto, y tan prontamente, que no

le diò lugar de retirarse antes à su Casa, por el qual se le diò al niño el nombre de Francisco. Despues de sus estudios, y siguiendo el Estado Eclesiastico, fuè nombrado Sumillèr de Cortina del Sr. Felipe V., y obtubo el Decanato de la Sta. Iglesia de Malaga, en donde residiò algunos años, hasta que haviendo sido nombrado coadministrador en lo espiritual del Sr. Infante Càrdenal D. Luis, para el Arzobispado de Sevilla, le fuè conferido por el Summo Pontifice, el Arzobispado de Trajanopoli in partibus, y fuè consagrado en Madrid. Pasò à Sevilla al Gobierno de aquel Arzobispado, en que estubo tres años hasta el de cinquenta y dos, en que el Sr. D. Fernando el VI. le presentò para esta Mitra de Cordoba, y despachadas las Bulas en Roma, con fecha de veinte y quatro de Septiembre del mismo año, las remitiò con sus poderes para la posesion, y gobierno al Doct. D. Pedro de Cabrera y Cardenas, Dean, y Canonigo de su nueva Iglesia, que la tomò la tarde del ocho de Noviembre del mismo año. El veinte y quatro de Diciembre por la tarde entrò este Prelado en Cordoba con el recebimiento acostumbrado, y en la de veinte y seis del mismo hizo su entrada solemne en su Sta. Iglesia con todo el acompañamiento, y aparato de estilo, y hecho el juramento, y despues oracion en el

Pres-

Presbyterio , fuè acompañado del Cabildo à su Palacio. .

Diò à conocer desde luego este Prelado la afabilidad , y generosidad de su genio , y caridad con los pobres.

En el año siguiente de cinquenta y tres el dicho Dean D. Pedro de Cabrera puso en execucion sus pensamientos antiguos, reservados hasta entonces de algun retiro de los negocios , para vivir disponiendose mejor à una buena muerte. A este fin hizo resigna de su Decanato en el Doct. D. Francisco Xavièr Fernandez de Cordoba , Canonigo coadjutòr que era de D. Joseph Siuri , y hoy tambien Cavallero de la distinguida Orden de Carlos Tercero , y Sumillèr de Cortina del Rey ; hermano segundo de D. Joaquin Fernandez de Cordoba , Ponze de Leon , Marquès de la Puebla de los Infantes , y Sr. de los Donadìos de la Campana , yà con honores de Grande de España. Con efecto dexandolo en posesion del Decanato se establecìò en la Congregacion de S. Felipe Nerì de esta Ciudad , quedandose con el Canonicato , por ser la unica congrua Eclesiastica que tenia , donde permanece.

En tiempo de este Sr. Obispo consiguiò nuestra Corte con la de Roma la solicitud eftablada por tantos Monarcas de España, de proveer las piezas Eclesiasticas del Reyno, suscitada de nuevo;

ò con mas actividad , ò mas acierto la antigua controversia sobre Patronato Real universal de las Iglesias de España por el Sr. D. Fernando el VI. Vino ultimamente la Santidad de Nro. Sto. P. Benedicto decimo quarto en convenir por una Constitucion , su data en Roma à los veinte de Febrero del año de mil setecientos cinquenta y tres , en que ratifica el concordato yà firmado por los apoderados de ambas Cortes en once de Enero del mismo año : en que el Rey , y sus subcesores en la Monarquia probean todos los Beneficios Eclesiasticos de èlla en qualquier tiempo que vaquen, del mismo modo que lo hacian con los del Reyno de Granada, y los de Indias , exceptuando tan solamente cinquenta y dos , que expresa el mismo concordato de los quales son en este Obispado : el Arcedianato de Castro, el Beneficio de Belalcazar , y Prestamera de Castro , y Espejo. La provision de estos cinquenta y dos queda reservada à su Santidad , aunque vaquen en meses ordinarios, ò por resulta , y haviendo de pagar estos para su expedicion en la Dataria los mismos derechos , que hasta aqui , aunque sin cedulas vancarias; pero que todos los demàs Dignidades , Canonicatos , Raciones , Prioratos , Abadias , Prestameras , Beneficios , &c. cuya provision tocaba à su Santidad, los haya de proveer el Rey sin

Bulas Pontificias de confirmacion.

Tambien conviene su Santidad, en que no se perciban para la Camara Apostolica los Espolios de los Obispos, y vacantes, sino que se destinen à los usos que prescriben los Sagrados Canones, para lo que ha de nombrar el Rey Colectores Generales Eclesiasticos. Y para resarcir à la Camara Apostolica de la pribacion en que queda de tan gruesas cantidades annuas, hizo entregar el Rey à disposicion de su Santidad novecientos diez mil escudos Romanos en dos distintas porciones, para que sus reditos pudiesen subvenir à los gastos del Palacio Pontificio, y se obligò à que de los fondos de Cruzada se darian al Nuncio annualmente cinco mil en Madrid. Otros varios arreglamentos contiene el concordato sobre estas provisiones, cuya explicacion se repite por otro Breve de nueve de Junio del mismo año.

Ultimamente sobre este grave asunto fueron expedidos por el mismo Smo. Padre tres Breves, con las fechas de diez de Septiembre del mismo año, y seis de Abril, y diez de Mayo del siguiente de mil setecientos cinquenta y quatro. Por el primero quiere su Santidad satisfacer al Rey sobre la estrañeza, que le havian causado las cartas circulares de su Nuncio en Madrid, à los Arzobispos, y Obispos de España, en que hacia algunas declaraciones de dichas Constituciones Apostolicas, no conformes à la mente de su Santidad, quien las explica de nuevo en algunos puntos, y añade, que en lo futuro los provistos en los quatro Canonicatos de las Catedrales, conferidos por oposicion, que comunmente llaman de Oficio, no necesitan de Bulas de confirmacion de sus colaciones, aunque hayan vacado en meses, y casos reservados, y aunque haya havido costumbre de acudir por ellas à la dataria.

Por los otros dos dispone su Santidad sobre congrua para el vice Capellàn mayor de Palacio, Patriarca de las Indias, cargada sobre las Mitras de Mexico, Mechoacàn, y Tlascala, y sobre facultad al Rey de nombrar Colectòr para la Colectacion, y distribucion de Espolios, vacantes, y Medias Annatas, asignando sus destinos.

Al Cabildo fueron dirigidos estos ultimos por el Secretario de Estado, y Hacienda, Marquès de Valparaiso de orden del Rey, à que acompañaban un Real Decreto, y dos Ordenanzas, arreglando el metodo para las Colectaciones, y dristribuciones de estos caudales, à cuyo fin usando de las facultades Pontificias havia nombrado su Magestad al Comisario General de Cruzada.

En el principio de Otoño del año de cinquenta y tres saliò este Prelado à empezar la Visita de la Campiña por la Villa de Cabra, desde donde se volviò à Cordoba para asistir al Concurso del Canonicato Lectoral vacante, y que fuè proveido el catorce de Noviembre en el Lic. D. Antonio Cavallero y Gongora, hoy Obispo de Yucatàn, y nombrado yà Arzobispo de Santa Fè.

En el año siguiente volviò à proseguir la Visita de la Campiña, de donde volviò à esta Capital la Semana Santa à las funciones de èlla, y consagracion de Oleos. La Dominica in Albis celebrò de Pontifical en su Santa Iglesia, publicandose la Indulgencia plenaria annual.

En tiempo de este Prelado en el año de mil setecientos cinquenta y cinco, como à los quince de Abril se advirtiò en los Campos cercanos à esta Ciudad, principios de plaga de Langosta, los que reconocidos por la Justicia, se hallò serlo en la realidad. Para su remedio de acuerdo con la Ciudad el Corregidor procediò, à que se cogiese, matase, y enterrase en el Campo de la Merced; cuyas operaciones consultadas à el Consejo, se aprobaron, y merecieron de la Real piedad un libramiento de doce mil reales de vellon, para que las ayudase. Tambien se recurriò à la Divina, pidiendo à este Prelado, y à su Cabildo se hiciesen rogativas, como con efecto se hicieron, yendose devotamente nueve tardes en procesion al Sagrario,

en donde estaba expuesto el Santisimo, y despues à la Capilla de la milagrosa Imagen de Villa-Viciosa. En uno de estos dias determinò este Prelado de acuerdo con los dos Cabildos, pasar al Castillo de la Albayda, en cuyas immediaciones era la mayor inundacion de esta plaga, y hacer allì la vendicion de los Campos en la forma, que con el mismo motivo la havia hecho otras veces en los de Roma el Papa Benedicto XIII. y acompañado desde Cordoba de las dos Diputaciones, y llegado à dicho sitio, vestido en su Capilla de medio Pontifical, se formò desde èsta hastà un tablado, que estaba prevenido, una procesion, en que le acompañaron los dos asistentes, dos Diaconos, y una Diputacion del Cabildo en numero de ocho, en que concurriò la de la Ciudad, y se executò la vendicion en el modo dicho.

Haviendo tenido este Prelado noticia de haverle nombrado el Rey para el Arzobispado de Sevilla, vacante por renuncia del Sr. Infante D. Luis, pasò en la tarde del dia treinta y uno de Julio de setecientos cinquenta y cinco à la Sala Capitular de su Iglesia, en donde estaba junto su Cabildo por el aviso suyo dado al Dean, que havia antecedido, y en un discreto, y tierno razonamiento, le comunicò esta novedad, y poco despues pasò à la Corte, dexando en el gobierno del Obispado al Lic.

D.

D. Joseph de Aguilar y Cueto su Provisor, sujeto de conocida integridad, y literatura.

En tiempo de este Prelado fuè el gran Terremoto, Sabado dia de todos Santos primero de Noviembre de mil setecientos cinquenta y cinco: se experimentò en Cordoba el terremoto mayor, que se habrà padecido jamàs, y aun en la peninsula. A las diez dadas de la mañana empezò con un estruendo terrible, prosiguiò con fuertes estremecimientos, y continuò con grandisimos baybenes, con la duracion de seis, ò siete minutos, segun el sentir de los que lo observaron con mas acuerdo, haciendo su direccion de Norte à Sùr. Pasado en quietud un rato, volviò à empeñarse con la misma fortaleza, durando esta vez como dos minutos, y terminò luego dexando esparcido vastante olor à sulfur: la gran porcion de esta materia, que huvo de exalarse serìa la causa de repetidos relampagos, que en las dos siguientes noches se advirtieron àzia las partes de Oriente, y medio dia, estando los Orizontes limpios. No se puede decir vastantemente la consternacion en que se viò todo este Pueblo, ni los estragos que causò, aunque por la misericordia Divina no pereciò viviente alguno. En la Catedral se estaban celebrando los Divinos Oficios, y entonces se acavaba de predicar el Sermon, por lo que era muchisima la gente, que se hallaba en èlla. Fuera de sì todos con tan improviso estruendo, con tanto crugir los Retablos, y Bobedas, con la repetida vibracion de paredes, y columnas, y con los muchos golpes, que daban los sillares, que caìan de la Torre, y algunos remates del adorno del Crucero, huìan sin libertad, y sin tino hombres, y mugeres; unos àzia el Presbyterio, otros al Sagrario, y los mas à las Calles immediatas. Los mas de los Capitulares del Cabildo, tambien sobrecogidos de pavor, y los Ministros del Coro huyeron de èl. El Preste asistido de los Diaconos, que acavaba de entonar el Credo, viendo la continuacion terrible del temblor sacò del Deposito al Santisimo, y lo expuso al corto numero de personas, que havia quedado, sin que huviese para esta Sagrada Ceremonia otro cantico, que los clamores de los presentes. Quando repitiò, que yà se estaba en la ceremonia de la Ofrenda con los Capitulares, que havian vuelto al Coro, se doblò la confusion de todos, y volvieron à correr segunda vez huyendo de la Iglesia, y el Preste à exponer al Santisimo, siendo todo griteria, y tropel àzia todas partes. En el resto de Iglesias, Casas, y Calles de la Ciudad, fuè igual la consternacion, y riesgos. El Crucero, y Coro de la Catedral quedò vastantemente quebrantado, y en el resto de èlla se halla mucho maltrato ; y es de inferir lo raro que ha sido en Cordoba este acontecimiento de que en este edificio tan antiguo, que iba acercandose à mil años de su fabrica en el año de setecientos ochenta y cinco por Abderramàn, primer Rey de Cordoba, no se hallaba hasta ahora la mas lebe impresion de terremotos. La Torre que es de una hermosa Arquitectura à lo moderno , sufriò tales baybenes, que despues de haverse desplomado de èlla una gran Cornisa , un Barandal de piedra , y diferentes piezas de su adorno, se abriò por las quatro frentes de su segundo cuerpo , y destegiò todas las claves de sus arcos, claraboyas , y ventanas. En lo demas de la Ciudad huvo muchas Torres , y edificios quebrantados , y cada dia se descubren grandes daños.

El Cabildo acabado el Coro fuè al Sagrario en rogativa, en donde se expuso al Santisimo , y determinò que en el siguiente se celebrase Misa Solemne de gracias à la milagrosa Imagen de Nra. Sra. de Villa-Viciosa en su Capilla , que ahora servia de Coro, por estarse continuando la Silleria en el principal , y que desde èl siguiesen por nueve dias rogativas dentro de la Catedral, quedando avierto el llamamiento, para resolver sobre otras demostraciones annuales , con que perpetuamente se implorase la Divina misericordia.

En el dia siguiente se celebrò la Misa dicha con la asistencia de la Ciudad , y de infinito Pueblo , que concurriò à contribuir gracias à Maria Santisima , y en uno de los siguientes se resolviò, que se fuese annualmente en procesion à la Hermita del Sr. S. Rafaèl , Custodio de Cordoba el dia siete de Mayo , en que se celebra en este Obispado la aparicion del Sto. Angel , yendo en ella ambos Cabildos , y el Clero, y que se predicase alli refrescando la memoria de este raro milagroso suceso; que en las procesiones Claustrales , y en la estacion que se hace en ellas delante de la Imagen del Sto. Arcangel , que está al costado exterior de la Capilla de Villa-Viciosa se cantase por la musica la Antifona, y versiculos propios del Santo , y por el Preste la correspondiente oracion del modo que se hace la Commemoracion à S. Sebastian con motivo de la antigua peste; y que en el dia de Todos Santos de cada año se añadiese à la solemnidad de la mañana la exposicion del Santisimo , y que acabada la Misa se cantase el *Te Deum* , para cuyos actos se pidiese tambien à la Ciudad su asistencia.

Fuè este terremoto no solamente el mayor de que hay noticia en España, sino el mas raro por haverse sentido à un mismo tiempo en toda la Peninsula , de la que padeciò el mayor estrago

la

la Costa de Occeano. Lisboa quedò quasi asolada , y acabò de arruinarse en las repeticiones , las quales tambien se sintieron en esta Ciudad , y otras partes , aunque levemente. En aquella Corte murió baxo de sus ruinas infinidad de personas , hallandose las que pudieron salvarse con la huida , en la infelicidad de vivir en los Campos , en que se comprehendieron los Reyes , y Personas Reales , que como los demàs milagrosamente escaparon.

Este Prelado escribió con expresiones de particular atencion à el Cabildo desde Madrid la noticia de estar pasada en Roma la gracia de su nuevo Arzobispado de Sevilla , la que recibida el dia veinte y cinco de Diciembre de este de setecientos cinquenta y cinco se declaró en èl la vacante.

Tambien le mereció el Cabildo la atencion de noticiarle la gracia del Capelo , en que la Santidad del Sr. Benedicto XIV. le havia nombrado à proposicion del Rey en la nominación de Capelos por Coronas , cuya noticia, recibida por su Carta el diez y nueve de Abril del siguiente año de mil setecientos cinquenta y seis, se diò al publico , y celebró immediatamente con repique de campanas.

A los fines de Julio del mismo año de cinquenta y seis , restituyendose este Prelado de Madrid à su Arzobispado de Sevilla, llegó à la Villa del Rio de este Obispado el veinte y cinco, herido de un fuerte dolor de costado, que llenò de sobresaltos à su familia. Havian ido à la Ciudad de Buxalance varios sujetos de la primera distincion de Cordoba à verlo , y cortejarlo à su paso por aquel Pueblo , y alli noticiosos de esta gran novedad , partieron immediatamente à dicha Villa , y le persuadieron con dictamen de los medicos , à que se pasase à Buxalance , poco distante de èlla , donde tendria diferente commodo hospedage , y toda asistencia : con efecto asistido de los dichos se trasladò à aquella Ciudad. La enfermedad se fuè empeñando hasta el ultimo peligro, no obstante la asistencia de los mejores medicos de Cordoba , y los contornos , que concurrieron à èlla , y por su disposicion le fueron ministrados à este Prelado los Santos Sacramentos à la entrada del dia septimo, el de la penitencia por el P. M. D. Juan Borrego , ex-Vicario General de su Religion de S. Basilio , y el Viatico por el Arcediano de Sta. Tasia , Dignidad de la Sta. Iglesia Metropolitana de Santiago , que por ser natural de aquel Pueblo se hallaba à la ocasion en èl. Todo lo hizo este Eminentisimo con grande presencia de animo , y summa devocion , y despues otorgò algunas declaraciones de su ultima voluntad : pero quiso Dios pasado este termino darle alivio, que continuò hasta su con

va-

valecencia ; havia llegado en aquel dia de Cordoba un manto de Nra. Sra. de la Fuen-Santa , pedido por el enfermo su devoto , desde su residencia en este Obispado, y siendo esta Señora tan milagrosa (como en esta obra se refiere , y su aparicion por el Doct. D. Juan Gomez Bravo en particular disertacion) y tan pronta la mejorìa se atribuyò à prodigio suyo. El Señor Obispo Barcia (que como diremos en su lugar , estaba yà en posesion de este Obispado) sabidor de esta novedad pasò immediátamente, acompañado del Dean, à visitar al Emo. , y el Cabildo en atencion à haver sido su Prelado , y à la veneracion que le conservaba, nombrò una Diputacion compuesta de un Dignidad , un Canonigo, un Racionero entero , y un medio Racionero , para que le expusiesen los intimos deseos de su reparacion , y con sus facultades, para que le asistiesen quanto conduxese à su obsequio. Al mismo tiempo llegò una Diputacion de su Cabildo de Sevilla , de un Dignidad , un Canonigo , y un Racionero con la misma legacìa , y el encargo de ir asistiendo à su Arzobispo hasta aquella Ciudad: recibidos por el Excmo. doliente con las expresiones mas gratas , y tiernas, y concurriendo una , y otra Diputacion , y particulares de distincion à una comida explendida, que les diò el Sr. Obispo de Cordoba aquel dia , en su posada : al

siguiente (dexandolo yà fuera de riesgo , y dada orden à las Iglesias de aquel Pueblo , para que se cantàsen Misas en accion de gracias.) El Señor Barcia , y Diputados de Cordoba , se restituyeron à esta Ciudad; pero continuando no obstante su atenta asistencia , los Señores de èlla , que desde luego le acompañaban , pasaron asistiendo al Emo. à la Villa de la Rambla. Aqui le esperaba el mismo Señor Obispo de Cordoba , que saliò à recibirlo , y à llevarlo à hospedar consigo , en donde repitiendo sus obsequios , y enorabuenas , y pasando quatro dias , hasta el siete de Septiembre, saliò yà perfectamente bueno para Sevilla , y el Illmo. de Cordoba para su Capital.

Llegado este Eminentisimo à su Arzobispado siguiò en èl su direccion acertada, como la havia llevado antes de Gobernador , hasta que haviendo vacado el Summo Pontificado, por la muerte del Sr. Clemente XIII. quiso el Rey , que fuesen à la eleccion del nuevo Papa su Eminencia , y el Cardenal Patriarca. Con efecto saliò de Sevilla para Italia el treinta de Abril de sesenta y nueve. En la Corte Romana fuè de señaladisimo explendor su establecimiento gastando grandes summas en funciones, à que asistieron los primeros personages , en limosnas , y en un gran prospecto , que hizo disponer frente de su Palacio en honor de la Nacion Española , de Arquitectura exquisita, y de gran costo. Hecha la eleccion del nuevo Pontifice, que tomò el nombre de Clemente XIV. se volviò à España. Llegò à Madrid en Noviembre del mismo año, y se restituyò à su Arzobispado en veinte del mismo. Haviendo muerto pocos años despues el Sr. Clemente XIV. volviò este Purpurado à Roma para hallarse en la eleccion del subcesòr, cuyo viage emprendiò el diez y nueve de Octubre de setenta y quatro. Y haviendo asistido à el conclave, y salido electo el Señor Pio VI. se detubo algun tanto en aquella Corte; pero acometido de una grave enfermedad, à que no pudo subvenir la asistencia de los mejores Medicos, muriò el veinte y uno de Marzo de setenta y cinco. Fuè enterrado su Cadaver con una gran pompa funeral en la Iglesia de los Stos. Apostoles, haciendosele unas suntuosas exequias. Sus familiares, por algun consuelo en tanta perdida, se traxeron el corazon envalsamado, y depositaron en el Convento de Capuchinas de Sevilla à quienes queria mucho el Eminentisimo defunto, y alli le hicieron honras muy solemnes poniendo el Epitafio siguiente:

Francisci Solis, Cardinalis amplissimi, Archiepiscopi Hispalensis Cor. Charissimas inter filias Hoc loco repositum quiescit; ut quæ vivus Tenerrimo prosequebatur affectu, Hoc pignus sui amoris mortuo retineant.
1776.

Fuè esta muerte sentidisima en Roma, y no menos en las Diocesis de Sevilla, y Cordoba: porque fuè de genio amavilisimo, summamente liberal, y de mucha caridad para con los pobres.

Sr. D. MARTIN DE BARCIA.

POR la traslacion à la Mitra de Sevilla del Eminentisimo Cardenal Solis, pasò de la de Ceuta à esta de Cordoba el Sr. D. Martin de Barcia. Havia elegido antes el Rey al Sr. D. Manuel Quintano Bonifaz, Arzobispo de Farsalia in partibus, Inquisidor General, y Confesor suyo; pero este exemplar Prelado representò à su Magestad reverentemente, que para admitirlo, le havia de permitir venirse à Cordoba, porque no se atrevia à tener Esposa de tan elevadas circunstancias sin servirla personalmente, con lo que el piadoso Monarca suspendiò su nombramiento. Despues quiso su Magesgestad para este Obispado al Sr. D. Fr. Tomàs del Valle, Obispo de Cadiz; pero hallandose en edad muy abanzada, y intimidado con haver de conocer un nuevo rebaño, y tan grande, y haver de dexar aquella Ciudad, en que siempre viviò con buena salud, representò sumisamente estas causas, para escusarse, y fueron oidas, por lo que recayò ultimamente esta Mitra en nuestro Prelado. Fuè el Sr. D. Martin de Barcia, natural de la Ciudad de Zamora, hijo legitimo de D. Joseph de Barcia, Regidor perpetuo de aquella Ciudad, y de Doña Maria Carrascal, personas del Estado Noble. Estudiò la latinidad en el Seminario de Villa Garcia, y la Filosofia en el Convento de Dominicos de Zamora. Tambien estudiò ambos derechos en las Universidades de Salamanca, y Valladolid, en donde fuè recibido de Avogado de aquella Chancilleria, y despues se graduò de Doctor en ambos en la Universidad de Avila.

El Eminentisimo Cardenal Astorga, Arzobispo de Toledo, hallando el proceso de Beatificacion del V. M. Juan de Avila, conocido por el Apostol de Andalucia, y natural de Almodovar del Campo de su Diocesi, determinò promover esta causa en Roma, y desde luego puso la mira para esta Comision en el Doct. D. Martin de Barcia, que entre los de su familia hallaba con el espiritu, y

agilidad que pedia este grave negocio. Con efecto lo despachò para aquella Corte à los fines de el año de mil setecientos treinta y uno, haviendo tambien logrado la proteccion del Sr. Felipe V. y las Cartas Postulatorias de Arzobispos, Obispos, Cabildos, y Ciudades de voto en Cortes del Reyno. Alli estubo siguiendolo hasta el de treinta y cinco, en cuyo tiempo le havia agraciado el Papa en un Canonicato de la Sta. Iglesia de Avila, concediendole tambien un Breve de veinte y quatro de Agosto de aquel año, en que le dispensaba la primera residencia en aquella Iglesia; y por otro de veinte y seis del mismo la gracia de que por tiempo de cinco años no tubiese obligacion de residir en ella por el empleo de Postulador de esta causa, haviendo de ganar todos los frutos, y distribuciones, aunque fuesen personales de este Canonicato. En dicho año tubo que venir à España à diligencias de su encargo, y llegado pasò à su Iglesia à tomar la posesion, que se le diò pacificamente; pero haviendo despues presentado las dichas dispensas à aquel Cabildo, èste resistiò su cumplimiento, y el nuevo Canonigo se retirò à Madrid. Alli recibiò dos nuevos Breves Pontificios confirmativos de los primeros, y cometida su execucion al Sr. Obispo de Avila; con lo qual se allanò el Cabildo à acudirle con los frutos. En el año de treinta y siete fuè nombrado tambien. Postulador de la misma causa por el Sr. Infante D. Luis, Arzobispo de Toledo, que havia succedido al Eminentisimo Astorga, y volviò à salir para Roma en el siguiente año de treinta y ocho.

Parece que aun seguian algunas disputas con su Cabildo de Avila, porque solicitò en aquella Corte ser promovido de la Dignidad, y Canonicato, obtenidos en aquella Iglesia, al Arcedianato de Montenegro, y un Canonicato de la Santa Iglesia de Mondoñedo, que vacaron, y consiguiò.

En el año de quarenta y tres recibiò alli aviso por el Secretario del Rey Don Iñigo de Torres de haverlo presentado S. M. para el Obispado de Ceuta, cuyas Bulas le fueron concedidas por el Papa en el mes de Julio. La Santidad del Sr. Benedicto XIV. lo consagrò el dia veinte y cinco del mismo, festividad del Apostol Santiago en la Capilla Pontificia, siendo sus asistentes el Eminentisimo Sr. Cardenal D. Joaquin Portocarrero, y el Illmo. Arzobispo de Genova, Sr. D. Josef Saporito. Tambien le creò su Prelado Domestico, y Asistente al Sacro Solio Pontificio, y otras muchas gracias, y Privilegios. Este Prelado se restituyò à España, y dada cuenta en la Corte de el estado en que dexaba en Roma su Comision, saliò para su Obispado de Ceuta, de que tomò la posesion personal-

mente. Cerca de diez años residiò en aquel Presidio, en que haviendo padecido algunos quebrantos en su salud, originados de lo ardiente del Clima, se pasò un tanto à la Andalucìa para restablecerse. Aquì recibiò aviso del Secretario del Rey Don Iñigo de Torres de presentarlo su Magestad para la Mitra de Cordoba, cuyas Bulas fueron despachadas en Roma con fecha de doce de Enero de setecientos cinquenta y seis, y recibidas con sus poderes por el Doct. D. Francisco Xavièr Fernandez de Cordoba, Dean, y Canonigo de su nueva Iglesia, para la posesion, y gobierno del Obispado, la tomò la tarde de el diez y seis de Marzo de este mismo año.

Aliviado este Prelado de sus padeceres partiò para la Corte, y de èlla à Zamora à vèr à su Padre Anciano, y tenido este natural consuelo se vino à Cordoba, donde entrò el doce de Junio; y luego la tarde del catorce del mismo de cinquenta y seis hizo su entrada publica en su Sta. Iglesia, acompañado de la Ciudad, y recibido de su Cabildo, y Clero, y hecho el acostumbrado juramento, y oracion ante su Altar mayor con las ceremonias correspondientes se volviò à su Palacio.

A los fines del siguiente mes fuè el paso por este Obispado del Sr. Cardenal Solis su antecesòr en èl, su grabe enfermedad, y demàs cosas q̃ dexamos referidas en su vida.

Es-

Este año haviendose estendido por muchas Provincias de España la plaga de Langostas, que el antecedente havian padecido algunas, el Rey por su natural piedad determinò, que fuese llevada la Cabaza de S. Gregorio Ostiense, Legado Apostolico que fuè en estos Reynos, y Avogado especial contra èsta, y las demàs de Oruga, de Pulgon, &c. que se venera en el Obispado de Pamplona, por todas las del Reyno, que la havian padecido, para que se venerase, y con su agua bendigesen los Campos. A este fin despachò su Real Cedula con fecha de catorce de Octubre, mandando, que se conduxese por quatro Cofrades del Santo, tres Eclesiasticos, y uno Seglar, à expensas de su Real Hacienda. Estos Comisarios llegaron à Cordoba en Enero del siguiente cinquenta y siete con la Sta. Cabeza, à quienes saliò à recibir una Diputacion de la Ciudad, y conducida derechamente à la Catedral, alli la recibiò otra del Cabildo, compuesta de ocho Capitulares, que la conduxeron à la Sacristia mayor en procesion, asistidos de muchos Capellanes, y de la musica. La tarde siguiente la traxo el Cabildo al Altar mayor, y se dixeron Visperas Solemnes, y al siguiente dia se celebrò una Solemne Misa, con asistencia de la Ciudad, y à la tarde se hizo la bendicion. Se llevò en procesion general al Campo de la Ver-

dad, llevandola en medio del Cabildo los Capellanes de la Veintena en andas, à que seguia nuestro Prelado de Capa Magna, y cerraba la Ciudad. Al costado siniestro de la Iglesia del Espiritu-Santo, mirando al poniente, se havia formado un gran tablado, y altar con sus adornos en donde este Illmo. de Pontifical hizo la vendicion del agua con inmersion de la Santa Cabeza, y despues la de los Campos, formando los dos Cabildos en el Teatro dos alas, y volviò à traerse con el mismo orden, y à colocarse en el Altar mayor de la Catedral, y aquella noche fuè entregada à los Comisarios, haviendoles dado el Cabildo, y la Ciudad unas buenas limosnas en dinero, y nuestro Prelado un rico Ornamento con Caliz, y Patena.

Las partes señaladas en la citada Real Cedula à donde se havia de llevar esta Sta. Reliquia eran: Teruèl, Valencia, Segorve, Origuela, Murcia, Guadix, Granada, Jaèn, Malaga, Cordoba, Sevilla, Provincias de Estremadura, y Mancha,

Siguiendo siempre este Prelado con su zelo Pastoral emprendiò la Visita general de su Obispado por Campiña, y Sierra, que acabò à costa de vastante trabajo, y tiempo: dexando en todas partes providencias dignas de su amor à sus Oyejas, de su piedad, y doctrina.

Des-

Desde que llegò à Cordoba este Prelado diò à conocer su ternisima devocion al Smo. Sacramento: por efectos de èsta impetrò de la Santidad de Benedicto XIV. con fecha de quince de Diciembre de cinquenta y seis para establecer en esta Ciudad el Jubileo Circular de las quarenta horas, un Breve que hizo publicar por su Edicto de primero de Enero del siguiente año de cinquenta y siete: y hecha la distribucion de Iglesias visitaba aquella en que cada dia estaba expuesto el Sr. Sacramentado con exemplar devocion. Este bien fuè extendido à los Pueblos de esta Diocesi por otro Breve del Señor Clemente decimo tercio, de veinte y ocho de Marzo de sesenta y tres, y sigue en unas, y otras partes con gran consuelo de las personas devotas.

La celebre Silleria del Coro de esta Sta. Iglesia, que havia nueve años, y siete meses, que se estaba construyendo, se acabò en este año de cinquenta y siete, y se estrenò en diez y siete de Septiembre de èl, dia de S. Pedro Arbuès. Es obra la mayor de su clase en España por sus bellas medallas, estatuas, y delicada escultura; y Caova su materia. Su costo llegò à gran summa. El Sr. Obispo Cebrian contribuyò à èl, mientras vivia, y su testamentaria despues con 417𝔶091. reales 32. mrs. El Cabildo con sesenta mil reales. La Fabrica con 276𝔶796.

reales, y ocho maravedis. El Arcediano difunto Recalde con ciento y veinte mil reales. Y la Obrapìa del Sr. Mardones con quarenta mil reales; de modo, que con las bancas talladas que se hicieron despues, y los dos facistoles para la Veintena de la misma materia, que han de hacerse, ascenderà el gasto à un millon de reales. Fuè D. Pedro Duque Cornejo afamado Escultòr el que la hizo, à quien se premiò con el honor, y utilidad correspondientes, y haviendo muerto poco despues se le hizo el entierro, y diò sepultura en la Catedral honorificamente, poniendole lapida, y epitafio, que perpetuan su merito. A la viuda se le consignò una pension annua, que desfrutò hasta su muerte. El dia de este estreno celebrò de Pontifical este Illmo., y la funcion fuè magnifica, y de complacencia general.

El siguiente dia diez y ocho fuè la de gracias en el mismo Coro por la Provincia de S. Francisco de Observantes, que havia hecho Capitulo Provincial en este Convento de Cordoba, con el que tiene su antigua hermandad este Cabildo, y en cuya virtud le franqueò, como otras veces, Altar, Pulpito, y Coro, quedandose en èste una Diputacion de diez y seis Capitulares.

El Pontifice Clemente XIII. expidiò Decreto, su data en Roma tres de Enero de mil setecientos cin-

cinquenta y nueve, por el que ordenò, que todos los Sacerdotes Seculares, y Regulares digan en la Misa todos los Domingos del año el Prefacio de la Sma. Trinidad, excepto las Dominicas que lo tuviesen propio; cuyo Decreto se publicò en esta Ciudad por Edicto de nuestro Obispo de veinte y uno de Abril de dicho año de cinquenta y nueve.

Nuestro Catolico Monarca Carlos III. devotisimo siempre del Mysterio de la Concepcion Inmaculada de Maria Santisima establecò su universal Patronato en todos sus Dominios de España, è Indias, obteniendo rescripto conveniente del Summo Pontifice Clemente XIII. el que se extendiò à hacer su dia doble de primera clase, y con octava, su fecha ocho de Noviembre de mil setecientos y sesenta. Lo que comunicò à nuestro Prelado, y Cabildo, para que se hiciesen solemnes fiestas en su celebridad, que se executaron. Y por nuevo Breve del mismo Papa, su fecha de la Encarnacion del Señor de diez y siete de Enero de sesenta y uno, concede, à peticion del mismo piadoso Rey, Misa propia, y Oficio de precepto, el mismo que los Religiosos del Orden de menores de S. Francisco rezaban.

En el año de sesenta y uno haviendo sido provisto en el Obispado de Canarias el Sr. D. Francisco Xavièr Delgado, Magistral de esta Sta. Iglesia, lo consagrò en ella este Illmo. A este fin se adornò con magnificencia el Presbyterio del Altar mayor, à cuya funcion asistieron los Capitulares de manteo, la nobleza, y demàs personas distinguidas de Cordoba: siendo los asistentes el Sr. Rivera, Obispo de Gadara, Auxiliar de Sevilla, y el Sr. Ramirez, Obispo de Tanes, Religioso Angelino, Auxiliar de Cartágena, y el dia, el de Sta. Ana. Diò un digno explendor al Teatro, el estreno del Terno rico, que pocos dias antes havia regalado à su Cabildo este Prelado. Lo havia mandado hacer en Roma con quanto primor, y costa cabe, compuesto de Capa Pluvial, Casulla, Dalmaticas, dos paños de Púlpito, y seis Capas; todo de lama de plata vordado de oro, y con correspondientes Alvas de encages esquisitos, à que acompañaban Sacras de plata de bella hechura, trabajadas tambien en Roma. Acabada la funcion tubo à comer en su Palacio à su Ayjado, Obispos, Asistentes, y demàs convidados.

La Hacienda de la Alameda, que es jurisdicion temporal de la Mitra, distante un quarto de legua de Cordoba, à la margen de Guadalquivir, havia tiempo que estaba descuidada, y este Illmo. reedificò, y aumentò sus Casas; hizo poblar toda la orilla del Rio de Alamos, formar de ellos espaciosas calles, plantarla de Olivar,

y

y Viñas, y construir un Artefacto, con que se saca del Rio porcion grande de agua, para regar diferente genero de frutales, y Huerta: Tambien hizo disponer Jardines de diversion, y votanico, y traer agua, que nace dentro de la misma posesion, de que se formaron fuentes en ellos, y en el Patio. Ultimamente hizo construirle cerca de Mamposteria con sus puertas elevadas, y en que gastò muchas summas.

El Pontifice Clemente XIII. por su Breve de veinte y uno de Enero de mil setecientos sesenta y dos concediò à nuestro Rey el Sr. D. Carlos III. la gracia, mediante las gravisimas causas expuestas à su Santidad, para que todos los Fieles de los Dominios de España de ambos sexos, inclusos los Eclesiasticos Seculares, y Regulares, guardando la forma del ayuno en los dias que lo fuesen, pudiesen comer huevos, lacticinios, y carne en los Domingos, Lunes, Martes, y Jueves de la Quaresma del presente año, empezando desde la Dominica primera de èlla, y acabando este indulto en el Sabado vispera de Ramos, con la condicion de dar alguna limosna para algun fin piadoso, dexando la eleccion de èste, y la cantidad de èlla à la disposicion de los Sres. Ordinarios, previniendo no poder gozar esta gracia aquellos regulares, que por voto estuviesen obligados al perpetuo uso de comidas

1762

quadragesimales: cuyo Breve se publicò en esta Ciudad por Edicto de nuestro Obispo de diez y seis de Febrero de dicho año de sesenta y dos, disponiendo, que para usar de sus facultades se diesen tres reales vellon de limosna, por los que contribuyen con doce por la Bula de Cruzada, y medio real de vellon por los que dan veinte y un quarto por la citada Bula, y que todo cediese en beneficio de los Hospitales de Incurables de Jesus Nazareno, y S. Jacinto de esta Ciudad, con otras providencias por lo respectivo à los Lugares de este Obispado.

En el año de mil setecientos sesenta y seis acaeciò la muerte de la Reyna Madre Doña Isabèl Farnesio, y nuestro Prelado, y el Cabildo tuvieron cartas dèl Rey con esta noticia, para que se hiciesen las correspondientes demostraciones funebres.

Viendo que hecha la Silleria del Coro, Tribunas sobre èlla, y verja de bronce nueva, que corre desde èl, al Presbyterio, canceles de cristal en èste, y demàs adornos, faltaban solamente Pulpitos; pues los que hay estàn muy deteriorados, determinò hacerlos à su costa, à cuyo fin entregò al Obrero mayor libramiento de quatro mil fanegas de Trigo, que vendido produgeron ocho mil pesos, los que depositados para asegurar en todo tiempo la conclusion de esta obra, la hizo empezar con libranzas de su Tesoreria , comprando Caovas , formandose diseños , y trabajandose con vastante aplicacion , de modo , que quando muriò quedaron muy adelantados , y hoy se siguen con el dinero depositado , y con esperanza de que seràn correspondientes à la Silleria, en medallas , estatuas , y escultura primorosa.

En tiempo de este Prelado fuè la gran novedad del estrañamiento de los Jesuitas. Por una Real Pragmatica Sancion su fecha **57** dos de Abril de setecientos sesenta y siete , se mandaron salir de todos estos Reynos , y los de Indias , y que les fueran ocupadas las temporalidades. La Real Orden se puso en execucion con tal silencio , y precauciones , que estos desgraciados individuos no pudieron penetrarla , hasta que en un mismo dia se les intimò en toda la Peninsula , y en èl fueron conducidos à que se embarcaran en los Puertos. Su primer destino fuè la Isla de Corcega , y despues fueron trasladados à los Dominios del Papa. A nuestro Prelado , y Cabildo les fuè comunicada por el Rey en Cartas de D. Ignacio Higareda.

Nuestro Obispo expidiò un Edicto en esta Ciudad su fecha en ella diez y ocho de Junio de este año de setecientos sesenta y siete , en que se hallan insertos dos Breves del Pontifice Clemente XIII. ambos su data en Roma ca-

torce de Marzo del mismo año de sesenta y siete: por el primero ordena su Santidad , que todos los Sabados del año no impedidos se pueda rezar con Rito Semidoble del Oficio de la Concepcion de Nra. Sra. exceptuando varios dias , y tiempos , y por el segundo manda , que en la Letania Lauretana se añada *Mater Inmaculata* , *Ora pro nobis* , despues del verso *Mater Intemerata*.

Nro. Prelado , y el Cabildo tuvieron Cartas del Rey , para que se hiciesen rogativas por la eleccion de un nuevo Pontifice , que dignamente sucediese al Sr. Clemente XIII. à las que se respondiò à su Magestad en diez y ocho de Marzo de sesenta y nueve.

La eleccion del nuevo Papa fuè hecha el diez y nueve de Mayo de este mismo año en el Cardenal Francisco Lorenzo Ganganéli , Religioso Francisco Conventual , que tomò el nombre de Clemente XIV. **1769**

Haviendo pasado por esta Ciudad el Illmo. Sr. Delgado , dirigiendose desde su Obispado de Canarias al de Siguenza , con el grande amor que siempre tubo à nuestra Iglesia promoviò la Fabrica de otros quatro hermosos Blandones , iguales à los dos que le enviò desde Roma el Sr. Obispo Pimentèl , y queda dicho en su vida: ofreciendose à costear uno , y nuestro Prelado llevado del mismo pensamiento ofreciò hacer otro,

Mmmmm y

y determinò, que la Fabrica hiciese el tercero. Tambien se ofrecieron costear el quarto diferentes individuos del Cabildo. Esta obra llegò à tener su perfeccion el año de setenta y cinco, en que vispera de Corpus catorce de Junio se estrenaron; teniendo cada uno tres mil y setenta onzas de plata, y llegando con sus hechuras al costo de ciento y dos mil reales vellon, porque su corpulencia pasa de quatro varas, y su estructura es de las mejores medidas, y la mas magestuosa. Este magnifico aparato, de todos seis blandones, algunas otras Imagenes, y alhajas de plata de esta Iglesia, y muchas, que en estos ultimos tiempos le han donado sus Capitulares, de gran valor formò aquella Octava, y forma en las festividades clasicas, una vista que envelesa. Y aqui es digno de hacerse memoria del laudable zelo por el Culto Divino de los Capitulares de nuestra Iglesia, y de las grandes sumas, que en todos tiempos, particularmente en el presente, han aplicado de sus mismas rentas para aumentar las alhajas de plata, que adornan el Altar mayor en los dias clasicos, y la magnificencia de las funciones que se celebran en èl; haciendo multitud de fundaciones pìas à estos fines.

Ademàs del blandon grande, que queda referido costeado por algunos Capitulares, han donado en diferente tiempo las cosas siguientes: La hermosa Imagen de Nra. Sra. de gran valor, y bella hechura de plata, que se saca en andas de lo mismo en las procesiones fuera del recinto de la Iglesia, donada por el Doct. D. Juan de Goyeneche, Canonigo Penitenciario. La peregrina Imagen de S. Rafaèl de plata, que con muchos adornos al pie, y de exquisita estructura, donò D. Nicolàs Moyano, Racionero, que sirve en algunas procesiones, y se coloca en el Altar mayor algunos dias. La bella Imagen de la Concepcion de plata, que se saca en la procesion de su dia, y està colocada en el Altar mayor su Octava, y donò el Arcediano de Pedroche D. Joseph Medina.

El repisòn grande de plata sobre que se coloca el Smo. en el Triduo de Semana Santa en el Monumento, y donò el Canonigo D. Geronimo Moreno.

Las Cirialeras de plata, que sirven en el Presbyterio, y donò el Doct. D. Francisco Delgado, Magistral de esta Iglesia, y hoy Patriarca.

El Sitial grande de plata, que cubre el deposito del Altar mayor, y donò el Canonigo D. Juan de Samaniego.

La Repisa de plata sobre que està el Deposito del Altar mayor, y donò el Canonigo D. Francisco Morillo. Sin otras muchas alhajas tambien de plata, aunque de menor

nor valor, como Fuentes, Calices, floreros, &c. De las memorias fundadas modernamente por Capitulares, para la manificencia de las funciones de nuestra Iglesia: hay para que en las Octavas de Corpus, y Concepcion, y todos los dias de precepto del año se saquen hachas al Presbyterio à la Misa mayor, para que en las mismas Octavas suban los Capitulares con luces à reservar el Smo. por las tardes. Para que se aumenten luces los dias de renovacion, y en los Maytines segun el Rito del dia. Para que en las procesiones de Corpus, y su Octava, lleven Sacerdotes, faroles de mano cèrca de la Custodia; gozando estos, y los niños, que sacan las hachas à las Misas de sus decentes respectivas distribuciones.

La grande tempestad de truenos, y rayos, que huvo en Cordoba dia de S. Bartolomè, y queda referida en la vida del Sr. Obispo Siuri, avivò entonces tanto la devocion de sus Ciudadanos à su Custodio Arcangel S. Rafaèl, que promovida por algunos Capitulares, que ofrecieron sus limosnas, se tratò por el Cabildo de que se le hiciese un gran Triunfo en el sitio, donde en lo antiguo fuè Hospital de los Ahogados à vista de la Catedral, y el Palacio; se traxeron de Roma diseños en vulto, y en papel: se explanò el sitio, hicieron los cimientos, y se sacaron muchas piedras del Jaspe de

Luque, Cabra, y Altopaso, de que se hicieron algunas piezas; pero suviendo à tanto el costo cesò la obra. Nuestro Prelado determinò hacerla, tomando medidas de nuevo espiritu; hizo ampliar los cimientos, sacar de nuestra Sierra una hermosa, y gran columna; trabajar la estatua del Sto. Arcangel, y otras muchas, y erigir la maquina hasta dexarla quasi acabada, para cuya conclusion le faltò vida.

Esta empezada à axar con algunas habitualidades, y con una hinchazon en el vientre, que se fuè graduando hasta las sospechas de hidropesìa le puso en notable decadencia, y falta de respiracion, y aun sin rendirse à la cama llegò al ultimo grabamen; hasta que finalmente la mañana del veinte y dos de Junio de mil setecientos setenta y uno haviendo el dia antes, y los antecedentes visitado en silla las Iglesias donde estaba el Sr. Sacramentado, expuesto por el Jubileo Circular, y estando vestido fuè acometido de un nuevo accidente, y espirò.

Fuè muy sentida su muerte por las bellas partes que componian su caracter de un Prelado amable, zeloso de la immunidad, caritativo para con los pobres, y explendido en su trato. Fuè enterrado en su Catedral en el Crucero del Coro delante del Pulpito del Evangelio, donde yace con el siguiente Epitafio:

Mmmmm 2   Sis-

Siste viator, ne properes : hic tegitur Illmus. D. D. Martinus de Barcia Septensis prius per quatuordecim fere annos : hujus deinceps Cordub. Ecclesiæ Episcopus , sane dignissimus. SSmo. Domino N. Papæ Prelatus Domesticus , Sacro Solio Pontificio Asistens ; Bonus equidem Pastor : claro origine : ingenio perspicax : eloquio dulcis: forma speciosus, benignitate, ingenuitate, candore, & beneficentia insignis, ac cunctis Corporis, & animæ dotibus egregie ornatus ; qui Sedem Apostolicam eximie coluit. Principem nostrum veneratione habuit; in obsequio amicos, inimicos imprædilectione, pauperes in corde, in encomio probos, prabos indirectione. Tandem magnificis constructis operibus : devotione erga Sanctissimum Sacramentum in Jubilej perpetui institutione, & quotidiana usque ad ultimum vitæ suæ visitatione commendata, atque miris etiam post obitum humilitatis, & pacis inventis exemplis, obdormivit in Domino die 22. Junij anni D. 1771. ætatis suæ 69. & Cordubæ Pontificatus 16. Orate pro eo.

1771

Corriendo la vacante del antecedente Prelado con fecha de veinte y tres de Agosto del mismo de setenta y uno, recibiò carta el Cabildo del Rey , para que hiciese accion de gracias por el preñado de la Princesa de Asturias, y rogativas por su feliz alumbramiento. Y con la de veinte y siete de Septiembre recibiò otra de su Magestad participandole el parto, y nacimiento de un Infante: en cuyas dos ocasiones se hicieron las respectivas demonstraciones.

El Cabildo acomisionò à los dos Capitulares, que se hallaban en Madrid, el Lic. D. Juan Agustin Alvarez, Penitenciario, y Lic. D. Nicolàs de Aponte , Medio Racionero , para que à su nombre besasen la mano , y felicitasen à su Magestad , y Personas Reales con èste singular motivo , è importante del primer Infante varòn, lo que executaron , y la participaron al Cabildo.

En celebridad , y memoria de este logro, el Rey Carlos III. mismo instituyò la Real distinguida Orden de la Concepcion, dotandola con dos millones de reales para sus individuos, Grandes Cruces , y Pensionistas , y sus Reales Cedulas son de diez y nueve de Septiembre de el mismo de setecientos setenta y uno. La que se confirmò por el Papa Clemente XIV. por su Bula de veinte y uno de Febrero de setecientos setenta y dos. El Dean de nuestra Iglesia Doct. D. Francisco Xavièr Fernandez de Cordoba fuè uno de los nombrados por el Rey pensiosionista de esta Real Orden.

Siguiendo la vacante del antecedente Prelado, acabadas de perfeccionar la idea del Cabildo, y planta de un Colegio en que se educasen, è instruyesen los Niños que sirben su Coro, se perfeccionò la fundacion, è hizo la ereccion de el del Angel de la Guarda, sito en la Casa, que hasta entonces era Hospital de Convalecientes. Para su gobierno se formaron convenientes Constituciones, baxo las quales està establecido, enseñandoseles en èl à los catorce Colegiales Infantes, que compone su numero el Canto llano, Musica, è Instrumentos, y dandoles la correspondiente instruccion Cristiana.

EL SEñOR DON FRANCISCO Garrido.

AL Prelado antecedente sucedió el Sr. D. Francisco Garrido de la Vega. Naciò este Illmo. en la Villa de Monte-Verducido, Obispado de Tuy en el Reyno de Galicia: sus Padres fueron D. Pedro Garrido, y Doña Maria de la Vega, personas de lo mas distinguido del Paìs, y aunque nò de muchos haveres, de origen muy antiguo, y claro, y no menos adornados de piedad Cristiana. Con ella criaron à este su hijo, unico varòn, y conociendo sus buenas inclinaciones, lo enviaron à Valla-dolid à la direccion de su Tio, hermano de su Padre, el P. D. F. Juan Baptista Garrido, Religioso Benito. Este le hizo estudiar la lengua latina, y cursar la Filosofia en aquella Universidad. Despues en èlla estudiò la Jurisprudencia, y precedidos los correspondientes actos, todos completos, y lucidos, recibiò los grados de Doctor en ambos derechos. Adornado asi, è instruido pasò de acuerdo de los suyos à Madrid. Empezados à conocerse en aquella Corte sus talentos, y literatura empezò tambien à correr la carrera de sus emplèos, siempre veloz, y con muy moderadas pretensiones suyas. Fuè proveido en la Fiscalia de las Obraspìas de Toledo, y poco despues en el año de quarenta y tres en la Vicaria general de Oràn, para lo que se Ordenò de Sacerdote. Llegado à aquella Plaza, su prudencia, y madurez, no obstante sus pocos años, hicieron calmar enteramente las competencias, y recursos, que havia algun tiempo antes entre sus Gobernadores, y Vicarios en puntos de Jurisdiccion: En los años que estubo en aquella Vicaria padeciò repetidas enfermedades, causadas del ardiente temparamento de Africa; hasta que en el de cinquenta y uno la dexò con permiso de la Corte, à la que llegado fuè inmediatamente proveido en la Vicarìa de Alcaraz; pero no pasò à èlla haviendo sido nombrado en aque-

aquellos dias , y año , Secretario del Gobierno del Arzobispado de Toledo con voto en el Consejo de su gobernacion , por el Sr. Infante D. Luis de Borbòn , Arzobispo de aquella Diocesis , hasta que por dimision de su Alteza , y nuevo gobierno fuè proveido en el Curato de la Parroquial de S. Andrès de Madrid en el año de cinquenta y tres , y nombrado Examinador Synodal de Toledo , y Examinador de la Nunciatura , y del Consejo de Ordenes. El Santo zelo , prudencia , y piedad , que se dexaron vèr para con sus Feligreses lo conceptuaron digno de mas elevacion , y asi haviendo vacado el Obispado de Mallorca , le nombrò en èl su Magestad , no obstante , que pudiendo entender antes este su Real animo , y aterrado el suyo de su profunda humildad , que fuè su mas señalada virtud , solicitò por todos medios detenerlo. Haviendo llegado las Bulas concedidas por el Summo Pontifice Clemente XIII. fuè consagrado en la Iglesia de S. Martin de aquella Corte por el Sr. Arzobispo de Farsalia , Inquisidor General , siendo su Padrino à nombre del Sr. Infante D. Luis , el Duque de Montellano.

En el gobierno de aquel Obispado se experimentò nuevamente su buen pulso para los negocios; porque reynando en èl de mucho tiempo antes discordias , y litigios sobre el culto de Raymundo Lu-

lio , y el partido de las Escuelas consiguiò serenarlas. Para lo primero obtubo de dicho Smo. Padre Rescripto Apostolico , en que toleraba el culto de este Venerable : y para lo segundo empezò à nombrar Examinadores de unas , y otras Religiones , y para los Curatos que le iban vacando , de una , y otra Escuela. Con esta prudente indiferencia , y su natural afabilidad logrò el sosiego de la Isla , servicio de Dios , y satisfacciones de la Corte. Su vigilancia en lo demàs perteneciente à su Oficio Pastoral con la Visita del Obispado , frequentes Edictos , y providencias , y aplicacion incesante à la reforma de costumbres lo acreditaron de un Prelado digno de mayor exaltacion : con efecto confirmada esta opinion por el Rey , y haviendo vacado este Obispado de Cordoba le presentò para èl su Magestad ; lo que con las expresiones mas humildes , y amorosas noticiò al Cabildo en Carta de ocho de Diciembre del año de setenta y uno su fecha en Palma Capital de su Obispado.

Obtenidas las Bulas envió sus poderes al Doct. D. Francisco Xavièr Fernandez de Cordoba , Dean , y Canonigo , para que à su nombre tomase la posesion , y gobierno de este Obispado , que con efecto , y las solemnidades de costumbre fuè tomada la tarde del dia dos de Junio del año de setenta y dos. Luego emprendiò su

via-

viage para esta Ciudad, à la que llegò la tarde del trece de Noviembre del mismo año, recibido por la Diputacion del Cabildo, y cortejado en su Palacio, por las principales personas del Pueblo. La tarde del diez y siete del mismo hizo su entrada publica en su Catedral, conducido por la Ciudad, y recibido por el Cabildo, y Clero en la Puerta del Perdon, en donde hizo el solemne juramento acostumbrado de la observancia de los Estatutos, y loables costumbres de su Iglesia.

En sus afables expresiones para con todos, y en las que expuso en la visita de su Cabildo, y en la que la correspondiò en la Sala Capitular confirmò plenamente las noticias, que yà havia de su grande humildad, espiritu de paz, y fraternal amor à sus Capitulares, y Diocesanos, y con este caracter de virtudes empezò el gobierno de esta Diocesis, que fuè constante en todo el tiempo de su Pontificado. Haviendo celebrado su primera Misa de Pontifical en su Iglesia, y estrenadose en èlla un rico Terno vordado à toda costa en Madrid à este intento lo hizo dexar en la Sacristia de regalo al Cabildo.

Nuestro Rey el Sr. D. Carlos III. impetrò Breve del Pontifice Clemente XIV. su data en Roma doce de Septiembre de mil setecientos setenta y dos, para reducir los asilos de las Iglesias para los mal-hechores à menor numero, y por nuestro Obispo se expidiò Edicto en veinte y dos de Abril de mil setecientos setenta y tres, en que arreglandose à lo dispuesto por su Santidad, señala en esta Ciudad unicamente dos Iglesias, para el refugio, y asilo de esta clase de personas, que son la Catedral, y la Parroquial de S. Pedro.

En tiempo de este Illmo. la Religion de la Compañia de Jesus fuè extinguida en todos los Reynos, y Provincias sugetas à la Iglesia Romana, y Secularizados sus individuos por un Breve Apostolico del Sr. Clemente XIV. su fecha veinte y uno de Julio de mil setecientos setenta y tres, en 1773 que se imponen graves penas à los que controviertan sobre las causas de la supresion de esta Orden Religiosa.

El Papa Clemente XIV. muriò el veinte y dos de Septiembre de mil setecientos setenta y 1774 quatro.

A los fines del año de setenta y quatro fuè nombrado por el Rey en el Obispado de Chiapa, Reyno de la Nueva España en la America el Sr. Lic. D. Antonio Cavallero y Gongora, Canonigo Lectoral de esta Sta. Iglesia, natural de la Villa de Priego, y Colegial, que havia sido del Colegio de Sta. Catalina de Granada. Aun antes de llegarle las Bulas, haviendo vacado el de Yucatàn en

el

el mismo Reyno, fuè ascendido à èl: para donde se embarcò, y tocando en la Habana fuè alli consagrado por el Sr. Obispo de Cuba, y aportò ultimamente à su Qbispado: desde donde escribiò à su Cabildo atentamente dandole noticia de su consagracion, y arribo. El Cardenal Brasqui con nombre de Pio VI. fuè elegido Papa en quince de Febrero de setenta y cinco.

Por Cartas del Rey de primero de Abril, y primero de Mayo de setenta y cinco à este Prelado, y al Cabildo, noticiandole el preñado, y el feliz parto de la Princesa de Asturias, que fuè el de una Infanta, se executaron las acostumbradas demonstraciones.

Aunque fuè tan breve el tiempo del Pontificado de este Illmo. fue siempre lavorioso, y exemplar. Su Palacio se veìa siempre con moderacion, y parsimonia, sus ropas de generos ordinarios, su mesa el tinelo con sus familiares, y las distribuciones de tiempo arregladas, y devotas, su aplicacion continua à los negocios del Obispado. Hizo Confirmaciones en muchas de las Parroquias de la Ciudad: celebrò Ordenes varias veces, examinando por sì mismo las moralidades, aptitudes, y congruas de los ordenados. Oìa atentamente à los Parrocos de Cordoba, y su Diocesis, aplicando con madurez, y santo zelo los oportunos remedios à las cosas, y casos

de que se le daba cuenta. Todo esto à pesar de la grave enfermedad que le afligia, y no le permitiò hacer visita general del Obispado, como la determinò desde su ingreso, y asi estubo solamente en algunos Pueblos de la Campiña, de los quales haviendo sido uno la Villa de Baena estubo allí muy à peligro de la vida, acometido de sus accidentes. En su residencia en Mallorca contrajo una hinchazon grande en las piernas de un mal color, y humores en ellas herposos, y acres, que à tiempos le hacian formar llagas. Las incommodidades de su largo viage desde aquella Isla à Cordoba le agravaron esta dolencia, que à todos tenia en el sobresalto de alguna retrocesion al pecho, ò al estomago. En esta constitucion desgraciada de salud hizo un nuevo esfuerzo su felicidad en ascensos para exaltarlo à otra Dignidad. Se le avisò confiada, y secretamente que la Camara de Castilla lo havia propuesto en primer lugar para el Arzobispado de Sevilla, vacante por muerte del Señor Cardenal Solis, y que el Rey estaba en nombrarlo en èl, si prestaba su anuencia, à que le añadian instancias sus Amigos de mucho respeto, y obligacion para con este Prelado, sobre que lo aceptase. Pero su humildad, desasimiento de los honores, y verse imposibilitado de remedio en su mal grave havitual lo pusieron

ron

ron en una opresion de animo, y tristes consideraciones tan grandes, que se reduxo à una continua congoja interior mientras le durò la vida. Suviò con sus ruegos à Dios, pidiò rogativas secretas à algunas Comunidades Religiosas, expresando solamente que eran por una necesidad grave, y tomandose tiempo, para que su Divina Magestad le manifestase de algun modo lo que era de su servicio. Al fin resolviò escusarse, representando al Rey las graves causas que le impedian admitir el grande honor con que lo distinguia, por el que le rendia las mas reverentes gracias; pero que si aun no se satisfacia su Real piadoso animo con los urgentes motivos, que le proponia, y sus humildes suplicas, el havia estado siempre, y estaba tan obligado à su Magestad, y franca Real mano para colmarlo de honras, que se resignava en su voluntad, aunque no fuese para mas, que para que lo enterrasen en Sevilla. Pendiente esta representacion, Dios de quien depende la suerte de sus criaturas, decidiò la de èsta, sin duda para su principal fin de la Gloria. En un dia, en que havian aparecido de mejor aspecto las llagas de sus piernas, y mas enjutas de aquel humor que le destilaban, entrada la tarde se hallò con calentura, y algo cargado el pecho, cuyo simptoma se fuè empeñando hasta conocerse, que era clara retrocesion de aquellos malignos humores, y que yà le tenian en el peligro de la muerte. Ningunas medicinas vastaron à volverlos al curso antiguo, y el enfermo conociò, que era su ultima enfermedad: pidiò los Sacramentos, y que no fuesen ministrados por su Cabildo, por no contristar à sus Capitulares, que experimentaba lo tiernamente que lo amaban, y lo que estaban asistiendole. Con efecto recibiò el Santo Viatico con unas demostraciones singulares de devocion, y de piedad; despues convocò à algunos Capitulares de su Iglesia para hablarles sobre sus ultimas disposiciones, entre las quales fuè su testamento, para disponer de sus bienes ante Consecrationem, de que tenia hecho inventario. Yà quieto su animo, y resignado serenamente en la voluntad Divina se diò todo à prepararse para la cuenta que iba à dar al Criador. Pidiò ultimamente la Extrema-Uncion, y que fomentasen sus sentimientos de dolor, y arrepentimiento de sus culpas, los Sacerdotes que le asistian, hasta que à poco mas de las ocho de la noche del dia veinte de Enero del año de mil setecientos setenta y 1776 seis entregò su espiritu en manos de su Criador, dexando llenos de pena, y contristacion à todas las personas de esta Ciudad, y Obispado. Havia mandado enterrarse en su Catedral, delante de la Ca-

Nnnnn pi-

pilla de San Pelagio Martyr su Paysano, como asi se hizo con todas asistencias, y aparato funebre, acostumbradas con los Señores Obispos de Cordoba, y sobre su Sepulcro se puso el epitafio siguiente.

D. O. M.

Hic jacet Illmus. ac Rev. D. D. Franciscus Garrido de la Vega, Episcopus Cordubensis, vere Pater pauperum, virtute ilustris, doctrina celebris, humilitate conspicuus, omnia omnibus factus, ut omnes Christo lucrifaceret: Servus, Liber, Magnates, & Parbuli simul in unum Dives, & Pauper magnopere eum diligebant, mirantes profunditatem ingenij, facundiam eloquij, jucunditatemque severitate admixtam, quibus timorem pariter conciliabat, & amorem. Obijt die 20. Januarij anno Domini 1776.

Requiescat in pace.

Su Sobrino el Doct. D. Francisco Garrido, Maestre-Escuela, y Racionero entero de esta Santa Iglesia, dispuso tal dia del año siguiente solemnes honras funebres por su Tio defunto: en la Catedral se formò el aparato con un Altar muy adornado, un elevado tumulo sobre el Sepulcro, y un estendido circo en donde concurrieron los Capitulares de esta Iglesia, Nobleza, y personas distinguidas de esta Ciudad, y se predicò una Oracion Funebre, que se diò à la estampa, en que, y en diferentes geroglificos, que havian estado en el tumulo, se leen muchas de las virtudes de este Prelado. Su familia tambien hizo su debida demonstracion algunos dias despues, haciendole tambien honras en el Real Convento de S. Pedro, Orden de S. Francisco.

La fama de las virtudes, y meritos del Venerable Siervo de Dios Padre Cristoval de Sta. Catalina, fundador del Hospital de Jesus Nazareno, de quien hizo mencion el Magistral Bravo en varios lugares del libro quarto de Obispos de Cordoba, y especialmente al fin del Capitulo doce, se fuè cada dia estendiendo, y haviendose hecho à expensas de las limosnas de los fieles, y especialmente de las del Excmo. Sr. Duque de Bejar tercera impresion de su vida, concurriò al mismo tiempo con sus caudales el Excmo. Sr. D. Francisco Delgado, Arzobispo de Sevilla, y Patriarca de las Indias, que à la sazon se hallaba de Magistral de esta Iglesia, y promoviò igualmente con sus fervorosos oficios los procesos para la Beatificacion de este Venerable,

ble, lo que continuò siendo Obispo de Canarias , y han caminado con tal felicidad las diligencias, que empezaron en el año de mil setecientos cinquenta y nueve, que han merecido todas, la aprobacion de la Silla Apostolica , y el proceso de *non cultu*, que se concluyò por el Sr. Barcia , se confirmò su sentencia por la Sagrada Congregacion en quatro de Septiembre de mil setecientos setenta y tres , la que despues en doce del mismo mes , y año fuè aprobada por su Santidad. Y el ultimo proceso Apostolico, que dexò muy adelantado el difunto Sr. Obispo Garrido, se espera vèr finalizado en el Pontificado siguiente.

Empezada à correr la vacante del Prelado antecedente recibiò el Cabildo carta del Sr. Nuncio con fecha de veinte y tres de Enero de este mismo año , en que le incluìa la Bula del Sr. Pio VI. por la que havia extendido el Jubileo del Año Santo, celebrado en Roma el año antecedente, al resto de la Iglesia Catolica , el que el Cabildo hizo publicar en esta Ciudad , y Diocesis por su Provisor General.

De orden del Consejo recibiò el Cabildo, pendiente esta vacante en este mismo año la Real Pragmatica Sancion, y Cedula del Rey , sobre los Matrimonios de los Hijos de familia , y licencias que deben preceder à ellos , sus

fechas en el Pardo veinte y tres de Marzo de mil setecientos setenta y seis , que se publicò por Edicto del Provisor General.

En tiempo del Sr. Obispo Mardones solicitò este Prelado unido con el Cabildo, que la Octava de Corpus se rezáse solo de este Mysterio : muchas , y vivas diligencias se hicieron à este fin; pero por entonces nada se consiguiò : tenia Dios reservado este consuelo para nuestros dias ; y asi en este año de mil setecientos setenta y seis recibiò el Cabildo Carta del Rey con un Decreto del Pontifice Pio VI. su fecha cinco de Marzo del mismo año, para que todos los Eclesiasticos, Seculares , y Regulares de los Reynos de esta Monarquia sean obligados à rezar toda la Octava de Corpus el Oficio del Santisimo Sacramento , y que si algun año concurriesen en esta Octava las festividades de los Patronos, Titulares, Dedicacion de Iglesia , Natividad de S. Juan , ò el dia de los Apostoles S. Pedro , y S. Pablo se transfiera su rezo à dia , ò dias despues de dicha Octava. Este Cabildo que tiene la gloria de ser el primero en este tan piadoso pensamiento , como se reconoce por las instancias hechas en tiempo del Sr. Obispo Mardones , y que siempre se ha esmerado en la obediencia à la Silla Apostolica , y en el amor à su Rey ; aunque esta noticia se la participò su

Ma-

Magestad en dias muy immediatos al de la festividad de Corpus; mandò que desde este mismo año tuviese principio tan sagrada, y plausible disposicion como se executò, quedando establecida para lo subcesivo.

Por Junio de este año volviò à pasar por esta Ciudad el Illmo. Sr. Delgado Obispo de Siguenza à su Arzobispado de Sevilla, y renovando en esta Iglesia, y con sus Capitulares su permanente amor dexò en la Sacristía de regalo un Caliz con Patena, y un Copòn; todas estas piezas de oro, y de una bella hechura.

1777 Tambien recibiò este Cabildo otra Real Orden con fecha en el Pardo diez de Febrero de mil setecientos setenta y siete, exortando à los Arzobispos, Obispos, y demàs Ordinarios Eclesiasticos sobre la observancia de los dias de fiesta, y mandando à las Chancillerias, Corregidores, y Justicias zelen sobre su cumplimiento, la que se publicò por edicto del Provisor General de diez y siete de Marzo de dicho año de setenta y siete.

El Dean de nuestra Iglesia Doct. D. Francisco Xavièr Fernandez de Cordoba fuè nombrado por el Rèy por uno de sus Sumilleres de Cortina, con cuyo motivo pasò immediatamente à la Corte à prestar el juramento en manos del Patriarca, y vesar la mano à S. M. Dicho Excmo. Patriarca de las Indias, Pro Capellàn mayor, y Limosnero mayor, Vicario General de los Reales Exercitos de S. M., y Gran Chanciller de la Real distinguida Orden de Carlos Tercero muriò por este tiempo, y el Rey nombrò en todos los dichos cargos al Excmo. Sr. D. Francisco Delgado y Venegas, Arzobispo de Sevilla, de quien hemos hecho tanta mencion en este escrito.

Sr. D. BALTASAR DE YUSTA Navarro.

VACANTE esta Mitra por el fallecimiento del Sr. Obispo antecedente, ha sido nombrado por el Rey en èlla el Illmo. Sr. D. Baltasàr de Yusta Navarro, que tenia la de Leon en España. Naciò este Prelado el dia veinte y uno de Noviembre del año de mil setecientos diez y ocho, en el Lugar de Valfermoso de las Monjas en el Reyno de Castilla la Nueva, Diocesis de Siguenza; fueron sus Padres D. Juan, y Doña Josepha Navarro: familia de las principales de aquellos contornos. Su carrera literaria la comenzò en el Seminario Conciliar de la Ciudad de Siguenza, de donde pasò al Insigne Colegio de S. Antonio de Portà-Coeli, que es Universidad de la misma; de aqui se trasladò, à los veinte y quatro años de su edad, al Colegio mayor de S. Ildefonso, Universidad

dad de Alcalà, se graduò de Doct. en Sagrada Teologìa, y fuè Catedratico de la misma ; y en dicho tiempo entre varios actos literarios, en que se exercitò, hizo oposicion à la Canongìa Magistral de la Sta. Iglesia de Plasencia, y à la Lectoral de la de Coria, y haviendola hecho igualmente à la Canongìa Penitenciaria de Siguenza, fuè electo Penitenciario à los treinta años cumplidos de su edad, en el de mil setecientos quarenta y nueve. Fuè Examinador Synodal en dicho Obispado, y haviendo hecho oposicion à la Penitenciaria de la Sta. Iglesia de Cuenca. Fuè nombrado por el Rey para el Deanato de la Sta. Iglesia Catedral de Alvarrazin en el Reyno de Aragòn, y de aqui fuè trasladado para Arzipreste del Salvador, Dignidad de la Sta. Iglesia Metropolitana de Zaragoza, en la que fuè promovido tambien por S. M. para el Deanato de la misma. Fuè Examinador Synodal de aquel Arzobispado, y su Gobernador General por el tiempo de dos años cumplidos, en que se hallaba empleado por S. M. en el Consejo extraordinario el Illmo. Sr. Don Juan Saenz de Burbaga, Arzobispo de aquella Diocesi.

Hallandose Dean de dicha Santa Metropolitana Iglesia en el año de mil setecientos y setenta fuè nombrado por S. M. para el Obispado de Leon, para el que haviendole preconizado la Santidad de Clemente XIV. en diez de Septiembre del mismo año, fuè consagrado por el Illmo. Sr. D. Bernardo Antonio Calderòn, Obispo de Osma ; siendo sus asistentes los Illmos. Sres. D. Francisco Xavièr Delgado, entonces Obispo de Siguenza, y Don Andrès de Cano, Obispo Titular de Arada, y Auxiliar de el de la Sta. Iglesia Catedral de Siguenza, en la que se celebrò la funcion de su consagracion el dia veinte y ocho de Octubre de dicho año de setecientos y setenta, y en el ocho de Noviembre del mismo año tomò la posesion de dicho Obispado por poderes. En el dos de Diciembre del mismo llegò à Leon S. I., y en el seis hizo con la solemnidad, que el Pontifical dispone, el juramento acostumbrado, desde cuyo tiempo rigiò, y gobernò aquel vasto Obispado hasta el Marzo del presente año de setenta y siete, en que se declarò vacante, mediante haverle absuelto de su vinculo la Santidad de Pio VI. Pontifice Reynante, en el diez y siete de Febrero de este mismo año. Dicho Obispado de Leon, no obstante lo dilatado que es, y lo aspero, y fragoso de sus Montañas lo visitò personalmente, y administrò el Sto. Sacramento de la Confirmacion à innumerables personas, sin omitir el celebrar Ordenes en los tiempos permitidos por el derecho, y haviendo estado en èl algunos años con mucha aceptacion, en el de setenta y seis fuè presentado por el Rey para el nuestro de Cordoba.

Luego que tubo este Illmo. la noticia formal de su traslacion publicada en la Real Camara, la pasò à nuestro Cabildo en Carta de dos de Diciembre del mismo año con unas expresiones de su summa atencion, y venevolencia, à que correspondiò el Cabildo con las dignas de complacencia, y gratitud. Haviendole llegado las Bulas de Roma, las enviò con sus poderes para tomar la posesion, y tener el gobierno, mientras llegaba, al Doct. D. Francisco Gutierrez Vigil, Dignidad de Prior, y Canonigo Magistral de esta Sta. Iglesia: con efecto la tarde del Domingo diez de Abril de este año de setenta y siete la tomò à nombre de este Illmo. La del Domingo veinte y siete del mismo hizo su entrada en esta Ciudad, recibido por la Diputacion del Cabildo en el modo acostumbrado, y acompañado de muchas personas de la primera distincion. La tarde del Jueves siguiente primero de Mayo pasò à su Sta. Iglesia à hacer solemnemente el juramento de la observancia de sus Estatutos, acompañado desde su Palacio de la Ciudad en cuerpo, y recibido por el Cabildo con el Clero. Hecho este acto, y continuando en procesion al Altar mayor hizo oracion en èl, se cantò por la musica el Te Deum, con las correspondientes oraciones, y dada la vendicion se retirò à su Palacio, acompañado de su Cabildo. En la mañana de el dia dos de Mayo pasò el Cabildo con las formalidades acostumbradas à hacerle su visita, à que correspondiò la siguiente con la suya al Cabildo en la Sala Capitular, en donde hizo una oracion breve; pero cuyas expresiones, tiernas, y amorosas à sus Capitulares les dieron à conocer, que eran concevidas por un corazon sincero, que bosaba verdaderos afectos. En todos los dichos actos, y su trato para con todos hasta ahora và dando pruebas de su genio pacifico, y dulce, de que infieren bien su Cabildo, el Pueblo, y su Obispado, que el tiempo de su Pontificado serà feliz.

F I N.

IN-

INDICE
DE LAS
COSAS NOTABLES
DE ESTE SEGUNDO TOMO.

Ooooo 2   Ca-

INDICE

INDICE

In-

INDICE

INDICE

FIN.

DUE DATE

OCT 3 1 1902

AUG 0 3 REC

AUG 3 0 Recn

201-6503

Printed
in USA